마음의 성찰

마음의 성찰

2021년 7월 23일 초판 1쇄 발행

저　자 | 김 기 현
펴낸이 | 박 기 봉
펴낸곳 | 비봉출판사
출판등록 | 2007-43 (1980년 5월 23일)
주　소 | 서울 금천구 가산디지털2로 98. 2동 808호(가산동, IT캐슬)
전　화 | (02) 2082-7444
팩　스 | (02) 2082-7449
E-mail | bbongbooks@hanmail.net

ISBN | 978-89-376-0485-0 03190

값 20,000원

마음의 성찰

「심경(心經)」의 현대적 해석

김기현 지음

비봉출판사

"봄이 벗나무에게 하는 일을
너에게 하고 싶어"
– 파블로 네루다

책머리에

이 책은 우리 선조들이 중요시해 마지않았던 『심경(心經)』의 내용을 이 시대의 사고 문법으로 오늘날의 삶 속에 풀어 재구성한 것이다.

『심경』은 중국 송(宋)나라의 성리학자 서산(西山) 진덕수(眞德秀: 1178~1235)의 저술이다. 선생은 유교 경전인 사서삼경과, 그 밖에 성리학자들의 저작 가운데서 마음수행에 관한 글들을 본문으로 편집하고, 이에 더하여 자신의 견해를 주석하였다. 그 후 명(明)나라 유학자인 황돈(篁墩) 정민정(程敏政: ?~1499)이 과거의 학설들을 덧붙이고 또 자신의 의견을 추가하였는데, 오늘날 우리에게 전해지고 있는 『심경부주(心經附註)』가 바로 그것이다.

그런데 당시 중국에서는 거의 주목받지 못했던 이 책은 15세기에 우리나라에 들어와 이후 학자들의 필독서로 중요시되면서 조선조 심학(心學)의 고전이 되었다. 이에 결정적인 역할을 한 학자가 바로 퇴계(退溪) 이황(李滉: 1501~1570)이었다. 선생은 그 책을 "신령처럼 믿고 엄한 아버지처럼 공경했다."고 자술하면서 마음수행의 요긴한 자료로 삼았다. 당연히 제자들에게 그 책을 강론하고 문답하기도 하였다. 선생이 그 책에서 감발하여 열어나간 마음의 세계를 아래의 시에서 한 번 엿보자.

정일재(精一齋)에서 밝은 달을 바라보며
창을 열고 홀로 앉으니 맑은 마음 서린다
오동나무 그림자가 빈 뜨락을 조금씩 쓸어가고

어두운 벽엔 귀뚜라미 쉴 새 없이 울어댄다
계절의 순환을 편안하게 감상하노라니
한 밤의 고요 속에 집안이 더욱 청신하다
쇄락한 흉금으로 만상을 들여다보니
후생을 위한 현자(賢者)의 마음을 다시금 깨닫노라

精一齋中玩月明　　拓窓孤坐湛凝情
梧桐漸轉空階影　　蟋蟀無停暗壁聲
四序迭侵人易感　　一宵全寂院逾淸
神襟了了燭幽鑒　　更覺前賢爲後生　(〈齋中夜起看月〉)

여기에서 '현자'란 『심경』의 편집자를 가리킨다. 혹자는 의문을 가질 수도 있을 것이다. 저와 같이 '맑은 마음'과 '쇄락한 흉금'은 『심경』이 아니라도 사서오경의 학습을 통해 얻을 수 있는 내용이 아닌가 하고 말이다. 하지만 중국 유학사상 공맹시절의 윤리학과 한(漢)의 훈고학(訓詁學), 당(唐)의 사장학(詞章學)에서 알 수 있는 것처럼, 송나라 성리학 이전의 유학자들은 심학에 거의 유념하지 않았다. 사서 가운데 『대학』과 『중용』이 마음수행의 내용을 상당히 담고 있지만, 원래 두 책은 성리학의 집대성자인 회암(晦庵) 주희(朱熹: 1130~1200)가 『예기』의 두 편을 빼내 그 체제를 수정하고 주석하여 사서의 반열에 올려놓으면서 후대의 학자들에 의해 중요시된 것이었다.

그러면 성리학자들이 이전의 유학자들과 달리 심학에 주목한 것은 어째서일까? 그것은 당시 만연했던 불교의 영향 때문이었을 것이다. 다 아는 것처럼, 불교는 마음을 우주의 입법자로 여긴다. 마음을 떠나서는 세계가 존재하지 않으며, 마음을 어떻게 먹느냐에 따라 삶이 달리 다가온다는 것이다. 나아가 선사들은 마음의 모든 분별적인 활동을 중지하여 내면의 지극한 고요 속에서 '견성(見性)'하기도 한다. 신라 원효(元曉: 617-686) 대사의 〈오도송(悟道頌)〉을 들어보자.

> 마음이 생겨나면 모든 현상이 갖가지로 펼쳐지고, 마음이 사라지면 법당과 무덤이 다르지 않다네. 세상만사가 오직 마음의 산물이요, 만 가지 현상이 오직 생각이라네. 마음 밖에 세상이 없는데 어째서 다른 무얼 찾으리오.
> [心生則種種法生, 心滅則龕墳不二, 三界唯心, 萬法唯識, 心外無法, 胡用別求.]

당시 성리학의 발흥 이전에 유학자들은 불교의 이와 같은 가르침에 경도되어 있었다. 그것은 종래의 유교에서는 접할 수 없었던 매혹적인 내용이었기 때문이다. 사실 공맹이 가르쳤던 윤리도덕도 마음을 떠나서는 존재할 수 없는 것이었다. 마음을 논하지 않고 단지 윤리도덕의 실천만 강조하는 것은 어린아이들에게나 통용될 교육방식이다. 또한 마음에 없는 윤리도덕의 실천은 의례적인 동작에 불과할 뿐, 자타 간의 유대와 친목을 도모하는 데 아무런 도움도 되지 못한다. 그러므로 '수신' 이전에 '성의(誠意)'와 '정심(正心)'의 마음 수행을 하지 않으면 안 된다. 그러한 노력은 더 나아가 올바른 '제가 치국평천하'의 바탕이 되기도 한다. 예나 지금이나 불성실하고 그릇된 마음은 가정은 물론, 국가와 세계까지 혼란에 빠트리고 말 것이기 때문이다.

초기의 성리학자들은 불교의 영향 속에서 이와 같은 문제점을 깊이 자각했을 것이다. 그리하여 그들은 공맹유학의 재건을 다짐하면서 불교의 심성론과 나아가 세계관까지 자신들의 방식으로 수용하여 이론 체계화하였다. 이기심성론(理氣心性論)이 바로 그것이다. 이렇게 하여 등장한 성리학의 심학은 이후 학자들의 관심을 사로잡기에 충분했을 것이다. 인간의 참마음 또는 본성이 무엇인지, 그것은 어떻게 주어진 것인지, 어떻게 하면 그것을 회복할 수 있는지 하는 등등의 문제들에 대해 그들이 행한 수많은 연구와 강론이 이를 잘 말해준다. 『심경』은 바로 그러한 것들을 핵심적으로 모아놓은 책이다. 학자들은 이를 통해 인간(자신)의 우주적 좌표를 찾고 삶의 목표를 분명하게 설정하였다.

이 심학의 세계에 한 걸음 들어가 살펴보자. 그것은 사람들에게 복잡다단한 삶의 현실에서 물러나 자신의 내면을 들여다보고 또 수행할 것을 강조한다. 그러므로 그것은 일견 현실 참여의 동력을 약화시킬 것처럼 보인다. 자기 안으로 침잠할수록 바깥세상에 관한 관심이 줄어들 수밖에 없기 때문이다. 이는 위에 인용한 퇴계의 시에서도 쉽게 간취된다. 우리는 거기에서 윤리도덕의 정신이나 치국평천하의 의지를 조금도 읽을 수 없다. 그러고 보면 심학은 어지럽고 고통스러운 현실로부터 벗어나 '맑은 마음'과 '쇄락한 흉금'의 세계에로 나아가게 해주는 통로처럼 여겨진다.

사실 선생이 평생 열어나간 깊은 정신세계는 이러한 심학의 결실일 것이다. 어찌 보면 그것은 말 많고 탈 많은 현실로부터의 피난처였다. 하지만 이는 은둔주의자들의 그것과는 전혀 다르다. 선생에게 그것은 피난처이자 동시에 건강한 정신의 회복처였다. 이러저러한 일들로 인해 소모되는 정신의 에너지와 스트레스를 선생은 마음을 가다듬고 안정시키는 수행의 노력으로 재충전하였다. 그러므로 선생의 '맑은 마음'과 '쇄락한 흉금'은 세상에서 벗어나게 해주는 관문이 아니라, 오히려 건강한 정신을 길러 현실의 삶을 풍요롭게 해주는 온상이었다. 오늘날 많은 사람들이 참선이나 명상에 관심을 갖는 것도 이러한 효과를 기대해서일 것이다.

나아가 '맑은 마음'과 '쇄락한 흉금'은 그 이상의 현실 세계를 열어준다. 이를 위의 시에서 엿보자. 선생은 '밝은 달빛' 아래 은은히 비치는 빈 뜨락의 '오동나무 그림자'를 그윽한 눈길로 바라보고, '어두운 벽의 귀뚜라미 소리'를 노래처럼 들으며 '계절의 순환을 편안하게 감상한다.' 만약 그 한밤중에 세상사를 마음속에서 떨쳐버리지 못하고 고민과 번뇌에 뒤척이고 있었다면 선생은 저와 같은 정신의 열락을 결코 누릴 수 없었을 것이다. 현실에 붙박여 무얼 이해타산하고 희로애락 하는 마음에는 달빛도 우울하게 비칠 것이요, 오동나무도 외롭게 보일 것이며, 귀뚜라미 소리도 신경에 거슬리는 소음으로만 들릴 것이다.

하지만 모든 욕망과 상념들이 말끔히 사라진 '맑은 마음'과 '쇄락한 흉금'에 다가오는 세계는 이와 차원을 달리한다. 그 마음은 그동안 일신의 고민과 번뇌로 인해 단절되어 있던 타자(사물, 세계)를 자신의 내면 깊이, 그리고 온전히 받아들이면서 그들과 존재의 유대감과 일체감을 가질 것이다. 이를테면, 고요한 달빛 아래 오동나무와 귀뚜라미와 내가 교감하면서 하나의 세계 속에 어우러져 있다. 그처럼 맑은 고요 속에서 온존재(참 자아)가 깨어나며 존재의 속삭임을 듣는다. 우주 만물이 나와 하나라는 것을. 우리는 그 현장을 선생이 매화를 두고 '매형(梅兄)'이라 부르면서 서로 시들을 주고받았던 모습에서 본다.

최고의 지혜가 여기에서 열린다. 그것은 단순히 사리판단의 능력에 불과한 것이 아니라, 만물이 본질적으로 서로 연결되어 있다는 깨달음에서 나온다. 만사만물이 "서로 의존하고 서로 기다리며 서로 낳아주고 서로 이루어준다[相依相待, 相生相成]."는 만고불변의 이치를 말이다. 이는 '맑은 마음'과 '쇄락한 흉금'이 안으로만 침잠하는 것에 그치지 않고 바깥 세계에 새롭게 다가갈 '플랫폼'의 역할을 할 것이다. 자타간 존재의 유대감과 일체감을 갖는 저 지혜는 자연스럽게 타자(만물)의 슬픔과 아픔을 공감하면서 그를 구원하려 할 것이기 때문이다. "만민을 사랑하고 만물을 이롭게 하려는 따뜻한 미음"(『퇴계전서』)이 그것이다. 퇴계의 도덕 사상을 이러한 관점에서 이해할 필요가 있다. 선생의 도덕 정신은 단순히 규범적인 차원에 불과한 것이 아니었다. 그것은 '맑은 마음'에서 자연스럽게 우러나온 차원 높은 지혜의 산물이었다.

이는 아래의 의문에 대한 답변이 될 것이다. 사람들은 이렇게 문제를 제기할지 모른다. 심학이 너무 미시적으로 마음의 세계만 들여다보느라 정작 행동거지나 삶에 절박한 일들, 나아가 사회정치적인 사태들에 대해서는 아무래도 소홀하지 않겠는가 하는 것이다. 하지만 이렇게 반문해 보자. 현실의 삶과 사회에서 일어나는 각종의 혼란과 파탄들을 개별적인 대응책이나 제도적인 방침만으로 해결할 수 있는가? 예컨대 성범죄에 대해 처벌을 강화하면 그것으로 충분한가? 당연히 이는 미봉책에 지나지 않는다. 거기에는 근본적으로 남자들의 올바른 인식(마음가짐)이 선행되어야 한다. 도덕교육의 중요성이 여기에서 드러난다.

오늘날 전세계적인 문제가 되는 지구의 위기도 그렇다. 이는 국제적인 기후협약만으로 해결될 수 있는 일이 결코 아니다. 대기오염과 기후변화와 수많은 동식물의 멸종 등으로 앓고 있는 지구의 아픔을 사람들이 공감하면서 다방면의 실천에 나서지 않는 한 기후협약이든 정부시책이든 모두 공염불에 지나지 않는다. 이 역시 지구상의 모든 동식물을 생태계의 일원으로 존중하고 그들과 삶을 함께 하려는 마음의 중요성을 일러준다. 그러므로 제도와 정책에 앞서 사람들이 매사에 우주의 입법자와도 같은 마음을 올바르게 갖는 것이 급선무다. 심학(마음의 수행)이 예나 지금이나 중요한 까닭이 여기에 있다.

필자는 『심경(부주)』을 젊어서부터 여러 차례 읽어오면서 그 내용의 현재적 의미를 재발견하려고 노력을 해왔다. 범속한 사회에서 비루해지고 혼탁해지는 마음을 정화하여 자아를 일신(日新)하고 싶어서였다. 하지만 타고난 바탕이 허약한 데다 그 노력이 치열하지 못하여 여전히 부박한 삶을 이어오고 있다. 그런데 일 년 여전 이 책을 다시 읽으면서 그 내용을 철저히 현대적 관점에서 조명하고 싶은 욕심이 생겼다. 이를 통해 자신의 흐트러진 마음과 삶을 다시 추스를 뿐만 아니라, 독자들에게도 일말이나마 자기성찰의 자료를 제공하고 싶어서였다. 글의 체제는 『심경』의 본문만 번역하고 부주는 참고자료로 활용하면서 그 주제들을 오늘날의 사고 문법으로 재구성하였다. 작업 과정에 필자의 저술들을 부분적으로 참고하였다. 초고를 끝내고나서 다시 읽어보니 스스로 마음에 차지 않는 부분들이 여기저기 눈에 뜨인다. 총체적으로 사고력의 한계를 느낀다.

글을 쓰면서 내내 떠오르는 이야기가 하나 있었다. 옛날 어떤 할아버지가 손자와 매일 함께 같은 이불에서 잠을 잤단다. 어느 날 손자가 뜬금없는 질문을 하였다. "할아버지, 잘 때 수염을 이불 바깥에 두어요, 아니면 이불 안으로 끌어들여요?" 할아버지는 질문에 말이 막혔다. 여태까지 그것을 스스로 눈여겨본 일이 없었기 때문이다. 그날 이후로 할아버지는 잠잘 때마다 수염을 이렇게도, 저렇게도 놓아보았다. 하지만 어느 경우도 자연스럽게 느껴지지 않았다. 잠자리에서 수염을 어떻게 두는 것이 정상일까? 쓸데없는 자문 같지만 일단 거기에 휘말리니 마음이 어지러웠다.

필자는 이 책에서 독자들에게 저 손자와 같은 질문을 던지고 있는 셈이다. 지금까지 별생각 없이 몸이 욕망하는 대로, 그리고 시류에 따라 편안하게 잘 살아가고 있는데, 어떤 자가 불쑥 나타나서 마음을 성찰하라고, 삶의 발걸음을 되돌아 살펴보라고 외치는 격이다. 이에 대해 독자들은 불편하고 한편으로 고민스러운 마음을 가질지도 모른다. 그동안 당연한 것으로 여겨왔던 자신의 삶을 되돌아보게 만들기 때문이다. 사실은 그것이 필자의 의도이다. 그렇게 하여 사람들이 진부한 일상을 떨치고 생기로운 삶을 도모하면 좋겠다. 필자는 그러한 노력을 삶의 마지막 걸음까지 하려 한다.

전주 근교 취도산방(翠濤山房)에서
김기현

차례

제1장 감각심과 도덕심

감각심은 위태롭고 도덕심은 미약하다. 자신의 마음이 감각적인 것인지 아니면 도덕적인 것인지 주의 깊게 살펴야 한다. 만약 감각적인 것이라면 그것을 도덕심으로 다스리고 지도해야 한다. 그래야만 과불급 없는 중도(中道)를 얻게 될 것이다.
[人心惟危, 道心惟微, 惟精惟一, 允執厥中.]

『서경』에 나오는 글이다. 중국 고대의 성왕(聖王)으로 알려진 순(舜)임금이 우(禹)임금에게 행한 말이라 한다. 원래 이는 순전히 정치적인 의미로 해석되었는데, 성리학이 출현하면서 심신의 수양론으로 완전히 탈바꿈되었다. 참고로 정치적 의미란 다음과 같다. 즉, 민심은 위험하다[人心惟危]. 정치를 잘못하면 백성들이 반발하여 임금이 자신의 자리를 보전하기 어렵기 때문이다. 그러므로 임금은 정치의 도리를 밝혀 민생을 보호해야 한다. 다만 그 도리의 핵심은 미묘하여[道心惟微] 그것을 쉽게 파악하기가 어렵다. 그러므로 그것을 정성으로 밝히고[惟精] 일심으로 실천해야 한다[惟一]. 이를 위해 임금은 평소 말 한마디, 행동 하나라도 과불급이 없게 하지 않으면 안 된다[允執厥中].

그런데 성리학자들은 이를 정치 이전에 순전히 도덕적인 관점에서 새롭게 해석하였다. 이는 오늘날에도 여전히 중요한 의의를 갖고 있다. 먼저 그 내용을 살펴보자. "감각심[人心]은 위태롭고 도덕심[道心]은 미약하다." 이에 대해 사람들은 의문을 가질 것이다. 이해타산의 마음이 먼저 발동하는 일상의 경험에 비추어볼 때 "도덕심이 미약하다."는 말은 쉽게 수긍된다. 하지만 "감각심이 위태롭다."니, 어째서 그러한가? 감각(심)이야말로 세상을 향한 제일차적인 관문이 아닌가? 그것이 없으면 사고활동이나 가치판단은 물론, 자타의 관계 설정 자체가 불가능하다. 나아가 시인이나 예술가들에게서 살필 수 있는 것처럼, 그것은 사물과 세계의 깊이를 꿰뚫어내는 생산적이고 창조적인 힘까지 갖고 있다. 공자가 제자들에게 "시를 통해 감흥을 키우도록[興於詩]"(『논어』) 교육했던 것도 이러한 뜻에서였을 것이다.

하지만 우리가 흔히 경험하는 것처럼 그것은 역시 '위태롭다.' 이성으로 조절되지 않는 감정의 과도한 행사는 처사의 실패는 물론 인간관계의 균열을 초래하기 쉽기 때문이다. 아니 그 이전에 그것은 자신의 생명질서를 혼란시켜 건강에 해악을 끼치기까지 한다. 지나친 분노나 흥분이 심장에 악영향을 끼치는 경우가 그것이다. 조울증은 아예 이의 병적인 현상이다. 그러므로 평소 자신의 감정의 흐름을 주의 깊게 살피면서 "도덕심(이성)으로 다스리고 지도"하여 그것이 "과불급 없는 중도를 얻게"해야 한다. 이를테면 "즐기되 탐닉하지 않고 슬퍼하되 비탄에 빠지지 않도록[樂而不淫, 哀而不傷]"(『논어』) 감정의 절도와 조화를 추구해야 한다. 그야말로 맑은 즐거움이요 맑은 슬픔이다. 이 '맑음'은 삶과 세계를 한발 물러서서 바라보는 고도의 안목에서만 가능할 것이다.

내친김에 작자 미상의 시 〈도손녀(悼孫女)〉를 한 번 감상해 보자. 그것은 어린 손녀의 죽음 앞에서 터질 것 같은 통곡을 꾹 눌러 "슬퍼하되 비탄에 빠지지 않는" 어느 할아버지의 절제된 감정을 잘 보여준다.

여덟 해를 살면서 칠 년 동안 아프다가
돌아가 누웠으니 이제는 편하겠구나.
다만 가련타, 눈 내리는 이 밤에
어미 품을 떠나서 추운 줄도 모르다니.
八年七歲病　　歸臥爾應安
只憐今夜雪　　離母不知寒

이처럼 감정은 날 것 그대로가 아니고 적절한 절제를 통해서만 아름다움과 고상함을 얻을 수 있다. 감정도 품격이 있다. 내키는 감정대로 처신하는 것은 자신의 삶을 동물적인 수준으로 전락시키고 말 것이다. 인간의 품위와 고결성은 자신을 즉물적인 감정에 내맡기지 않고 적절한 절제 속에서 삶의 의미와 가치를 실현하는 노력 속에서만 확보될 수 있다. 감정을 넘어 의미와 가치야말로 인간을 동물과 구별시켜주는 근본 요소이다. 인간만이 의미(가치)를 추구할 줄 안다. "인간과 짐승의 차이가 매우 적다."는 맹자의 말은 이 점에서 여전히 타당하다.

물론 그 '적은' 차이점이 동시에 인간다움의 핵심이기도 하다. 한 사람이 추구하는 의미 여하에 따라 그의 사람됨의 크기가 달라질 것이다. 맹자는 이어 말한다. "일반인들은 그것(적은 차이점)조차 버리는데, 군자는 그것을 지킨다." 즉, 군자는 감각심을 동물적인 수준으로 방치하지 않고 도덕심(이성)의 지도 속에서 인간적인 것으로 승화시킨다. 그 핵심에는 참삶의 의미와 가치를 추구하는 정신이 놓여 있다. 그 의미와 가치를 완전하게 실현한 역사적 인물들이 바로 석가모니와 공자, 예수 등 성인들이다. 인류가 그 분들을 숭모하고 경배하는 것도 그 때문이다.

이상의 원론적인 논의를 넘어 오늘날을 사는 우리의 모습을 되돌아보자. 우리의 감각심은 어떠한가? 우리는 그것을 얼마나 도덕심(이성)의 지도 아래 두고 있는가? 혹시 자유의 이름으로 감정을 무제한 방출하고 있는 것은 아닌가? 남녀 간 사랑의 현장을 들여다보자. 오늘날 사람들은 감각적 열정을 사랑으로 착각한다. 그들은 서로 지켜야 할 예의를 거추장스러운 것으로 여긴다. 사랑은 자발적 구속과 절제 속에서 의미 깊어진다는 사실을 외면하고, 그들은 감정을 여과 없이 표출하면서 욕망을 채우려 한다. 하지만 열정은 충족과 함께 시들어버리는 것이 정한 이치이다. 오늘날 사랑이 가벼운 이유가 여기에 있다. 대중가요의 가사처럼 마음에 안 들면 지워버리도록 '연필로 쓰는 사랑'이 어떻게 깊을 수가 있겠는가. 사랑의 참맛을, 삶의 깊은 뜻을 어떻게 알 수 있겠는가.

이처럼 감각적인 삶은 부박하고 표피적이어서 진(眞), 선(善), 미(美), 성(聖)의 숭고한 가치에 무관심하다. 사람들은 사람됨의 의미나 참삶의 가치에 대해서는 골치 아픈 문제라 여겨 한편으로 제쳐둔다. 그리고는 화려한 문명사회에서 자신의 눈과 귀를 즐겁게 해줄 감각적인 대상들만 찾아 나선다. 오늘날 사람들이 삶에서 덧없음과 공허감을 갈수록 많이 느끼는 커다란 이유가 여기에 있을 것이다. 그들은 흔히 그 빈자리를 종교로 채우려 한다. 하지만 그들의 신앙 또한 세속적이거나 사후의 복을 구하는 것이어서 삶의 허무감을 해소하는 데는 역부족이다. 삶의 충만은 종교가 제시하는 고결한 인간성을, 사람됨의 의미와 가치를 지금, 이 자리에서 실현하는 가운데에서만 얻어질 수 있는데 말이다

감정의 과도함[過]함도 문제지만, 다른 한편으로 그것의 부족함[不及]도 오늘날 간과할 수 없는 사회적 현상이 되고 있다. 육신의 욕

망과 관련된 감정은 화려한 문명의 부추김 속에서 갈수록 과잉으로 치닫는데 반해, 정작 우리가 키워야 할, 측은(惻隱)과 수오(羞惡)와 공경(恭敬)과 시비(是非) 등의 도덕 감정은 갈수록 무뎌져 가고 있다. 예컨대 잔인한 폭력과 살인, 참혹한 전쟁 등 수많은 사건과 사고들을 일상적으로 접하다 보니 이제는 슬픔과 분노의 감정이 일어나지 않는다. 그러한 일들이 옛날에는 왜 없었을까마는, 오늘날에는 그 때와는 비교할 수 없을 정도로 광범하게 사람들의 심리에 영향을 미치고 있다는 점에서 심각하다. 과거에는 주변의 사람들만 목격했던 사건과 사고들을 이제는 텔레비전과 인터넷, 휴대전화 등 각종 영상매체를 통해 모든 사람들이 전 세계적으로, 반복적으로 공유하고 있기 때문이다.

그처럼 비극적인 사건 사고들을 일상으로 대면하다 보니 사람들은 감정의 피로까지 느끼면서 측은과 수오 등의 도덕심이 점점 무디어지는 것이다. 공포감의 사례를 한 가지 더 들어보자. 우리 사회에서 연례적으로 자행되고 있는 가축의 살처분(殺處分)이 그것이다. 사람들은 수백만 마리의 닭과 오리들이 그처럼 생매장 당하는 사실을 뉴스로 보고 들으면서 그 질병이 자신들에게 전염될까만 걱정한다. 저들의 참혹한 죽음에는 나 몰라라 하면서 말이다.

비극적 감정의 평범성이 이렇게 해서 생겨난다. 사람들은 사회현장에서 벌어지는 폭력과 살인, 전쟁, 생명파괴에 익숙해 있기 때문에 이제는 그것들을 강 건너 불구경 하듯이 대수롭지 않게 바라본다. 또는 굶주림 속에서 뼈만 앙상하게 남아 죽어가는 아프리카 아이들의 힘없는 눈망울을 우리는 텔레비전의 화면으로 아무렇지도 않게 바라보면서 가족과 함께 담소를 나누며 저녁밥을 먹는다. 기껏 정기적으로 후원금을 내고 있는 것으로 인류애를 다하고 있다고 자위하면서 말이다. 그것도 매번 연민의 마음을 담아서가 아니고 매달 통장에서 자동적으로 빠져나간다.

이처럼 무딘 감정 속에서는 도덕심이 작동하기 어렵다. 오히려 그것은 도덕심을 메마르게 만든다. 도덕심은 남의 처지에 대한 공감 위에서만 생겨나는 법이다. 이를테면 사랑의 손길은 측은과 연민의 감정 위에서만 펼쳐질 수 있다. 폭력과 살인은, 나아가 전쟁조차도, 그러한 감정의 결여, 즉 메마른 감정에 기인한다. 폭력까지는 아니라 하더라도 원망과 증오의 태도 역시 마찬가지다. 상대방의 처지를 공감하고 이해한다면 오히려 그를 마음 깊이 보듬어 안고자 할 것이다. 19세기의 미국 시인 롱펠로우는 말한다. "적의 숨겨진 과거를 읽을 수 있다면 우리는 그들 각각의 삶에서 그 어떤 적의라도 내려놓게 만들만큼 가득한 슬픔과 고통을 발견하게 될 것이다." 사랑의 마음은 이러한 슬픔과 고통의 공감 위에서 생겨난다. 우리가 실존의 외로움에서 벗어날 수 있는 길도 여기에 있다. 외로움은 남을 배제하면서 자기 안에 갇힌 데에 기인하기 때문이다.

현대사회에서 만연해가고 있는 감정의 마비 현상은 인간학적 관점에서 살피면 개인주의에서 비롯되기도 할 것이다. 자신의 성공에만 관심을 갖는 자기중심적이고 자폐적인 마음은 남의 슬픔과 아픔을 공감하며 연민할 줄 모른다. 그는 삶의 성공과 실패가 순전히 개개인의 능력(노력)과 운수 때문이라고 주장한다. 그러므로 남의 슬픔과 아픔은 그의 책임일 뿐, 내가 신경 써야 할 문제가 아니다. 오히려 남에게 아픔을 끼쳐서라도 성공을 쟁취해야 한다. 우리 사회의 극심한 경쟁 풍토가 이를 방증한다. 이는 개인주의적인 사고가 강할수록 자타 공감의 도덕심과 이타의 도덕행위가 줄어들 가능성이 클 것임을 시사한다. 그들은 자기 발전에만 집중하는 나머지 남을 배려하고 보살피려

하지 않는다.

하지만 개인주의는 존재의 이치에 전혀 맞지 않는다. 인간은, 아니 세상의 만사만물은, 본질적으로 상호 의존하고 타자를 기다려서만 존재할 수 있다. 사회와 세계는 인간과 만물이 복잡다단하게 얽혀 있는 그물과도 같다. 그러므로 노끈 한 가닥의 움직임에 그물 전체가 흔들리는 것처럼, 나의 말 한 마디와 사소한 행동 하나가 남에게 영향을 미치기 마련이다. 이른바 '나비효과'는 인간의 존재양식에서도 그대로 타당하다. 그러므로 인간은 자타 별개의 개인이 아니라 본질적으로 공동체적인 존재이다. 나의 존재 안에 남이, 더 나아가 우주 만물이 들어 있다. 이러한 이치를 깨닫는다면 자연스럽게 타자(사람, 가축, 멸종위기의 동식물들)의 슬픔과 아픔을 공감하면서 도움의 손길을 내밀 것이다. 그들이 바로 나의 존재의 일부를 이루고 있다고 여기기 때문이다. 도덕의 세계가 여기에서 열린다. 도덕심은 자타가 더불어 살고자 하는 원초적 소망의 산물이다.

한편 어떤 학자는 현대인의 심리현상에서 '죽은 감정'에 주목하기도 한다.(『탈감정사회』) 그에 의하면, 오늘날 사람들은 '죽은 감정'으로 세계와 사물을 대면하고 있다고 한다. '죽은 감정'이란 생명활동의 일환으로 내면에서 자발적으로 나오는 생생한 감정이 아니라, 밖으로부터 조작되고 정형화되며 규격화된 감정을 뜻한다. 그는 그것을 '맥도날드화된 감정'이라고 말하기도 한다. 기업주가 각종의 광고매체를 통해 대중을 끊임없이 세뇌한 결과 사람들은 '점심'하면 맥도날드를 조건반사적으로 떠올리기 때문이다. 이는 음식에만 해당되지 않는다. '죽은 감정'은 광고가 미치는 생활영역 전반에 걸쳐 널려 있다.

되돌아 생각해 보면, 그러한 '죽은 감정'은 우리의 내부에서 수없이 발견된다. 참으로 불편하고 당황스러운 진실이다. 정작 문제는 그것이 세계를 끊임없이 왜곡 조작하고 삶의 정신을 뒤틀고 만다는 사실이다. 그것은 세계와 사물을 상투적으로 인식하게 만들어 진정한 대면을 불가능하게 하기 때문이다. 그것은 마치 마비된 혀가 음식의 진정한 풍미를 느끼지 못하는 것과도 같다. 그러므로 그 위에 도덕을 정초(定礎)한들 그것 역시 '죽은' 도덕이 될 수밖에 없다. 인간의 천부적 도덕심에서 발로되어 인간관계에 온기를 부여하고 공동체를 건강하게 만들어주는 사랑이나 정의 등의 도덕과 달리, 그것은 기껏 사람들을 사무적이고 기능적으로 묶어주는 냉랭한 규범으로만 작동되기 때문이다. 그것은 사이비 도덕에 지나지 않는다. 오늘날 수많은 도덕규범들에도 불구하고 자타의 인간관계가 갈수록 건조해지고 공동체가 와해되는 한 가지 이유가 여기에 있을 것이다.

죽은 사람에 대해 갖는 감정도 마찬가지다. 그는 이를 '죽음의 맥도날드화'라고 명명한다. 사람들이 죽음의 처리를 별다른 애도의 감정도 없이 신속하게, 그저 사무적이고 기계적으로 한다는 것이다. 이른바 '인스턴트 장례식'이다. 이러한 모습은 오늘날 우리 사회의 장례현장에서 일반적으로 목격된다. 상주는 최소한의 슬픔으로 부모의 영전에서 문상객들을 맞이할 뿐이며, 이어 음식상의 이곳저곳을 돌아다니면서 평소처럼 그들과 이러저러한 담소를 나눈다. 그리고 3일의 장례가 끝나면 부모를 잃은 슬픔을 뒤로 하고 아무 일도 없었다는 듯이 곧바로 일상으로 복귀한다. 술집이나 노래방 등 유흥의 자리도 마다하지 않는다. 지금은 삼베나 광목으로 만든 상주의 인식표조차 옷에 붙이지 않는다. 장례를 마치는 순간 죽음의 처리를 깨끗하게 완결해 버리는 것이다.

하지만 나를 낳고 길러주신 부모님을 그렇게 쉽게 떠나보낼 수 있을까? 평생토록 깊이 사랑했던 사람을 잃은 슬픔을 그렇게 쉽게 털어버릴 수 있을까? 평소 아끼던 물건 하나도 잃어버리면 한동안 서운한 마음을 떨치지 못하는데 말이다. 사람들은 부지불식간에 부모님의 모습을 떠올리면서 아련한 슬픔의 감정을 애써 떨쳐버리려 한다. 하지만 그것은 자신의 몸 어느 한 부분을 억지로 외면하는 것이나 다름없다. 부모님은 나의 삶의 세계의 불가결한 일부를 이루고 있다. 이는 단지 추억으로만 그런 것이 아니다. 당신들은 나의 존재 형성에 피가 되고 살이 되어왔다. 비유하자면 한 그루의 나무가 햇빛과 바람과 물과 땅에 힘입어 성장하여 현존재를 이루고 있는 것과도 같다. 그러므로 나의 존재 내부를 자세히 들여다보면 그 안에 부모님(과, 더 나아가 나를 둘러싸고 있는 모든 것들)이 여전히 살아 있다. 나는 당신들을 떠나보낼 수가 없으며, 마음속으로 대화를 나누기까지 한다.

그러므로 부모님이 이 세상에 더 이상 존재하지 않는다 하여 당신들을 외면하는 것은 자신의 존재와 삶을 혼란에 빠트리는 일에 다름 아니다. '인스턴트 장례식'으로 나의 도리를 다했다 여기면서 상실의 슬픔을 끝내려 하지만, 마음대로 될 수 있는 일이 아니다. 그 슬픔은 오랜 시간에 걸쳐서만 점차로 해소될 수 있는 성질의 것이다. 그 과정에서 나는 마음속으로 당신들과의 관계를, 더 나아가 삶과 죽음의 관계를 어떤 식으로든 정리할 것이다. 그러한 심리적 해소의 과정을 거치지 않고 억지로 덮어두는 상실의 감정은 무의식으로 내려 앉아 어떤 트라우마로 작용할 수도 있다. 어느 학자의 말처럼 "원하지 않고 낯설며 이해되지 않는 저 모든 숙명의 원형"인 죽음 앞에서 불현듯 일어나는 불안과 공포가 그 한 예이다. 그것은 당연히 삶의 불안과 방황을 야기하기 마련이다. 삶과 죽음은 동전의 양면이기 때문이다. 오늘날 우리 사회에서 많은 사람들이 실존의 방황 속에서 종교에 귀의하는 것은 이러한 심리의 반영일 것이다.

이러한 '인스턴트 장례식'은 우리 전통의 상례(喪禮) 문화와 극명하게 대비된다. 거기에는 번문욕례(繁文縟禮)라는 비난을 들을 정도로 복잡한 절차가 내포되어 있지만, 삼년상은 기본적으로 자식이 부모님을 떠나보내는 극도의 슬픔을 조절하고 정리하는 과정이었다. 말하자면 상례는 부모님이 숨을 거둔 직후부터 탈상 때까지 자식으로 하여금 당신들에 대한 슬픔의 정을 시간의 경과에 따라 적절히 풀어내도록 나름대로 '합리적으로' 정해놓은 규범적 절차라 할 수 있다. 자식은 이를 거치면서 당신들의 삶의 여운을 점차로 흐리고 죽음을 사실로 받아들여간다. 또한 그는 긴 과정에서 죽음의 의미를 되새기고 삶과 죽음의 관계를 원만하게 정리하기도 한다. 우리 선조들이 자신의 수의를 미리 만들어 입어보기도 하고, 또 자신이 묻힐 무덤을 미리 치표(置標)해 두는 등 죽음을 일상의 일처럼 여기면서 불안감을 갖지 않았던 것이나, 또는 사후의 종교 신앙을 갖지 않았던 까닭이 여기에 있을 것이다.

이상으로 이 시대에 특유한 감정의 빈곤 현상을 비극적 감정의 평범성과 개인주의적 빈곤성, '감정의 맥도날드화', 그리고 '인스턴트 장례식' 등의 사례에서 살펴보았다. 그러면 그처럼 메마르고 죽어버린 감정을 어떻게 하면 되살려낼 수 있을까? 참으로 복잡하고도 지난한 문제이다. 그것은 크게는 사회 체제를 총체적으로 개편하는 혁명적 작업을 필요로 할 것이다. 하지만 감정의 문제를 내 밖의 외재적인 힘에만 의존하여 해결하려 해서는 안 된다. 무엇보다도 먼저 개개인이 자신의 감정에 대해 주의 깊고 비판적인 성찰을 하지 않으면 안 된다. 자신의 감정이 얼마나 무디고 메말라 있는지, 또는 조작되어 있는지를 되돌아보면서 생명적 감정을 되살려 내야 한다. 물론 이는 시류에 휩쓸리지 않고 냉정하게 사리를 판단할 줄 아는 지혜를 당연히 필요로 한다. 그렇게 해서 세계와 삶을 생생하게 대면하면서 올바른 도덕을 모색해 나가야 한다. 이는 학자나 전문가들만의 책상머리 주제가 아니다. 그것은 이 시대를 살아가는 모든 사람들이 일상생활 속에서 반드시 행해야 할 중차대한 과제이다. 감정이 생동하고 도덕심이 충만한 삶을 위해서 말이다.

그러면 어떻게 하면 도덕심을 키울 수 있을까? 도덕이 단순히 이성의 명령이라면 도덕심은 학교 교육과 자기 훈련을 통해 이성능력을 제고하는 노력 속에서 배양될 수 있을 것이다. 하지만 그것만으로는 충분하지 않다. 우리가 자주 경험하는 것처럼 선악의 갈림길에서, 또는 이기심과 욕심에 가려, 이성은 무력해지기 일쑤다. 오히려 이성은 이해득실을 계산하면서 욕심을 채우기 위한 도구로 이용되기까지 한다. 이른바 '도구적 이성'이 그것이다. 그러므로 이념적이고 윤리적인 이성의 힘을 길러야 한다. 이에 더하여 개인주의적인 사고를 넘어 자타간 공감의 능력을 함양할 필요도 있다. 그것은 도덕심을 배양하는데 커다란 힘이 되기 때문이다. 예술교육이 갖는 한 가지 의의가 여기에 있다. 다음의 글을 읽어보자.

> 냉정한 이성은 상상력과 감정이 도와주지 않는 한 우리의 도의심을 움직일 힘이 없다. 그러므로 예술은 과학 이상으로 우리의 공감을 불러일으키고 우리의 도덕적인 맹점을 움직이게 해주는 위대한 문화적 수단이다. 예술은 그것 없이는 심원하고 생생한 도덕성이 있을 수 없는 감정의 공동체가 창조되는 것을 무한히 도울 수 있다. (『예술과 인간가치』)

상상력과 공감의 배양은 예술 분야를 떠나 일상의 세계에서도 가능하다. 공자의 이른바 '충서(忠恕)'의 정신이 그 한 예에 해당된다. 한마디로 그것은 역지사지(易地思之)를 통한 배려와 보살핌의 정신을 뜻한다. 공자는 말한다. "내가 원하지 않는 것을 남에게 행하지 말라[己所不欲勿施於人]."(『논어』) 나의 소망이 상대방에게 피해가 되는 것은 아닌지 생각해 보아야 한다는 것이다. 이처럼 평소 자기중심적이던 사고방식을 버리고 상대방의 입장에 서보면 그를 이해할 수 있을 뿐만 아니라 자신의 이기적인 태도를 부끄러워하면서 거두게 될 것이다.

이러한 상상과 공감 속에서 도덕심이 자연스럽게 배양될 것이다. 특히 남의 아픔과 불행을 공감하는 가운데 나의 마음 깊은 곳에서 연민과 자애의 정조가 따뜻하게 피어오를 것이다. 그러한 도덕심은 인간뿐만 아니라 생로병사의 운명을 함께 하는 모든 생명체에게까지 확대될 수 있다. 냉정한 이성으로는 도달될 수 없는, 우주 만물을 품어 안는 생명애(生命愛)의 지평이 거기에서 열린다. 그러므로 문화인류학자 레비스트로스의 말처럼, "지혜 중에서 가장 보편적인 동시에 필요한 지혜는 연민에 충실한, 또는 연민에 근거한 지혜다." 우리는 이의 역사적 실례를 석가모니의 자비와 공자의 인(仁)과 예수의 박애(博愛)에서 본다.

제2장 상제(上帝) 신앙

상제께서 너를 내려다보시니 마음에 의혹을 품지 마라.

[上帝臨女, 無貳爾心.]

의혹하거나 염려하지 마라. 상제께서 너를 내려다보고 계시나니라.

[無貳無虞, 上帝臨女.]

『시경』의 글이다. 그 내용은 원래 중국 주(周)나라의 창업주인 무왕(武王)이 은(殷)나라에 혁명을 일으키는 자리에서 동요하는 병사들을 안심시키기 위해 행한 것이지만, 훗날 선비들은 이를 수양론적인 의미로 바꾸어 해석하였다. 그런데 거기에는 수양론을 넘어 그들의 종교 관념까지 들여다 볼 수 있게 해주는 중요한 요소가 들어 있다.

사람에게는 본래 주변의 사물들이 어지럽고 무질서하게 널려 있는 것을 그냥 놓아두지 못하고 정리 정돈하려는 성향이 있다. 혼란과 무질서는 내심 산란하고 불안한 마음을 불러일으키기 때문이다. 그러한 마음은 아마도 진화의 산물이 아닐까 생각된다. 인류의 출현 이래로 사람들이 어지럽고 무질서한 환경에서는 예측하기 어려운 사태와 불의의 공격에 살아남기 어렵다는 체험적 인식이 장구한 세월 동안 무의식으로 가라앉으면서 하나의 유전자로 형성되게 된 것이다. 그러므로 사람에게 정리 정돈과 질서의 욕구는 역시 일종의 본능이라 할 수 있을 것이다.

정리와 질서의 욕구는 일상사에서만 발동되는 것이 아니다. 그것은 생활현장에 앞서 관념의 세계에서도 마찬가지로 작용한다. 사람들은 일상생활 속에서 사고의 혼란을 견디지 못하고 어떻게든 정리하려 한다. 이를테면 우리는 삶과 죽음, 존재와 무의 부조리에 심한 정신적 현기증을 느끼면서, 그것들을 고차원의 의미질서 속에서 정합적으로 이해하여 안심입명하려 한다. 많은 사람들이 젊은 시절에 한번쯤 홍역처럼 치렀을 삶의 방황은 어쩌면 그러한 의미질서를 발견하지 못하고 정신이 혼란에 빠진 현상일 것이다. 그들이 나이가 들어가면서 점점 운명론적이거나 또는 종교적이 되는 것도 세상사를 어떤 초월적인 힘의 작용으로 이해함으로써 삶의 부조리와 혼란을 해소하려는 무의식의 발로라 할 수도 있다.

인간에게는 그처럼 현상세계 너머의 초월적 실재를 찾으려는 '형이상학의 충동'이 있다. 사람들은 무상하게 변전하는 현실에 안주하지 못하고, 삶과 죽음, 존재와 무의 근원적 대립까지도 통일적으로 설명해줄 수 있는 세계의 근원적 실재를, 또는 우주의 제일 원리를 끊임없이 찾아 나선다. 어느 뇌신경 과학자는 말한다. "실제로 사람은 쉽사리 자기 초월을 할 수 있는 타고난 재능을 지닌 선천적인 신비주의자다."(『신은 왜 우리 곁을 떠나지 않는가』) 또 어느 철학자는 말한다. "확실히 형이상학은 인간 이성에게는 억제할 수 없는 유혹, 끊임없이 되살아나는 유혹이다."(『지식과 이성』) 이는 물론 학자의 전유물이 아니다. 그것은 인류에게 보편적이다. 유사 이래 사람들이 갖가지로 만들어온 수많은 신화와 종교들이 이를 단적으로 예증한다. 그것들은 제각기 나름대로 만물의 근원적인 실재를 상상하고 세계의 다양한 현상들을 통일적으로 설명하면서, 그 안에 인간의 위상과 삶의 지침을 마련하여 사람들에게 안심 입명할 길을 제시한다.

종교의 의의가 여기에서 드러난다. 그것은 사람들에게 세계 만물의 근원적 실재를 제시하여 그들이 경험적 탐구만으로는 해소되지 않는 정신적 혼란과, 덧없는 삶에서 겪는 실존의 불안을, 죽음의 공포를 극복하게 해준다. 저 '근원적 실재'란 신과 같은 초월적 존재만을 뜻하지 않는다. 만물의 생성쇠멸 등 모든 현상을 통일적으로 설명해주며, 사람들의 삶의 구석구석에까지 궁극적인 의미를 제공할 수 있는 것이면 모두 거기에 해당된다. 그러므로 불교에서 볼 수 있는 것처럼, 신의 유무는 종교의 필수 조건이 아니다. 사람들이 삶에서 궁극적으로 의존할 수 있는 무엇을 내놓는다면 그것은 종교가 될 수 있다. 학자들은 말한다. "종교는 우리들이 의존하고 있다는 절대적인 감정 내에 존재한다."(『인간과 세계』) "종교란 인간의 삶의 모든 측면에 궁극적인 의미를 제공하는 모든 인간 존재의 영적인 원천이다."(『동양의 종교』)

그러면 우리의 유교는 어떠할까? 사람들은 흔히 유신론의 관점에서, 그리고 사찰이나 성당, 교회와 같이 예배와 신앙의 장소를 갖고 있지 않다는 점에서 그것의 종교성을 부정한다. 하지만 종교의 의미를 위와 같이 이해한다면 유교를 종교라 말해도 무방할 것이다. 선비들 역시 세계 만물의 근원적 실재와 우주의 제일 원리를 탐구하면서 삶의 궁극적인 의미와 영적인 원천을 거기에서 찾고 있기 때문이다. 그들은 인간의 탄생과 죽음 너머 사람들이 의존하는바, 삶의 궁극적 근원이자 귀의처가 있음을 믿어 의심치 않았다. 일례로 일반인들에게도 익숙한 태극(太極)이 그것에 해당된다. 『주역』은 말한다. "모든 생성 변화의 근저에는 태극이 있다[易有太極]."

태극의 '극'은 원래 집의 용마루를 뜻한다. 그것은 전통 가옥의 구조상 모든 서까래들이 걸치는 중추적인 뼈대에 해당된다. 태극은 이것이 형이상학적 개념으로 은유된 것이다. 말하자면 그것은 우주라고 하는 무한 무변의 집을 그 중심에서 지탱하며, 만물이 그들의 존재를 의존하면서 생성 변화하는 보이지 않는 '큰 용마루'이다. 철학적으로 말하면 그것은 만물의 생성 변화를 총괄하는 우주의 대동맥이다. 우리 태극기의 문양은 바로 그것의 작용 양태를 추상적으로 도형화한 것이다.

그런데 여기에서 우리가 주목해야 할 점이 있다. 선비들이 세계의 근원적 실재를 규명하는데 여러 용어들을 동원하고 있다는 사실이다. 천(天), 도(道), 리(理) 등이 그것이다. 그들은 그것을 해당 문맥과 적용 사례에 따라서 편의적으로 구사한다. 그 까닭이 어디에 있을까? 먼저 퇴계(退溪)의 말을 들어보자. "천지 변화의 신비와 음양 성쇠의 미묘함을 언어로 형용하기란 원래 불가능하다."(『퇴계전서』) 하물며 그러한 천지 변화와 음양 성쇠를 통섭하는 궁극적 근원을 한 두 마디의 말로 형용하기란 더더욱 불가능한 일이다. 기본적으로 언어는 일상생활에서 사물의 특수한 일면을 밝히고 전하기 위해 고안된 도구이기 때문이다. 그러므로 만물의 생성변화를 전체적으로 아우르는 근원적 실재의 모습을 남김없이 드러내는 것은 언어의 한계를 넘는다. 혹자의 말처럼 "무한자가 선명하게 정의된다면 이는 곧 무한자일 수 없게 된다."(『선학(禪學)의 황금시대』)

그리하여 선비들은 "글은 말을 다 표현하지 못하고, 말은 뜻을 다 드러내지 못한다[書不盡言, 言不盡意]."(『주역』)는 인식 속에서 세계의 근원적 실재를 여러 각도로 살피면서 천, 도, 리, 태극 등의 용어들을 내놓는다. 이는 그들의 형이상학적 사고가 명료하지 못함을 드러내는 모습이 아니다. 그들은 언어의 한계를 자각하면서 세계 만물의 근원적 실재를 바라보는 각도에 따라 다양하게 성찰하고 있기 때문이다. 이는 그것을 한 두 마디의 용어로 고집하고 주장하는 일부 신앙인들의 무지 섞인 오만과는 달리, 열린 안목으로 대상을 살피려는 지적인 겸손을 보여준다. 그러므로 오늘날의 관점에서 살피면 선비들의 형이상학적 실재 관념은 여타의 철학이나 종교상의 그것들과 충분히 융통될 수 있다.

'상제'의 관념이 그 한 예에 해당된다. 그것은 인격신과도 같다. 선비들은 만물의 생성변화 이면에 이를 주재하는 어떤 절대자가 있는 것 같다는 느낌에서 상제를 상념하였다. 그것은 만물의 생성과 변화가 우연히 일어나지 않고 일정한 질서와 법칙을 갖는다는 점에서, 마치 하늘나라에 그것을 주재하는 신이 있는 것 같다고 여기는 사람들의 신화적인 정서를 수용하고 있다. 상제가 '하늘' 관념과 상통하는 것도 이러한 인식에서다. 물론 이때 하늘은 가시적인 형체 이전에 만물을 아우르며 그들의 생성쇠멸을 주관하는 창조적 역량으로 여겨진다. 『주역』은 말한다. "천지는 만물을 생육하는 위대한 역량을 갖고 있다[天地之大德曰生]."

상제는 삶에서 겪는 각종의 의혹과 염려를 떨치게 해주는 크나큰 힘으로 작용한다. 사람들은 생로병사의 문제나, 그밖에 예측할 수 없는 미래의 일들 앞에서 수많은 의혹과 염려를 갖고 살아간다. 인생이 본래 그러한 것이며, 그리고 그것이 아무리 자기 발전과 향상의 원동력이라 하더라도, 그 과정에서 겪을 수밖에 없는 크고 작은 불안과 번민, 고통은 때로 감내하기가 어렵다. 그러니 "인생은 고해(苦海)"라는 말이 나올 법도 하다. 살아가면서 아무런 의혹과 염려가 없다면 불안하고 고민할 일이 무엇 있겠는가. 화담(花潭) 서경덕(徐敬德: 1489~1546)

의 시를 한 편 읽어보자.

> 젊어 글 읽을 시절에는 세상의 경륜에 뜻을 두었지만
> 늘그막에 이르니 안자(顏子)의 가난이 도리어 맛있구나.
> 부귀는 다투는 사람이 많으니 손 내밀기가 어렵고
> 숲과 샘은 막는 이가 없으니 몸을 편안히 할 수 있어라.
> 산나물 캐고 낚시질하여 그런 대로 배를 채우고
> 달을 노래하고 바람을 읊조리며 마음껏 심사를 펼친다.
> 배움이 의혹을 넘어 쾌활함을 알겠으니
> 인생 백년을 헛되게 사는 것은 면했어라.
> 讀書當日志經綸　　晩歲還甘顏氏貧
> 富貴有爭難下手　　林泉無禁可安身
> 採山釣水堪充腹　　詠月吟風足暢神
> 學到不疑知快活　　免教虛作百年人　(〈述懷〉)

정말 부귀의 세계는 '고해'가 아닐 수 없다. 경제적으로 부유하고 사회적으로 높은 자리를 얻고 싶은 바램은 사람들에게 수많은 의심과 염려, 불안과 걱정을 야기한다. 아니 '다투는 사람이 많은' 그 세계에서 살아남으려면 무슨 일이든 의심하고 염려해야 한다. 이해득실의 현장에서 남들의 손길을 의심하고, 자신의 지분을 염려하면서, 세상을 향해 저항하고, 고슴도치처럼 자기 방어의 털을 날카롭게 세워야 한다. 한편으로는 왜 그렇게 모질게 살아야 하는지 때때로 자신을 회의하기도 하지만, 거기에 빠져들면 살아남지 못한다. 이에 더하여 질병과 늙음, 죽음을 생각하면 처연하다 못해 허무한 마음이 들기까지 할 것이다. 그러므로 의심과 염려는 괴로움과 불행의 온상이다.

선생은 여기에서 벗어날 수 있는 길을 '안자의 가난'과 '숲과 샘, 달과 바람'에서 찾았다. 공자의 제자인 안자는 끼니를 자주 거를 정도의 가난 속에서도 삶의 즐거움을 잃지 않았던 현자로써, 선비들에게는 이른바 '안빈낙도(安貧樂道)'의 표상이었다. 그들을 그처럼 가난 속에서도 행복을 누릴 수 있게 해준 것은 바로 진리정신[道]이었다. 그것은 부귀빈천의 현실에서 그를 구원해주는 핵심이었다. 그러므로 "진리가 너희를 자유케 하리라"는 예수님의 말씀은 명언 중의 명언이다. 선생이 '인생 백년을 헛되게 사는 것은 면했다'고 읊은 것도 그러한 진리정신에 대한 자부심에서 나온 것이었다.

한편 선생은 '숲과 샘, 달과 바람'에서도 삶의 '쾌활'을 찾았다. 사실 '부귀를 다투는' 세상과 달리, 자연의 아름다운 풍경들은 어떤 의혹도, 긴장이나 불안, 염려도 끼치지 않는다. 우리는 자연에 대해 경계심을 품으면서 그와 대항하여 자신의 존재를 입증하고 주장할 필요가 없다. 오히려 자연은 대립과 다툼의 현실을 넘어 사람들에게 안식과 평화를 제공하는 영원한 휴식처요 존재의 요람이다. 그러므로 그것은 삶의 '쾌활'을 누릴 수 있는 풍요로운 자리이다. '달을 노래하고 바람을 읊조리는' 풍류정신이 여기에서 발동된다. 풍류란 현실의 모든 의혹과 염려를 벗어나 사물을 관조하고 유희하는 것을 뜻한다. 이러한 풍류정신이 일으키는 미적 자유와 쾌감은 현실생활에서 겪을 수밖에 없는 온갖 의혹과 염려를 충분히 떨쳐버리고도 남음이 있을 것이다.

이처럼 선생에게 '배움이 의혹을 넘어 쾌활함을 알게'해준 진리정신과 자연은 상제와 무관한 것이 아니다. 진리는 상제에 의해 부여된 인간 고유의 정신이요, 자연 역시 상제의 주재 하에 있기 때문이다. 신화적 정서상에서 살피면 진리는 상제의 말씀이요, 자연만물은 상제의 작품이다. 『서경』은 말한다. "위대한 상제께서 만민에게 참마음을 부여하셨다[惟皇上帝, 降衷于下民]." 선생은 그 '참마음', 달리 말하면 진리의 정신으로 삶에 나서고 자연을 유희한 것이다. 최상의 '쾌활함'이 거기에서 생겨난다.

이제 우리가 일상에서 겪는 의혹과 염려의 문제로 돌아와 보자. 사람들은 그처럼 편치 못한 마음으로부터 생겨나는 근심 걱정과 불안을 떨쳐내기 위해 갖가지 계책을 쓴다. 예컨대 음악으로, 또는 독서로, 술로, 약물로, 심지어 마약 등등으로 저마다 다른 수단 방법을 동원한다. 하지만 그렇게 해서 얻는 마음의 안정과 평화는 일시적일 뿐이다. 그것은 진정제나 마취제의 효과와도 같다. 그러므로 그 약효가 떨어지면 다시 의혹과 염려, 불안, 근심 걱정이 고개를 들고 사람을 괴롭힌다.

그렇다면 지속적인 효과를 얻을 수 있는 방법이 없을까? 역시 불안하긴 하지만 한 가지가 있다. 운명으로 마음의 격려와 위안을 찾는 일이다. 이를테면 남녀가 결혼을 앞두고, 또는 사업가가 일을 시작하기에 앞서 사주를 보고 점집을 찾아가는 것은 예측할 수 없는 미래에 대한 의혹과 염려, 불안을 운명에 의존하여 해소하려는 마음에서다. 하지만 이 역시 의혹과 염려를 말끔히 떨치기에는 역시 미덥지가 않다. 철저한 운명론자가 아닌 한, 자신의 삶을 운명에만 내맡기지 못할 것이며, 일의 좌절과 실패 앞에서 불운을 탓하는 자학의 고통을 피할 수 없을 것이기 때문이다.

그러면 그처럼 일시적이고 자위적인 것을 넘어 온갖 의혹과 염려를 말끔히 씻어줄, 그리하여 최상의 행복을 얻을 수 있는 방법이 없을까? 우리는 그것을 종교에서 찾아볼 수 있다. 현세의 삶을 주재하는 신(절대자)을 믿는 것이다. 만약 어떤 사람이 자신의 삶을 온전히 신의 뜻으로 이해한다면 그 어떤 고난과 역경도, 나아가 죽음까지도 아무런 의심과 염려 없이 겸허하게 받아들일 것이다. 사람들이 신 앞에서 경건히 무릎 꿇어 찬송하고 예배하는 뜻이 여기에 있을 것이다. 사실 종교는 사람들이 삶에서 겪을 수밖에 없는 갖가지의 의혹과 염려를 넘어 마음의 안정과 평화를 찾기 위해 고안된 실존적 사고의 한 유형이다.

"상제께서 너를 내려다보시니 마음에 의혹을 품지 마라."거나, "의혹하거나 염려하지 마라. 상제께서 너를 내려다보고 계시나니라" 고 말한 뜻을 우리는 이러한 관점에서 살펴볼 수 있다. 만약 상제(신)가 이 세상과 삶을 주재하심을 믿는 사람이라면 매사에 상제의 뜻을 경건히 받들어 행하려 할 것이다. 의혹과 염려는 상제의 뜻을 헤아리지 못하고 오직 자신의 관점에서만 삶에 나서는 마음에서 비롯되는 것일 뿐이다. 상제를 진심으로 신앙한다면 이러저러한 이해득실의 현장에서도 일말의 의혹과 염려도 품지 않고 상제의 뜻에 따라 삶에 결연히 나설 것이다.

선비들은 이처럼 상제를 삶의 한 중심에 두고서 마음가짐과 행동거지를 경건하게 유지하는 바탕으로 삼았다. 그들은 상제가 자신을 항상 내려다본다고 여겨 매사에 외경의 자세를 견지하였다. 상제는 그들의 삶에서 일어나는 갖가지의 의혹과 염려를 넘어 경건하고 순수한 마음을 갖게 해주는 강력한 힘으로 작용하였다. 중국 송나라의 주희(朱熹: 1130~1200)의 글을 읽어보자.

> 공부하는 사람들이 저 시를 읊으면서 마치 상제가 실제로 강림하신 듯 경건하게 나선다면 흐트러진 생각을 막고 순수한 마음을 갖는데 어찌 큰 도움이 되지 않겠는가. 또한 의로운 일을 꼭 행하

려는 용기가 없거나, 또는 이해득실 앞에서 의혹의 마음이 일어난다면, 저 시의 뜻을 음미하면서 삶에 결연히 나서야 한다.

(『심경부주』)

퇴계는 이 글을 읽고 가졌던 소감을 다음과 같이 말한다. "나는 이 대문을 매우 좋아하여 그것을 읽을 때마다 감격스럽고, 또 나약한 마음을 분발하기도 합니다." (『퇴계전서』)

우리는 여기에서 오늘날과는 다른 참다운 신앙의 모습을 엿본다. 주변에서 흔히 목도되는 것처럼, 일부 성직자들은 종교를 권세와 재물을 얻고 불리기 위한 방편으로 이용하고, 일반인들은 믿음을 순전히 기복의 차원에서 행한다. 거기에서 신은 허울에 지나지 않으며, 더 이상 세계와 삶의 주재자로 기능하지 못한다. 신은 그들의 이기적인 목적에 봉사하는 존재로 사물화 되고 말았다. 사람들의 마음 깊이 살아 있으면서 그들에게 삶의 의미를 깨우쳐주며 성령을 불러일으키는 위대한 '당신'이 아니라, 기껏 기복을 위한 예배의 대상으로만 취급되는 '그것'일 뿐이다. 그러므로 종교는 갈수록 성행하는데 정작 "신은 죽었다."고 선고해야 할 판이다.

당연하게도 신의 죽음은 곧 인간의 죽음을 초래한다. 인간 존재의 궁극적인 근원을 상실한 터에 사람들은 참삶의 길을 알지 못하고 끝없는 의혹과 염려, 불안과 방황을 면하지 못할 것이다. 그들은 신이 사라진 덧없는 세상에서 부귀영화만 찾아 헤매느라 여념이 없다. 특히 재물을 신처럼 숭배하게 만드는 자본주의는 존재의 외화내빈을 더욱 조장한다. 역설적이게도 그럴수록 자신들의 궁극적 귀의처를 갈망하지만, '나'를 버리고 겸허하게 '당신'의 뜻을 헤아리는 진정성이 없는 한, 존재의 결핍과 실존의 방황은 계속될 수밖에 없을 것이다. 사람들의 부박하고 세속적인 삶을 구원해야 할 종교가 그 본연의 과제를 방기하고 있으니 누가 맑고 고결한 영혼의 길을 안내해 줄까.

제3장 상제의 내면화

네가 사람들과 교유하는 것을 보니 화평하고 부드러운 얼굴로 나서면서, "나에게 무슨 잘못이나 없을까?" 하고 자성하며 조심하는구나. 하지만 네가 방안에 혼자 있을 때조차도 방 한구석에조차 부끄러울 일이 있어서는 안 된다. 방안은 혼자 있는 곳이라서 남들이 나를 바라보지 않는다고 여겨서는 안 된다. 신이 강림하심을 헤아릴 수 없거늘 외면해서 되겠는가.
[視爾友君子, 輯柔爾顔, 不遐有愆. 相在爾室, 尙不愧于屋漏. 無曰不顯, 莫予云覯. 神之格思, 不可度思, 矧可射思,]

『시경』의 글이다. 선비들의 상제신앙은 일견 신 중심의 다른 종교들과 별로 다를 게 없어 보인다. 상제를 삶의 한 가운데에 두고서 그 눈빛을 느끼면서 엄숙하고 경건하게 살려 했던 그들의 태도는 오늘날의 종교사회에 결코 낯선 모습이 아니다. 그런데 결정적으로 다른 점이 있다. 선비들은 상제를 제단에 모셔두고서 예물을 봉헌하거나 주기적으로 배례하면서 복을 빌지 않았다는 것이다. 정작 그들의 관심은 상제에 의해 부여된 사람됨의 의미와 삶의 가치를 진지하게 숙고하고 경건하게 실현하려는 데 있었다. 앞서 인용한 것처럼 "위대한 상제께서 만민에게 참마음을 부여하셨다.” 그리하여 그들의 상제 신앙은 주로 자기 안의 ‘참마음’을 깨닫고 그것을 일상 속에서 실현하는 방향으로 발전하였다. 그들은 상제의 강림을 상상하면서 자신의 마음과 행동거지를 다스려 나갔다.

선비들은 어째서 상제를 삶의 전면에 등장시켜 섬기지 않고 배후에서 자신을 감찰하는 존재로만 놓아두었을까? 그것은 아마도 그들의 학문적 태도에 기인하는 것처럼 보인다. 상제는 주로 그들의 교과목인 『시경』과 『서경』에 단편적으로 언급되는데, 그 책들은 학문적 탐구와 문학적 음영의 자료였지 상제의 말씀을 기록한 성서가 아니었다. 그러므로 그들은 그것들을 통해서 종교적 신심을 배양하기보다는 학문적 이성과 예술 정신을 길러나갔다. 만약 상제 관념이 선비들의 학문적 관심사가 아니라 민중들의 실생활 속에서 배태되었다면, 아마도 그것은 신 중심의 종교 신앙으로 발전했을지도 모른다.

물론 그렇다고 해서 상제가 학문적 탐구의 대상이기만 한 것은 아니었다. 앞서 살핀 것처럼 선비들은 이성의 막다른 골목에서, 이성으로는 헤아릴 수 없는 만물의 존재근원을 마주할 때마다 상제의 존재를 다시 환기하였다. 인간의 삶과 만물의 생성쇠멸을 주재하는 것 같은 초월적인 힘을 마음 깊이 느끼면서 그들은 상제를 상념하였다. 다만 그들의 학문적 이성은 상제를 전면에 등장시켜 우상화하면서 신앙하기보다는, 일상생활로 모시고 와서 사람들의 행동거지를 감찰하는 배후의 존재로만 받아들였다. 나아가 상제에 의해 부여된 참마음의 유지와 실현에 관심을 집중하였다. 이 점은 뒤에 살필 주자의 〈존덕성재명(尊德性齋銘)〉에 확실하게 드러난다.

그러면 선비들은 일상생활에서 상제(신)를 어떻게 내면화했을까? 그것은 일차적으로 외경의 정신으로 나타났다. 이는 그들이 상제를 경건히 섬기며 받들었다는 뜻이 아니다. 그들의 외경의 정신은 자신의 삶으로 향하였다. 자신이 이 세상에 탄생한 근원적 배경에는 상제가 있다고 믿었던 만큼, 그들은 상제의 뜻을 헤아리면서 자신의 몸을 소중히 하고 일거일동에 경건히 나서지 않을 수 없었다. 퇴계가 임금에게 "하늘을 공경하고 두려워할 것"을 강조한 뜻이 여기에 있었다. 여기에서 '하늘'이란 상제와 통용되는 개념이다. 선생이 임금에게 강론한 『시경』의 시구를 한 번 읽어보자.

공경하고 공경하라.
하늘은 밝으시니
하늘의 뜻을 지키기 쉽지 않느니라.
하늘이 높이 있다고 말하지 마라.
강림하여 나의 삶을
날마다 살피며 여기에 계시니라
敬之敬之
天維顯思
命不易哉
無日高高在上
陟降厥士
日監在玆

이는 임금이 상제를 우상처럼 받들어야 함을 강조하기 위한 것이 아니었다. 그것은 상제에 의해 부여된 위정자의 직분을 다해야 한다는 뜻이었다. 확대해서 말한다면, 모든 사람은 지위 여하를 막론하고 일상생활에서 '하늘(상제)의 뜻'을 공경히 받들어 행해야 한다. 하지만 그 뜻을 어떻게 알 수 있을까? 그것은 이성으로 해독될 수밖에 없을 것이다. 상제의 말씀이 기록된 성서가 존재하지 않기 때문이다. "천은 곧 리[天卽理]"라는 철학적 명제가 나온 배경이 여기에 있다. 여기에서도 '천'은 역시 상제와 통용될 수 있는 개념이다. 어느 학자는 말한다. "천(天)이 리(理)이란 말은 이와 같은 초월적이거나 혹은 알 수 없는 힘의 지배로부터 인간을 해방시켜 자신의 이성으로 세계를 인식하기 시작했다는 것을 의미한다."(『중국의 예치 시스템』)

그리하여 선비들은 상제(天)를 배경에 두고서 자신의 이성으로 인간 존재와 삶의 이치를 강구하였다. 그것은 특히 일상생활 속에서 도덕관념으로 드러났다. 상제의 강림과 감찰이 일상생활만큼 두드러진 곳이 없기 때문이다. 선비들의 학문정신이 고도의 지식을 추구하면서도 항상 윤리도덕의 현실세계로 되돌아왔던 한 가지 이유도 여기에 있을 것이다. 그들의 도덕정신이 "사람들과 교유하는" 공적인 자리에서는 물론, "남들이 바라보지 않는 방안"의 사생활에서까지 민감하게 발동되었던 것도 이러한 까닭에서였다. 그들의 도덕정신으로 내면화된 상제는 언제, 어디서든 "강림하여 나의 삶을 날마다 살피며 여기에 계시"기 때문이다.

선비들의 도덕정신의 한 가지 특징이 여기에서 드러난다. 일반적으로 말하면, 도덕이란 사람들이 공동생활 속에서 자타 간에 지켜야 할 행위규범을 뜻한다. 남과의 관계를 전제하지 않는 도덕을 우리는 상상할 수 없다. 숲속에 들어가 혼자 살면서 지켜야 할 도덕이 무엇 있을까? 그러므로 인간은 사회적 존재인 만큼 도덕적일 수밖에 없다. 도덕은 인간의 사회적 본성이다. 부도덕한 사람이 사회에 적응하지 못함은 물론이고 남들로부터 비인간적이라는 비난을 들으면서 외면당하는 것도 이 때문이다.

그런데 선비들의 도덕정신은 이와 다르다. 그들은 남들과의 관계 이전에 스스로 지켜야 할 인간의 존엄성과 품위를 중요시하였다. 인간은 동물과는 달리 존엄한 존재로 이 세상에 태어난 만큼 품위 있게 행동해야 한다는 것이다. 그것이 자신에 대한 예의요 도리이다. 『예기』는 '구용(九容)'이라는 말로 다음과 같이 강조한다.

> 발걸음은 장중하게, 손놀림은 공손하게, 시선은 바르게, 입은 과묵하게, 목소리는 조용하게, 머리는 똑바로, 기상은 엄숙하게, 서 있는 모습은 덕스럽게, 얼굴빛은 단아하게 하라.
> [足容重, 手容恭, 目容端, 口容止, 聲容靜, 頭容直, 氣容肅, 立容德, 色容莊]

우리는 여기에서 선비들의 품위 있고 아름다운 행동거지를 상상해볼 수 있다. 선비들은 이를 단순히 행동거지 상에서만 꾸미지 않았다. 그들의 품위는 인간의 존엄성에 대한 자각 위에서 나왔다. 아니 어쩌면 거기에는 상제 신앙이 깊게 깔려 있을 수도 있다. "상제가 강림하여 나의 삶을 날마다 살피"므로, 말 한 마디와 거동의 한 순간도 흐트러짐이 있어서는 안 된다는 것이다. 퇴계는 〈서명(西銘)〉이라는 글을 임금에게 강의하는 자리에서, "방 한구석에조차 부끄럽지 않은 것이 부모를 욕되게 하지 않는 것"이라는 구절을 다음과 같이 해설한다. "마땅히 경계하고 두려워하며 삼가고 조심하여 방구석 은밀한 곳에서도 부끄럼 없이 나서라는 것이며, (중략) 악한 일을 하여 부모님을 욕되게 하지 말라는 것입니다. 이는 하늘에 욕되지 않는 자식이 될 것을 비유한 것입니다."(『퇴계전서』) 여기에서 '하늘'이란 역시 상제와 통용되는 개념임은 물론이다.

선비들의 도덕정신은 행동거지 이전에 내면의 마음속에서까지 작동하였다. 그릇된, 또는 흐트러진 마음속에서는, 올바른 행동이 나올 수 없다는 이유에서만 그러했던 것이 아니다. 상제는 나의 마음속까지도 들여다보고 있기 때문에 사려와 의지는 물론, 한 순간의 감정까지도 삿되거나 방자해서는 안 된다는 것이다. 이에 관해서는 아래에 '신독(愼獨)'을 논의하는 자리에서 보다 상론하려 하지만, 퇴계가 마음공부를 그토록 중요시한 것도 이러한 까닭에서였다. 『심경(心經)』은 그것의 요체를 담고 있는 책이다. 선생은 이 책을 두고 "신령처럼 믿고 엄한 아버지처럼 공경했다."고 술회하고 있다.

선비들의 도덕정신에는 하나의 정조가 일관되게 깔려 있다. 외경(경건)의 정신이 그것이다. 그들은 상제를 우러르듯 경건한 마음속에서 자기 존재의 소명을 자각하고 도덕성의 빛을 밝히려 하였다. 그들은 "위대한 상제께서 부여하신 참마음"을 외경의 정신 속에서 부단히 일깨우고 삶 속에서 펼치려 하였다. 그들에게 외경의 정신은 자신의 존재 본질을 구현하고 마음속 참다운 본성을 실현하게 해주는 최상의 힘이었다. 요컨대 선비들의 삶 저변에는 외경의 정신이 일관되게 깔려 있다. 퇴계의 〈성학십도(聖學十圖)〉에 실린 '숙흥야매잠(夙興夜寐箴)'의 글은 그 모습을 잘 보여준다.

> 닭 울음소리에 잠에서 깨어나 생각이 차츰 내달리면, 어찌 그사이에 마음을 맑게 가다듬지 않으리오.
> 어제의 잘못을 살피기도 하고 혹은 새로운 생각도 풀어나가, 그것들을 명료하게 정리하고 묵묵히 깨달으라.
> 마음이 정돈되면 이른 새벽에 일어나 세수하고 머리 빗고 의관을 차리고서 단정히 앉아 몸을 추스르라.

마음을 수습하여 떠오르는 태양처럼 밝게 하고 몸가짐을 엄전하게 하면서, 마음을 텅 비우고 맑고 고요하고 오롯하게 하라.
이어 책을 펼쳐 성현을 대할 때에는 마치 공자께서 앉아 계신 듯, 안자와 증자가 앞뒤에 있는 듯 여겨라.
성현의 말씀을 온몸으로 경건히 경청하고, 제자들과의 문답을 반복, 참고하며 잘못을 바로잡아라.
일이 생기면 이에 응하여 실천에 나서고, 하늘의 밝은 소명을 항상 마음에 두어 잊지 않도록 하라.
일이 끝나면 이전으로 돌아가, 마음을 고요히 지켜 정신을 모으고 생각을 쉬도록 하라.
일상의 생활에서 마음을 중심에 세워, 일이 없을 때는 마음을 고요 속에 두고, 일에 임해서는 성찰의 힘을 발휘하여 마음이 두 갈래 세 갈래로 나뉘지 않도록 하라.
글 읽다가 쉬는 여가에 틈틈이 그 뜻을 음미하고, 정신을 화평하게 가져 성정(性情)을 기르도록 하라.
날 저물어 피곤해지면 기운이 혼매해지기 쉬우니, 단정하게 재계하여 밝고 순수한 기운을 북돋으라.
밤이 깊어 잠자리에 들어서는 손발을 가지런히 거두고 생각을 일으키지 말아 심신(心神)이 돌아가 쉬게 하라.
맑고 고요한 밤기운으로 마음을 길러 순수한 정신을 보전하면 생명의 원기를 회복하리니, 평소 생각을 여기에 두어 밤낮으로 부지런히 노력하라.

이상으로 살핀 상제의 내면화는 오늘날 기독교의 '섬김'의 정신과 일맥상통하는 부분이 있다. 하느님이 교회 안에만 있는 것이 아니요 삶의 매순간에, 나의 마음속에 항상 강림해 계심을 생각하는 사람은, 일상의 모든 자리에서 하느님의 뜻을 경건히 헤아려 실천하려 할 것이다. 그것이 진정한 섬김의 정신일 것이다. 하느님의 독생자인 예수가 인류와 세계를 구원하기 위해 온몸으로 자신을 희생한 것처럼 말이다. 그러므로 단지 교회에 가서 하느님을 찬송하고 주일과 새벽마다 기도와 예배를 드리며 십일조를 내는 것만으로는 결코 섬김의 일이 끝날 수 없다. 물론 그것 또한 신앙생활의 중요한 부분이겠지만, 참다운 섬김은 역시 하느님의 뜻을 일상 속에서 헤아려 펼치는 데 있을 것이다. 상제를 내면화한 선비들의 삶의 정신이 기독교의 섬김의 정신과 상통될 수 있는 부분이 여기에 있다.

제4장 순수의 정신

> 군자는 평소 말을 진정성 있게 하고 행동을 사려 깊게 하며, 삿된 생각을 막아 순수의 정신을 기른다.
> [庸言之信, 庸行之謹, 閑邪存其誠.]

『주역』〈건(乾)〉괘 구이효(九二爻)의 글을 공자가 부연한 것이다. 사람들은 일상생활에서 '순수(하다)'라는 말을 흔히 쓴다. '순수한 우정', '순수한 사랑', '순수한 맛', '사람이 순수하다'와 같이 말이다. 그런데 곰곰이 생각해 보면 그 뜻이 분명한 것 같으면서도 사실은 모호한 경우가 많다. 사전적으로는 그것이 '잡것이 섞이지 아니함', '사심 없음', '때 묻지 않음' 등으로 정의되지만, 예컨대 사심 없는 순수한 사랑이란 무얼 말하며, 잡것이 섞이지 않은 순수한 맛은 어떤 것인가? 또 때 묻지 않은 순수한 사람이란 어떤 인품을 두고 하는 말인가? 남녀 간에 어떤 욕망도 품지 않은 순수한 사랑이 정말 가능한가? 음식의 훌륭한 맛은 여러 가지 재료와 향이 섞여야만 하는 것 아닌가?

논의를 사람됨의 문제로 옮겨보자. 과연 사람이 세속의 때에 전혀 묻지 않고 순수하게 살아갈 수 있을까? 어려서부터 우리의 성장은 따지고 보면 세속에 물들어가는 과정이기도 하다. 사람들은 순수의 원형을 어린아이에게서 찾기도 하지만, 어린아이는 세상에 적응하지 못한다. 그러므로 그러한 관점에서 말하면 순수성은 그 안에 무능력성을 숨기고 있다. 사람이 순수를 지향할수록 시장바닥과도 같은 속세를 견디지 못하고 초월적 사고와 은둔의 길을 택하는 경우가 많은 것도 이 때문이다. 그러므로 순수는 어쩌면 애니메이션 영화의 주인공에서나 찾아볼 수 있는 신화처럼 보인다.

그렇다고 해서 순수성의 논의 자체가 무의미한 것은 아니다. 그것은 사람들에게 수시로 자기 성찰과 자아 향상의 동력으로 작용하기 때문이다. 우리는 살아가면서 수시로 자신의 불순을 자각하고 반성하며 전과는 다른 마음가짐과 행동을 다짐한다. 거기에는 순수의 이상이 무의식적으로 작동한다. 사람들 나름대로 갖고 있는 그 이상이 그렇게 자신을 되돌아보게 만드는 것이다. 그러므로 순수의 정신은 사람을 사람답게 만드는 중요한 요소이다. 그것은 저속하고 잡스럽고 사악한 행동거지를 막아준다. 그것을 갖지 못한 사람은 한없는 전락의 삶을 면치 못하여 결국 인간성을 잃고 말 것이다.

그러므로 순수의 문제는 개념적 정확성 여부에 있지 않다. 그것의 일상적인 의미가 비록 분명하지 않다 하더라도 우리는 삶에서 잠시도 순수의 정신을 놓아서는 안 된다. 순수의 정신으로 자신의 때 묻은 모습을 씻어내는 노력을 부단히 하지 않으면 안 된다. 세상이 범속하고 혼탁하다고 느낀다면 그럴수록 더욱 순수의 정신을 곧추세울 필요가 있다. 그것은 진흙 속에서 피는 연꽃처럼 아름다운 삶을 이루어낼 것이다. 인간의 고결한 모습은 거기에서만 나온다.

선비들의 학문을 우리는 이러한 관점에서 살펴볼 수 있다. 그들은 학문의 핵심을 '수양(修養)'에 두었다. 그들에게는 자아(존재)를 부단히 '닦고[修] 길러[養]' 숭고하고 고결한 삶을 완성하는 것이 학문의 궁극 목표였다. 거기에는 순수지향의 정신이 깊게 깔려 있다. 속세의 더러운 때를 씻어 몸과 마음을 순수하고 정결하게 유지하려 한 것이다. "일신 우일신(日新 又日新)"의 정신이 이를 간명하게 말해 준다. 이는 중국 은(殷)나라의 탕(湯) 임금이 자신의 욕조에 새겨 두었다는 글이다. 몸만 씻으려 하지 않고, 자신의 존재에 낀 세속의 때를 닦아 순결하게 살리라고 스스로 다짐한 것이다. 퇴계 또한 이러한 뜻을 다음과 같이 읊는다.

어제는 샘을 쳐서 맑고 깨끗했는데
오늘 아침 다시 보니 반절쯤 흐려졌네.
알겠구나, 맑은 물도 사람 힘에 달렸으니
공들이길 하루라도 그치지 말아야 함을.
昨日修泉也潔清　　今朝一半見泥生
始知澈淨由人力　　莫遣治功一日停　　(〈修泉〉)

선생은 샘물에서 수양의 정신을 헤아렸다. 맑고 깨끗한 샘물도 시간이 지나면 흐려지는 것처럼, 우리의 몸과 마음도 성찰을 게을리하면 혼탁해진다. 맑고 순결한 영혼이 욕망의 틈입으로 한순간에 타락하는 모습을 남들에게서만 볼 일이 아니다. 그것은 나 자신에게도 마찬가지로 비일비재하게 나타난다. 그러므로 매일매일 부단한 수양을 통해 몸과 마음을 순수하게 닦아 나가지 않으면 안 된다. 순수의 정신으로 자신의 불순한 마음과 언행을 수시로 성찰하면서 자아를 순결하게 길러야 한다.

그러면 자아의 순수성을 얻기 위해 어떻게 해야 할까? 그 방법은 자신의 존재를 '닦고 기르는' 모든 수양론을 망라한다. 『대학』의 표현을 빌려 말하면, 격물치지(格物致知: 사리의 탐구와 앎의 성취)에서부터 성의(誠意), 정심(正心), 수신(修身) 등 심신의 전반에 걸친 수행이 이루어져야 한다. 이를테면 어떤 사람이 아무리 사리사욕의 마음을 갖지 않았다 하더라도, 일의 이치를 모르면 행동거지와 일의 실패를 면할 수 없다. 그는 스스로 마음만큼은 순수했다고 자위하고 싶을지 모르지만, 앎이 부족했고 또 그릇되었다는 점에서 살피면 그의 순수성은 부족했다고 할 수밖에 없다. 앎이 순수하지 못한 것이다. 그가 자위의 마음 다른 한 편에서 일말의 자괴감이나 후회감을 떨치지 못하는 것도 이 때문일 것이다. 이렇게 생각하면 순수의 정신은 모든 덕목의 완결판이라 할 수도 있다.

순수의 정신은 사리의 탐구에서부터 시작하여, 사회생활 속에서 "평소 말을 진정성 있게 하고 행동을 사려 깊게 하는" 노력을 당연히 요한다. 이는 단순히 대인관계에서 교제의 도리를 강조하려는 뜻만이 아니다. 그것은 남들과의 만남 이전에 기본적으로 '상제'(하느님)의 자식으로 존엄하게 태어난 자신을 존중하는 태도를 말하려 한 것이다. 그것이 자신에 대한 최소한의 도리이다. 진심이 담기지 않은 말은 자신의 존재를 그만큼 부실하게 만들 것이며, 경솔한 행동 역시 자기 자신을 방기하는 일에 다름 아니다. 맹자의 '자포자기'론은 이 점에서 매우 절실한 충고로 다가온다.

> 자신을 해치는[자포(自暴)] 사람과는 이야기를 나눌 수 없고, 자신을 버리는[자기(自棄)] 사람과는 일을 함께 할 수 없다. 말끝마다 예절과 의로움을 비난하는 것을 일러 '자신을 해친다'고 하고, "나는 사랑과 의로움을 행할 능력이 없다"라고 여기는 것을 일러 '자신을 버린다'고 한다. 사랑은 사람의 편안한 집이요 의

> 로움은 사람의 바른 길인데, 편안한 집을 비워둔 채 거기에서 살지 않고, 바른 길을 버려둔 채 걷지 않으니, 딱하구나! (『맹자』)

맹자는 자신을 존중하는 도리를 이렇게 말한다. 예절과 의로움, 사랑을 실천하는 삶이 그것이다. 그것이 '자신을 해치거나 버리지' 않고, 존엄하게 태어난 자신을 존중하면서 존엄하게 사는 방식이다. 물론 그것은 일상생활에서 "평소 말을 진정성 있게 하고 행동을 사려깊게 하는" 데서부터 시작된다. 아니 그 이전에 인간이란 어떠한 존재이며, 나는 누구인가 하는 물음 속에서 진지하게 답변을 찾아 나서는 구도의 정신을 갖지 않으면 안 된다. 거기서만 순수한 삶의 여정이 펼쳐질 수 있다. 그러한 문제의식을 갖지 못하고 부귀공명이나 추구하는 태도는 자아를 불순하게 만드는 것을 넘어 자신을 야수의 수준으로 전락시키고 말 것이다. 그것은 인간의 존엄성을 망각하고 부귀공명의 먹이를 두고 다툼을 일삼는 동물적인 삶을 자청하는 것이나 마찬가지이기 때문이다. 그 불행한 현상을 우리는 오늘날 사람들이 이런 저런 자리에서 외쳐대는 "파이팅(투쟁)!"의 구호에서 본다. 그들은 게임의 '스트리트 파이터'로 자신을 다짐하면서 야수성을 그렇게 거리낌 없이 드러낼 뿐만 아니라, 남들에게까지 그것을 일깨우려 한다.

순수의 정신을 기르기 위해서는 "삿된 생각을 막는" 노력 또한 당연히 병행되어야 한다. '삿되다'는 말은 사전적으로는 악하고 정직하지 못하다는 뜻으로 풀이되지만, 여기에서는 그 이상의 깊은 함의를 갖는다. 즉, 그 바탕에는 우리의 내면에 도사리고 있는 자기중심적이고 자폐적인 사고방식이 깔려 있다. 그러한 사고방식은 당연히 우리의 마음을 불순하게 만들고 행동거지를 그릇된 길로 유도한다. 악한 것으로 비난받는 이기심이나 욕심도 따지고 보면 그러한 자기중심적 사고의 산물이다. 자기만이 이 세계의 중심이라는 생각이 남을 안중에 두지 않는 이기심을 지어내고 배타적인 욕심을 채우려 하는 것이다.

공자의 "사무사(思無邪)"를 이러한 관점에서 생각해볼 수도 있다. 그것은 원래 『시경』에 실린 시들의 정신을 요약한 것이지만, 훗날 선비들은 거기에 그 이상의 뜻을 부여하였다. 그들은 '사(邪)'에서 사악의 의미 이전에 그 근저에 놓여 있는 이기심과 욕심의 모습을, 더 나아가 원초적으로는 자기중심적인 사고방식까지 살폈다. 그러므로 '사무사'란 자기중심적인 생각을 가져서는 안 된다는, 적극적으로 말하면 자폐적인 '나'를 벗어나 세계의 한 중심에서 인류와 만물을 아우르는 마음으로 삶에 나서야 한다는 의미를 내포한다. 종교적 관점에서 살피면 그것은 상제(하느님)의 눈빛으로 세상을 바라보고 처사하는 정신까지 담고 있다. 더 이상 오를 수 없는 지고(至高)의 순수함이 여기에 있다.

이는 역시 보통 사람들에게는 엄두 내기 어려운 불가능한 이상처럼 보일 수도 있다. 하지만 사랑이든 우정이든, 그밖에 어떠한 인간관계에서든 만남의 기쁨과 삶의 행복은 자기중심적인 나를 버리고 상대방에게 순수하게 다가가는 가운데에서만 얻어질 수 있다. 우리가 업무나 사업상의 만남에서 실감하는 것처럼, '나'를 중심에 두고 이해득실을 따지는 인간관계는 자신의 욕심이 충족되는 순간 끝날 수밖에 없다. 만남의 가벼움과 삶의 외로움은 이러한 불순함에서 비롯된다. 그러므로 순수의 정신을 불가능한 이상이라고 비판만 하려 해서는 안 된다. 일상생활의 모든 만남과 처사에서 순수의 정신으로 자신의 불순을 반성하고 씻어낼 필요가 있다. 순수의 정신은 기쁨과 행복의 원천이다.

제5장 두터움의 정신

군자는 외경의 정신으로 마음을 곧게 하고, 의로움의 정신으로 행동거지를 바르게 한다. 외경과 의로움의 정신이 확립되면 외롭지 않은 덕을 갖게 될 것이다. 곧고 올바르고 위대하여 배워 익히지 않고도 만물을 이롭게 해주니, 삶의 길에 회의를 품지 않으리라. [君子, 敬以直內, 義以方外. 敬義立, 而德不孤. 直方大, 不習, 无不利, 則不疑其所行也.]

『주역』〈곤(坤)〉괘 육이효(六二爻)의 글을 공자가 부연한 것이다. 그 글은 다음과 같다. "곧고 바르고 위대하도다. 배워 익히지 않고도 만물을 이롭게 해주는구나[直方大, 不習, 无不利]." 이는 대지의 공덕을 찬탄한 것인데, 공자는 거기에서 인간이 본받아 실천해야 할 삶의 정신을 위와 같이 천명하고 있다. 그러므로 그 뜻을 명료하게 이해하려면 먼저 저 효사(爻辭)의 함축을 깊이 파헤쳐 볼 필요가 있다.

우리가 딛고 사는 이 땅은 단순한 흙덩어리이거나, 또는 만물이 잡다하고 무질서하게 모여 있는 물리적 공간에 불과한 것이 아니다. 그것은 만물을 살려내고 또 거두는 매우 복잡하고 신묘한 하나의 유기체요, 거대한 창조적 역량이다. 만물은 그 안에서, 마치 유기체의 세포

들처럼, 상호 유기적인 관련을 갖고서 부단히 생장 쇠멸한다. 그러므로 "지구는 살아 있다." 그야말로 '어머니 대지(Mother Earth)'이다. 공자는 말한다. "건(乾)은 하늘로써 만물의 아버지요, 곤(坤)은 땅으로써 만물의 어머니이다." "땅은 지극히 부드럽지만 그것이 만물을 생육하는 힘은 막강하고, 지극히 조용하지만 그것은 만물에게 그 각각의 형체를 부여하여 생명을 이어나가도록 해준다." "땅이 두터운 품안에 만물을 보듬어 키우니, 하늘에 부응하여 만물을 너그럽게 포용하고 윤택하게 길러 그들이 번영을 이루게 해주는구나!"(이상 『주역』)

대지의 이와 같은 역량을 『주역』의 저자는 곧음[直]과 올바름[方], 그리고 위대함[大]으로 형용하였다. 말하자면 대지는 곧고 올바르며 위대한 힘으로 만물을 생육한다는 것이다. 먼저 '곧다'는 말은 혹심한 추위나 가뭄, 홍수 등 어떤 악조건에도 대지가 변함없이 만물에게 생명을 부여하는 불굴의 정신을 표현한 것이다. 공자는 말한다. "하늘과 땅은 만물을 생육하는 위대한 역량을 갖고 있다[天地之大德曰生]."(『주역』)

한편 '올바르다'는 말은 만물이 각자의 존재 형식 속에서 생명을 올바르게 성취하도록 해주는 대지의 정신을 함축한다. 이를테면 대지는 동물과 곤충과 식물이 다양하게 타고난 특성에 따라 올바르게 생존해 나가게끔 해준다. 말하자면 "콩 심은 데 콩 나고, 팥 심은 데 팥 난다." 그리고 '위대하다'는 말은 대지가 만물을 무엇 하나도 빠짐없이 드넓은 품에 아우르며 길러내는 '두터운 덕'을 갖고 있음을 찬탄한 것이다. 대지는 사람들이 싫어하는 뱀이나 쥐, 또는 수많은 종류의 독초들까지도 널리 길러준다.

이는 대지의 정신을 객관적으로 묘사한 것에만 그치지 않는다. 대지에서 '곧고 올바르고 위대하다'는 인간적 성품을 살핀 데에는 사람들이 거기에서 본받아야 할 정신이 있다고 여겼기 때문이다. 말하자면 우리는 자신의 생명을 불굴의 의지로 제고하고[直], 올바르게 성취하며[方], 또 두터운 덕으로 다른 생명들을 따뜻하게 품어 안아야 한다[大]는 것이다. 한마디로 말하면, 대지의 정신으로 자타의 생명을 제고하고 향상시켜야 하며, 생명으로 충만한 사회를 이룩해야 한다. 일례로 주자는 '곧음'의 정신에 관해 다음과 같이 말한다. "하늘과 땅이 만물을 생육하고, 성인이 만사에 대응하는 데에는 오직 곧음의 정신 한 가지가 있을 뿐이다[天地生萬物, 聖人應萬事, 惟一直字而已]." 이는 조선후기 당쟁시절에 우암(尤庵) 송시열(宋時烈: 1607~1689)이 사약을 받고 마지막으로 써서 남긴 글귀이기도 하다.

"배워 익히지 않고도 만물을 이롭게 해준다."는 말 역시 만물을 생육하는 대지의 정신을 언명한 것이다. 사람은 어떤 일이든 배우고 또 익혀야 하지만, 대지는 생장 쇠멸의 모든 일을 만물이 제각기 스스로 알아서 하도록 일임한다. 그야말로 그들이 '스스로 그러하도록[自然]' 내맡긴다. 하지만 그 근원에는 역시 (하늘과) 대지의 위대한 정신이 작용한다. 공자는 이를 다음과 같이 찬탄한다. "육이(六二)의 활동이 곧고 바르니, 배워 익히지 않고도 만물을 이롭게 해주는구나. 대지의 정신이 이처럼 찬란하다."(『주역』) 여기에서 '육이'란 대지를 말한다.

당연히 이 또한 사람이 본받아야 할 정신을 함축하고 있다. 남들에 대한 지배 의지나 또는 자기 과시의 공명의식으로 세상에 나서지 말고, 대지의 위대한 정신을 체득해야 한다는 것이다. 어떤 대가나 보상을 바라지 말고, 대지와도 같이 두터운 사랑으로 모든 생명의 성취를 도와야 한다. 이러한 두터움의 정신을 중국 송나라의 장식(張栻: 1133~1180)은 다음과 같이 반어적으로 말한다. "바람이 두텁지 않으면 큰 새의 날개를 받쳐줄 수 없고, 물이 깊지 않으면 큰 배를 띄울 수 없다. 또한 사람이 두터운 마음을 갖지 않으면 잘난 체하면서 세상을 우습게 알고, 자신의 공을 뽐내면서 남들을 업신여긴다."

대지와도 같이 두터운 사랑의 정신은 '외롭지 않은 덕'으로 세상에 나설 것이다. 그야말로 공자의 말처럼 "덕이 있으면 외롭지 않다. 반드시 이웃이 있는 법이다[德不孤, 必有隣]." 이는 사람들이 나의 고매한 덕을 흠모해서 가까이 다가오리라는 뜻에 그치지 않는다. 사랑으로 열린 마음은 이웃을 기다리기 이전에 모든 사람을, 나아가 만물까지도, 자신의 품에 깊이 아우르기 때문에 "외롭지 않다." 역사 속의 성인들이 보여주는 것처럼, 그는 어떤 비난과 박해 속에서도 남들을, 만민을 따뜻하게 보듬어 안는 마음을 잃지 않는다. 말하자면 만민이 나의 이웃이다. 퇴계는 〈성학십도(聖學十圖)〉에서 다음과 같이 말한다. "만민은 나의 형제요, 만물은 나와 더불어 사는 이웃이다 [民吾同胞, 物吾與]." 이처럼 우주적인 대아의 마음에는 외로움이 끼어들 자리가 없을 것이다. 오히려 더할 수 없는 존재의 풍요와 삶의 열락을 누릴 것이다. 그 안에는 만민과 만물을 따뜻하게 아우르는 사랑의 마음이 작동한다. 성 베르나르는 말한다.

> 사랑은 그 자체 이외에는 어떤 원인도, 어떤 결실도 구하지 않는다. 사랑은 그 자체가 결실이며, 그 자신의 즐거움이다. 나는 사랑하기 때문에 사랑한다. 내가 사랑할 수 있기 위해 사랑한다.
> (『영원의 철학』)

그러면 대지와도 같이 두터운 사랑의 정신을 기르기 위해서는 어떻게 해야 할까? 이에 대해 공자는 외경과 의로움의 정신을 수행해야 한다고 말한다. "외경의 정신으로 마음을 곧게 하고, 의로움의 정신으로 행동거지를 바르게 하라"는 것이다. 여기에서 '마음을 곧게 한다.'는 말은 단순히 정직한 마음을 가져야 한다는 뜻에 불과한 것이 아니다. 그것은 우리의 생명 정신을 세속에 오염 타락시켜 왜곡하지 않고 올곧게 기른다는 뜻을 함축하고 있다. 마치 대지가 대형 산불이나 극심한 폭풍우 속에서도 변함없이 초목을 싹틔우고 길러내는 것처럼, 우리도 세상의 온갖 풍파와 삶의 간난신고 속에서도 불굴의 의지로 자신의 생명을 순결하게 꽃피워야 한다. 마치 진흙 속에서 곧게 솟아오르는 아름다운 연꽃처럼 말이다.

이를 위해 우리가 지녀야 할 가장 요긴한 자세는 바로 외경의 정신이다. 그것은 마치 신앙인이 예배의 자리에서 두 손을 모아 신을 우러르듯 하는 경건하고 오롯한 마음이다. 선비들의 상제 관념이 여기에서 다시 등장한다. 그들은 상제(하느님)의 말씀에 경건히 귀 기울이면서 자신이 걸어야 할 삶의 길을 찾아 나선다. 상제가 나에게 내려주신 생명의 뜻을 외경의 마음속에서 헤아리고 또 실천하려 한다. 앞서 인용한 〈성학십도(숙흥야매잠)〉에서 퇴계가 임금에게 "하늘의 밝은 소명을 항상 마음에 두어 잊지 않도록 하라."고 말한 뜻이 여기에 있다. 여기에서 '하늘의 밝은 소명'이란 "위대한 상제께서 만민에게 부여하신 참마음"을 뜻한다. 참마음으로 경건히 살아야 한다는 것이다. 그처럼 상제를 우러르면서 참마음으로 세상에 나서는 사람의 두터운 덕에는 역시 외로움이 끼어들 여지가 없을 것이다. 뒤에 살피는 것처럼 그 '참마음'의 핵심에는 사랑과 의로움의 정신이 놓여 있다.

외경의 정신은 삶에서 의로움의 정신을 자연스럽게 표출할 것이다. 상제를 경건히 우러르고 또 자신의 내면 깊은 곳에서 자각하는 사람에게서 사리에 어긋나는 불의한 행동거지를 상상하기는 어려울 것이다. 그는 상제의 눈빛으로 일의 시비와 곡직을 엄밀하게 판단하고 올바르게 처사할 것이다. 그것은 물건을 주고받는 등 사소한 일에서부터 일신의 거취와, 더 나아가 삶과 죽음의 갈림길에서까지 모든 자리에서 작용할 것이다. 옛날 사화(士禍) 시절 선비들이 죽음 앞에서도 의연하고 당당했던 것도 이러한 의로움의 정신에 연유한다. 물론 그 저변에는 외경의 정신이 자리한다. 그것이 상제를 경건히 받드는 방식이요, 상제로부터 부여받은 참마음(존엄한 인격)을 스스로 존중하며 실현하는 방식이다.

이제 우리의 삶으로 돌아와 자신의 모습을 한번 살펴보자. 과연 나는 자신의 존재를 얼마나 공경하고 존중하며 올바르게 처사하는가? 자신의 생명정신을 물욕과 세속에 오염시키지 않고 오롯이 맑고 순수하게 꽃피우고 있는가? 두터움의 정신은 또 어떠한가? 만물을 품어주는 대지처럼 두터운 덕은 고사하고, 스스로 외롭지 않을 만큼의 마음이라도 갖고 있는가? 혹시 "참을 수 없는 존재의 가벼움"(밀란 쿤데라)과 외로움을 앓으면서 삶의 귀숙처를 알지 못해 이리저리 방황만 하고 있는 것은 아닌가? 도종환 시인의 시 〈깊은 물〉은 오늘날 사람들의 얄팍하고 부박한 모습을 아래와 같이 그린다.

물이 깊어야 큰 배가 뜬다.
얕은 물에는 술잔 하나 뜨지 못한다.
이 저녁 그대 가슴엔 종이배 하나라도 뜨는가.
돌아오는 길에도 시간의 물살에 쫓기는

얕은 물은 잔돌만 만나도 소란스러운데
큰물은 깊어서 소리가 없다.
그대 오늘은 또 얼마나 소리치며 흘러왔는가.

굽이 많은 이 세상의 시냇가 여울을

한번 되돌아 생각해 보자. 나의 정신은 얼마나 깊고 두터운가? 나의 존재 깊이 드리워진 우주적 본질까지는 아니더라도, 세속적인 소망으로 그려지는 현실 자아의 허상을 회의하면서 자신의 내면 깊은 곳으로 내려가 참자아를 찾는 노력을 해본 일이 있는가? 혹시 부귀영화의 길에서 "잔돌만 만나도 소란스러운" 가슴으로 이 세상을 살아가고 있는 것은 아닌가? 허무 의식은 이의 필연적인 결과이다. 삶의 의미와 가치를 물질과 권력과 사회적 지위처럼 덧없고 무상한 데에서 찾으려 하니 말이다. 인간의 존재는 결코 그처럼 외재적인 사물들로 채워질 수 있는 것이 아니다. 그러므로 '종이배 하나도 뜨지 못하는 가슴으로, 시간의 물살에 쫓기며, 세상의 시냇가 여울을 소리치며 흘러온' 얄팍한 정신을 내려놓고, 이제 자기 안으로 들어와 깊이 침잠할 필요가 있다. 부박한 세상에서 몸을 돌려 자신을 온전히 대면해야 한다. 사람들은 거기에서 세속과 동떨어져 있는 듯하는 외로움을 느끼겠지만, 그것은 참자아를 찾기 위해 겪어야 할 필수적인 과정이다. 그러므로 그것은 견디기 어려운 아픔이 아니라, 오히려 우리가 진지하게 찾아 나서야 할 뜻 깊고 즐거운 외로움이다. 참삶의 행복은 거기에서만 주어질 수 있다.

제6장 마음에서 덜어내야 할 것

산 아래에 연못이 있는 모습이 〈손(損)〉의 형상이다. 군자는 이를 보고서 분노를 다스리고 욕심을 버린다.
[山下有澤, 損. 君子, 以 懲憤窒慾.]

『주역』〈손(損)〉괘의 괘상(卦象)의 글이다. '괘상'이란 『주역』 64괘의 형상에 담겨 있는 상징적 의미들을 표명한 글을 말한다. 그것은 자연의 갖가지 현상들에서 삶의 이치를 찾아 사람들에게 전하려 한다. '천상의 빛'으로 이 세상을 밝히려 한 것이다. 시인 워드워즈는 노래한다. "그런 때가 있었지 / 초원, 숲, 그리고 시냇물 / 대지와 모든 평범한 모습이 / 내게는 천상의 빛으로 꾸며진 것 같던." 자연을 숭배하고 본받았던 우리의 문화전통은 『주역』의 이와 같은 사상에 연원을 둔다.

먼저 〈손䷨〉괘의 형상을 살펴보자. 그것은 상괘 '간'(艮☶)과 하괘 '태'(兌☱)'가 위아래로 포개져 있다. 그것들은 각각 산과 연못을 상징으로 갖는다. (이에 관한 자세한 해설은 김기현, 『주역, 우리의 삶을 말하다』 참조) 이 둘을 조합하면 그것은 산 아래 연못의 모습을 띤다. 연못은 산에 서식하는 온갖 초목금수에게 물을 공급한다. 연못이 자신의 것을 '덜어내어' 초목금수의 생명을 길러주는 것이다. 그것도 ('태'의 속성인)

기쁜 마음으로 말이다. 이것이 은유하는 바는 다른 데 있지 않다. 나를 낮추고 덜어내어 남들을 받들고 이익 되게 하라는 것이다. 삶의 기쁨이 거기에서 나온다. 〈손〉괘는 이러한 덜어냄의 정신을 주제로 하고 있다. 위의 괘상은 특히 분노와 욕심을 꼬집어 말하고 있다. 마음의 평화를 깨트리고, 삶의 불만족과 고통, 자타간 대립과 다툼을 야기하는 요인으로 그것만한 것이 없기 때문이다.

불교가 '삼독심(三毒心)'의 근절을 역설한 까닭도 여기에 있다. 탐(貪), 진(瞋), 치(痴), 즉 욕심과 분노와 어리석음이 사람들의 마음에 독을 주입한다는 것이다. 그중에서도 어리석음이 가장 근원적인 문제거리이다. 욕심도 분노도 어리석음에서 비롯되기 때문이다. 어리석음을 벗어나 깨달음의 지혜를 얻은 사람은 욕심과 분노로부터 자유로울 것이다. 불교에서 말하는 '열반'의 행복이 그것이다. '열반'이란 인도 산스크리트어 '니르바나(nirvāna)'를 중국말로 음역한 것으로, 원래 (불을 입으로 불어 끄듯이) '불어서 없앤다'는 뜻이라 한다. 온갖 그릇된 식견과 그로부터 나오는 욕망을 끈다는 것이다. 그렇게 하여 욕망이 사라진 고요한 마음에 생기는 무상의 즐거움, 그것이 열반의 행복이다.

사람들은 열반의 불교정신에 대해서는 말할 것도 없고, 자신을 덜어내고 비워야 한다는 주장에 쉽게 동의하려 하지 않는다. 그래 가지고 세상을 어떻게 살겠느냐고 반문하면서, '덜어냄'의 정신을 오히려 잘못된 것으로 비난하려 한다. 하지만 그것은 삶 자체를 버려야 한다는 말이 아니다. 참삶의 정신을 해치는 것들을 버려야 한다는 뜻일 뿐이다. 대신 거기에는 진, 선, 미, 성의 가치를 추구하려는 적극적인 의지가 내재되어 있다. 그것도 세상을 버리고서가 아니라 일상생활 안으로 들어와 지금, 이 자리에서 이루어진다. 예를 들면, 불교만 하더라도 무욕과 무소유를 주장하지만, 스님들은 그 위에서 중생을 구원하려는 보살의 자비심으로 삶을 완성하려 한다.

물론 깨달음의 지혜, 열반의 행복이 하루아침에 주어질 수 있는 것이 아니다. 그것은 사소한 일에서부터 부단히 마음을 닦고[修] 길러야[養] 한다. 그중에서도 일상생활 속에서 흔히 일어나는 분노와 욕심은 일의 파탄을 초래하는 커다란 요인이므로 경계하여 다스리지 않으면 안 된다. 군자가 "산 아래에 연못이 있는 모습"을 보면서 엉뚱하게도, "분노를 다스리고 욕심을 막으리라"고 생각하는 것은 평소 이러한 문제의식이 투영된 결과이다. 그는 산을 바라보면서 치솟는 분노를, 그리고 깊은 연못에서는 물처럼 흘러들어 고이는 욕심을 상상한다. 그리하여 산을 깎아 평지로 만들듯이 평소에 분노를 제거하고, 연못을 흙으로 메우듯이 욕망을 막아 없애는 수양의 노력을 다한다. 고요하고 화평한 정신과 삶의 세계가 여기에서 열릴 것이다.

분노와 욕심은 별개의 감정일 것처럼 보이지만, 사실 전자는 후자의 산물인 경우가 많다. 곰곰이 생각해보면, 분노는 욕심이 채워지지 않는 데에서 생겨나는 사나운 감정이다. 게다가 목표물을 남과 함께 나누려 하려 하지 않는 욕심의 독점적이고 배타적인 성질은 시기심과 적대감, 투쟁의식까지 불러일으킨다. 권력욕과 재물욕이 그 대표적인 사례에 해당된다. 그러므로 욕심은 온갖 불행의 원천이다. 그는 만족을 모르기에 삶의 허기에 끝없이 시달릴 것이며, 남과 함께 나누려 하지 않기에 외로울 수밖에 없다.

그런데도 사람들은 살아가면서 욕심을 덜어내려 하기보다는 채우는 일에만 골몰한다. 권력과 재물은 물론, 그 밖에 명예든 지식이든 소유의 대상이면 무엇이든 수중에 넣으려 한다. 그것들이 삶의 안락과 행복을 보장하는 길이라고 믿으면서 말이다. 하지만 이는 착각에 지나지 않는다. 무엇이든 차지하려면 남들과 다투어야 하며, 한편으로 자신의 것을 잃지 않기 위해 경계심을 늦추어서는 안 되는 등 항상 날선 마음과 긴장, 불안 속에서 살아야 하기 때문이다. 속담이 말하는 것처럼, "만석꾼에게는 만 가지 근심이 있고, 천석꾼에게는 천 가지 근심이 있다." 그럼에도 불구하고 사람들은 그러한 근심과 긴장, 불안을 자청한다.

이에 반해 자신의 것을 덜어낼수록 마음의 평화가 깊어질 것이다. 근심과 긴장이 그만큼 줄어들기 때문이다. 고 법정 스님이 제창했던 '무소유'의 정신에 많은 사람들이 환호했던 것도, 적어도 마음으로는 그와 같은 이치를 공감해서일 것이다. 나아가 내 것을 덜어 남에게 베풀고, 나의 주장을 덜어 남을 관용한다면 삶의 행복이 배가될 것이다. 공자는 말한다. "자신을 덜어내는 사람은 풍요로울 것이요, 자신을 채우는 사람은 결핍을 겪을 것이다[自損者益, 自益者缺]."(『공자가어(孔子家語)』) 결핍을 느낄수록 채우려는 마음이 커질 것이며, 그 마음은 한이 없어서 또 다시 결핍감을 확대 재생산할 것이기 때문이다. 그리하여 그는 마치 밑 빠진 독에 물을 붇듯이 영원히 결핍 속에서 헤매면서 산다.

노자(老子) 또한 덜어냄의 정신을 강조한다. "학문을 하면 지식과 욕망이 날마다 늘어날 것이요, 도(道)를 닦으면 그것들이 날마다 덜어질 것이다. 그것들을 덜어내고 또 덜어내어 무위(無爲)의 삶을 영위해야 한다[爲學日益, 爲道日損, 損之又損, 以至於無爲]."(『노자도덕경(老子道德經)』) 이는 당시 학자들이 지식을 쌓는 데에만 열중하는 풍토를 겨냥한 것이었지만, 지나간 시절의 사상적 화석에 그치지 않는다. 그것은 오늘날의 학문과 교육현장에도 여전히 타당한, 아니 더욱 절실한 의의를 갖는다. 학문의 발달 속에서 생산된 각종 정보(지식)의 과잉이 사람들을 혼란과 불행으로 내몰고 있기 때문이다. 예컨대 인간의 본질에 관한 주장(지식)이 종교, 철학, 의학, 생물학 등 각 분야마다 달라 사람들은 갈피를 잡지 못하고 삶의 방향타를 잃고 말았다. 창조론과 진화론, 성선설과 성악설의 논쟁 속에서 우리는 어떤 주장을 따라야 하는가?

그러므로 "아는 것이 힘"이라는 서양 어느 학자의 주장은 실로 문제가 있다. 지식이 생산적인 힘을 갖고 있음을 부정하는 것은 아니지만, 그에 못지않게 우리는 그것의 파괴적인 성질도 주목해야 한다. "아는 것이 많으면 하고 싶은 일도 많아진다."는 말처럼, 지식은 명예욕, 재물욕, 출세욕, 권력욕 등 갖가지의 욕망을 부추기고 강화하면서 자타의 관계와 사회를 대립과 다툼의 장으로 내몬다. 사람들의 삶을 신산하고 피폐하게 만든다. 나아가 우리가 생생하게 목격하고 아프게 체험하는 것처럼, 자연을 착취하고 정복하는 (과학적) 지식의 파괴적인 위력은 인류를 멸망시킬 만큼 두렵기만 하다. 불행하게도 그것이 오늘날 지식사회의 현주소이다. 혹자는 극렬하게 말한다. "인류의 역사는 이성이 영혼을 파괴해온 과정이다."(L. Klages)

그러므로 학문과 교육현장에서는 물론 일상생활에서도 '도'를 닦아야 한다. 노자가 여기에서 말하는 '도'는 진리나 도덕 같은 것이 아니다. 그것들은 대립과 갈등을 유발하는 지식과 욕망의 또 다른 유형들에 지나지 않는다. 노자의 도는 언어의 형용을 넘어선 천지만물의 생성근원이다. 사실 사물의 단면만을 지시하기에 적합한, 아니 본래 그러한 의도로 고안된 언어를 가지고 만물의 근원을 규정하기란 불가능하다. 노자의 주장처럼 "도를 도라고 말한다면 그것은 영원한 도가 아니다[道可道 非常道]."(『노자도덕경』) 달리 말하면, "무한자가 선명하게 정의된다면 이는 곧 무한자일 수 없게 된다." 그러므로 '도'는 인식의 대상이 아니며, 직관적인 깨달음을 통해서만 접근될 수 있다. 인식(지식) 활동은 오히려 도를 닦는데 방해가 될 뿐이다.

그러면 어떻게 하면 도를 닦을 수 있을까? 그 방법은 쓸데없는 지식들을 가급적 버리는 데서부터 시작되어야 한다. 우리는 자신이 그 동안 습득해온 지식이 삶에 얼마나 유용한지 되돌아 생각해 볼 필요가 있다. 우리는 기껏 입신출세와 부귀영화를 얻기 위한 지식에만 열을 올리고 있는 것은 아닌가? 진정으로 의미 깊고 가치 있는 삶을 추구하고 참자아를 발견하기 위한 노력에는 무관심한 채 말이다. 세속적인 지식은 결코 행복을 보장하지 못한다. 오히려 참자아의 정신, 또는 영혼을 흐리게 만들 뿐이다. 티베트의 어느 승려는 말한다.

> 만일 우리가 자기 자신과 분리된 심연을 건널 수 없다면 달까지 여행한다고 해서 무슨 이익이 있겠는가? 이것이야말로 발견을 위한 모든 여행 중 가장 중요하다. 자기 자신을 발견할 수 없다면 다른 모든 것은 소용없을 뿐만 아니라 비참해질 것이다.
>
> (『티베트의 지혜』)

이와 관련하여 장자(莊子)의 유명한 '좌망(坐忘)'론을 귀 기울여 들어 보자. 장자는 지식을 강조하는 유가를 놀리듯이 공자와 안자를 끌어들여 가상적인 대화를 전개한다. 여기에서 '좌망'이란 자신의 존재를 탈각한 무아(無我)의 경지를 형용한 말이다. 인의와 예악의 도덕의식은 물론, 모든 감각적 욕망과 자타 분별적 지식의 진원지인 '나'를 초탈한 것이다. 그야말로 해탈의 경지이다. 그 대화를 들어보자.

안자 : 선생님 저는 어떤 경지를 얻었습니다.
공자 : 무슨 말이냐?

안자 : 인의(仁義)를 잊었습니다.

공자 : 좋구나. 하지만 아직은 아니다.

(얼마 뒤 다시)

안자 : 선생님, 저는 어떤 경지를 얻었습니다.

공자 : 무슨 말이냐?

안자 : 저는 예악(禮樂)을 잊었습니다.

공자 : 좋구나. 하지만 아직은 아니다.

(다시 얼마 뒤)

안자 : 선생님, 저는 어떤 경지를 얻었습니다.

공자 : 무슨 말이냐?

안자 : 저는 좌망(坐忘)에 이르렀습니다.

공자 : (놀라며) 좌망이라니, 무슨 말이냐?

안자 : 몸의 욕망을 떨치고, 총명한 사고를 버려, 육신을 여의고 지혜도 잊어 대도(大道)와 하나가 되는 것, 이것을 좌망이라고 합니다.

공자 : 대도와 하나가 되면 좋아할 것도 없고, 섭리를 따르면 집착할 것도 없으니, 너는 정말 훌륭하구나! 나도 너의 뒤를 따르련다. (『장자』)

이는 전혀 비현실적이고 불가능한 내용이지만, 우리에게 커다란 가르침을 주는 우화이다. 우리는 누구나 갖가지의 욕망과 지식에 갇혀서 산다. 욕망의 노예로 자처하고 있음은 물론, 관념(지식)의 감옥에 우리 자신을 가두고 있다. 자타간 다툼과 폭력, 살인, 전쟁 등 삶의 모든 불행이 바로 여기에서 비롯된다. 동서고금을 막론하고 사람들이 '인의'와 '예악'을 주장하면서 사상적, 현실적 대립과 투쟁을, 심지어 살육을 얼마나 많이 저질렀던가. 그밖에 보수와 진보, 자본주의와 공산주의, 기독교와 이슬람교, 남자와 여자, 한국인과 외국인, 인간과 동물 등 수많은 분별적 지식들 속에 갇혀 사람들은 자기를 내세우고 남들과 시비하며 다툰다.

이는 역시 우리가 자초하는 결과이다. 내가 지금까지 이룩해놓은 관념과 지식의 함정에 내 스스로 빠지는 것이다. 이를테면 젊음은 좋은 것이라는 생각은 늙음을 고통스럽게 여기면서 젊음을 되찾기 위한 갖가지의 기발한 방법들을 고안해내며, 부에 대한 선망이 가난을 죄악으로 여기면서 부를 얻기 위해 온갖 간지(奸智)들을 짜낸다. 오늘날 인터넷과 스마트폰에 떠도는 스팸 수준의 수많은 지식 정보들이 그 생생한 현장이다. 그것을 모르면 왠지 불안하고 알면 괴로운 것이 인지상정이다.

우리는 여기에서 노자가 '무지(無知)'를 주장하면서 "어린아이로 돌아갈 것[復歸於嬰兒]", "꾸밈없는 상태로 돌아갈 것[復歸於樸]"을 강조한 뜻을 헤아려 볼 필요가 있다. 어린아이처럼 인위적 관념에 물들지 않아 꾸밈없이 밝고 맑은, 그야말로 천진한 생명으로 살지는 못하더라도, 불필요한 과잉의 관념과 지식, 욕망들을 마음에서 덜어내야 한다. 물론 이에 앞서 우리는 자신의 지식(관념)과 욕망 가운데 어떠한 것이 불필요하고 과잉된 것인지 깊이 성찰해야 한다. 예수님 또한 말한다. "너희가 돌이켜 어린아이들과 같이 되지 않으면 결단코 천국에 들어가지 못하리라."

'도의 닦음'이란 이처럼 불필요하고 과잉된 지식들을 덜어내고 자연의 섭리와, 그것이 현시된 만물의 이치를 따르는 노력이다. 그러면 나는 점점 각종의 구속으로부터 자유로워질 것이며, 지식과 욕망이 지어내는 인위적 조작을 넘어서 '무위자연(無爲自然)'의 삶을 살게 될 것이다. 삶에서 온갖 대립과 경쟁, 불만족과 고통을 지어내는 분별적 지식과 아집적 욕망과는 달리, 그것을 근절한 무위자연의 정신은 최고의 행복을 가져다 줄 것이다. 이는 그 어떤 지식과 욕망으로도 꾸며지지 않은, 생명을 회의하거나 부정할 줄 모르고 밝고 맑은 눈빛으로 세상을 바라보는 어린아이의 삶과도 같다. 그러나 그처럼 꾸밈없는 단순함은 세상물정 모르고 남들한테 돌림이나 당하는 어리석음이 아니다. 그것은 지식과 욕망을 버리는 깊은 수행을 통해서만 이를 수 있는 '숭고한' 단순함이다.

이를 도사(道士)의 경지로 치부할 일만은 아니다. 억만년을 빌어도 다시는 못 얻을 이 삶이 그토록 소중하다고 여긴다면, 우리 역시 구도자(求道者)로서 평소 부단히 '지식과 욕망을 덜어내고 또 덜어내' 마지막으로 나타날 '어린아이'와도 같은 본래면목을 찾아 나설 필요가 있다. 자신의 영혼을 속세로부터 구원하는 길이 거기에 있다. 독일의 신비사상가 마이스터 에크하르트의 말을 들어보자.

> 인간은 태어날 때처럼 실로 가난하면서도 자기 생명의 의지로부터 자유로워야 한다. 영원한 진리로 말하노니, 신의 의지를 충족시키려는 소망을 갖고 있다면, 영원과 신을 조금이라도 갈망한다면, 그대는 실로 가난하지 않은 것이다. 어떤 의도도 갖지 않고, 아무 것도 모르며, 어떤 욕구도 없는 자, 그만이 진정 영적으로 가난하다. (『영원의 철학』)

이 '가난'은 사람들이 불행으로 여기는 물질적인 궁핍을 뜻하지 않는다. 그것은 세속적인 지식과 욕망을 다 덜어내 버린 '가난'이며,

거기에는 오히려 영원과 신을 갈망하는 영성(靈性)이 충만해 있다. 신과의 합일은 여기에서만 가능할 것이다. 이슬람교의 신비주의자 잘릴루딘 루미(1207–1273)는 말한다. "가슴이 잃어버린 것을 슬퍼하며 울고 있을 때, 영(spirit)은 찾은 것을 즐거워한다." (위와 같음) 여기에서 '가슴이 슬퍼하는 잃어버린 것'이란 모든 세속적인 지식과 욕망, 나아가 자기중심적인 삶의 의지를 뜻한다. 영적인 즐거움은, 진정한 행복은 그것들을 떨어내 버린 뒤에만 찾아올 것이다. 그는 또한 노래한다.

옳고 그름의 생각 너머에 들판이 있다.
그곳에서 당신과 만나고 싶다.
영혼이 그 풀밭에 누우면
세상은 더없이 충만해 말이 필요 없고
생각, 언어, 심지어 '서로' 라는 단어조차
그저 무의미할 뿐. (『마음 챙김의 시』)

제7장 길러야 할 것

바람과 우레가 서로 힘을 길러주는 모습이 〈익(益)〉의 형상이다. 군자는 이를 보고서 남의 훌륭한 점을 보면 자신도 배워 행하고, 자신의 허물을 깨달으면 바로 고친다.

[風雷, 益. 君子, 以 見善則遷, 有過則改.]

『주역』〈익(益☴☳)〉괘의 괘상(卦象)의 글이다. 우리는 위에서, "도(道)를 닦아 지식과 욕망을 덜어내고 또 덜어내어 무위(無爲)의 삶을 영위해야 한다."는 노자의 말을 간단하게 음미하였다. 이는 일견 삶 자체를 포기해야 한다는 말처럼 들린다. 지식과 욕망을 채우는 것이야말로 세상살이의 시작이자 끝이라고 생각되기 때문이다. 그러나 노자는 삶을 부정했던 염세주의자가 아니었다. 노자는 '덜어냄' 이후에 삶에서 진정으로 '길러야' 할 것이 있음을 사람들에게 알려주려 하였다. 앞서 이야기한 것처럼, 무위자연(無爲自然)의 정신이 그것이다. 모든 분별적 지식과 아집적 욕망을 '덜어내고서' 자연의 가르침을 따라야 한다는, 달리 말하면 '도'의 정신을 길러야 한다는 것이다.

우리가 살아가는 일상의 세계에서도 '덜어냄'과 '길러냄'의 상관관계가 작용한다. 이를테면 욕망을 기를수록 도덕심은 덜어지고, 반대로 욕망을 덜어내면 도덕심이 길러진다. 그처럼 도덕심과 욕망은 상반적이다. 나아가 그러한 논리는 이 세상의 상대적이고 상반적인 모든 현상과 사물들에게도 적용될 수 있다. 건강과 질병, 선과 악, 남성성과 여성성, 빛과 어둠, 존재와 무 등, 어느 한 쪽이 줄어들면(덜리면) 다른 한쪽이 불어난다(길러진다). 그것은 마치 풍선의 한 쪽을 누르면 다른 쪽이 부풀어 오르는 이치와도 같다.

우리는 지금 삶에서 무엇을 기르고 있는가? 이에 대해 많은 사람들은 제일 먼저 세상에서 행세하고 남을 지배할 수 있는 힘을 생각한다. 하지만 힘에는 여러 차원의 것이 있을 수 있다. 대비적으로 예시한다면, 부정적인 것과 긍정적인 것, 파괴적인 것과 창조적인 것, 이기적인 것과 이타적인 것 등등이 있다. 이 중에서 전자는 비난거리가 되고, 후자는 칭송의 대상이 된다. 그러므로 맹목적으로 힘만 기르려 할 일이 아니다. 그 힘이 과연 어떠한 성질을 띠고 있는지 깊이 성찰할 필요가 있다. 자신의 힘이 타자의 생명(존재)을 억압하고 침해하는 병적인 것인지, 아니면 길러주고 꽃피우는 건강한 것인지를 말이다. 단순히 남들을 지배하기 위한 힘이 아니라, 건강한 힘을 길러야 한다.

이 세상에서 가장 건강한 힘은 무엇일까? 그것은 인간의 본질가치 즉, 진리와 도의(사랑과 의로움)의 정신에서 나온다. 노자는 그것까지도 버려야 할 지식의 한 유형으로 비판하긴 했지만, '무위자연'에 내맡길 수 없는 현실의 삶에서 진리와 도의의 힘은 건강함을 너머 숭고하기까지 하다. 단, 아집과 독선과 배타의 태도를 갖지만 않는다면 말이다. 그것은 나의 자아를 참되게 완성시켜줄 뿐만 아니라 남들까지도 구원해주려 하며, 남들을 지배하려 하지 않고 오히려 자신을 희생하여 남들에게 봉사하려 한다. 『중용』은 이를 "참자아의 완성과 타자의 성취[成己成物]"라는 말로 이념화한다. 우리는 이의 실제적인 모습을 인류의 스승들에게서 본다. 인격의 힘이 세속적인 힘과 다른 점이 여기에 있다. 인격은 자신의 힘을 자기 안에서 폐쇄적으로 행사하지 않는다. 이기적이고 독점적이며 배타적인 성질을 띠고 있는 세속적 힘과는 달리, 그것은 자타간 생명적 공감과 소통의 열린 마음속에서 인간은 물론 만물에게까지 사랑의 손길을 뻗친다. 참삶의 의미와 행복의 원천이 여기에 있다.

'덜어냄'과 '길러냄'의 상반적 관계가 여기에서도 드러난다. 부귀공명의 힘을 기르다 보면 진리와 도의의 정신이 약화될 것이요, 그 반대도 마찬가지다. 과거 선비의 청빈사상이 이를 분명하게 증거한다. 사람들은 흔히 그것을 '맑은 가난'이라고 풀이하지만, 거기에는 심오한 뜻이 담겨 있다. '청'(淸)은 존재의 맑음을, '빈'(貧)은 소유의 가난을 함의한다. 소유의 가난을 각오하고 존재의 맑음을 추구하겠다는 것이다. 아니 존재의 맑음을 추구하다보면 소유의 가난이 초래될 수밖에 없을 것이다. 물론 그가 존재의 맑음 자체를 즐기려 했던 것은 아니다. 그는 맑은 존재 속에서 자연스럽게 깨어나는 진리와 도의의 정신으로 살고자 하였다. 이를 '덜어냄'과 '길러냄'의 말로 바꾸면, 청빈의 정신은 소유의 힘을 덜어내고 존재의 힘을 기르려는 뜻을 함축한다. '안빈낙도'(安貧樂道)의 삶이 거기에서 펼쳐진다. 조선시대 고관대작을 지냈던 사람들의 사후에 그 집안이 장례비를 마련하지 못하여 조정이나 또는 지인들이 부조했던 사례들이나, 또는 선비들이 끼니 거르기를 일상으로 하면서도 태연자약했던 사실들이 이를 잘 말해준다. 안타깝게도 지금은 그 흔적조차 찾기 어렵지만, 우리 전통의 소중한 정신 자산이다.

이상의 논의를 토대로 위에 인용된 본문의 뜻을 살펴보자. 먼저 〈익(益)〉괘의 괘상을 보면, 그것은 상괘 '손'(巽☴)과 하괘 '진'(震☳)이 위아래로 포개져 있는 형상이다. 그것들은 각각 바람과 우레를 상징으로 갖는다. 이를 조합하면, 우레는 바람 때문에 더 멀리 울려 퍼지고, 바람은 우레의 힘으로 더욱 사나운 느낌을 갖게 해준다. 우레와 바람이 만나 상대에게 힘을 보태주고 길러주며, 서로에게서 힘을 얻는 것이다. 자연의 모든 현상이 그러하다. 만사만물이 서로 아무런 관련이 없는 것 같으면서도 그렇게 상호 의존하면서 힘을 얻기도 한다. 『주역』은 이를 글자상 도움과 보탬의 뜻을 갖는 '익'(益)으로 주제화하였다.

군자는 그러한 우레와 바람 앞에서 상념에 잠긴다. 그는 우레가 내리치고 바람 찬 세상 속에서 어떻게 하면 삶의 힘을 얻을 수 있을지 방안을 모색한다. 엉뚱하게도 그가 강화하고자 하는 힘은 재력이나 권력과 같은 것이 아니다. 그것들은 덧없을 뿐만 아니라 약탈적이고 폭력적이며 파괴적인 성질까지 갖고 있다는 사실을 알고 있기 때문이다. 대신 그는 어떤 고난 속에서도 흔들리지 않는, 인간다움의 근본동력인 인격의 건강한 힘을 기르려 한다. 인격이란 사람들이 살아가면서 진리와 도의(사랑과 의로움)의 이념을 온몸으로 체득함으로써 갖추어지는 사람됨의 품격을 뜻한다. 인격의 높낮이는 그것의 체득 정도에 따라 달라진다. 그것을 완전히 체득하여 일상에서 남김없이 실천하는 성인이 있는가 하면, 거짓과 불의를 태연하게 자행하는 몰인격의 사람도 있다. 맹자의 이른바 '대장부'가 전자의 예에 해당된다.

> 이 세상에서 가장 넓은 집에서 살고, 이 세상에서 가장 바른 자리에 서며, 이 세상에서 가장 큰 길을 걷나니, 뜻을 펼 기회가 주어지면 만민과 더불어 그것을 행하고, 그렇지 않으면 혼자만이라도 그 길을 가리라. 이러한 뜻을 부귀도 어지럽히지 못하고, 빈천도

변절시키지 못하며, 위엄과 무력도 꺾지 못할 것이니, 이를 일러 대장부라 한다.
[居天下之廣居, 立天下之正位, 行天下之大道. 得志, 與民由之. 不得志, 獨行其道. 富貴不能淫. 貧賤不能移. 威武不能屈. 此之謂大丈夫.] (『맹자』)

이 글에서 '넓은 집'과 '바른 자리'와 '큰 길'은 공간적인 의미를 떠나서 정신지평상 설계된 인격 존재의 규모를 은유한 것이다. 그리하여 '넓은 집'은 사랑을, '바른 자리'는 예의를, '큰 길'은 의로움을 함의한다. 사랑은 사람들이 편안히 머물 수 있는 '가장 넓은' 존재의 집이며, 예의는 행동거지를 품위 있게 해줄 '가장 바른' 존재의 자리이며, 의로움은 당당하게 걸어갈 수 있는 '가장 큰' 존재의 길이다. 그러한 존재의 정신 앞에서는 부귀도 빈천도, 위엄이나 무력도 힘을 쓰지 못한다. 맹자는 인격으로 충만한 대장부의 호연한 기상을 그처럼 감동적으로 웅변한다.

어떻게 하면 그러한 인격의 힘을, 진리와 도의의 정신을 기를 수 있을까? 그것은 전방위적인 수양의 노력을 필요로 하겠지만, 군자는 일차적으로 선의지를 부단히 키우고, 한편으로 자신의 잘못을 바로잡으려 한다. 인격은 무슨 고매한 이념을 추구하기 이전에 일상의 사소한 마음가짐에서부터 다져지는 것이기 때문이다. 그리하여 그는 "남의 훌륭한 점을 보면" 바람처럼 신속하게 "자신도 배워 행하고", "자신의 허물을 깨달으면" 우레처럼 강렬하게 그것을 "바로 고치려" 한다. 공자 또한 말한다. "남의 선한 점을 보면 그와 같이 될 수 있도록 노력하고, 불선한 점을 보면 자신에게는 그러한 점이 없는지 자성해야 한다[見賢, 思齊焉. 見不賢, 而內自省也.]" (『논어』)

공자의 제자 자공(子貢)이 군자의 허물을 일(월)식에 비유한 뜻도 이와 다르지 않다. 자신의 허물을 감추고 심지어는 궤변으로 꾸며대는 소인배들과 달리, 군자는 그것을 마치 일(월)식처럼 남들에게 솔직하게 드러내어 인정한다. 그리고 일식이 이내 사라지는 것처럼 자신의 허물을 바로 고친다. 그처럼 그는 때와 장소를 가리지 않고 부단한 자기 성찰 속에서 인격의 힘을 키운다. "날로 새롭게, 또 날로 새롭게[日新又日新]."(『대학』) 거듭나려는 것이다. 『성경』은 말한다. "사람이 거듭나지 않으면 하느님의 나라를 볼 수 없느니라."

이처럼 남의 선한 점을 배우고 자신의 허물을 고치면서 부단히 새롭게 거듭나기 위해서는 한 가지 긴요한 자세가 요구된다. 자존심을 버려야 한다는 것이다. 자신을 존엄하게 받들면서 세상에 떳떳하고 품위 있게 나서는 인간적 자존의식이야 당연히 필요하지만, 자신에 대한 지나친 믿음 속에서 남에게 굽히지 않는 세속적인 자존심은 인격수행의 자리에서는 해악의 요소가 된다. 이 점은 특히 사회적 지위나 많은 지식, 체면 등으로 포장된 자존심에서 두드러지게 드러난다. 그는 남의 선한 점을 보면 배우려 하기는커녕 오히려 질투와 시기의 마음을 가지며, 자신의 허물을 고치기는커녕 오히려 호도하고 변명하는 데 급급하다. 정말로 자신을 존엄하게 여기고 소중하게 돌보는 사람이라면 어떤 자리에서든 남의 선한 점을 보면 배우고, 한편으로 자신의 허물을 고쳐 인격의 향상을 기할 텐데 말이다. 『심경부주』에 실린 일화를 한 번 들어보자. 한 제자가 일 년 만에 스승을 찾아뵈었다. 두 사람 사이에 대화가 이렇게 진행된다.

"그 동안 무슨 공부를 했는가?"

"예, '긍(矜)' 이라는 글자 하나를 마음속에서 없애는 데 주력했을 뿐입니다."

"어째서 그랬는가?"

"자세히 성찰해보니 모든 병통이 거기에서 비롯되었습니다. 자긍하는 마음을 없애야만 공부에 진보와 향상이 있겠기에요."

"(고개를 끄덕이면서 좌중의 사람들에게) 이 사람의 학문태도가 바로 절문근사(切問近思)에 맞는다."

여기에서 '긍(자긍하는 마음)'이란 자존심에 가까운 말이다. 자신의 학문(공부) 정도와 입지를 자긍하고 자존하는 마음은 남의 조언과 충고를 들으려 하지 않는다. 오히려 자신의 주장을 내세우면서 남을 굴복시키고 그와 다투려 한다. 당연히 학문이든 인격이든 그에게서는 향상을 기대하기가 어렵다. 그러므로 자긍, 자존하는 마음을 없애고 '허심(虛心)'으로 나서서 '절문근사'의 정신으로 매사를 자기성찰과 향상의 자료로 받아들여야 한다. '절문근사'란 일상의 삶에 절실한 질문을 자신에게 던지고, 공허하고 추상적인 관념에 빠지지 않고 가까이나 자신의 문제부터 생각하는 태도를 말한다. 군자가 "남의 선한 점을 보면 자신도 배워 행하고, 자신의 허물을 깨달으면 바로 고치는"것도 이의 한 가지 사례가 된다.

"만초손(滿招損)이요 겸수익(謙受益)"(『서경』)이라는 말이 있다. 교만은 손해를 부르고, 겸손은 이익을 얻는다는 뜻이다. 여기에서 교만은 자존심과 자긍심이 발전된 형태라 할 수 있다. 이를테면 자신이 신봉하는 이데올로기나 종교를 지나치게 자긍하는 교만한 마음이 있다. 그는 다른 유형의 사상을 용납하지 못하고 독선적인 태도를 드러내면서 남들과 대립 충돌할 수밖에 없다. 이는 자신의 앎의 세계를 스스로 좁히고 삶을 고립시키는 어리석음에 다름 아니다. 그러므로 역시 "교만은 손해를 부른다.” 교만을 버리고 겸손한 마음을 가져야 할 이유가 여기에 있다. 자신의 앎의 한계를 자각하면서 자존(긍)심을 버리는 겸손한 마음은 모든 일에 열린 자세로 임하여 자신의 세계를 넓혀나갈 것이다. 학문은 물론 일상생활에 필요한 기본자세가 여기에 있다.

군자는 그처럼 겸손한 마음으로 학문의 길에 나서 죽는 순간까지 인격의 지평을 부단히 새롭게 열어나간다. 우주 만물을 자신의 품에 아우르는 ‘천인합일(天人合一)’의, 달리 말하면 우주적 대아(大我)의 경지가 그 궁극에 해당된다. 그러므로 그는 단순히 지식을 습득하고, 또 저술로 남들에게 칭송을 받기 위한 공부를 거부한다. 퇴계의 비유를 빌려 말하면, 그는 심산유곡의 난초처럼 어느 누구의 알아줌도 기대하지 않고 오직 참자아의 꽃을 피우는 일에 전념한다. 그것이 군자의 학문 정신의 본령이다. 아래의 글은 군자가 학문의 길에서 보여주는 구도의 정신을 잘 보여준다. 이는 공자가 “높은 산을 우러르고, 큰 길을 걷는다[高山仰止, 景行行止].”는 시구를 읽고는 찬탄하며 평론한 것이다.

> 시인이 인(仁)을 좋아함이 이와 같구나. 도(道)를 향해 힘이 다할 때까지 나아가리니, 늙어가는 것도 잊고 세월이 부족한 것도 모르는 채, 날마다 힘쓰고 힘써 죽은 뒤에야 그만두리라.
> [詩之好仁如此, 鄉道而行, 中道而廢, 忘身之老也, 不知年數之不足也, 俛焉, 日有孳孳, 斃而后已.] (『예기』)

우리는 여기에서 오늘날의 공부(학문)정신을 되돌아본다. 사람들은 공부를 기껏 출세와 명예 등 각종의 세속적인 힘을 획득하기 위한 수단으로만 여긴다. 진리와 도의의 정신이나 인격의 향상에는 관심이 없다. 그들은 말한다. “진리가, 인격이 밥 먹여주는가?” 하지만 그들은 자가당착적인 태도를 보인다. 그들이 주기적으로 사찰이나 교회를 찾아가 예배하고, 인격이 고매한 성직자들의 설교를 들으려 하는 것이다. 그것은 인격이 삶에서 매우 소중함을 알기 때문일 것이다. 그런데 그들은 어째서 인격을 자신의 내부에서 스스로 기르려 하지 않고, 마치 은혜를 받듯이 수동적으로 나서기만 할까? 그것도 기껏 주기적일 뿐이며, 일상의 사회생활 속에서는 여전히 세속적인 힘을 추구하면서 말이다. 그래서는 평생 인격의 빈곤과 존재의 결핍감을 면할 수 없다. 이는 자신의 존재를 스스로 모멸하는 일이나 다름없다. 존엄한 인간으로 태어나 품위 있게 사는 것을 스스로 포기하기 때문이다. 우리는 깊이 생각하지 않으면 안 된다. 일상의 모든 자리에서 진리와 도의(사랑과 의로움)의 인격을 기르는 것이야말로 자신에 대한 최대의 경의요 도리임을 말이다.

제8장 자기성찰의 정신

"멀리 벗어나지 않고 제자리로 되돌아온다. 후회할 일이 없을 것이요, 매우 행복하리라." 공자가 말씀하셨다. "안회(顔回)는 거의 경지에 이르렀구나! 자신에게 잘못이 있으면 그것을 이내 자각하고, 자각하고서는 두 번 다시 잘못을 저지르지 않으니 말이다. 『주역』에, '멀리 벗어나지 않고 제자리로 되돌아온다. 후회할 일이 없을 것이요, 매우 행복하리라.' 하니, 이를 두고 말한 것이리라.

[不遠復, 无祇悔, 元吉. 顔氏之子. 其殆庶幾乎. 有不善, 未嘗不知. 知之, 未嘗復行也. 易曰: 不遠復, 无祇悔, 元吉.]

『주역』〈복(復䷗)〉괘 초구(初九)의 효사(爻辭)와, 그리고 공자가 이를 읽고는 자신의 수제자였던 안회를 떠올리면서 칭탄한 말이다. 원래 〈복〉괘는 무슨 일이든 어떤 일탈로부터의 회복(복귀)을 주제로 하는데, 여기에서는 인간학적 관점에서 참자아의 회복, 또는 인간성의 근원에로의 회귀라는 뜻으로 풀이해 보았다. 초구의 효사는 어둠을 상징하는 음효(陰爻 - -)들이 지배하는 상황에서 빛의 양효(陽爻 —) 하나가 아래에 다시 출현한 것을 두고 "(양효가) 멀리 벗어나지 않고 되돌아온다."고 말하였다. 이는 〈복〉괘의 전체적인 주제 상에서 살피면 그동안 상실된 인간성(참자아)이 회복되는 단초를 그와 같이 은유한 것으로 읽힐 수 있다.

사람은 누구나 크건 작건 잘못을, 죄악을 저지르면서 살아간다. 그렇게 다소간에 인간성을 잃는다. 그것이 원래 불완전한 존재로 타고난 인간의 운명이다. 그렇다고 해서 자신의 잘못(죄악)을 '인간적'이라 하여 변명하고 자위하려 해서는 안 된다. 그것은 자신을 영원히 비인간적인 존재로 스스로 전락시킬 위험성이 있다. 이는 마치 인간이 에덴의 동산에서 추방되었다 해서 세상의 죄악을 당연한 현상으로 받아들이는 것과도 같다. 하느님은 인간에게 '원죄' 이전에 고결한 영혼으로 살도록 태초에 말씀을 내렸는데 말이다.

사실 인간다운 점은 그가 불완전한 존재로 태어나 이러저러한 잘못을 범한다는 사실에 있지 않다. 사람들은 그렇게 자신의 잘못을 자위하고 또 남의 잘못을 위로하려 하지만, 오히려 잘못을 뉘우치면서 올바른 삶의 길로 나아가려는 노력이야말로 참으로 보기에 아름답고 또 '인간적'이다. 그러므로 공자의 말처럼, "잘못을 저질렀으면 그것을 고치는 일에 인색해서는 안 된다[過則勿憚改]."(『논어』) 인간다운 삶을 영위하는 길이 바로 여기에 있다. 공자가 안회를 칭찬한 것도 이를 염두에 둔 것이었다. 그것은 안회가 단순히 개과천선에 용감했음을 말한 것에 그치지 않는다. 공자는 안회가 올바른 삶을 통해 궁극적으로 참다운 인간성을 회복하려 했던 모습에 주목하였다. "안회가 거의 경지에 이르렀다."는 찬탄이 이를 말해준다. 여기에서 '경지'란 인간성을 완전히 회복한 성인의 수준을 이른다.

그런데 안회가 자각한 '잘못'은 언행으로 드러난 것이 아니었다. 그것은 언행 이전에 마음속에서 한순간 떠오르는 거짓되고 불순한 생각이었다. 그것은 이내 억제되면서 사라지고 말 것이지만, 그는 그것조차 주의 깊게 자성하면서 그러한 생각을 두 번 다시 일으키지 않았다고 한다. 이는 일반인으로서는 상상조차 하기 어려운 일이겠기에, 공자는 그렇게 "안회는 거의 경지에 이르렀구나!" 하면서 감탄하고 칭찬하였다. 석가모니와 공자와 예수 등 인류가 우러르는 성인들은 정말 그처럼 순백의 마음을 가졌던 것일까?

어쨌거나 마음의 성찰은 인간적인 삶, 또는 인간성(참자아)의 회복을 도모하는 자리에서 매우 중요한 의의를 갖는다. 그야말로 "일체유심조(一切唯心造)"이다. 마음이 세계와 삶의 모습을 지어낸다. 이를테면 "하늘 우러러 한 점 부끄럼이 없기를" 바라는 마음은 "잎새에 이는 바람에도 괴로워"(윤동주) 할 것이며, 권력욕에 빠진 마음은 수많은 시민을 살상하고도 삶에 태연하게 나선다. 안회처럼 "거의 경지에 이른" 마음은 "한 그릇 밥과 한 바가지 물[一簞食 一瓢飮]"로도 삶의 즐거움을 잃지 않을 것이며, 오늘날처럼 물신주의에 빠진 마음은 물질의 풍요 속에서도 존재의 빈곤에 시달릴 것이다.

그러므로 살아가면서 언행의 규범을 지키기만 하면 된다고 여겨서는 안 된다. "호리지차, 천리지유(毫釐之差, 千里之謬)"라는 옛말처럼, 터럭 끝만 한 차이가 천리만큼이나 거리를 빚어내는 법이다. 예를 들면, 시인 로버트 프로스트는 유명한 시 〈가지 않은 길〉에서 한 생각의 차이로 인해 삶의 노정이 크게 달라짐을 그렇게 의미심장하게 노래하고 있다. "훗날에 훗날에 나는 어디선가 / 한숨을 쉬며 이야기할 것입니다 / 숲속에 두 갈래 길이 있었다고 / 나는 사람이 적게 간 길을 택하였다고 / 그리고 그것 때문에 모든 것이 달라졌다고"(피천득 옮김)

이 문제를 불교의 '업(業)'사상에 입각해서 살펴보자. 일반적으로 '업'이란 사람들이 지어내는 행위를 뜻하지만, 세부적으로 살피면 거기에는 행동[身]과 말[口]과 마음[意]의 세 가지 유형이 있다. 그 중에서도 마음이 짓는 업(業)이 시발을 이룬다. 말하자면 "어떤 생각을 하는 순간 업은 이미 시작된다."(최명희, 『혼불』) 어떤 생각이든, 설사 잠깐의 것이라 할지라도, 긍정적이거나 부정적인 에너지로 마음에 작용하며 행동에까지 영향을 끼친다. 업이란 바로 그 에너지를 말한다. 그러므로 우리는 평소 업력(業力)의 정화에 힘을 기울이지 않으면 안 된다. 그 노력에는 자신이 출생 이후 쌓아온 것은 물론, 멀리는 '전생의 업'까지 포함될 수도 있다.

자기 성찰의 중요성이 여기서 드러난다. 즉, 마음에 부정적 에너지가 쌓이지 않도록 생각의 낌새부터 예의 살피지 않으면 안 된다. 부도덕한 생각은 물론 이기심, 물욕, 분노, 증오 등이 모두 그에 해당된다. 아니 우울하고 패배주의적인 감정도 마음에 부정적인 에너지로 작용한다. 우리의 세포 하나하나가 마음을 읽어 예민하게 반응한다는 사실을 고려하면, 부정적인 감정과 생각은 행동거지의 활력을 빼앗아 갈 것이다. 물론 살아가면서 그러한 것이 전혀 없을 수는 없겠지만, 그것을 빨리 자각하여 마음 본래의 밝은 자리로 되돌아와야 한다. 그렇게 하여 삶에 밝게 나서야 한다. 공자는 다른 자리에서 말한다. "멀리 벗어나지 않고 제자리로 되돌아오는 것, 그것이 수행의 방법이다." (『주역』)

그러면 마음의 본래 자리로 되돌아오기 위한 노력은 어디에서부터 시작되어야 할까? 공자는 말한다. "회복은 자신을 되돌아봄으로써 이루어진다.(『주역』) 참자아는 나의 내면 깊은 곳에 있기 때문이다. 나의 관심이 부귀나 명예 등 바깥 사물을 지향하는 한 참자아를 결코 깨어나지 않는다. 그것은 오히려 자아 상실의 요인이다. 공자는 이러한 뜻을 다음과 같이 말한다. "군자는 자아를 자기 안에서 찾고, 소인은 자기 밖에서 찾는다[君子求諸己, 小人求諸人]." (『논어』) 소인이 걱정과 불안에 빠질 수밖에 없는 이유가 여기에 있다. 득실(得失)이 무상하고 덧없는 '자기 밖'의 허상을 움켜쥐려 하기 때문이다. 그가 존재의 빈곤과 결핍에 시달리는 것도 이에 기인한다. 아래의 글을 읽어보자.

> 세상 사람들은 하늘과 땅 사이에서 길을 헤매면서 살아가고 있으니, 되돌아 자신을 살펴본 일이 있는가? 배고프면 밥 먹고 목마르면 물마시며, 이득거리를 보면 좇아 나서고 해로운 것은 피할 줄 알면서, 정작 하늘이 나에게 삶을 준 뜻과 사람이 사람 된 까닭에 관해서 생각하지 않는 것은 어째서인가? (『심경부주』)

그러므로 일상생활에서 마음의 성찰은 매우 중요한 의의를 갖는다. 퇴계의 표현을 빌리면 "마음이 발동하는 순간이야말로 온갖 조화의 중추요 선악의 갈림길"이기 때문이다. 달리 말하면, 마음은 세계 인식과 참여의 출발점이다. 『대학』과 『중용』이 "홀로 있음을 삼갈 것[愼獨]"을 강조한 이유도 여기에 있다. 뒤에 다시 살피겠지만, 이 '홀로 있음'은 남들이 보지 않는 은밀한 시공간만이 아니라, 내면의 심리공간까지도 함의한다. 마음자리에서조차 태만하고 방자해서는 안 된다는 것이다. 마음의 방종은 세계의 인식과 삶의 길을 어지럽힐 것이기 때문이다. 퇴계는 예민한 존재감각 속에서 한 제자에게 다음과 같이 충고한다. "마음을 조금이라도 태만하게 가지면 그 곧 자신을 해치고 자신을 버리는[自暴自棄] 일입니다."(『퇴계전서』)

그러므로 마음을 진실하고 밝게, 맑게 갖도록 노력하지 않으면 안 된다. 이를 위해서 평소 자신의 마음을 부단히 성찰하는 버릇을 길러야 한다. 불교는 이를 '통찰명상(通察瞑想)'의 이름으로 권장한다. 평소 마음속에 떠오르는 생각이나 감정들에 대해 제삼자의 눈으로 주의를 기울이라는 것이다. 그러다 보면 희로애락과 온갖 상상으로 끊임없이 변덕스럽게 출몰하는 표층의 심상 아래 맑고 고요한 심층의 참마음이 현전하리라는 것이다. 마치 구름이 흘러간 뒤에 드러나는 파란 하늘과 빛나는 태양처럼 말이다. 신앙인에게는 이러한 마음 챙김의 노력이 비교적 용이할 것이다. 전지전능하신 신의 강림을 깊이 자각하는 사람이라면 한순간의 생각도 태만하고 방종할 수 없겠기 때문이다. 그는 "(상제가) 강림하여 나의 삶을 / 날마다 살피며 여기에 계신다."고 여기는 만큼 마음을 맑고 경건하게 유지하려 할 것이다. 그것이 신에게 응답하는 길이다.

자기성찰의 정신은 당연히 언행에까지 뻗친다. 그는 자신의 행동거지뿐만 아니라, 일상의 삶에서 부딪치는 모든 일들을 되돌아보면서 자아 향상의 자료로 삼는다. 퇴계가 자신의 편지글들 가운데 긴요한 것들을 모아 〈자성록(自省錄)〉으로 편집한 것도 이를 위해서였다. 자기성찰의 정신은 그처럼 시선을 자신에게로 돌린다. 일반적으로 사람들은 일이 여의치 않거나 인간관계에 문제가 생길 경우에는 그 원인을 바깥 사정이나 상대방에게서 찾으면서 세상을 원망하고 그를 비난하곤 한다. 이는 어쩌면 자기 보호의 계책일 것이다. 그렇게 해서 자존의식의 상처를 받지 않으려는 것이다. 하지만 "내 탓이 아니라 네 탓"이라는 독선적인 태도는 자타간의 갈등과 대립을 부추기면서 사태를 더욱 어렵게 만들 뿐이다. 그것은 수행의 장애요인이다.

그러므로 퇴계가 한 제자에게 충고한 것처럼, "일이 뜻대로 되지 않을 경우에는 문제를 자신에게서 살피는 것이 군자의 자세입니다. 모든 일을 모름지기 스스로 반성하고 자신을 더욱 닦아나가는 것이 남들의 비방에 대응하는 요점입니다."(『퇴계전서』) 이를테면 "내가 어떤 사람을 사랑하는데 그가 받아들여주지 않으면 자신의 사랑을 되돌아보고, 사람들을 다스리는데 그들이 다스림을 받으려 하지 않으면 자신의 지혜를 되돌아보며, 어떤 사람에게 예의를 갖추었는데 그가 답례하지 않으면 자신의 공경심을 되돌아보라. 일이 뜻대로 되지 않으면 문제점을 돌이켜 자신에게서 찾아야 한다."(『맹자』)

이러한 자기성찰의 정신은 자타간의 갈등을 자연스럽게 해소시켜줄 것이다. "네 탓이 아니라 내 탓일 수 있다"는 반성은 그동안 자기중심적이던 사고방식을 내려놓고, 상대방의 의견과 입장을 인정하고 존중하기까지 하면서, 자타의 관계를 화해롭게 조성해줄 것이다. 그리고 내적으로는 사랑과 지혜와 공경심 등 고결한 인간성을 제고시켜줄 것이다. 살아가면서 존재의 풍요를 누릴 수 있는 길이 여기에 있다. 그는 남들을 사랑과 관용으로 따뜻하게 보듬어 안고 그들의 인격을 존중하면서 세상살이의 기쁨을 알 것이다.

한 걸음 더 깊이 들어가 보자. 자기성찰의 근저에는 지적, 도덕적인 겸손이 작용한다. 자기성찰을 하는 것은 자신의 의견이나 주장, 행동이 옳지 않을 수도 있음을 인정하는 마음에서 비롯된다. 자기가 정당하다거나, 또는 남보다 우월하다고 여기는 사람에게서는 자기성찰을 결코 기대할 수가 없다. 퇴계는 이 점에서 훌륭한 전범을 보여준다. 선생은 제자들과 토론하는 자리에서 자신의 주장을 강변하기는커녕, 오히려 그들의 지적과 비판을 기다렸다. 그리하여 자신의 잘못된 의견을 바로잡을 수 있으리라고 기대하였다. 선생이 그처럼 큰 학덕을 성취한 것도 이러한 지적 겸손과 자기성찰 속에서 평생 구도의 자세로 일관했던 결과였을 것이다. 아래의 글을 읽어보자.

진리는 무궁하고 사람의 생각에는 한계가 있는 것인데, 사람들은

> 자기주장만 정론이라 고집하고 남들의 견해는 아예 부정하려 하기 때문에, 끝내는 편견의 병폐를 벗어나지 못합니다. 나의 주장도 역시 그러한 것은 아닐런지요? 앞서 내가 역설했던 것은 그것으로 자신을 변명하려 했던 것이 아닙니다. 나 자신의 병통을 드러냄으로써 약을 구하려는[發病求藥] 것이었을 뿐입니다.
>
> (『퇴계전서』)

이는 특히 학생들을 가르치는 자리에 있는 사람들에게 중요한 성찰꺼리를 준다. 일반적으로 선생은 자신의 지식을 자부하고 자만하면서 학생들을 일방적으로 가르치려 든다. 그에게는 구도자의 지적 겸손이 결여되어 있다. 그래서 학생들의 비판을 받으면 이를 선생의 권위에 대한 도전으로 여기면서 화를 내기까지 한다. "요즘에는 선생과 학생만 있지 스승과 제자는 없다."고 자탄하기도 한다. 자신이 지적으로나 도덕적으로나 어떻게 하면 스승이 될 수 있는지 자성하지 않으면서 말이다. 사실 참다운 스승은 자신이 스승이라고 여기지 않고 학생들을 '동학(同學)'으로 대하면서 구도의 길에 함께 나설 것이다. 다시 퇴계의 사례를 살펴보자. 당시 후학들 사이에 선생을 추앙하면서 선생의 일거일동을 본받으려는 움직임이 있었다. 이에 대해 혹자가 선생에게 편지를 보내 그것을 어떻게 감당하려는지 힐책하자, 선생은 한 제자에게 다음과 같이 말한다.

> 그 힐책은 절실하고 지극한 가르침이라, 편지를 받고는 놀라 사흘 동안이나 땀으로 등이 축축했습니다. 이로써 자신을 돌아보니 무릇 나의 의견에 동의하지 않는 이야말로 정말 나를 도와주는 사람이요, 나를 멀리하고 또 질책하는 이야말로 정말 나를 존중

> 해주는 사람입니다. 이러한 생각에서 나를 찾아오는 사람들을 되돌려 보냈는데도 경선(景善) 등이 아직도 떠나지 않으니, 그들의 어리석음이 나보다도 더한 것을 알겠습니다. (『퇴계전서』)

자기성찰의 정신은 오늘날 갈수록 피폐해져 가는 인간성의 위기 상황을 타개할 수 있는 훌륭한 방책이 될 수 있다. 그동안 바깥으로만 향하던 눈빛을 안으로 돌려 이제 자기 자신을 깊이 들여다보면서 참 자아를 찾아야 한다는 것이다. 이에 대해 사람들은 경쟁사회에서 살아남고 성공적인 삶을 사는데 결코 도움이 되지 않는다고 항변할지 모른다. 하지만 되물어 볼 일이다. 남보다 앞서고 높은 자리를 쟁취하는 것이 과연 참삶의 의미와 가치를 담보해 줄까? 그것이 죽음의 허무까지도 능가할 존재의 풍요를 보장해 줄까? 그렇게 살다보면 오히려 정신의 빈곤이 심화되지 않을까? 거친 사회 환경을 탓하면서 자신의 존재와 참삶의 의미를 포기해서는 안 된다. 자기성찰의 노력과, 이를 통한 인간성의 회복은 우리들 자신이 선택하기에 달려 있다.

제9장 닫힌 마음과 열린 마음

선생님께서는 네 가지 마음을 전혀 갖지 않으셨다. 사사로운 마음과, 기필하는 마음과, 고집하는 마음과, '나' 의식이 없었다. [子絕四. 無意, 無必, 無固, 無我.]

이는 공자의 제자들이 『논어』를 편집하면서 선생님의 마음가짐을 행동거지에서 살펴 기록해 놓은 것이다. 그 책에서 공자의 평소 마음을 이처럼 간명하게 언급한 예도 드물 것이다. 이를 개별적으로 살펴보자. 먼저 '사사로운 마음'이란 세계와 삶을 개인적인 관점에서 자기중심적으로 바라보는 태도를 말한다. 말하자면 그것은 "자기의 이해관계나 자기의 정념이나 또 단순히 자기의 편견의 포로일 뿐만 아니라, 또한 더 본질적으로 각자를 자기중심적으로 만드는, 즉 자기의 관점에 따라서만 모든 것을 숙고케 하는 그런 경향의 포로가 되려는 성향"(가브리엘 마르셀)이다.

사람이 육신을 가지고 태어난 이상 어떻게 그러한 마음이 없이 살 수 있을까마는, 문제는 그것이 초래하는 결과이다. 이를 사회적인 관점에서 살펴보자. 개인주의자들이 생각하는 것처럼 사회는 당구대 위의 당구공들처럼 서로 떨어진 개인들의 집합체에 불과한 것이 아니다. 그리고 개인이 있은 다음에 사회가 있는 것이 아니다. 사회는 개인들이 '만인에 대한 만인의 투쟁'을 염려하여 이루어낸 요청적인 형식이거나 타협적인 계약의 산물이 아니다. 사회는 인간의 출현과 함께 시작되며, 그의 존재를 유지시켜 주고 성취시켜 주는 사람들의 유기적인 관계망이다. 그 어떤 사회에도 속하지 않는 개인을 우리는 전혀 상상할 수 없다. 그러한 자는 존재의 진공상태에 빠지고 말 것이다. 그러므로 인간은 본질적으로 사회적인 존재이다. "모든 개인에게는 의식의 본질적인 부분에 이미 사회라는 것이 내면화되어 있다. 그리고 인간은 사회의 일부일 뿐만 아니라, 또한 사회는 관련영역으로서 그 인간의 본질적인 부분이다. '나'가 '우리'의 일부일 뿐만 아니라 '우리'가 또한 '나'의 필연적인 구성요소다." (막스 셸러)

'사사로운 마음'은 이러한 인간조건을 부정하려 한다. 그는 남들을 자신의 존재 밖으로 밀어내면서 자기 안에 갇혀 자기중심적이고 자폐적인 삶을 추구하려 하기 때문이다. 개인주의가 내거는 "개인의 자유와 독립, 사적인 발전"의 목표가 이를 잘 표명한다. 그가 현실적으로 남들과 맺는 관계는 기껏 자기의 이기적 생존과 번영을 위한 수단으로서밖에는 의미를 갖지 못한다. 오늘날 사람들 사이의 유대와 결속이 갈수록 약화되고 공동체의 가치가 사라지는 것도 이러한 '사사로운 마음'에 기인한다. 요컨대 그것은 남을 자신의 품에 아우르지 못하는 닫힌 마음이다.

안타깝게도 이것이 오늘날 우리 사회에 만연해 있는 개인주의의 현실이다. 이는 인간다운 삶을, 아니 자신의 존재를 스스로 축소하고 파괴하는 일이나 다름없다. 한나 아렌트는 말한다. "사적 인간이 행하는 것은 무엇이나 타인에게 아무런 의미도 중요성도 없으며, 그에게 문제가 되는 것은 다른 사람에게는 아무런 관심거리가 되지 못한다.” “완전히 사적인 생활을 한다는 것은 우선 진정한 인간에게 필수적인 것이 박탈되었음을 의미한다.” 여기에서 ‘사적’이란 “타인과의 객관적 관계의 박탈”, “삶 자체보다 더 영속적인 어떤 것을 성취할 수 있는 가능성의 박탈” 상태를 뜻한다.(『인간의 조건』)

‘사사로운 마음이 없었던’ 공자의 삶은 이와 정반대가 되는 우주적 대아(大我)의 세계를 보여준다. 거기에는 그의 충서(忠恕)의 정신이 작동된다. 나중에 다시 상론하겠지만, 충서란 역지사지를 통한 배려와 보살핌의 정신을 뜻한다. 그것은 상대방의 생각이나 처지에 대한 공감과 동정 속에서 그를 자신의 존재 깊이 아우르는 열린 마음, 또는 타자를 아우르기 위해 자신의 존재를 부단히 열어나가는 노력이라 할 수 있다. 여기에는 자기중심적인 시각, 즉 ‘사사로운 마음’이 타파되면서 타자의 세계 중심성을 인정하고 존중해주는, 중심의 전이 작용이 행해진다. 그 순간 그는 타자를 마치 자신처럼 여기는 물아일체(物我一體)의 확장된 자아의식을 갖게 될 것이다.

그러므로 타자를 외면하고 배제하는 닫힌 마음의 소유자가 이 세상에 육체의 한 점으로만 부침하는 데 반해, 물아일체의 열린 마음은 만물을 아우르는 존재의 풍요를 누릴 것이다. 선비들이 품었던 공사(公私) 관념의 존재론적인 의미가 여기에 있다. 그것은 ‘멸사봉공(滅私奉公)’이라는 말이 함축하는 도덕적 차원에 그치지 않는다. “공변된 마음[公]은 물아를 일체로 여기고, 사사로운 마음[私]속에서는 나와 남 사이가 현격한 거리를 갖는다.”(『근사록(近思錄)』) 여기에서 ‘공변된 마음’이란 열린 마음을 뜻한다. 아래의 글을 읽어보자.

마음을 크게 가지면 천하 만물과 일체가 될 수 있다. 타자와 일체가 되지 못하는 것은 마음이 타자를 자기 밖으로 배제하기 때문

> 이다. 세상 사람들은 그들이 견문한 정도로만 타자를 이해하지만, 성인은 견문한 것에 구애되지 않고 그의 마음속에 만물을 아우르면서 천하 만물을 자신의 일부로 여긴다. (『근사록』)

'사사로운 마음이 없었던' 공자의 삶은 바로 이러하였다. 공자는 자신의 존재를 무한히 열어 "사해동포 천하일가(四海同胞 天下一家)"라고 하는 우주적 대아의 정신으로 만민을 보살피려 하였다. 천인합일과 물아일체의 지평이 여기에서 열린다. 이는 인간이 도달할 수 있는 최상의 자유를 보여준다. 개인주의 역시 자유의 이념을 내걸지만 그것과는 차원을 달리한다. 그들은 남들과 거리를 두면서 행동거지에 아무런 제약을 받지 않는 것을 자유라고 여긴다. 하지만 이는 가능치도 않을 뿐더러 오히려 남들과 관계를 갖지 못하도록 자신을 묶어두고 독방에 자신을 가두는 짓일 뿐이다. 인간의 본성에 어긋나는 그것은 존재의 외로움과 삶의 허무감을 필연적으로 자초한다. 고 전우익 선생은 책의 제목으로 말한다. "혼자만 잘 살믄 무슨 재민겨"

이와는 달리 남들을 향해 열린 마음은 바로 그들 때문에 자유를 억압당하는 것처럼 보이지만, 오히려 그는 자신의 울타리를 넘어 그만큼 넓어진 삶의 세계를 얻게 되며, 거기에서 참자아를 실현할 수 있는 진정한 자유를 얻게 될 것이다. 사람들은 "～로부터의 (소극적인) 자유"만 생각했지, 적극적으로 "～에로의 (적극적인) 자유"야말로 삶의 중요한 과제임을 모른다. 아니 "～로부터의 자유" 조차 남들로부터의 자유만 추구할 뿐, 정작 자신으로부터의 자유를 찾는 노력은 꿈에도 하지 않는다. 참다운 자유는 개체적인 자아의 속박을 벗어나 타자를 아우르고 보살피는 열린 마음속에서만 실현될 수 있는데 말이다. 우리는 그 최상의 모습을 역사 속의 성인들에게서 확인한다. 자기 자신과 민족과, 더 나아가 인간의 장벽까지도 넘어 모든 생명을 품에 깊이 보듬어 안았던 그 분들이야말로 우주 만물을 넘나들면서 존재의 자유를 최대한 실현한 것이다. 그러고 보면 사람들은 각자 '자신이 견문한 정도'로만 자유를 행사하며 자아를 실현한다.

열린 마음은 자기 초월의 노력을 전제한다. 그 마음은 자기 안에 갇히지 않고 자신의 존재를 부단히 탈각하는 노력 속에서만 얻어질 수 있다. 자신의 현존재에 안주하면 그의 마음도 정체에 빠지게 된다. "날로 새롭게 또 날로 새롭게[日新 又日新]" 자신을 쇄신하려는 의지가, 또는 '거듭남'의 정신이 여기에서 다시 한 번 중요성을 드러낸다. 이러한 초월은 이 세상을 뒤로 하고 천상의 신에게로 향하지 않는다. 자신의 존재를 탈각하면서 자연스럽게 타자와 공감 상통하는 열린 마음은 세계 내의 모든 생명체들에 대해 애정 어린 관심을 보일 것이다. 그러므로 세상만사를 초월한 듯한 성인들이 역설적이게도 인류의 구원에 나선 것은 결코 도덕적 의무감의 산물이 아니었다.

자아의 속박을 벗어난 열린 마음은 이해득실을 타산하는 주관적 관점에서 벗어나 객관적인 시각으로 세계와 삶을 대면하려 할 것이다. 그리하여 그는 일상의 현장에서 마주치는 일들을 객관적인 사리에 따라 처사하려 할 뿐, 자신의 의도에 따라 일을 '기필하는 마음'을 갖지 않을 것이다. '기필하는 마음'이란 일을 기필코 이루려는 집착심의 다른 표현이다. 그러므로 그것은 '고집하는 마음'을 동반한다. 이는 자기중심적인 닫힌 마음에 갇힌 결과이다. 만약 자기의 관점을 벗어나 열린 마음으로 세계와 사물을 객관적으로 바라본다면 그는 집착심을 버리고 만사를 사리에 따라 처사하려 할 것이다. "확연대공, 물래순응(廓然大公, 物來順應)"(『근사록』)의 경지가 이를 잘 말해준다. 자신의 자아를 무한히 확대하여[廓然] 열린 마음으로 만물을 아우르면서

[大公], 삶의 현장에서 다가오는 모든 일들[物來]을 사리에 따라 처사하리라[順應]는 것이다. 이는 일에 소극적으로 나서면서 순응하는 태도와는 차원을 달리한다. 열린 마음은 어떤 상황에서든 '지금, 이 자리'에 성실하게 나서면서 진리와 도의에 따른 삶의 열락을 누린다. 즉, 열린 마음의 한 중심에는 진리와 도의의 정신이 놓여 있다. 『중용』의 글을 읽어보자.

> 군자는 지금 머무르고 있는 자리에서 자신의 도리를 다할 뿐, 그 밖의 일은 바라지 않는다. 부귀의 자리에서는 부귀에 마땅한 도리를 다하고, 빈천의 자리에서는 빈천에 마땅한 도리를 다하며, 야만의 자리에서는 거기에서 마땅한 도리를 다하고, 고난의 자리에서는 거기에서 마땅한 도리를 다한다. 그리하여 군자는 어떤 자리에서나 안락 자족의 삶을 산다.

열린 마음의 근저에는 사랑의 정조가 깔려 있다. 열린 마음이란 단순히 남들의 의견을 경청하고 그를 용납하는 정도의 개방적인 마음을 말하는 것에 그치지 않는다. 그 깊은 곳에는 인간애와 나아가 생명애의 정신이 잠재해 있다. 열린 마음으로 남들과 생명을 공감하면서 그들을 따뜻하게 보듬어 안으려는 것이다. 이러한 사랑은 나와 남을 분단하고 그를 나의 존재 밖으로 밀어내는 닫힌 마음속에서는 결코 체험될 수 없다. 그러한 마음에 남들은 승부와 이용의 대상으로만 다가올 것이기 때문이다. 이러한 현상은, "파이팅(싸움)!"을 외치는 경쟁의 현장에서 흔히 드러난다.

하지만 나의 존재를 탈각하여 그를 품안에 깊이 아우르면서 그와 공감하고 상통하는 열린 마음에는 사랑이 자연스럽게 싹터오를 것이다. 퇴계는 임금에게 말한다. "그것은 물(物)과 아(我) 사이의 간격을 없애 그 사이에 사사로운 마음이 조금도 깃들지 못하게 함으로써, 천지를 한 집안으로, 만민을 나와 한 몸으로 여기면서, 그들의 가려움과 아픔을 모두 내 몸의 것처럼 느끼는 사랑의 정신을 얻게 해줄 것입니다."(『퇴계전서』) 여기에서 '그것'이란, 선생의 표현을 빌리면 "무아(無我)의 공(公)"을 말한다. 즉 '나'로부터 해방되어 '만민을 나와 한 몸으로 여기는' 열린 마음이다.

사랑의 진정성 여부가 여기에서 갈라진다. 자기중심적이고 이기적인 사랑은 자신의 욕심을 채우기 위한 간교한 술책일 뿐이다. 나와 남 사이에 여전히 존재의 장벽을 세우고 있는 그 마음은 '사랑은 하나됨'의 세계를 결코 알지 못한다. 자기중심적인 사고를 벗어나 '상대방의 가려움과 아픔을 내 몸의 것처럼 느끼는' 열린 마음만이 진정한 사랑을 눈 뜨게 한다. 인류와, 나아가 모든 살아 있는 존재들을 널리 품어 안은 성인들의 가없는 사랑이 이의 표본이다.

일상의 현실로 돌아와 살펴보자. 사랑은 각자 자기 안에 머물러 있던 두 개인이 어느 순간 마음을 열어 서로 공감하고 상통하는 생명활동이다. 하지만 그것은 무너지기 쉬운 취약성을 갖고 있다. 두 사람 모두 다시 자기에게로 돌아와 자신의 의견과 삶의 방식을 주장하면서 서로 갈등을 빚기 때문이다. 달리 말하면 다시 '사적인' 존재가 되어 서로를 외면하고 배제하며 부정한다. 부부싸움이 그 단적인 사례이다. 개인주의 사회에서 이혼율이 높은 이유도 여기에 있을 것이다. 각자 자유와 독립과 사적인 발전을 추구하는 그들의 닫힌 마음에는 상대방을 넉넉하게 받아들일 아량의 공간이 작은 것이다.

"부부의 사랑은 다툼 속에서 깊어진다."는 말이 이 점에서 상당한 타당성을 얻는다. 그 다툼은 '사적인'(자기중심적인) 태도의 부딪침을 뜻한다. 그들은 그 자리에서 자신의 언행을 자성하면서 서로 공감하고 상통할 수 있는 열린 마음과 삶의 공간을 새롭게 모색할 것이다. 그것을 끝내 발견하지 못하면 둘의 관계는 헤어짐으로 결말 될 수밖에 없다. 그러므로 사랑이 세월 속에서 깊어진다는 말은 크고 작은 다툼을 거치면서 상대방을 받아들이는 마음의 공간이 갈수록 넓어진다는 뜻이다. 이렇게 생각하면 사랑은 단순한 감정 상태가 아니라 자타간 공감 상통의 마음 공간을 끊임없이 확대해 나가는 과정이라 할 수 있다. 너무 이상적이긴 하지만 그 정점에는 자기중심적인 '나'의 의식이 완전히 사라져 "그들의 가려움과 아픔을 모두 내 몸의 것처럼 느끼는" 물아일체의 지고한 사랑이 있다. 역사 속에서 성인들이 보여준 '무아(無我)'의 사랑이 그것이다.

이 '무아'는 불교의 그것과 전혀 다르다. 불교에 의하면, 나는 불변의 실체성을 갖지 못한 환상에 지나지 않는다. 그것은 기껏 출생 이후, 아니 그 이전부터 우리의 성장 이력 속에서 추출된 수많은 기억들의 조합에 불과하다. 실체적인 나가 존재하는 것이 아니다. 나 자신을 한 번 가만히 들여다보자. 평소 나라고 여겨왔던 그 모든 것이 허구적인 관념일 뿐이요, 수많은 조건들의 결합 속에서 일시적으로 나타난 현상들에 지나지 않는다. 비유하자면, 나는 시시각각 변하며 이내 흩어져 사라지고 마는 뜬 구름과도 같다. 구름을 잡으려 하지만 손에 들어오는 것은 아무 것도 없다. 나도 마찬가지다. 마음속으로 들어가 나를 찾아보면 잡히는 것이 아무 것도 없다. 그저 텅 비어 있다. 그런데도 나를 불변의 실체인 양 착각하며 고집하므로 인생이 고달플 수밖에 없다. 불교에서 무아를 강조하는 까닭이 여기에 있다. '이것이 나'라는 미망에서 벗어나 텅 빈 가운데 청정한 불성을 깨달으라는 것이다.

하지만 공자에게 없었던 '나'는 그러한 것이 아니었다. 공자는 자기 안에 갇힌 소아적인 나를 부정한 것일 뿐, 그로부터 해방되어 세계 만물을 끌어안는 우주적 대아를 추구하였다. 이를 언어학적인 관점에서 접근해보자. '나'의 상대 말은 '너' 또는 '그'이다. 이는 나와 남(너, 그) 사이에 모종의 보이지 않는 경계와 장벽이 있음을 암시한다. 남이 나의 존재 영역을 침범해서는 안 된다. 물론 나도 남의 영역을 침범하지 않을 것이다. 어느 학자는 이를 두고 다음과 같이 말한다. "사람과 사람 사이에 온기를 전달하는 대기적 요소는 여기에서 사라지고 만다. 개체들은 수정 같이 맑고 얼음처럼 차가운 공기로 에워싸여 있다."(『급변하는 흐름 속의 문화』) '나'를 삶의 전면에 내세우는 개인주의 사회에서 법과 권리 의무의 관념이 발달할 수밖에 없는 이유가 여기에 있다, 그것은 나와 남 사이에 구획된 존재(삶)의 영역을 침범당하지 않고 자신을 방어하고 보호하기 위한 최선의 장치이다.

이는 지난날 우리 사회의 모습을 그리움으로 되돌아보게 해준다. 개인주의 의식이 약했던 당시에 사람들은 어떤 문제에 봉착하면 권리 의무나 법을 따지기에 앞서 도덕으로 해결하려 하였다. 나와 남 사이에 경계가 흐린 '우리' 의식으로 삶에 나섰던 것이다. 도덕은 '우리'를 유대시켜 주는 정신적 얼개이다. 외국 관광객들이 감동하곤 하는 우리나라 사람들의 따뜻한 인정도 이러한 '우리' 의식의 산물일 것이다. 물론 그것은 사회생활상 요구되는 공공의 규범들을 무시하기도 한다는 점에서 부정적인 측면을 갖고 있다. "우리가 남이가!" 하면서 저지르는 패악들이 그 예이다.

아무튼 남을 나의 존재 밖으로 내몰고 그와 거리를 두면서 자기 안에 갇힌 나는 필연적으로 존재의 외로움을 겪을 수밖에 없다. 그것은 마치 외딴 섬에 혼자 살면서 다른 섬들의 사람들과 전화나 인터넷 등을 이용하여 간접적으로 교류하려는 것이나 다름없다. 이는 인간의 본성에 맞지 않는다. "인간은 다른 이에게 자신을 내줌으로써 비로소 인간이 된다."(칼 야스퍼스)는 사실을 그는 부정하기 때문이다. 옛날 우리 선조들은 그러한 이치를 잘 알고 있었다. 그것은 우리말의 '인간(人間)'이라는 단어에 깊이 함축되어 있다. 사람은 사람 사이[人間]에서만 사람일 수 있다는 것이다. 이는 나의 자유와 독립을 강조하는 개인주의가 많은 문제들을 갖고 있음을 생각하게 해준다. 그것은 육체적인 질병까지도 유발할 수도 있다. 아래의 글을 읽어보자.

> 캘리포니아 대학의 심리학자인 래리 셔비츠(Larry Scherwitz)는 거의 600명가량의 사람들의 대화를 녹음하였는데, 그 중 3분의 1은 심장질환을 앓고 있었고 나머지는 건강하였다. 이 녹음테이프를 들으면서 그는 이들이 '나', '나의', '나를' 등의 말을 얼마나 자주 쓰는지 세어보았다. 이 결과를 심장병의 발병빈도와 비교해 본 결과 셔비츠는 1인칭 대명사를 가장 자주 사용하는 사람이 심장에 이상이 생길 위험성이 가장 높은 것을 발견했다. 그리고 몇 년 동안 이 환자들을 추적해본 그는 자신에 대한 이야기를 습관적으로 많이 하는 사람일수록 실제로 관상동맥질환에 걸릴 확률이 높은 것을 발견했다.
>
> 어떤 사람이 '나'라고 말하는 횟수를 세는 방법은 자아도취의 정도를 수량화하는 재치 있는 방법이었다. 그리고 타인에게 마음을 닫아놓을수록 심장은 더욱 고통 받는다는 사실에는 나의 생각과 일치하는 면이 있다. 셔비츠가 결론 내린 처방은 좀 더 베푸는 사람이 되라는 것이다. 즉, '다른 사람이 말할 때 존중심을 가지고 귀 기울이고, 자신의 시간과 에너지를 남에게 쓰며, 남들이 저대로의 방식을 가지도록 내버려 두라. 자신의 필요를 확대시키는

> 일 외의 다른 일을 하라.' 이 말 속에서 그는 수량화할 수 있는 데이터를 넘어서서 사랑과 연민의 문제를 언급하고 있다. 이것은 마음이 열려 있고 사랑이 많은 사람은 반드시 늙어서 건강하다는 직관적인 통념에 비추어 매우 호소력 있게 들린다.
>
> (『사람은 늙지 않는다』)

"인자(仁者)는 오래 산다[仁者壽]."(『논어』)는 말의 합리적인 근거가 여기에 있다. '타인에게 마음을 닫아 고통 받는 심장'과 달리, 열린 마음의 사랑[仁]은 자타간의 대립과 긴장을 풀어줄 뿐만 아니라 물아일체의 세계까지 열어줄 것이다. 거기에서 타인을 배려하고 보살피는 기쁨은 정신적으로나 육체적으로나 건강한 삶을 영위하게 해줄 것이다. 다시 전문가의 말을 빌리면, "(친절과 자비의 행위에서) 우리의 심장 박동수는 느려지고 자율신경계는 휴식을 취하고, (중략) 돕는 행위는 우리의 기분을 좋게 해줄 뿐만 아니라 건강과 수명까지도 증진시킨다." 어떤 정신심리학자의 말도 한 번 들어보자.

> 그는 이어서 암의 자연 퇴축 예(발생한 암이 저절로 소멸되거나 축소되어 환자가 예상 이상으로 오래 사는 예)에 대한 조사 결과에 관해 이야기했다. 이께미는 이와 같은 환자 대다수에 '실존적 전환'이라고도 할 만한 인생관의 전환이 일어났다는 것을 확인했다고 했다. 동양의 철학은 자기중심적인 집착을 넘어설 것을 가르치고 있다. 이들 환자는 암에 의한 죽음에 직면했을 때 자기중심적인 죽음에의 반항보다는 남들과 더불어 사는 삶에 대한 깊은 감사로 전환되어 있다는 것이었다. (『과학기술과 정신세계』)

공자가 이르렀다고 하는 '무아'의 정신세계를 여기에서 들여다 볼 수 있다. 공자는 남을 자신의 존재 밖으로 밀어내 자기 안에 갇혀 개인적 '소아'로 외롭게 살기를 거부하고, 만민과 만물을 따뜻하게 품어 안으며 그들의 삶을 보살피는 우주적 대아의 삶을 누렸다. "만민은 나의 형제요, 만물은 나와 더불어 사는 이웃[民吾同胞, 物吾與]"으로 여기면서 형제애와 생명애로 세상에 나섰다. 공자가 말한 "덕불고, 필유인[德不孤, 必有隣]"의 뜻이 여기에 있을 것이다. 앞서 말했던 것처럼, 그것은 덕이 있는 사람에게는 이웃처럼 가까이 다가오는 사람들이 있게 마련이라는 뜻에 불과하지 않다. 만민은 물론, 만물을 품에 아우르는 위대한 덕을 가진 사람은 길가의 풀 한 포기, 숲속의 나무 한 그루까지도 이웃으로 여겨 서로 존재를 교감하고 상통하므로 외로울 여지가 없다. 오히려 존재의 풍요 속에서 삶의 열락을 누릴 것이다. 퇴계의 시를 한 편 감상해 보자. 아래에서 도홍경(陶弘景: 456-536)은 중국 남조시대의 큰 학자였다. '산마루 구름'이란 그가 은둔생활 속에서 즐겼던 풍경을 가리킨다.

도홍경의 산마루 구름 언제나 사랑스러
혼자서 즐길 뿐 남에게 전하지 못하네
늦게야 집을 짓고 그 안에 누웠으니
한가한 정(情) 절반을 들사슴과 나누련다
常愛陶公隴上雲　　唯堪自悅未輸君
晩來結屋中間臥　　一半閒情野鹿分 (〈隴雲精舍〉)

제10장 사랑과 예의

안연(顔淵)이 사랑에 대해 여쭙자 선생님께서 대답하셨다. "나를 초극(超克)하여 예의의 삶으로 돌아가는 것이 사랑이다. 하루라도 나를 초극하여 예의의 삶으로 돌아가면 세상의 모든 사람들이 사랑의 품에 안기리라. 사랑은 자신의 의지에 달려 있다. 어찌 남에게 달려 있겠느냐." 안연이 여쭈었다. "그 방법을 가르쳐주십시오." 선생님이 대답하셨다. "예의에 벗어나는 일은 보지 말고, 예의에 벗어나는 일은 듣지 말며, 예의에 벗어나는 일은 말하지 말고, 예의에 벗어나는 일은 행동하지 말아야 한다." 안연이 말하였다. "제가 어리석지만 가르침을 따르겠습니다.
[顔淵問仁. 子曰: 克己復禮爲仁. 一日克己復禮, 天下歸仁焉. 爲仁由己. 而由人乎哉. 顔淵曰: 請問其目. 子曰: 非禮勿視, 非禮勿聽, 非禮勿言, 非禮勿動. 顔淵曰: 回雖不敏, 請事斯語矣.]

『논어』의 글이다. 주제에 들어가기 전에 먼저 원문에서 언급되고 있는 '인(仁)'의 개념을 간략하게 살펴보자. 그것은 유교가 내놓는 여러 덕목들 가운데에서 최상의 자리에 있고, 게다가 심성론상 매우 복잡한 구조를 갖고 있어서 한두 마디로 정의하기가 참으로 어렵다. 이 때문에 전공학자들조차 그것을 원문 그대로 '인'이라고 옮겨 쓰는 것이 일반이다. 하지만 이는 그것의 실제적인 의미를 체감하지 못하게 만드는 문제점을 갖고 있다. 사람들이 추구해야 할 최고의 덕목이라 하는데, 정작 그게 무슨 뜻인지 감이 잡히지 않으니 실천하기도 어렵다. 사실 이러한 문제는 옛날부터 제기되었다. 아래의 글을 읽어보자.

> 사랑[愛]이라는 글자를 떠나 한결같이 허공을 더듬어대니, 이미 참다운 성찰이 없기 때문에 그 주장들이 모호하고 또 괴이하여 갖가지의 폐단이 생겨나는 것입니다. 차라리 인(仁)이 무엇인지 전혀 모르면서 사랑의 뜻으로 여기는 것이 나을 것입니다. (중략) 인의 의미를 알고 싶다면 우선 사랑이라는 글자에서부터 찾아나가는 것이 좋습니다. (『주자서절요(朱子書節要)』)

이는 인의 개념 핵심에 사랑의 정신이 놓여 있음을 일러준다. 사실 성리학이 발흥하기 이전에는 그것이 정설이었다. 당나라의 대문호였던 한유(韓愈: 768–824)는 말한다. "박애(博愛)를 인(仁)이라 한다[博愛之謂仁]." 북송(北宋)의 유학자 주돈이(周敦頤: 1017–1073) 또한 말한다. "사랑의 덕을 인이라 한다[德愛曰仁]." 종래 성리학자들은 이들이 본성[仁]과 정감[愛]을 혼동하고 있다고 비판하지만, 위의 인용문에서 살핀 것처럼, 그들 역시 사랑의 정신이야말로 그것의 핵심임을 인정하였다. 그러므로 오늘날의 사고 문법에 맞추어 그것을 박애요, 더 깊게는 생명애의 정신이라고 정의하려 한다. 여타의 덕목들은 모두 이를 실현하기 위한 방법적 도덕원리에 해당된다. 달리 말하면 사랑은 여타의 덕목들에게 근거와 정당성을 부여하는 도덕의 원천이다. 예컨대 의로움은 사랑을 적의하게 실천하기 위한 것이다. 사랑을 결여한 의로움의 행사는 잔인에 빠지기 쉽다. 예의는 사랑이 방종이나 외설에 빠지지 않고 인간적 품위를 얻기 위한 것이다. 사랑이 결핍된 예의는 의례적인 수준에 머무른다. 진리는 참사랑 여부의 판단 기준이며, 사랑을 모르는 진리는 이기의 술수로 악용될 수 있다.

이처럼 지고한 사랑은 실로 일반인으로서는 상상하기조차 어려운, '성인'에게나 가당한 이념처럼 보인다. 하지만 인간이 초목금수와 달리 인간일 수 있는 것은 역시 마음을 열어 남을 사랑할 수 있는 정신능력에 있다. 그러므로 자기만을 사랑하면서 남에게 무관심한 태도는 인간적 고결성을 스스로 저버리는 짓이나 다름없다. 무엇보다도 "사랑은 자신의 의지에 달려 있다."는 사실을 자각하지 않으면 안 된다. 그것은 남이 강요해서 될 수 있는 일이 아니다. 달리 말하면, 사랑은 사회생활상 요구되는 의무사항이 아니다. 자신에게 달려 있으므로 총칼의 위협으로 그 의지를 꺾을 수도 없다. 예수님이 십자가의 길을 자청한 것도 인류에 대한 가없는 사랑 때문이었다. 그러므로 가난을 이유로, 생계를 문제로 사랑의 마음을 닫는 것은 역시 자신의 인간성을 스스로 격하시키는 것이나 다름없다. 사실 오늘날 삶의 가장 큰 맹점은 이러한 핑계의 마음에 있다. 사랑은 재물이나 생계의 문제가 아닌데 말이다.

하지만 "사랑이 자신의 의지에 달려 있다."고 윽박지를 일만은 아니다. 삶의 의지는 그렇게 단순한 것이 아니기 때문이다. 우리는 다른 한편으로, 아니 가장 일차적으로, 생존의 의지를 갖고 있다. 세상을 살아가면서 자신의 존재를 내세우고 입증하지 않으면 도태될 수밖에 없다. 당연히 그것은 자기중심적이고 이기적이기까지 하다. 의지의 이율배반성이 여기에서 드러난다. 마음이 자기중심적인 생존과,

그리고 그것을 부정해야 하는 사랑 사이에서 갈등을 겪는 것이다. 일반인의 마음속에서 두 의지의 다툼은 대개 사랑의 패배로 끝난다. 자기중심적인 사고가 우세하여 남을 따뜻하게 아우르는 열린 마음을 갖지 못하는 것이다.

공자가 '나를 초극[克己]'해야 한다고 말한 뜻이 여기에서 밝혀진다. 자기중심적 태도의 극복과 초월이야말로 사랑의 실천에 핵심 요건이다. 자기 안에 갇혀 있는 한, 사랑은 싹틀 여지가 없다. 사랑의 세계는 나와 남 사이에 가로놓인 존재의 장벽을 허물어 남들과 생명을 공감하고 상통하는 가운데에서만 열린다. 그러므로 사랑은 부단한 자기 초월의 노력이다. 야외를 돌아다니다보면 종종 눈에 띄는 커다란 입석의 글귀, "초아(超我)의 봉사"도 이러한 뜻을 함축하고 있는 것으로 보인다.

하지만 말이 그렇지 어떻게 하면 자기를 초월할 수 있을까? 너무 막연하여 도무지 발을 내디딜 자리를 찾기가 어렵다. 이에 대해 공자는 다른 자리에서 그 구체적인 방법을 제시한다. "내가 원하지 않는 일을 남에게 행해서는 안 된다[己所不欲, 勿施於人.]" (『논어』) 이는 충서(忠恕)의 정신으로 요약된다. 문자적으로 풀이하면 그것은 진실하고 순수한 마음[忠]으로 남의 처지를 헤아려 그를 배려하고 보살피는 노력[恕]을 뜻한다. 배려와 보살핌에 진실하고 순수한 마음이 필요한 이유는 거짓되고 불순한 속셈이 끼인 배려는 여전히 자기중심적이고 이기적인 '나' 의식을 벗어나지 못하기 때문이다. 그와 같은 이기적인 배려는 당연히 사랑이 아니다. 『대학』의 '혈구(絜矩)'는 이러한 충서의 정신을 일상의 인간관계 속에서 다음과 같이 구체적으로 예거한다.

윗사람이 나를 대하는 태도가 싫으면 내 아랫사람을 그러한 태도

> 로 대하지 말고, 아랫사람이 나를 받드는 태도가 싫으면 내 윗사람을 그러한 태도로 받들지 말라. 앞사람이 나에게 앞서는 태도가 싫으면 내 뒷사람에게 그러한 태도로 앞서지 말고, 뒷사람이 나를 따르는 태도가 싫으면 내 앞사람을 그러한 태도로 따르지 말라. 오른쪽 사람이 나와 사귀는 태도가 싫으면 왼쪽 사람과 그러한 태도로 사귀지 말고, 왼쪽 사람이 나와 사귀는 태도가 싫으면 오른쪽 사람과 그러한 태도로 사귀지 말라.

사실 사람의 마음은 누구나 똑같다. '윗'사람이든 '아랫'사람이든, 선배든 후배든, 친구나 부부의 사이든, 모두 상대방한테서 존중받고 대접받고 싶어 하는 것이 인지상정이다. 입장을 바꾸어 생각해보면 상대방 또한 그러한 바람을 갖고 있다는 것을 쉽게 알 수 있다. 문제는 그것을 상대방에게만 요구할 뿐, 정작 나는 상대방을 존중하고 대접하려 하지 않는다는 사실이다. 자타간 반목과 갈등, 증오와 폭력이 이렇게 해서 생겨난다. 이는 물론 자기중심적인 '나' 의식이 빚어내는 현상이다. '나'에게 상대방은 자신의 목적을 충족시키기 위한 수단적인 존재로만 여겨진다.

'충서'의 정신은 이러한 자기중심적 사고를 타파시켜주면서 자기를 초월하게 해주는 긴요한 수행방법이다. 그것은 사람들에게 역지사지를 통해 상대방의 입장에서 사물과 세계를 바라보도록 해준다. 달리 살피면 거기에는 중심의 전이(轉移)라고 하는 심리가 작용한다. 입장을 바꾸어 "만약 내가 너라면" 하면서, 나로부터 상대방에게로 사고의 중심을 옮기는 것이다. 그리하여 그것은, 내가 삶의 목적이요 세계의 중심인 것처럼, 상대방 역시 그 자신이 목적이요 중심이라는 사실을 깨닫게 해준다. 관용과 타협, 용서와 자비의 마음이 여기에서 생겨난다. 다시 말하지만 "적의 숨겨진 과거를 읽을 수 있다면 우리는 그들 각각의 삶에서 그 어떤 적의라도 내려놓게 만들만큼 가득한 슬픔과 고통을 발견하게 될 것이다." (롱펠로우)

'충서'는 자기중심적인 시각을 탈피하여 상대방의 입장에서 세상을 바라보고 그를 배려하는 정신이므로, 나는 '충서'하는 만큼 자신을 넘어 상대방에게까지 넓어진 존재감을 얻게 될 것이다. 물론 거기에는 자타간의 경계가 사라진 사랑의 마음이 작용한다. 공자의 말대로 "세상의 모든 사람들이 사랑의 품에 안기리라." 역사상 성인들이 그 지고의 모습을 보여준다. 인류는 물론, 만물까지도 자신의 존재 깊이 아우르면서 "천지를 한 집안으로, 만민을 나와 한 몸으로 여겨 그들의 가려움과 아픔을 모두 내 몸의 것처럼 느끼는"(퇴계) 물아일체의 생명적 사랑 말이다. 아래의 글은 모든 생명체에게 열려 있는 우주적 대아의 사랑을 훌륭하게 묘사하고 있다. 이는 개인주의의 질병을 반면으로 일러준다. 남들과 '혈기가 통하지 않는' 정신 생명의 마비 현상을 말이다.

> 인자(仁者)는 천지만물을 자기 자신과 한 몸으로 여긴다. 만물을 자신의 일부로 생각하니 그의 사랑이 어느 한 사물엔들 미치지 않겠는가. 만약 사물을 자신과 다른 것으로 여기면 그것은 나와 상관없는 존재가 되고 말 것이다. 이는 마치 수족의 마비로 인해 혈기가 통하지 않아 그것이 내 몸이 아닌 것처럼 느껴지는 것과도 같다. (『근사록』)

자기의 초월은 현실을 외면하고 부정하면서 어디 공허한 관념의 세계로 나아가려는 것이 아니다. 거기에 담긴 사랑의 정신은 오히려 따뜻한 눈빛으로 이 세상에, 현실의 삶에 적극 나선다. 인자(仁者)는 그 행로를 의로움과 예의와 진리에서 찾는다. 진리와 도의를 실현함으로써 사랑을 완성하려는 것이다. 그러므로 진리와 도의에 반하는 사랑은 참다운 사랑이 아니다. 역사적, 사회적 죄악을 사랑이라는 이름으로 용서하는 경우가 그것이다. 참사랑은 그 죄악으로 타락한 생명을 교정하고 회개시켜 새 생명으로 거듭나게 해주려는 진지한 노력을 동반한다. 친구 간, 남녀(부부)간의 사랑도 마찬가지다. 상대방의 잘못과 불의를 방관하거나 묵인하지 않고 바로잡아 주어 순수생명의 세계에 함께 드는 것이 참사랑이다. "군자는 사랑을 덕으로 하고, 소인은 사랑을 고식적으로 한다[君子之愛人也, 以德. 小人之愛人也, 以姑息]." (『예기』)는 군자의 사랑이 그것이다. 여기에서 '고식적'이란 서로 생명을 향상시켜 주고 새 생명으로 거듭나게 해주려는 노력 없이 현상적 만족만을 추구하는 태도를 말한다.

공자가 "예의의 삶으로 돌아가라."고 말한 뜻이 여기에 있다. 여기에서 '예의'란 단순히 사회적으로 통용되는 관습적 규범에 불과한 말이 아니다. 선비들의 도덕철학상 그것은 한 개인의 생명질서와, 그리고 자타간의 관계질서를 행위규범화 해놓은 것이다. 인간을 포함하여 만물의 생명에는 제각각 고유한 질서가 있다. 그 질서를 잘 유지하는 데에서만 정신적, 육체적 건강을 누릴 수 있다. 병균의 침입으로 인한 것이든, 무절제하고 방종한 생활 때문이든, 아니면 자연의 이치상으로든 그것이 교란되고 무너지면 질병과 죽음에 이른다. 어떤 의학자는 "록 음악이 생명체를 약화시킨다."는 흥미로운 보고까지 내놓고 있다. 그 음악의 박자가 신체의 자연적 리듬(심장의 고동소리)에 반하기 때문이라는 것이다. 당연히 인간관계도 마찬가지다. 상호간 교류(교제)질서를 지키지 않으면 두 사람의 관계는 파탄을 면치 못한다.

그러므로 예의는 사람들이 사회생활상 취해야 할 요청적인 행동양식에 불과한 것이 아니다. 그것은 남과의 관계 이전에 나 자신의 생명성을 제고하고 생명적 삶을 진작시키기 위해 마련되는 도덕원리이다. 그것은 행동거지의 절제를 요구한다는 점에서 구속성을 띠고 있지만, 인간의 품위를 높여주는 아름다운 구속이다. 인간이 동물과 다른 점 가운데 하나는 자기 절제와 구속에 있다. 이는 우리 사회의 전통예절을 무조건 옹호하려는 뜻이 아니다. 우리는 오늘날을 살면서 '생명성'을 기준으로 지난날의 예의규범들을 검토하고 새로운 규범을 모색, 실험할 필요가 있다. 그것이 많은 사람들에 의해 진행되다 보면 언젠가 전사회적으로 공유되는 도덕원리가 정립될 수 있을 것이다.

"예의에 벗어나는 일은 보지 말고, 듣지 말며, 말하지 말고, 행동하지 말아야 한다."는 말을 이러한 관점에서 새롭게 해석해볼 수 있다. 저 '예의'를 규범화된 생명질서의 뜻으로 이해해보자. 시청언동의 자리에서 생명질서를 어겨서는 안 되며, 생명성을 제고하는 노력을 해야 한다는 것이다. 과연 무엇이 생명질서에 맞으며 어떻게 하는 것이 생명성을 제고하는 일인지 막연하지만 진지하게 숙고해 보면 그렇게 어려운 문제도 아니다. 예를 들면 고운 말을 쓰고 아름다운 음악을 듣는 경우를 들 수 있다. 이는 단순히 교양의 차원이 아니다. 욕설과 같이 거친 말과 음란한 음악은 생명질서를 흐트러트린다. 참고로 어떤 과학자의 기발한 실험을 소개한다. 그는 음악을 틀어놓고 물을 얼리면서 순간 그 결정(結晶)의 형태를 사진으로 찍었다. 그 결과 "아름다운 고전음악은 제각기 다른 개성적인 결정을 만들었지만, 분노와 반항의 언어로 가득한 헤비메탈 곡은 결정이 제멋대로 깨진 형태로 나타났다." 한편 유리병 두개에 물을 넣고서 각각 '고맙습니다'와 '망할 놈'이라는 글을 적은 종이를 물 쪽으로 붙여 사진을 찍었는데(거기에는 한국어도 포함되어 있다), 이 역시 위의 실험과 똑같은 현상이 생겼다고 한다.(『물은 답을 알고 있다 1』)

이는 우리가 아름다운 음악을 듣고 예쁜 꽃을 보았을 때 마음은 물론 몸까지도 아름답고 예쁘게 '결정'시켜줄 것임을 추측케 해준다. 우리의 몸을 구성하고 있는 60조 개 이상의 세포 하나하나가 깨어 있어서 그에 민감하게 반응할 것이기 때문이다. 이 점은 우리 신체의 70퍼센트가 물이라는 사실을 고려할 때 더욱 분명해진다. 고전음악과 고운 말이 생명질서를 강화시켜 주고 생명성을 향상시켜 주는 과학적 근거가 여기에 있다. 보는 것도 마찬가지다. 사람들을 불안하게 만들고 압박감을 주는 도시 빌딩들의 삭막한 모습과 달리, 초목으로 뒤덮인 자연의 풍경이 마음을 평온하게 해주는 예가 그러하다. 그러므로 역시 "예의에 어긋난 일은 보지 말고, 듣지 말며, 말하지 말고, 행동하지 말아야 한다." 전통적으로 우리는 이를 태교(胎敎)의 이름으로 행하였다.

> 옛날에는 부인이 아이를 배면 가로누워 자지 않았고, 몸을 한 쪽으로 기울여 앉지 않았으며, 삐딱하게 서지 않았다. 나쁜 음식은 먹지 않았고, 음식물을 칼로 자른 모습이 반듯하지 않으면 먹지 않았으며, 좌석이 반듯하지 않으면 앉지 않았다. 눈으로는 요사스런 색깔을 보지 않았고, 귀로는 음란한 소리를 듣지 않았으며, 밤이면 음악 하는 사람을 시켜 시를 낭송하게 하였고, 예의에 맞는 일만 말하였다. 이렇게 하면 출생하는 아이의 형용이 단정하고 재주가 뛰어날 것이다. (『소학』)

예의의 정신은 오늘날 자유의 이름으로 감정의 방임과 행동의 분방함을 찬미하는 사람들에게는 너무 답답하고 구속적이며, 심지어 위선적이라고까지 여겨질 것이다. 하지만 여기에는 암암리에 자기 비하적인 사고가 깔려 있다. 그들이 찬미하는 자유분방한 감정과 행위의 이면에는 절제되지 않은 동물적 성향이 작용하고 있기 때문이다. 만약 자신이 존엄한 존재라고 생각한다면 그는 행동거지를 마음 내키는 대로 하려 하지 않을 것이다. 이를테면 자신을 하느님의 자녀라고 여기는 신앙인이라면 매순간 하느님의 눈빛을 느끼면서 일거수일투족을 스스로 절제하고 꾸밀 것이다.

예의의 의의가 바로 여기에 있다. 그것은 아름다운 절제와 꾸밈의 형식이다. 물론 행동거지의 꾸밈으로 그치지 않는다. 그것은 고결한 인간성을 길러주기까지 한다. 가령 깊이 고개 숙여 인사하는 예의를 차리다 보면 정말 공경하는 마음을 갖게 될 것이다. 모든 종교들이 사람들에게 신앙의 대상 앞에서 엄격한 의례를 요구하는 것도 경건성을 고취하기 위한 전략이다. 『예기』는 말한다. “예의는 사람의 덕성을 길러준다.” 그러므로 예의는 사람들이 자기 자신을 존엄하게 받들기 위해 지켜야 할 긴요한 도리이다. 사랑도 이를 통해서만 이루어질 수 있다. 예의를 모르는 자는 자기 자신을 사랑할 줄 모르는 사람이다. 당연히 그는 남을 사랑할 수 없다.

제11장 만남의 정신

중궁(仲弓)이 사랑에 대해 여쭙자 선생님께서 대답하셨다. "문을 나서서 사람들을 만날 때에는 마치 큰 손님을 대하듯 하고, 사람들에게 무슨 일을 시킬 때에는 마치 큰 제사를 받들 듯이 해야 하며, 자신이 원하지 않는 일을 남에게 행해서는 안 된다. 그러면 사회에서도 너를 원망하는 사람이 없을 것이요, 집안에서도 너를 원망하는 사람이 없을 것이다." 중궁이 말하였다. "제가 어리석지만 가르침을 따르겠습니다."
[仲弓問仁. 子日: 出門如見大賓, 使民如承大祭. 己所不欲, 勿施於人. 在邦無怨, 在家無怨. 仲弓日: 雍雖不敏, 請事斯語矣.]

『논어』의 글이다. 공자와 제자 사이에 오간 이 문답은 일견 동문서답과 같은 엉뚱함이 있는 것처럼 들린다. "자신이 원하지 않는 일을 남에게 행해서는 안 된다."는 대답은 앞 장에서 논의한 것처럼 사랑의 수행 방법론으로 충분히 납득된다. 하지만 "문을 나서서 사람들을 만날 때에는 마치 큰 손님을 대하듯 하고, 사람들에게 무슨 일을 시킬 때에는 마치 큰 제사를 받들 듯이 해야 한다."는 말은 일견 사랑의 의미와 전혀 무관한 것처럼 들린다. 그러나 이는 불교의 '대기설법'(對機說法)과도 같다. 마치 의사가 환자의 증상에 따라 약 처방을 달리하는 것처럼, 공자도 질문자들의 자질과 형편에 맞추어 대답을 달리한 것이다. 이에 의하면 앞 장의 안연은 근본적으로 자기중심적인 '나'의식이 아직 남아 있었기 때문에 "극기복례"를 말했는데, 중궁은 일차적으로 사랑에 필요한 공경의 정신이 부족했기 때문에 저와 같이 답변한 것이 된다.

정말 사랑에는 공경의 정신이 매우 중요하다. 공경의 정신이 결여된 사랑은, 남녀 간으로 따지면 기껏 '한 눈에 반한' 열띤 감정에 불과하고, 친구간이라면 깊은 울림을 주지 못하는 표피적인 교제에 그칠 것이며, 부모 자식 사이는 혈육으로 맺어진 친밀한 감정에 지나지 않는다. 그들은 그 이상 인격으로 깊이 교류되는 참사랑의 세계를 알지 못한다. 한편으로는 그들 모두 이기적인 욕망을 은밀히 감추고 있기도 하다. 상대방을 감각적, 세속적인 이용 수단으로 간주하는 것이다. 부모 자식의 경우도 예외가 아니다. 부모는 자식을 욕망의 대리 충족자로, 자식은 부모를 생계 후원자로 여기는 경향이 있다. 그러므로 그 모두 효용이 다하면 관계가 소원해지거나 끝나버리고 만다.

공경이란 상대방의 인격을 존중하는 태도를 말한다. 이는 상대방에게 조심스럽게 다가가고 예의를 갖추는 것에 그치지 않는다. 참다운 공경은 그를 자체 목적적인 존재로 존중하는 마음에서 발로된다. 당연히 거기에는 나의 자기중심적인 사고를 벗어나 그의 세계 중심성을 헤아리는 '충서(忠恕)'의 정신이 작동된다. 공자가 "문을 나서서 사람들을 만날 때에는 마치 큰 손님을 대하듯 하고, 사람들에게 무슨 일을 시킬 때에는 마치 큰 제사를 받들 듯이 해야 한다."하고는, 이어서 "자신이 원하지 않는 일을 남에게 행해서는 안 된다."고 말한 이유가 여기에 있을 것이다. 사람들을 그처럼 공경할 뿐만 아니라, 그들의 세계 중심성을 인정하고 배려해야 한다는 것이다. 자기중심적인 '나'의식을 벗어나 그들이 삶의 목적이요 세계의 중심이라는 생각에 다다르면 자연히 공경과 배려의 마음이 일어날 것이다.

공경의 정신에는 섬김의 뜻까지 담겨 있다. 상대방을 공손히 받들어 모시는 것이다. 이는 흔히 강조되는 '경노(敬老)'와 같은 일반적 수준의 것에 그치지 않는다. 참다운 공경의 정신은 사람들을 평범한 손님도 아니고 '큰 손님' 대하듯 조심스럽고 정중하게 다가가며, 일반 제사도 아니고 '큰 제사'를 받들 듯 진지하고 경건하게 나선다. 그리하여 거기에는 자신의 전인격이, 온존재가 담겨 있다. 나이나 성별, 신분 등으로 상대방에게 다가가지 않고, 그러한 외피를 모두 벗어버린 '벌거벗은' 존재로 나서는 것이다. 섬김은 여기에서만 진정성을 얻을 수 있다. 우리는 그 상징적인 모습을 제자들의 발을 씻어준 예수님의 삶에서 본다. 존재의 외피를 둘러쓴 채, 즉 나이나 신분 등의 의식을 버리지 못하고 나서는 섬김의 거동은 불순하고 위선적이기까지 하다.

공경의 정신은 만남의 자리에서 요구되는 핵심적인 덕목이다. 인생은 만남이다. 만남이 없는 삶을 우리는 상상할 수 없다. 만남 속에서만 자신의 존재를 지탱하고 성취할 수 있다. 그러므로 만남의 자리에 성실하게 나서야 한다. 성실한 만남 속에서만 나는 상대방과의 인격적 교류를 통한 존재의 풍요를 얻을 수 있으며, 삶과 세계를 깊이 체험할 수 있다. 불성실한 만남은 자신의 존재를 외롭게 만들고, 삶과 세계를 스스로 축소하는 것이나 다름없다. 이를테면 친구 간의 만남에 성의를 기울이는 정도에 따라 존재의 체험이, 삶과 세계의 깊이가 달라진다. 남녀의 사랑이나 그밖에 모든 만남의 자리가 다 그러하다.

『중용』은 말한다. "성실성은 세계의 시작이자 끝이다. 성실성을 결여하면 세계는 없는 것이나 마찬가지다. 그러므로 군자는 성실성을 소중한 덕목으로 여긴다."

만남의 성실성은 공경심으로 보충되어야 한다. 만남은 성실하고 진지한 자세만 가지고는 충분하지 않다. 그 이상으로 상대방의 인격을 존중하면서 정중하게 나서지 않으면 안 된다. 공경심이 결여된 성실성만으로는 상대방과 깊은 인격적 교류를 행하기가 어렵다. 우리는 그 사례를 조직사회의 인간관계에서 목격한다. 그들이 성실함에도 불구하고 서로 거리감을 갖는 것은 사무적인 만남으로 그치기 때문이다. 게다가 그것이 상하의 위계질서 속에서 이루어지는 것이라면 상호간 인격의 교류를 거의 기대할 수가 없다. 그리하여 조직사회의 만남은 가볍기 짝이 없어 실존의 열망을 결코 채워주지 못한다. 사람은 누구나 만남을 통해 외로움을 면하고 삶의 의미와 가치를 확보하고자 하는 원초적인 열망을 갖고 있는데 말이다. 그러므로 만남을 의미 깊고 풍요롭게 할 수 있는 최선의 방안은 역시 공경의 정신이다.

오늘날의 만남을 이러한 관점에서 한 번 살펴보자. 사람들의 만남은 매우 개인주의적이다. 개인주의란 사람들이 각자 독립된 별개의 존재라고 여기는 사고방식을 말한다. 개인주의자는 주장한다. "나는 나 자신을 주변의 모든 것과 분리된 별개의 존재로 간주한다. (중략) 나는 주변의 모든 것과 완전히 다르다고 느끼며, 내가 발 딛고 있는 대지, 그리고 나와 닮은 주변의 존재들과도 나를 동일시하지 않는다. 따라서 나는 모든 피조물과 구분되며 나 자신에게만 귀속된다. 내가 일차적으로 소유하는 것은 바로 나 자신이다."(『개인주의의 역사』) 이에 의하면 사회는 개인들 사이에 이루어진 계약의 산물이다. "만인의 만인에 대한 투쟁"으로 인해 초래될 공멸을 피하기 위해 개인들이 권리 의무를 약속하고 법과 제도를 제정했다는 것이다.

결국 개인주의 사회에서 사람들의 만남은 독립적인 두 개인이 자신의 생존을 위해 서로를 요청한 형식이라고 할 수 있다. 그러므로 그 만남은 언제든지 깨질 위험에 노출되어 있다. 생존의 이해타산에 맞지 않으면 두 사람의 관계가 끊어지기 마련이기 때문이다. 조직사회에서 사람들의 이합집산이 무상한 사실이 이를 잘 예증한다. 과거에 서양의 소설이나 영화에서만 볼 수 있었던 부부의 이혼이 이제는 우리 사회의 흔한 현상이 된 것도 이러한 개인주의의 영향일 것이다. 아니 요즘 젊은이들 사이에서는 결혼조차 구속으로 여기면서 만남과 헤어짐이 자유로운 동거를 선호하는 경향이 높다고 한다. 이러한 만남의 자리에서 공경의 정신을 강조하는 것은 시쳇말로 '꼰대의 훈계'처럼 들릴 것이다.

이러한 만남은 치명적인 약점을 갖고 있다. 우리가 평소 실감하는 것처럼, 만남은 순전히 생존의 필요만 충족시켜 주지 않는다. 그것은 인간의 원초적인 열망을 충족시켜 주는 중요한 자리이다. 나는 '너(그)'와의 만남을 통해서만 실존의 불안과 외로움을 극복하고 삶의 의미를 실현할 수 있다. 더 깊게 들여다보면 '너'는 나의 존재의 본질적인 조건이지, 생존을 위한 계약 당사자가 아니다. "한 인간을 이루는 것은 바로 그가 헌신하는 대상이다."(칼 야스퍼스) 그러한 '너'를 저만큼 떨어트려 놓고서 나의 자유와 독립을 찾으려는 것은 자신의 존재를 그만큼 빈곤하게 만드는 짓일 뿐이다. 예를 들면 대중가요의 노랫말처럼 "연필로 썼다가 지워버리듯" 하는 사랑은 가볍기 짝이 없다. 그는 목숨까지도 내걸만한 숭고한 사랑을 알 턱이 없다.

이는 역시 자신이 남과 분리되어 있는 자유롭고 독립적인 개인이며, 삶이란 자타간 계약의 현장이라고 여기는 잘못에 기인한다. 개인주의는 인간이 본질적으로 남에게 의존하고 남과의 관계 속에서만 존재할 수 있으며, 나의 존재 깊은 곳에는 남과 더불어 살고자 하는 근원적인 열망이 있음을 외면한다. 개인의 자유만 해도 그렇다. 참다운 자유는 남들과 거리를 둠으로써 성취되는 것이 아니다. "인간은 다른 사람과 연합할 때, 또는 전체를 모두 포용하는 우주적 힘과 조화를 이루면서 살 때 자유를 성취할 수 있다."(『예술과 인간가치』) 삶의 의미와 행복은 이러한 열망과 자유를 얼마나 성취하느냐에 달려 있다. 맹자는 말한다. "만물이 모두 나의 존재 안에 들어 있다. 그 이치를 내 안에 돌이켜 성실하게 실천한다면 더 이상 커다란 기쁨이 없을 것이다."(『맹자』) 여기에서 '그 이치를 내 안에 돌이킨다.'는 말은, 이를테면 만남의 자리에서 나의 존재 안에 들어 있는 상대방의 의미를 성찰한다는 뜻이다. 거창하게 말하면, 인류의 탄생 이래 생태계의 모든 역사를 유전 받은 자신의 우주적 의미를 깊이 헤아려 성실하게 실천하려는 것이다.

개인주의적인 만남 속에서는 공경의 정신이 깃들 여지가 적다. 공경심은 상대방에게 열린 마음으로 다가가 그의 인격에 감동하고, 더 깊게는 그의 생명을 존중하는 데에서 생겨나는 법인데, "내 안을 들여다보고, 오직 나 자신과 관계하며, 끊임없이 자신을 생각하고 다스리며 음미"(몽테뉴)하는 개인에게서는 그것을 기대하기 어렵기 때문이다. 그의 공경은 기껏 높은 신분을 대상으로 하는 정도에 그칠 것이다. 일상 언어의 현장에서 경어의 표현이 다양한 우리 사회와 달리, 서양에 그것이 적은 까닭이 여기에 있는 것처럼 생각된다. 전통적으로 우리 사회는 고매한 인격(덕)의 성취를 학문과 삶의 목표로 여겼기에, 그러한 풍토 속에서 자연스럽게 경어가 발달했는데, 서양에서는 개인의 사적 발전과 성취를 앞세웠기 때문에 그것이 적을 수밖에 없었을 것이다. 오늘날 우리 사회에서 세대가 아래로 내려갈수록 경어가 줄어드는 것도 역시 개인주의에 한 가지 요인이 있는 것처럼 보인다. 아무튼 만남의 자리에서 공경의 정신이 사라지는 것은 참으로 안타까운 일이다.

이와 대조적인 사례를 우리의 전통사회에서 살펴보자. 일상 언어의 용례에서도 그렇거니와, 특히 선비들의 삶에 공경의 정신은 만남의 기저를 이루었다. 그것은 신분과 성별을 넘어서는 것이었다. 퇴계의 삶이 이의 전형이다. 제자들의 기록에 의하면, 선생은 "아무리 낮은 신분의 사람에게라도 예의를 다하셨"고, "손님이 오면 그가 아무리 나이 어리다 해도 반드시 계단을 내려와서 맞이하셨고, 전송도 반드시 그렇게 하셨다."(『퇴계전서』)고 한다. 한편 선생이 부부 관계에서 강조한 만남의 도리는 오늘날에도 여전히 귀감이 될 만한 것이었다. 선생은 갓 결혼한 손자에게 아래와 같은 편지를 보낸다.

> 무릇 부부는 인륜의 시작이요, 만복의 근원이므로, 아무리 친밀하다 하더라도 역시 방정(方正)하게 행동하고 조심해야만 하는 사이다. 그래서 "군자의 도는 부부에서부터 시작된다."고 한 것이다. 세상 사람들은 모두 예의와 공경심을 잃고서 그저 가깝게만 지내다가 마침내는 서로 얕보고 업신여겨 못하는 짓이 없는데, 이 모두 서로 손님처럼 공경하지[相敬如賓] 않는 데에서 생겨나는 일이다. 그러므로 집안을 올바르게 지켜 나가려면 마땅히 부부 사이부터 조심하지 않으면 안 된다. 천만 경계하거라. (『퇴계전서』)

이 말은 예의와 공경심이 무엇인지조차 모르는 오늘날 사람들의 부부생활에 더더욱 절실한 충고로 다가온다. 사람들은 유교의 부부윤리 하면 흔히 '부부유별'을 떠올릴 뿐, 정작 "상경여빈(相敬如賓)"의 정신은 전혀 알지 못한다. 물론 공경의 정신을 제도적으로 가로막았던 당시의 불평등 신분질서를 생각하면 그것은 분명 한계를 갖는다. 그렇다면 19세기말 그러한 신분질서를 아예 부정하면서 "사람이 바로 하늘[人乃天]"이요, "사람 섬기기를 하늘 섬기듯 해야 한다[事人如天]." 고 주장했던 동학사상은 어떨까? 아래에 고 신동엽(1930–1969) 시인의 시 〈금강〉의 한 구절을 읽어보자. 시인은 동학의 2대 교주인 최시형(崔時亨: 1827–1898)이 어느 신도의 집에서 저녁을 먹을 때 나눈 대화를 다음과 같이 엮는다.

> (전략)
> 어느 여름
> 동학교도 서(徐)노인 집에서
> 저녁상을 받았다
> 수저를 들으려니
> 안방에서 들려오는 베 짜는 소리
>
> "저건
> 무슨 소립니까?"
> "제 며느리 애가
> 베 짜는가 봅니다"
> "서 선생,
> 며느리가 아닙니다.
> 그 분이 바로 한울님이십니다.
> 어서 모셔다가

이 밥상에서
우리 함께 다순 저녁
들도록 하세요."
(후략)

이 시는 시아버지와 며느리의 만남을 두 가지로 대조적으로 상정하고 있다. 하나는 우리가 일상적으로 마주치는 모습이다. 시아버지와 며느리가 신분상에서 분별적으로, 또는 차별적으로 대면한다. 시아버지가 밥을 먹는 시간에 며느리는 베를 짜고 있다. 아마도 며느리는 시아버지가 밥상을 물리면 부엌에 쭈그리고 앉아 혼자서 밥을 먹을지도 모른다. 이 장면에서는 양자가 위계질서로 엮이기 이전 순수한 인격으로 소통하며 교류하는 공경의 모습을 찾아보기 어렵다. 며느리에 대한 시아버지의 태도는 말할 것도 없고, 며느리 역시 시아버지에 대해 며느리의 직분을 다할 뿐이다. 마치 연극무대에서처럼 양자 모두 주어진 역할에 충실하다. 이는 존재의 은폐와 왜곡을 초래한다. 양자의 온전한 인격이 차별적인 이름 속에 갇히고 또 변질되는 것이다. 상대방이 인격 대신에 기능과 역할로만 다가오는, 마르틴 부버의 이른바 '나와 그것'의 관계이다.

사실 시아버지와 며느리의 경우만 그런 것이 아니다. 우리의 만남이 다 그러하다. 남자와 여자, 아들과 딸, (연령상으로든 신분상으로든) '윗'사람과 '아랫'사람, 아파트 입주민과 경비원, 자국민과 외국인 등 모든 차별적인 이름들로 매개되는 만남에서 사람들은 그 이름에 갇혀 상대의 존재를 왜곡하고 심지어 폭력을 가하기까지 한다. 여자 또는 딸이라 해서, 또는 외국인 노동자라 해서 부당한 대우를 받는 사례를 우리는 비일비재하게 본다. 이는 모두 자타를 분별하고 차별하기까지

하는 '이름'에 기인한다. 갖가지의 '갑질'도 따지고 보면 이름이 빚어내는 폭력이다. 예컨대 백화점의 '고객'이 '점원'에게 부리는 감정적 폭력이 그렇다. 그밖에 조직사회의 명함상 윗사람과 아랫사람에게 행하는 횡포도 마찬가지다. 그러므로 자타를 분별하고 차별하기까지 하는 이름의 문제점을 자각하고 극복하지 않는 한 그로 매개되는 만남에서 인격은 교류되기 어렵다. 당연히 그 자리에는 공경의 정신이 깃들 수 없다.

시인은 이러한 세속적 만남의 장면을 뒤로하고 지순한 만남의 세계를 열어 보여준다. 며느리를 '한울님'처럼 모셔와 같은 밥상에서 함께 저녁을 먹자는 것이다. 그 자리에 시아버지와 며느리의 차별성은 사라지고, 두 사람이 순수한 인격으로 마주하는 모습이 등장한다. 말하자면 양자가 시아버지와 며느리라는 '이름'을 벗겨내고 '벌거벗은' 순수존재로, 본래적인 인격으로 만나는 것이다. 서로가 마치 '한울님'을 우러르고 경외하듯이 말이다. 물론 "그 분이 바로 한울님"이라는 말은 며느리에게만 한정된 것이 아니다. 그것은 모든 '나-너'를 분별시키는 모든 이름의 대상들까지 망라한다. 어떤 형태의 것이든 모든 만남에서 상대방을 깍듯이 공경하고 하늘처럼 모셔야 한다는 것이다. 거기에 "경천애인(敬天愛人)"의 사랑이 깔려 있음은 물론이다. 이 이상으로 만남의 자리를 아름답고 빛나게 해주는 정신이 없을 것이다.

제12장 인간본성의 지평

하늘이 명한 것을 성(性)이라 하고, 성을 따르는 것을 도(道)라 하고, 도를 재량해내는 것을 가르침이라 한다. 도란 삶에서 한순간도 떨어질 수 없는 것이다. 떨어질 수 있다면 그것은 도가 아니다. 그러므로 군자는 무얼 보지 않는 순간에도 조심하며, 무얼 듣지 않는 순간에도 경계한다. 마음속에 은밀한 일만큼 잘 드러나는 것이 없으며, 미세한 일만큼 잘 드러나는 것이 없다. 그러므로 군자는 홀로 있음을 삼간다. 희로애락이 발동하지 않은 상태를 마음의 중(中)이라 하고, 그것의 발동이 절도를 얻는 모습을 마음의 화(和)라고 한다. 마음의 중은 세계와 삶의 근본이요, 마음의 화는 세계와 삶의 보편적인 도리이다. 마음의 중화(中和)를 극진히 하면 하늘과 땅이 각각 제자리를 얻을 것이요, 만물이 바르게 생육될 것이다.

[天命之謂性，率性之謂道，修道之謂敎．道也者，不可須臾離也．可離，非道也．是故君子，戒愼乎其所不睹，恐懼乎其所不聞．莫見乎隱，莫顯乎微．故君子，愼其獨也．喜怒哀樂之未發，謂之中．發而皆中節，謂之和．中也者，天下之大本也．和也者，天下之達道也．致中和，天地位焉，萬物育焉．]

『중용』의 첫머리 글이다. 내용이 매우 난삽하기 때문에 단락별로 그 뜻을 간략하게 해설하면서 논의를 전개해 나가려 한다. 먼저 "하늘이 명한 것을 성이라 한다."는 말은 인간 및 만물의 본성이 '하늘'에 의해 부여되었다는 뜻이다. 마치 대통령이 어떤 사람을 장관으로 임명할 때 "~장관으로 명함"하는 말투와 같다. 그는 임명장을 받는 순간부터 해당 장관으로서의 직분과 과제를 떠안게 된다. 인간도 마찬가지다. 그는 태어나는 순간 초목금수와는 다른 인간 고유의 직분과 과제를 하늘로부터 부여받는다. 그것이 인간의 본성이다.

이 '하늘'은 우리가 올려다보는 물리적인 공간을 뜻하지 않는다. 그것은 만물의 생성근원이라는 형이상학적 의미를 갖고 있다. 선비들은, 인간(만물)은 어떠한 존재이며, 나는 누구인가 하는 영원히 열린 질문을 두고 '하늘(과 땅)'에서 그 궁극적인 답변을 찾았다. 유신론의 종교에서 신을 상정하듯이, 덧없이 나타났다 사라지는 만물을 변함없이 "(위에서) 덮어주고 (아래에서) 실어주는"(『중용』) 하늘과 땅을 존재의 요람이요 생명의 모태라고 여긴 것이다. 『주역』은 말한다. "천지는 만물을 생육하는 위대한 역량을 갖고 있다[天地之大德曰生]." 요컨대 『중용』의 저자는 '하늘'이라고 하는 초월적 근원자의 시각으로 인간을 바라보면서 그의 태생적 직분과 과제를 저와 같이 천명하였다. 그것은 마치 신의 소명과도 같다. 삶의 의미와 가치는 그러한 직분을 얼마나 수행하느냐에 달려 있다.

그러면 인간에게 주어진 직분과 과제는 구체적으로 어떤 것일까? 맹자 이래로 선비들은 그것을 인(仁: 사랑), 의(義: 의로움), 예(禮: 예의), 지(智: 지혜)로 도덕 범주화하였다. 여기에는 그들의 고유한 인간관이 내재되어 있다. 이에 의하면, 인간이나 초목금수나 모두 천지(자연)으로부터 생명을 타고 나지만 양자 사이에는 본질적인 차이가 있다. 즉 초목금수는 생명을 자기 안에 폐쇄시켜 이기적으로 살도록 되어 있지만, 인간은 그것을 개방하여 타자를 성취시켜 줄 수 있는 이타의 정신능력을 타고났다. 이러한 개방적 생명정신은 도덕정신과 다른 것이 아니다. 타자를 향해 생명을 개방한다는 것은 그를 배려하고 보살피려는 노력인 만큼, 거기에는 시비선악의 도덕 판단과 실천의 의지가 뒤따를 수밖에 없기 때문이다. 인의예지는 이러한 개방적 생명정신을 네 가지로 범주화한 것이다. 그러므로 그것은 사회생활의 필요상 부득이 마련된 인위적 규범이 아니라, '천명'(신의 소명)이 내재되어 있는 덕성, 즉 인간의 본래적 인격이다.

"성을 따르는 것을 도라 한다."는 말은 무얼 뜻할까? 그것은 삶의 길[道]이 인간의 천부적 본성에서 연역 추론되어야 함을 말한 것이다. 이에 의하면 진리[道]의 탐구는 인간의 본성에 대한 올바른 성찰에서부터 시작되어야 한다. 그에 대한 잘못된 인식은 그릇된 진리관을 낳아 삶을 오류에 빠트릴 것이다. 예를 들어보자. 인간의 본성이 악하다고 주장하는 사람에게 진리란 기껏 생존과 사회생활의 필요상 마련된 이기적 지침에 지나지 않는다. 그러므로 그것은 결코 고결한 삶의 이념과 지표가 되지 못한다.

오늘날 사람들의 마음속에서 진리가 실종된 한 가지 요인이 여기에 있을 것이다. 그들은 이기적이고 투쟁적인 모습을 일상으로 접하면서 인간의 본성이 악하다고 여기는 나머지 진리를 기껏 요청적인, 또는 강요된 삶의 원리 정도로만 받아들인다. 종교적으로 따지면 이는 그들이 신(하늘)을 죽인 결과이다. 인간에게 선한 본성을 내리신 신을 부정하고 보니 그들의 눈에 들어오는 것은 약육강식의 원리가 지배하는 밀림의 현실사회뿐이다. 하지만 이로 말미암아 "사람도 죽었다." 아니 종교를 떠나서라도 그들은 각박한 생활현장에 매몰된 나머지 자신의 내면 깊은 곳에 선한 본성이 있음을 자각하지 못한다. 대립과 경쟁을 넘어 남들과 교류하면서 따뜻한 사랑을 나누고 싶은 심층의 열망을 말이다.

"솔성(率性)의 도(道)"는 진부하고 비루하며 부박함으로 '참을 수 없이 가벼운' 속세의 삶을 벗어나게 해주는 중요한 의의를 갖는다. 이를테면 사랑과 의로움, 진리의 길을 걷는 사람은 삶의 생기로움과 아름다움, 의미 깊음을 온몸으로 알 것이다. 이처럼 삶에서 추구해야 할 고상한 이념을 갖고 있다면 참으로 행복한 사람이다. 어떻게든 남을 이겨먹겠다고, 부귀영화를 얻겠다고 "파이팅(투쟁)!"을 외쳐대는 세상의 신산하고 황량한 삶을 뒤로 하고, 사람됨의 참뜻을 안으로 성찰하면서 인간의 천부적 본성을, 고결한 영혼을 내면 깊은 곳에서 자각하며 그에 따라 사는 모습은 순수하고 아름답기 그지없다. 많은 사람들이 사찰이나 성당, 교회에 가서 기도하고 참회하는 것도 사실은 자신의 마음속 깊은 곳에 아직 남아 있는 그러한 순수함을 동경하면서 잠시나마 회복하고 싶어서일 것이다. 종교의 진정한 의의와 가치가 여기에 있다. 세속적인 행복과 천국을 미끼로 사람들을 유인해서는 안 된다. 그것은 종교의 타락을 조장하는 짓일 뿐이다. 사람들이 스스로 본성(청정한 마음, 밝은 덕성, 고결한 영혼)을 회복하도록 일깨우고 고상한 삶의 길을 안내해야 한다.

진리(도)는 삶과 사회를 지탱시켜 주는 중심축이다. 진리가 실종되면 삶과 사회는 야수의 세계로 전락될 것이다. 하지만 일상생활 속에서 무엇이 진리인지 어떻게 알 수 있는가? 진리의식조차 약한 대개의 사람들에게는 어려운 과제가 아닐 수 없다. 한 예로 효도를 해야 함을 누구나 인정한다 하더라도, 어떻게 하는 것이 효도인지 알기가 쉽지 않다. '가르침'이 필요한 이유가 여기에 있다. 가령 효도라는 두

글자만 강조할 것이 아니라, 조상을 모시는 방법, 부모님을 봉양하는 방법, 나아가 자기 자신에 대한 도리 등을 가르쳐야 한다. 물론 이에 앞서 효도의 참다운 의미가 무엇인지 정확하게 헤아려야 한다. 부모에 대한 순종이 효도인 양 가르쳐서는 안 된다. 그릇된 가르침은 그릇된 삶을 초래한다. "부모에게 바른 말로 다투는 자식이 있으면 부모가 그릇된 삶에 빠지지 않는다."는 것, "자아를 확립하여 진리를 실천하는 것[立身行道]이 효의 궁극목표"(『효경』)라는 점을 가르치면서 부모와 자식이 함께 진리의 길로 나아갈 수 있도록 해야 한다.

그러므로 가정이든 학교든, 아니면 정치현장에서든, 가르침의 자리에 있는 사람은 '진리를 잘 재량[修道]'하지 않으면 안 된다. '재량'이란 무엇이 진리이며, 일상생활 속에서 그것이 어떻게 실천되어야 할지를 심사숙고하여 결정하는 것을 뜻한다. 교육의 중차대한 의의가 여기에 있다. 사람들에게 무엇을 어떻게 가르치느냐에 따라 배우는 사람들의 삶과 사회가 달라지기 때문이다. 오늘날처럼 오직 일류학교에의 진학과 출세, 사회적응의 기능에만 집중하는 교육풍토에서는 사람들의 마음속에 진리 정신이 깃들 수가 없다. 이는 일차적으로 교육종사자들의 잘못된 '재량'에 원인이 있을 것이다. 학교의 선생들만 두고 하는 말이 아니다. 가정이든 사회든 언행의 본보기가 되어야 할 모든 사람들도 책임을 면할 수가 없다.

"도는 한순간도 삶에서 떨어질 수 없는 것이다." 만약 진리가 삶에서 괴리되어 있다면 그게 무슨 의의가 있을까? 만약 학자가 진리를 이익과 출세의 수단으로 이용한다면 그를 진리 탐구자라고 말할 수 있을까? 과학자는 진리탐구의 자리에서 인간의 천부적인 본성의 각성과 실현에 얼마나 관심을 갖고 있으며, 기여를 하고 있을까? 과학의 발달로 해서 설사 사람들의 평균수명이 120세가 되고, 또 달나라에 가서 살 수 있다 한들 사람(의 본성)이 달라질 게 무엇 있을까? 미래에 어떠한 형태의 사회에서든 인간의 삶은 본성에 입각한 진리 속에서만 융성할 수 있다. 그러므로 진리의 탐구에 종사하는 사람들은 삶의 진리를 발견하고, 나아가 인간의 천부적 본성을 실현하는 데에 궁극적인 관심을 기울여야 한다. 분야마다 탐구의 길은 달라도 그 끝에 다다르는 종착지는 같아야 한다.

진리가 삶에서 한순간도 떨어질 수 없는 것이라면 그것은 마음속에서부터 점검되어야 한다. 마음은 삶의 진원지이기 때문이다. "그러므로 군자는 무얼 보지 않는 순간에도 조심하며, 무얼 듣지 않는 순간에도 경계한다." 여기에서 '무얼 보고 듣지 않는 순간'이라는 말은 시청각적으로 무감각한 때를 뜻하지 않는다. 그것은 감각활동은 물론 사려작용이 일어나지 않는, 일종의 무념무상의 상태를 말한다. 이는 보통사람들에게는 상상하기 어려운 마음 세계처럼 보인다. 그들은 무엇이든 보고 듣고 상상하는 등 한순간도 쉼 없이 마음을 작동시키면서 그러한 표면적 활동이 마음의 전부라고 여기기 때문이다. 하지만 우리의 마음은 수많은 감정과 생각들의 불연속적 꾸러미에 불과한 것이 아니다. 그 심층에는 감정의 부침과 사고의 단속을 벗어난, 표층의 감정과 사고에 오염되지 않은, 맑고 고요한 세계가 있다. 그것은 마치 파도로 일렁이는 바다 속의 잠잠한 심연과도 같다.

군자가 조심하고 경계하는 것은 바로 그 부분이다. 사실은 '조심'과 '경계'라는 말도 어폐가 있다. 그것들은 사려작용의 양상인 만큼, 감각과 사려 이전의 심층세계를 살피는데 적절하지 않기 때문이다. 이 점을 고려하면 '함양'이라고 표현하는 것이 나을지 모르겠다. 함양이란 마음속에 일어나는 감정과 생각들을 억지로 정리하거나 내쫓으려 하지 않고, 거기에 집중하거나 집착하지도 않으면서 그것들이 저절로 가라앉아 사라지게 하는 노력을 뜻한다. 오늘날 수행자들은 이를 명상이라는 이름으로 행한다. 희로애락의 번잡한 심사를 벗어나 맑고 고요하고, 정념에 왜곡되거나 오염되지 않은 순수한 내면세계를 찾아 들어가는 마음수행이다. 퇴계는 이를 명경지수에 비유한다. "사물이 다가오면 그것을 비추되 담아두지 않고, 사물이 지나가면 그것을 보내서 마음을 텅 비운다."(『퇴계전서』) 선생이 칭찬한 작자 미상의 시를 한 편 읽어보자.

생각이 많으면 정신이 손상되니
마음을 맑게 비워야 양생(養生)할 수 있다네.
어찌하면 이 마음을 옛 우물처럼
맑게 물결도 티끌도 없게 할 수 있을까.
嘗聞思慮損精神　唯有淸虛可養身
安得是心如古井　湛然無浪亦無塵

(〈養生絕句次古人韻示景霖〉)

마음의 고요는 단순히 감각과 사려의 부재, 또는 '무감동'의 상태를 뜻하지 않는다. 그것은 일상의 정념에 물들지 않은 마음 본연의 밝고 맑은 기상을 함축한다. 그것은 심리적 진공상태에 불과한 것이 아니라, 깊고 맑게 깨어 있어서 세계를 직관하는 창조적 활력을 갖고 있다. 고요한 마음은 목전의 사물에 다가가 그 모양과 색깔, 크기 등을 세세하게 따지지는 않지만 그것들을 총체적으로 통찰할 수 있는 직관적 예지를 품고 있다. 군자가 보고 듣는 등 감각과 사려의 활동 이전부터 마음을 함양하고자 하는 이유가 여기서 드러난다. 그것은 마음의 고요 자체를 즐기려는 것이 아니라, 그 속에서 열리는 명징한 눈빛으로 세상을 바라보고 처사하려 한다. 사는 게 아무리 어지럽고 복잡하다 하더라도, 마치 '태풍의 눈'과도 같이 삶의 한 중심에 맑고 고요한 순수의식을 두어 세상에 흔들림 없이 나서겠다는 것이다.

마음의 고요는 순수 생명의 힘까지 갖고 있다. 말하자면 그것은 '텅 빈 충만'이다. 거기에는 인간존재의 가장 깊은 곳에서 배어나오는 밝고 맑은 생명의 따뜻한 기운이 서려 있다. 이는 보통사람들도 한 번쯤 체험해 볼 수 있는 일이다. 그동안 바깥으로만 향하던 눈빛을 거두고 이러저러한 사념들을 내려놓으면 내적 공간이 서서히 열리면서 마음의 깊은 고요와 평화를 얻게 될 것이다. 그 고요는 적막한 상태에 불과한 것이 아니다. 거기에는 자타분별의 의식을 넘어 우주 만물을 깊이 아우르는 자애로운 기운으로 가득할 것이다. 아무런 조건 없이, 까닭 없이 이 세계를, 만물을 사랑하고 싶은 것이다. "고요 속에서 만물을 보면 모두가 자연 그대로 봄의 뜻을 갖고 있음을 알게 될 것이다."(『근사록』) 여기에서 '봄의 뜻'이란 따뜻한 봄날 소생하는 만물에 감도는 생명의 기운을 말한다. 가장 깊고 순수한 사랑이 여기에서 펼쳐진다. 부처님의 자비로운 얼굴은 이의 형상이 아닐까?

지금까지 군자가 이르고자 하는 마음의 심층세계를 들여다보았다. 이제 마음의 일상적 활동을 대하는 그의 태도를 살펴보자. "마음속에 은밀한 일만큼 잘 드러나는 것이 없으며, 미세한 일만큼 잘 드러나는 것이 없다. 그러므로 군자는 홀로 있음을 삼간다." 여기에서 '잘 드러난다'는 말은 일차적으로 마음속의 일들이 행동거지로 드러나기 이전에 본인 스스로 그것을 분명히 자각한다는 뜻이다. 남들은 나의 마음속을 들여다볼 수 없지만, 나는 자신이 어떤 생각을 하고 있는지 낱낱이 안다는 것이다. 물론 그것은 마음의 일로 그치지 않고 행동으로 드러나기까지 한다. 옛날의 일화를 하나 들어보자. 어떤 사람이 거문고를 연주하고 있었다. 그러는 중에 우연히 눈을 들어보니 사마귀 한 마리가 작은 벌레를 잡아먹으려고 겨누고 있었다. 그 순간 그의 연주가 급박해지면서 살기를 띠었다. 그의 '은밀하고 미세한' 마음이 그렇게 드러난 것이다.

그러므로 마음속의 일이 아무리 '은밀하고 미세하다' 하더라도, 그것을 남들이 꿰뚫어볼 수 없다 해서 소홀히 하거나 방치해서는 안 된다. 앞서 말했던 것처럼 '업(業)'은 마음의 한 생각에서부터 진행된다. "홀로 있음을 삼가야[愼獨]" 할 이유가 여기에 있다. '홀로 있음[獨]'이란 물리적인 공간 이전에 심리적인 의미를 띤다. 마음은 남들이 엿보지 못할 가장 내밀한 공간이지만, 세상을 바라보는 시선이 거기에서 비롯된다. 즉, 마음은 세계와 삶의 입법자이다. 탕아처럼 방종한 마음은 방탕한 행동을 할 수밖에 없으며, 성직자처럼 경건한 마음은 고결한 삶을 영위할 것이다. 거창하게 말하면 자신을 하느님의 피조물로 여기느냐, 아니면 진화된 원숭이로 여기느냐에 따라 삶의 방식이 현격하게 달라질 것이다. 그러므로 항상 마음을 '삼가지' 않으면 안 된다. 이는 단순히 마음 씀씀이를 조심해야 한다는 뜻에 불과한 말이 아니다. 그것은 흐트러지고 방자한 마음을 거두어 방정하고 경건한 마음을 가져야 한다는 뜻을 함축한다. 마치 신앙인이 신을 경건히 우러르듯이 말이다. 퇴계의 좌우명을 들어보자. "생각을 조금도 불순하게 갖지 말고, 마음을 경건하지 않음이 없게 하라.[思無邪 毋不敬]."

이제 "하늘이 명한" 인간의 본성이 마음속에 어떻게 각인되어 있으며, 그것이 일상에서 어떻게 실현되어야 하는지 새로운 각도에서 살펴보자. 먼저 "희로애락이 발동하지 않은 상태를 마음의 중(中)이라 한다." 이는 감각활동(과 나아가 사려작용) 이전 마음의 심층 세계, 즉 "하늘이 명한" 본성을 언급한 것이다. 그것을 왜 '(마음의) 중'이라고 형용했을까? 이를 비유적으로 설명해보자. 양파껍질을 벗기면 그 한 중심에는 무엇이 있을까? 텅 비어 아무 것도 없다. 불교라면 이를 두고 "그래. 그러므로 모든 존재는 역시 공(空)하다."고 주장할지 모른다. 하지만 구체적인 형상을 떠나 추상적으로 생각하면, 거기에서 양파의 생육을 지탱시켜 주는 보이지 않는 중심적 힘을 상정해 볼 수 있다. 바로 생명정신이다. 만물은 제각각 타고난 생명정신을 중심축으로 해서 활동해 나간다. 나아가 그들의 생장쇠멸을 주재해 나가는 한 중심에는 '하늘의 명', 즉 자연의 섭리가 작용한다.

사람의 경우도 마찬가지다. 양파껍질을 벗기듯 희로애락의 감정과, 그리고 온갖 관념들을 하나하나 벗겨내면 그 마지막 한 가운데에는 보이지 않는 무언가가 있다. 사실 불교도 '공(空)'만을 주장하는 것은 아니다. 그처럼 텅 빈 가운데 충만한 불성의 존재를 주장한다. 『중용』의 저자는 그것을 '(마음의) 중(中)'이라고 표현한다. 이는 무슨 형상적 중심을 뜻하지 않는다. 그것은 어떠한 정념에도 편향되지 않은, 달리 말하면 아무런 지적, 감정적 흔적을 갖지 않아 맑고 고요한 심층의 순수의식을 은유적으로 형용한 것이다. 보통사람들도 그것을 직접 체험해 볼 수 있다. 예컨대 명상에 들어 감정과 생각들이 점점 잦아들다 보면 마음이 서서히 고요 속에 가라앉으면서 그 심연에서 문득 맑게 깨어 있는 순수의식을 체험할 수 있다. "하늘이 명한" 인간의 본성이 거기에 내재되어 있다. 신앙인이라면 거기에서 신의 말씀을 들을 것이다. "마음의 중은 세계와 삶의 근본" 이라고 말한 까닭이 여기에 있다. 인간이 초목금수와 달리 인간다운 삶을 영위하고 또 문명의 세계를 건설할 수 있는 정신 바탕이 바로 거기에 있기 때문이다.

위에서 '순수의식'을 말했는데, 그것은 "생각하는 방식이나 또는 관점이 아니다. 모든 것이 샘솟는, 눈에 보이지 않는 잠재력"(『세계관의 전쟁』)이다. 어떠한 힘을 '잠재'하고 있을까? 이에 관해서는 논의가 분분할 수 있지만, 대표적으로 유교와 불교, 기독교의 본성 관념을 거론해 볼 수 있다. 밝은 덕성(유교)과 불성(불교)과 영혼(기독교)이 그것이다. 성인들은 '순수의식에서 샘솟는' 인간의 본성을 온몸으로 깨달아 그렇게 언명하였다. 여기에서 용어의 차이는 중요하지 않다. 말에 집착해서는 안 된다. 말은 원래 사물의 한 부분만을 지시하게 되어 있다. 하물며 유형의 물체도 아니고, 광막한 마음세계를 형용하는 데에는 당사자의 시선(관점)이 크게 작용할 수밖에 없다. 예를 들면 '밝은 덕성'은 만물을 자신의 존재 안에 갖고 있는 원초적 자아의 본성을, '불성'은 무상무아(無常無我)의 텅 빈 마음속에서 깨어나는 자비의 성정을, '영혼'은 마음속 깊이 하느님의 말씀을 깨닫는 초월적 성품을 언명한 것이다. 성인들은 "모든 것이 샘솟는, 눈에 보이지 않는 잠재력"을 관점에 따라 그와 같이 말한 것이다.

우리는 그분들의 말씀을 '신앙'하려고만 해서는 안 된다. 인간의 진정한 본질(덕성, 불성, 영혼)은 생각이나 믿음을 통해 접근될 수 있는 것이 아니다. 그것은 언어와 사려의 틀을 벗어난 깊은 침묵 속에서만 체험될 수 있다. 불교의 '묵언수행(默言修行)'도 이러한 의도를 갖고 있을 것이다. 그것은 남들과의 대화를 피하면서 다만 침묵하는 것 이상의 뜻을 갖고 있다. 혼자 있는 자리에서조차 자기 자신에게 거는 수많은 말들을 중지하고 두서없는 생각들을 잠재우려 하는 것이다. 그러다 보면 맑고 고요한 가운데 자신의 본래면목을 마주하게 될 것이다. 이처럼 말로 설명하기 어려운, 아니 도저히 말로 설명할 수 없는 체험의 정신은 자타 분별적 '신앙'의 경계를 넘어 다른 종교와 사상에 대해서도 열린 마음으로 나서 관용과 경청의 자세를 가질 것이다.

"그것(희로애락)의 발동에 절도를 얻는 모습을 마음의 화(和)라 한다.” 이는 희로애락의 감정에 과불급 없는 중용과 조화를 얻음을 말한 것이다. 공자의 이른바 “즐거워하되 탐닉하지 않고, 슬퍼하되 상심에 빠지지 않는[樂而不淫, 哀而不傷]” 경우가 그 한 예에 해당된다. 물론 이는 감정을 억지로 안배해서 될 수 있는 일이 아니다. 그것은 지속적인 마음 수행을 통해서만 이룰 수 있다. 위에서 살핀 마음의 함양과 신독의 노력이 그것이다. 평소 명상의 수행 속에서 감정에 쉽게 흔들리지 않을 마음의 중심을 잡고, 일에 임해서는 은밀하고 미세한 감정의 발동까지도 되돌아 살펴 그 처음부터 잘 지도해 나가야 한다. 후자의 예를 들어 말하면 “오만함을 기르지 말며, 욕망을 다 채우려 하지 말며, 바라는 바를 다 이루려 하지 말며, 즐거움을 끝까지 누리려 하지 말라[敖不可長, 欲不可從, 志不可滿, 樂不可極.]”(『예기』)

희로애락의 자리에서 중용과 조화를 유지할 것을 강조한 까닭은 다른 데 있지 않다. 감정의 과불급이 일의 실패를 초래함은 물론, 세상만사에 대한 인식을 왜곡하기 때문이다. 감정은 세계를 향한 제일의 창구이다. 이성적인 사려활동도 감정의 바탕 위에서 전개된다. 그러므로 굴절된 감정은 세계와 사물을 잘못 받아들여 그릇된 처사를 낳기 마련이다. 그것은 마치 울퉁불퉁한 거울이 사물의 모습을 뒤틀어버리는 것이나 마찬가지다. 이를테면 사람들이 사랑에 빠지면 세상을 온통 장밋빛으로 받아들이다가도, 실연을 당하면 염세와 비관에 빠진다. 조울증은 아예 병적인 현상이다.

그러므로 세계와 사물을 올바로 인식하고, 또 건강한 삶을 영위하려면 평소 감정에 중용과 조화를 유지하지 않으면 안 된다. 감정이 건강에 끼치는 영향을 한의학에서는 다음과 같이 말한다. “과도한 노여움은 간을 손상시키고[過怒傷肝]”, “과도한 기쁨은 심장을 손상시키고[過喜傷心]”, “과도한 근심은 폐를 손상시키고[過憂傷肺]”, “과도한 두려움은 신장을 손상시키고[過恐傷腎]", "과도한 생각은 위비장을 손상시킨다.[過思傷脾]" 이는 감정의 과불급이 생명질서에 반한다는 사실을 일러준다. 그러므로 건강한 삶을 도모하기 위해서는 감정의 중용과 조화를 꾀해야 하며, 이를 위해 평소 마음의 수행을 하지 않으면 안 된다. "마음의 화(和)는 세계와 삶의 보편적인 도리이다."

중화(中和)의 덕은 개인의 삶과 세계 인식에만 긴요한 것이 아니다. 마치 그물코처럼 종횡으로 얽힌 인간관계에서 나의 마음가짐은 다른 사람들의 삶에 영향을 끼치기 마련이다. 과거에 이런 우스갯소리가 있었다. 한 사람이 아침 출근길에 부인과 말다툼하고 나오면 저녁쯤엔 서울 장안의 모든 사람들이 노여움에 빠진다는 것이다. 그 남편이 만원버스를 타면서 차장(안내양)에게 화풀이를 하면, 그녀는 승하차하는 모든 사람들에게 화를 내고, 그러면 그들은 또 다른 사람들에게 화를 내며, 그러다 보면 저녁에는 화가 서울의 모든 사람들에게 전염되고 만다는 것이다. 당연히 그것은 다시 나 자신에게로 되돌아올 것이다. 그러므로 남 이전에 나 자신을 위해서라도 중화의 덕을 수행하지 않으면 안 된다.

나아가 "마음의 중화를 극진히 하면 하늘과 땅이 각각 제자리를 얻을 것이요, 만물이 바르게 생육될 것이다." 이는 터무니없는 상상과 비약이 아니다. 거기에는 유기체적 자연관이 바탕에 깔려 있다. 자연은 개체들이 모였다 사라지는 단순한 시공간에 불과한 것이 아니며, 하나의 통일적이며 연속적인 생성의 요람이다. 만물은 그 안에서 상호 유기적인 관련을 갖고 부단히 영향을 주고받으면서 생성 변화해 나간다. 세계는 사물들이 상호 연결되어 있고 서로 의존하면서 생성해나가는 현상들의 그물망이다. 그러므로 한 사물의 움직임은 당연히 원근의 다른 사물들에게 영향을 끼친다. 베이징 나비의 날갯짓이 미국 뉴욕에 돌풍을 일으킨다는 이른바 '나비효과'처럼 말이다. 어느 물리학자는 이를 다음과 같이 멋지게 표현한다. "원자의 진동에 우주가 흔들린다."

"마음의 중화를 극진히 하면" 운운하는 말은 이러한 유기체적 자연 속에서 인간이 그 일원으로 행해야 할 과제를 내놓은 것이다. 오늘날 하늘과 땅이 제자리를 잃어 기후의 위기가 초래되고 수많은 생물들이 멸종위기에 내몰린 것은, 사람들이 자신의 존재 근원을 망각한 채 반자연의 인간중심적인 사고를 갖고 있는데 기인한다. 그러므로 자연의 회복은 올바른 마음을 갖는 데에서부터 시작되어야 한다. 즉, 자연을 모태로 하는 인간의 천부적 본성을 마음속 깊이 자각하고, "만민은 나의 형제요, 만물이 나와 더불어 사는 이웃[民吾同胞, 物吾與]"(퇴계)이라는 인식 속에서 자타간 상생 번영하는 조화로운 삶을 도모해야 한다. '중화'의 덕이 갖는 우주적인 의미가 여기에 있다.

제13장 부끄러움 의식

시에 이르기를, "물고기가 아무리 깊이 숨어 있어도 또한 분명하게 보인다." 하니, 그러므로 군자는 안으로 성찰하여 마음에 거리끼고 부끄러울 일이 없다. 군자의 남다른 점은 사람들이 보지 못하는 곳에 있다. 시에 이르기를, "네가 방안에 혼자 있을 때에도 방 한 구석에조차 부끄러울 일이 있어서는 안 된다." 하니, 그러므로 군자는 행동 이전에 외경의 마음을 가지며, 말에 앞서 진실한 마음을 갖는다.

[詩云: 潛雖伏矣, 亦孔之昭. 故君子, 內省不疚, 無惡於志. 君子之所不可及者, 其惟人之所不見乎. 詩云: 相在爾室, 尙不愧于屋漏. 故君子, 不動而敬, 不言而信.]

『중용』의 글이다. 맑은 물속에서 노니는 물고기는 아무리 깊이 내려가 있어도 사람들의 눈에 다 잡힌다. 게다가 그것이 어항 속에 있다면 더 없이 분명하게 보일 것이다. 이를 읊은 위의 시는 앞장에서 살핀 '신독(愼獨)'의 정신을 은유한 것이다. 자신의 은밀한 소행을 아무리 숨기려 해도 다 발각당하고 만다는 것이다. 그러므로 '홀로 있는'자리에서도 마음을 '삼가' 올바르고 경건한 자세를 지키지 않으면 안 된다. 설사 방안에 혼자 있다 하더라도 마찬가지다. 이는 '신독'이 내면적인 심리공간을 넘어 언행의 현장으로까지 확대되고 있음을 말하려 한다.

일화를 하나 들어보자. 어떤 관리가 그를 천거해 준 사람에게 답례로 황금 열 근을 바쳤다. 이에 두 사람 사이에 대화가 오간다. "나는 그대를 아는데 그대는 나를 모르는구려." "어두운 밤중이어서 이를 아는 자가 없습니다." "하늘이 알고 땅이 알고 내가 알고 그대가 아는데 어찌 아는 자가 없다고 말하는 겁니까?" 그리고는 황금을 거절하였다. 『심경부주』에 나오는 이야기이다. 이는 남들이 안 보는 둘만의 회동을 예로 든 것이지만, '홀로 있는' 자리란 그것까지 포함해서 이야기될 수 있다. 말하자면 "낮말은 새가 듣고 밤 말은 쥐가 듣기" 때문에 아무리 은밀한 자리라 하더라도 언행을 바르게 하지 않으면 안 된다.

물론 남들이 보고 들을까봐 군자가 행동거지를 조심하는 것은 아니다. 바깥의 시선을 염려하기 이전에 그는 자신의 일거일동과, 심지어 정념까지도 양심의 법정에 세운다. 그렇게 부단한 자기 성찰과 회개, '일신(日新: 거듭남)'의 노력 속에서 진리와 도의의 정신으로 삶의 지평을 끊임없이 새롭게 열어나간다. 이는 남들의 칭송을 얻기 위한 것이 아니다. "군자는 세상에 영합하려 하지 않고, 굳이 이름을 내서 세상이 알아주기를 바라지도 않는다. (중략) 그는 세상에 흔들림 없이 오직 진리와 도의만을 지키며 산다."(『주역』)

군자의 양심의 법정에서 최종 심판관은 누구일까? 상제(신)이다. 그의 상제 신앙에 관해서는 이미 논의한 바 있거니와, 그는 자신의 일거일동을, 아니 한순간 스치는 감정과 생각조차 상제의 눈빛으로 검열한다. 위에 인용된 시구, "네가 방안에 혼자 있을 때에도 방 한 구석에조차 부끄러울 일이 있어서는 안 된다."는 말은 상제가 '너'에게 행한 가르침이다. 군자가 "행동 이전에 외경의 마음을 가지며, 말에 앞서 진실한 마음을 갖는" 까닭이 여기에 있다. 그는 일상의 현장은 물론, 마음의 은밀한 구석에까지 상제의 눈빛을 느끼면서 몸과 마음을 다소곳이 아모리는 것이다. 우리는 여기에서 신앙인의 전범을 본다. 세상에 이 이상으로 순수하고 경건한 모습이 또 있을까?

'신독'의 정신은 부끄러움 의식을 수반할 것이다. 인간은 본래 불완전한 존재로 태어난 만큼 평소 이러저러한 잘못을 저지르면서 많든 적든 부끄러움을 품을 수밖에 없다. 하물며 예민한 양심은 은밀하고 미세한 감정과 생각까지 놓치지 않고 현미경의 눈으로 관찰하므로 부끄러움을 증폭시킬 것이다. 그것은 자책과 괴로움, 심하게는 자학까지도 낳을 수 있다. 고 윤동주(1917-1945) 시인의 〈서시〉는 그러한 모습을 잘 보여준다. "죽는 날까지 하늘 우러러 / 한 점 부끄럼이 없기를 / 잎새에 이는 바람에도 / 나는 괴로워했다"

하지만 이에 대해서는 이해하기 어려운 부분이 있다. 내가 바람을 일으켜 나뭇잎을 떨어트리는 것도 아닌데, 나뭇잎이나 바람이 나와는 아무런 상관도 없는데 어째서 그 모습 앞에서 괴로운 마음이 생기는 것일까? 그것은 '하늘 우러러 한 점 부끄럼이 없기를' 바라는 마음의 산물이다. 그처럼 지극히 예민한 양심은 하늘 아래 일어나는 모든 현상을 마주하면서 어쩐지 무언가 자신의 책무와 도리를 다하지 못하는 것 같아 까닭 없이 자괴감에 빠지는 것이다. 시야를 좁혀서 살핀다면, 티브이를 통해 쪽방촌의 사람들이 어렵게 살아가는 장면을 보면서 왠지 미안하고 죄스러운 마음을 갖는 것도 마찬가지다. 게다가 "별을 노래하는 마음으로 / 모든 죽어가는 것을 사랑해야지" 하고 다짐하는 시인에게 자신의 사랑을 가로막는 내외의 실제적인 요인들,

예컨대 자기 내부의 이기적 욕망이나 일제의 식민지배는 부끄러움과 괴로움을 지속적으로 안겨주었을 것이다.

부끄러움 의식이 초래한 극단적인 결말을 우리는 구한말 일제의 국권강탈에 즈음하여 많은 선비들이 택했던 자결의 현장에서 본다. 그들은 자결에 앞서 절명시(絕命詩)를 남기기도 했는데, 그 기저에는 부끄러움 의식이 짙게 깔려 있다. 그 대표적인 예로 매천(梅泉) 황현(黃玹: 1855~1910)의 시를 음미해 보자.

새와 짐승도 슬피 울고 바다와 산악도 얼굴을 찡그리네.
무궁화 세계 우리나라가 물속 깊이 빠져버렸으니
가을 등불 아래 책을 덮고서 지난날의 역사를 되돌아보노라.
세상에서 문자 아는 사람 되기가 어렵구나.
鳥獸哀鳴海岳嚬　　槿花世界已沈淪
秋燈掩卷懷千古　　難作人間識字人

표면적으로 살피면 선생의 자결은 1910년 일제의 강제적인 한일합병에 절망한 결과이다. 사실 "행동 이전에 외경의 마음"과 "말에 앞서 진실한 마음"으로 평생을 살아온 선생에게 청천벽력과 같은 저 소식은 견딜 수 없는 고통이었을 것이다. 선생은 스산한 가을밤 등잔불 앞에 앉아 책을 보다가 처연한 마음으로 흥망성쇠의 역사를 더듬어 본다. 지나간 역사 속에서 교훈을 얻어 자신의 삶의 행로를 찾고 싶었을 것이다. 하지만 현실은 한치 앞도 내다볼 수 없는 캄캄한 오밤중이요, 더 이상 한 걸음도 내디딜 수 없는 막다른 골목이라서 망연자실할 수밖에 없었을 것이다.

결국 그 거대한 장벽 앞에서 선생은 되돌아서 자신을 바라본다.

거기에는 “문자 아는 사람” 즉, 식자인의 모습이 초라하게 서 있다. 선생은 그 동안 어쩌면 자신이 ‘문자를 좀 안다’는 데에서 일말의 자부심을 갖고 남들 앞에 그렇게 행세하면서 살아왔을 터였다. 하지만 그러한 자의식은 이제 엄청난 무게로 자신을 짓누르는 한편, 허망한 자화상에 자신이 잘못 살았다는 부끄러움으로 한없이 괴로웠을 것이다. 마침내 선생은 그 무게와 부끄러움을 견디지 못하고 스스로 목숨을 끊었다. ‘식자인’의 무거운 의미와, 이를 다하지 못했다는 부끄러움이 선생을 그렇게 극단으로 치닫게 만든 것이다.

객관적으로 살피면, 그러한 부끄러움으로부터 벗어날 길은 여러 갈래가 있을 수 있다. 첫째는 의병활동과 독립운동에 나서는 일이다. 그것은 어쩌면 선생에게 그 동안 ‘식자인’으로 살아왔던 것과는 전혀 다른 삶의 활력을 주었을지도 모른다. 하지만 선생은 그 길을 택하지 않았다. 당시로서는 노인에 해당되는 나이 56세의 무력감을 느껴서였을까? 둘째 강학 활동을 통해 후학을 양성함으로써 뒷날을 기대할 수도 있을 것이다. 하지만 물속에 빠져버린 나라를 외면하고 문자만 더듬는 서생의 삶을 선생은 스스로 용납할 수 없었을 것이다. 셋째 세상을 완전히 등지고 혼자만의 일락을 추구하는 은둔의 길이 있다. 그러나 어려서부터 현실 참여의 공부를 해온 선생으로서는 그것도 가당치 않은 일이었을 것이다. 넷째 양심을 버리고 일제에 영합하여 부귀영화나 누리려는 변절의 행각이 있다. 하지만 선생의 곧은 성품으로 그것은 상상할 수도 없는 일이었다.

결국 선생은 원점으로 되돌아와 고민에 빠진다. ‘식자인’이란 도대체 어떤 존재이며, 어떻게 하면 ‘식자인’으로서 부끄럽지 않게 살 수 있을까? 여기에는 선생의 엄중한 책무의식이 깔려 있다. 선생이 자부해온 ‘식자인’은 단순히 문자나 휘두르며 과시하는 지식인에 불과한 것이 아니었다. 선생은 "참자아의 완성과 타자의 성취[成己成物]"(『중용』)를 평생의 과제로 추구하였다. 그것은 단지 지식인이라서 갖는 사회적 의무감의 산물이 아니다. 저 과제는 원초적으로 인간으로서의 의무와 책임감에서 나온 것이었다. 말하자면 사랑과 의로움과 예의와 진리의 정신으로 자아를 완성하고, 또 그러한 정신으로 남들의 삶을 성취시켜 주리라는 것이다. '식자인'은 그것을 '하늘'이 인간에게 내린 소명[天命]으로 여긴다. 그러므로 그것을 저버리는 삶은 사람됨을 스스로 포기하는 것이나 다름없다. 선생이 그와 같이 비극적으로 생을 마감한 것은 이러한 '식자인'의 과제를 수행하지 못한 데에 따르는 견딜 수 없는 자괴감의 산물이었다.

우리는 여기에서 부끄러움 의식을 두 종류로 나누어 생각해볼 수 있다. 먼저 일상의 행위나 일에 대한 부끄러움이 있다. 이는 자성과 회개, 사과를 통해 해소될 수 있다. 우리가 부끄러운 일들을 수없이, 어쩌면 날마다 저지르면서도 극단적인 선택을 하지 않고 대부분 평온한 마음으로 생활하는 것은 그러한 해소의 기제를 스스로 잘 활용하기 때문일 것이다. 하지만 이와는 차원을 달리하는 부끄러움이 있다. 그것은 자신의 행위와는 상관없이, "잎새에 이는 바람에도 괴로워" 하듯, 내면 깊은 곳에서부터 생겨난다. 하늘의 소명을 저버렸기 때문에 사람됨의 의의를 잃었다는 자의식의 부끄러움이 그것이다. 이는 그의 존재 자체를 뒤흔드는 성질을 갖고 있다. 이러한 종교적 사고방식은 비록 막연하긴 하지만, 초월자를 신앙하면서 자신의 존재 근원을 상념하고 삶의 의미를 찾는 사람에게 매우 강력한 힘을 발휘할 수밖에 없다. 우리는 그 실제의 사례를 매천을 포함하여 당시 스스로 목숨을 끊었던 많은 선비들의 자결에서 본다.

이는 부끄러움 의식이 당사자의 인간관에 좌우될 것임을 시사한다. 먼저 인간은 이기적이고 공격적이며 투쟁적인 존재이며 사회는 "만인의 만인에 대한 투쟁"의 장이라고 여기는 사람에게는 부끄러움 의식이 약할 수밖에 없다. 그는 "하늘 우러러 한 점 부끄럼이 없기를" 소망할 까닭이 없다. 약육강식의 사회에서 자기 보존을 위한 각종의 노력이 비난받아야 할 이유가 무엇 있겠는가. 그는 사회적인 제재가 약한 자리에서는 오히려 거리낌 없이 악행을 저지르기도 할 것이다. 극단적으로 그는 사람을 죽이고서도 부끄러워할 줄 모를 것이다. 그에게 인간의 존엄성과 생명의 고귀성을 훈계하는 것은 쇠귀에 경 읽기나 마찬가지다.

요즘 코로나 19가 지구촌의 살림을 크게 위협하는 위기상황에서 미국인들이 총기 구매에 열을 올리는 데에는 그 근저에 어쩌면 저러한 성악(性惡)의 인간관이 작용하고 있는 것이 아닐까? 전염병으로 인해 사회가 혼란에 빠지면 사람들의 야수적 본성이 드러날 것이라 염려하면서 자기보호의 방책을 그렇게 강구하는 것이다. 그들은 과거에도 종종 그것을 경험한 바가 있다. 어느 도시 전체에 정전 사태가 일어나자 상점약탈 등 시민들의 폭동이 터졌던 일들 말이다. 그들에게는 자신의 악행을 자제시켜 줄 양심의 부끄러움 의식이 없었던 것이다. 이는 사회가 법과 제도만으로 운용되어서는 안 됨을 일러준다. 부끄러워할 줄 아는 도덕심이야말로 가장 강력한 사회적 자본이다.

지난날 우리나라 사람들이 부끄러움이 많았던 것은 이와는 다른 전통적 인간관 때문이었을 것이다. 옛날 사람들은 맹자의 가르침을 수없이 되새기며 살았을 것이다. "수오지심(羞惡之心)이 없으면 사람이 아니다." "군자에게는 세 가지의 즐거움이 있다. 부모님이 모두 살아계시고 형제가 무고한 것이 첫째 즐거움이요, 위로는 하늘에 부끄럽지 않고, 아래로는 사람들에게 부끄럽지 않은 것이 두 번째 즐거움이며, 훌륭한 인재를 얻어 가르치는 것이 세 번째 즐거움이다."(『맹자』) 이 가운데 두 번째야말로 군자의 가장 큰 즐거움이다. 왜냐하면, 부모형제와 학생이라는 외적인 조건에 의존하는 나머지 두 가지와는 달리, 어디에 내놓아도 부끄럼 없는 삶은 온전히 스스로 수행을 통해 이룰 수 있는 것이기 때문이다.

부끄러움 의식은 부도덕한 행동을 미연에 방지해줄 뿐만 아니라, 자기성찰과 회개를 통해 자신을 거듭나게 해주고 쇄신시켜 주는 중요한 심리기제요, 인간의 고귀한 정신 자산이다. 많은 화가들이 아담과 이브의 그림에서 중요한 부분을 나뭇잎으로 가린 까닭은 단지 성적인 수치심을 표현한 것이기만 할까? 그 이상으로 하느님이 인간을 여타 피조물과 달리 지으신 뜻을 그렇게 우의한 것은 아닐까? 사람으로 살려면 부끄러움을 알아야 한다는 것이다. 그러므로 역시 "수오지심이 없으면 사람이 아니다."

부끄러움 의식은 사람됨의 수준을 가늠하게 해준다. "하늘 우러러 한 점 부끄럼이 없기를" 바라면서 "잎새에 이는 바람에도 괴로워하는" 고결한 인품이 있는가 하면, 후안무치의 짓으로 남들 앞에 힘을 행세하고 남들을 괴롭히는 소인배들이 많다. 물론 이러한 사고방식과 행태의 근저에는 역시 그들의 인간관이 자리하고 있다. 자신을 존엄한 존재로 여기는 사람은 자신의 마음속에 떠오르는 삿된 생각만으로도 부끄러움을 느낄 것이며, 인간을 성악한 존재로 여기는 사람은 나쁜 짓을 거리낌 없이 행할 것이다.

그러므로 사람들에게 부끄러움을 가르치는 것만으로는 안 된다. 근본적으로 인간이란 어떤 존재이며, 어떻게 사는 것이 사람다운지를 스스로 고민하고 모색하도록 유도해야 한다. 교육이 여기에서 중요성을 더한다. 물론 그것은 학교 선생님들의 전담사항이 아니다. 가정과 사회가 다 같이 노력해야 한다. 학교에서 아무리 올바른 교육을 한다 해도 가정의 부모들이 자녀들에게 승부의식만 부추기고, 또 부끄러움을 모르는 자들이 정치현장에서 권위를 부리고 행세한다면 학생들은 선생님들의 가르침을 공허한 것으로 치부하고 사회현실에 영합할 것이다. 그 결과는 그들 자신에게 되돌아온다. 남들을 이겨먹기 위해, 각종의 힘을 쟁취하기 위해 부끄러운 짓을 마다하지 않는 그악스러운 마음은 그들 자신의 삶을 신산하고 황폐하게 만들 것이다.

그러한 사람들로 이루어진 사회가 얼마나 건강할 수 있을까? 부끄러움의 도덕심과 인간성을 결여한 그 사회는 자체 관리와 발전의 필요상 법과 제도를 강화하려 할 것이다. 예컨대 오늘날 우리 사회의 현안 중 하나인 성폭력만 해도 그렇다. 사람들은 형벌의 강화를 통해 그것을 예방하려 한다. 하지만 엄중한 법집행을 통해 성적 욕망과 관음(觀淫)의 성향을 억제하는 것은 한계가 있다. 그럴수록 사람들은 더욱 교묘하고 교활하게 자신의 욕망을 채우려 할 것이다. 그처럼 떠들썩한 단속의 순간에도 인터넷 공간에서 은밀하게 활개 치는 무리들이 그 모습을 잘 보여준다. 사실 법과 제도는 인간다운 삶을 보호하기 위한 외형적 장치에 지나지 않는다. 그 안에 인간의 존엄한 가치를 실현하기 위한 정신을 배양하지 않으면 안 된다.

이 점에서 과거 선비들이 사회를 지탱해주는 근본 기강으로 네 가지[四維]를 강조했던 것은 참으로 혜안의 통찰이다. 예(禮), 의(義), 염(廉), 치(恥)가 그것이다. 인간관계에서 필요불가결한 예의와, 의로운 행동거지 및 사회정의, 맑고 깨끗한 마음 및 행실, 그리고 부끄러워 할 줄 아는 마음이 그것이다. 법과 제도 이전에 그러한 정신기강이 확립되어야 한다는 것이다. 일견 매우 감상적이고 관념적인 주장처럼 들리지만, 삶과 사회는 그것들을 통해서만 참다운 생명력을 얻을 수 있다. 그것들은 모두 인간성의 중요한 징표로써, 그것들이 부재한 삶과 사회는 사람의 모습이 보이지 않는 황무지나 다름없다. 지금 우리 사회는 저 네 가지 정신을 얼마나 갖고 있을까?

부끄러움 의식은 문화마다 그 농도를 달리하며, 사회에 따라 달라진다. 예를 들면 우리 선조들은 남녀유별의 관념 속에서 부부 사이에서조차 분별없이 접촉하는 것을 부끄러워하였다. 이에 반해 요즈음 젊은 사람들은 신체적 접촉을 사랑이라고 여기면서 공공의 장소에서까지 애정의 표현을 거리낌 없이, 노골적으로 한다. 어째서 그러한 차이가 생겨나는 것일까? 그 근저에는 역시 서로 다른 인간관이 작용한다. 선조들은 남녀의 사랑에서 은밀한 동물적 욕망을 감지하면서 사랑도 인간적인 차원의 미덕으로 승화시키려 하였다. 사랑을 절제하는 예의의 정신을 통해서 말이다. 요즘의 젊은이들은 그러한 예의를 거추장스럽고 구속적이라고 불평한다. 그들은 감정 내키는 대로 사랑을 표현하는 것을 인간적이라고 여긴다. 그들의 생각으로는, 서로 내외하면서 예의로 단속하는 선조들의 사랑을 오히려 비인간적이라고 비난하고 싶을 것이다. 하지만 예의를 갖춘 사랑과 감정적인 사랑 가운데 어떤 것이 더 많은 여운을 남길까? 어떤 사랑이 보다 인간적일까?

남녀의 자리에서만 그런 것이 아니다. 부끄러움 의식은 오늘날 사람들의 생활 전반에 걸쳐 갈수록 마비되고 있다. 이는 도덕심의 약화에 기인한다. 사람들은 양심을 뒷전으로 밀어내고는 오직 재물과 권력과 높은 자리의 소유에만 열을 올린다. 그들은 고상한 삶의 이념과 가치에는 무관심한 채 오직 목적물의 소유를 위해 지식과 이성을 도구적으로만 이용한다. 자신의 목표와 그것의 추구 과정이 과연 도덕적으로 타당한지에 관해서는 의문을 제기하지 않는다. 그러한 삶의 현장에서 도덕심과 부끄러움 의식은 오히려 커다란 장애물이다. 돈이든 권력이든 높은 자리든 어떻게 해서라도 차지해야 할 판에 그것들이 자신을 자꾸 견제하며 괴롭히기 때문이다. 그리하여 그들은 소유의 환각제로 도덕심과 부끄러움 의식을 스스로 마비시킨다.

이는 고결한 인간성을 스스로 저버리는 것이나 마찬가지다. 부끄러움은 인간성의 중요한 부분으로써 우리가 크거나 작거나 간에 사람답지 못한 짓을 할 때 자각하는 심리현상이다. 그러므로 어떤 사람이 부끄러워할 줄 모르는 것은 곧 그 스스로 사람됨을 부정하는 일에 다름 아니다. 그렇다면 오늘날 사람들에게 부끄러움 의식이 갈수록 사라지고 있음은 인간성이 마멸되어 가고 있음을 뜻하는 현상이 아닐까? 이미 '신이 죽었으므로' 더 이상 신 앞에서 부끄러워해야 할 일도 없지만, 이제는 '인간도 죽어가므로' 부끄러워해야 할 일이 더더욱 줄어들고 있는 것이다.

이렇게 생각하면 앞으로는 약육강식이 지배하는 밀림사회에서 짐승처럼 거칠고 황량하게 살아가는 일만 남아 있는 것처럼 보인다. 이러한 의문과 비관에 반발하고 비판하는 사람들이 많았으면 좋겠다. 그들의 마음속에 부끄러움이 살아 있다는 뜻일 테니까 말이다. 하지만 일말의 부끄러움 의식만으로 자신의 인간성을 자부할 일이 아니다. 인간다운 삶을 영위하기 위해서는 부끄러움을 모르는 사회에 저항하면서 그 의식을 자신의 내부에서 끊임없이 키워나가야 한다. "하늘 우러러 한 점 부끄럼이 없기를"까지는 아니더라도, 적어도 남들 앞에 부끄럼 없이 나설 수 있는 도덕심을 길러야 한다.

제14장 성실의 정신

이른바 "뜻을 성실하게 갖는다."는 것은 자기 자신을 속이지 않는다는 뜻이다. 그것은 마치 악취를 맡으면 싫어하듯, 미인을 보면 좋아하듯 하는 것과도 같다. "삶을 자족한다."는 말이 이를 뜻한다. 그러므로 군자는 반드시 홀로 있음을 삼간다. 이와는 달리 소인은 혼자 있을 때에는 못하는 짓이 없다가도, 군자를 보면 위축되어 자신의 잘못을 감추면서 선한 척 한다. 하지만 사람들이 그의 실상을 마치 뱃속 꿰뚫어보듯 알아차릴 테니, 무슨 도움이 되겠는가. "마음이 성실하면 행동으로 드러난다."는 말이 이를 뜻한다. 그러므로 군자는 반드시 홀로 있음을 삼간다. 증자는 말한다. "열 개의 눈이 바라보며, 열 개의 손가락이 가리키니 두렵구나!" 부자는 화려하게 집을 짓고, 덕 있는 사람은 고결하게 행동한다. 그의 마음은 드넓고 평화로우며, 거동은 침착하고 여유롭다. 그러므로 군자는 반드시 뜻을 성실하게 갖는다.

[所謂誠其意者, 毋自欺也. 如惡惡臭, 如好好色, 此之謂自謙. 故君子, 必愼其獨也. 小人閑居, 爲不善, 無所不至, 見君子, 而后厭然揜其不善, 而著其善. 人之視己, 如見其肺肝, 然則何益矣. 此謂誠於中, 形於外. 故君子, 必愼其獨也. 曾

子曰: 十目所視, 十手所指, 其嚴乎. 富潤屋, 德潤身, 心廣體胖. 故君子, 必誠其意.]

『대학』의 ‘성의(誠意)’ 장에 나오는 글이다. 성의, 즉 성실한 뜻이라는, 혹은 뜻을 성실하게 갖는다는 이 말은 일상생활에서 흔히 쓰인다. 각급의 많은 학교들은 그것을 교훈으로 내걸기도 한다. 그것을 삶의 중요한 덕목이라고 여기기 때문일 것이다. 사실 무슨 일이든 그 성취는 성실성 여부에 좌우된다. 학습이든, 일이든, 친구간의 우정이든, 남녀 간의 사랑이든, 일상의 어떤 현장에서든 성실성을 다하지 않으면 바라는 바를 이룰 수 없다. 그러므로 성실성은 다른 가치들과 동렬에 있는 것이 아니라, 그것들의 토대로 작용하는 기본 덕목이다. 성실성을 결여하면 사랑과 정의와 진리와 그 밖의 모든 가치들이 공허한 말이 되고 만다.

하지만 한 걸음 들어가 생각해보자. 어떤 사람이 성실하다고 칭송받는다면 그는 정말 성실한 사람일까? 성실이란 정직하고 진실한 태도를 일컫는 말이라 한다면, 그것은 행동거지 이전에 마음부터 점검되어야 할 것이다. 겉으로는 성실한 것처럼 보이지만 마음이 그렇지 못한 사람을 우리는 일상에서 수없이 목격한다. 나 자신을 들여다보아도 그렇다. 남들은 나를 일에 성실한 사람이라고 말하지만, 정작 나는 사심을 숨기고 있는 경우가 많다. 아니 곰곰이 생각해보면 불성실은 인간으로서 면할 수 없는 태생적 조건이다. 『중용』은 말한다. “성실함은 하늘의 도(道)요, 성실하고자 노력하는 것은 인간의 도이다.” 여기에서 ‘하늘의 도’를 ‘성실함’으로 말한 것은 의인적인 화법이다. 자연의 섭리는 추호도 거짓이 없으며, 참되고 진실하다는 것이다. 하느님에게서 불성실을 상상할 수 없는 것처럼 말이다. 만약 섭리에 거짓이 조금이라도 있다면 그 산물인 만물의 존재와 생성이 뒤죽박죽되어 세계는 일찍이 파멸을 면치 못했을 것이다.

인간은 '성실하고자 노력하는' 것밖에는 달리 살아갈 방법이 없다. 생존 상의 것이든 고상한 이념이든 자신의 소망을 이루기 위해서는 성실하지 않으면 안 된다. 심지어 악행조차도 성실하게 나서지 않으면 실패를 면치 못한다. 그러므로 "성실성은 일의 시작이자 끝이다. 성실하지 않으면 일이 없는 것이나 다름없다."(『중용』) 이를테면 책을 읽는데 성실하지 않으면 독서행위가 없는 것이나 마찬가지며, 만남의 자리에 성실하게 나서지 않으면 만남의 일이 없는 것이나 마찬가지다. 일의 즐거움과 삶의 행복도 당연히 성실성의 정도에 좌우된다. 예컨대 수업에 성실한 학생은 공부의 즐거움을 알 것이요, 부인에게 불성실한 사람은 부부생활의 행복을 모를 것이다.

그러므로 성실성은 일을 넘어 세계와 삶의 시작이자 끝이다. 세계와 삶은 진지하고 성실한 마음에게만 의미 깊고 아름다운 모습을 드러내 보여준다. 불성실은 삶을 가볍고 허무하게 만드는 커다란 요인이다. 그는 삶의 깊은 의미를 간과하기 때문이다. 이를 여행에 비유해보자. 만약 이방의 풍물들을 그저 달리는 차창 밖으로 스치듯이 지나친다면, 이는 마치 맛있는 고기를 씹지 않고 삼키는 것이나 마찬가지다. 고기는 씹어야 맛인데 말이다. 하지만 사전에 성실한 준비 속에서 그 지역의 역사와 문화를 이해하고 또 직접 체험한다면, 그리고 이국의 풍경들을 마주하면서 미적 감흥을 넉넉히 얻는다면, 그는 그 여행을 만족하게 여길 것이다. 인생의 여정도 이와 마찬가지다.

하지만 일에 성실하게 나서는데도 행복을 느끼지 못하고 삶의 의미를 찾지 못할 수도 있을 것이다. 비근한 사례로 많은 직장인들의 경우가 그러하다. 업무에 성실하게 임하고 있음에도 삶이 공허하고 우울하게만 느껴지는 것이다. 왜 그럴까? 그것은 그가 종사하는 일에서 삶의 의미를 발견하지 못하기 때문이다. 그에게 일은 밥벌이 수단에 불과할 뿐이어서 정작 자신이 꿈꾸어온 삶의 의미를 거기에서 얻지 못하는 것이다. 더 나아가 그는 언제든지 대체 가능한 기능적 존재로 여겨지면서 항상 해고의 불안까지 안고 살아간다. 이것이 산업사회에서 살아가는 현대인의 현주소이다. 그러한 환경 속에서 그는 자신이 원하지 않는 일과 삶에 성실하도록 알게 모르게 강요받는다. 이처럼 강요된 성실성은 삶의 의미와 행복을 결코 채워주지 못한다.

참으로 난처한 문제이다. 우울하게도 이는 앞으로 산업화가 진전될수록 심각해질 것으로 전망된다. 실제로 산업화는 삶의 무의미를 촉진하는 커다란 요인이다. 찰리 채플린의 블랙 코미디 영화 〈모던 타임즈〉가 신랄하게 풍자하고 있는 것처럼, 사람들은 산업문명의 부속품으로 살아갈 뿐이다. 그런데도 사람들은 화려한 문명의 허울에 현혹되어, 그리고 그것이 주입하는 달콤한 마취에 중독되어 그것을 자각하지 못한다. 설사 그것을 자각한다 하더라도 저항할 방법을 알지 못하여 결국 거기에 순응하며 살아간다. 하지만 다시는 갖지 못할 단 한 번뿐인 소중한 삶을 그렇게 마쳐도 좋을까? 그러면 어쩌란 말인가? 현대문명을 파괴하고 옛날로 되돌아갈 수도 없는데 말이다. 아니 설사 그럴 수 있다 하더라도 문제는 여전히 남는다. 참삶의 의미와 행복은 산업화와는 무관하게 개개인이 스스로 실현해야 할 과제이기 때문이다.

결국 문제는 우리가 무슨 일에 성실해야 할 것인가 하는 데 있다. 참삶의 의미와 행복은 사회생활이 은밀하게 강요하는 업무적 성실성을 넘어 인간적 성실성을 회복하는 노력 속에서만 얻을 수 있다. 사실 성실성은 인간의 기본적 특질이다. "성실하고자 노력하는 것이 인간의 도"라는 『중용』의 말을 다시 한 번 검토해보자. 그것은 단순히 성실의 의무를 강조하는 뜻만은 아니다. 그 바탕에는 성실성이 인간의 인격적 특질이라는 의미가 깔려 있다. 말하자면 성실성은 밖으로부터 강요된 윤리적 의무가 아니라 인간 내면의 자발적인 성향이라는 것이다.

이렇게 생각해보자. 사람들은 인간관계에서든 일에서든 자신이 성실하게 나서지 않으면 난관과 파국을 면치 못하리라고 염려할 뿐만 아니라, 남들로부터 좋은 사람으로 인정받지 못할까 두려워한다. 불성실한 태도는 사람됨, 또는 인간성의 감점 요인으로 여겨지기 때문이다. 그들이 겉으로라도 성실한 척 하는 것도 이 점을 두려워해서다. 이는 성실성이 기껏 일의 성공적인 처리를 위해 부과된 의무에 그치지 않음을 시사한다. 그것은 인간이 본래 타고나는 인격적 성향이다. 진화론적으로 살피면, 인류생활의 초기에 사람들은 단순히 생존의 필요에서 자타에게 성실의 의무를 부과했을 것이다. 하지만 수천 년의 세월이 흐르면서 그 요구는 그들의 집단무의식으로 가라앉게 되어 성실의 성향이 드디어 도덕적 유전자로 변성되게 되었을 것이다. 성실성이 생존의 필요를 넘어 인간의 선험적 인격으로, 달리 말하면 참마음의 일부로 자리 잡은 것이다. 그러므로 불성실은 남들의 비난 이전에 나의 참마음이 허락하지 않는 비인간적인 태도로 자각된다.

"군자가 반드시 뜻을 성실하게 갖는" 까닭이 여기에 있다. 인간성의 회복을 평생의 이상으로 추구하는 그에게 성실성은 절대로 버려서는 안 될 크나큰 덕목이다. 구체적으로 말하면, 사랑과 의로움(정의)과 예의와 진리는 성실한 노력을 통해서만 실현될 수 있다. 이를 위해 그는 일상생활에서 자신의 성실성 여부를 부단히 점검한다. 그것은 특히 마음에서부터 시작된다. 언행의 성실함 여부는 마음에서 비롯되는 법이기 때문이다. 성실한 마음은 성실한 언행을, 이와 반대로 불성실한 마음은 불성실한 언행을 지어낸다. 말하자면 "마음이 성실하면 행동으로 드러난다." 인간성의 회복을 위해 마음의 수양이 중요한 까닭이 여기에 있다.

일반적으로 사람들은 일에 임해서 두 갈래의 마음을 품는다. 선하고 진실한 마음이 있는가 하면, 거짓되고 악한 마음도 있다. 즉각적으로는 일에 의롭게 나서야 한다고 여기면서도, 뒤이어 자신의 사리사욕을 계산하기도 한다. 이러한 두 생각이 한 마음 안에서 서로 싸우며 갈등을 일으킨다. 그 중 어떤 것이 우세하느냐에 따라 행위의 선악이 갈라진다. 그런데 문제가 그렇게 단순하지는 않다. 악한 마음에 악한 언행은 명백하게 도덕적 비난과 법적 재제의 대상이 되므로 사람들이 누구나 자제하려 할 것이다. 그야말로 그것은 "열 개의 눈이 바라보며, 열 개의 손가락이 가리키니" 두려울 일이다.

그렇다고 해서 그들이 악행을 그치는 것은 아니다. 그것이 자신에게 어떤 형태의 것이든 이득을 가져다준다고 여기기 때문이다. 다만 그들은 '열 개의 눈과 열 개의 손가락'을 두려워하면서 자신의 악행을 선한 모습으로 교묘하게 포장한다. 그들은 그럴싸한 명분과 궤변으로 자신을 합리화하여 사람들의 눈과 귀를 현혹시킨다. 이러한 현상은 사람들의 일상생활에서 흔히 목격되지만, 그것은 특히 정치와 종교의 현장에서 두드러지게 드러난다. 그들은 사리사욕을 깊이 감추고는 자신의 언행을 민의나 성인의 말씀으로 그럴싸하게 둘러댄다. "혼자 있을 때에는 못하는 짓이 없다가, 군자를 보면 위축되어 자신의 잘못을 감추면서 선한 척"하는 소인이 이의 한 부류이다. 아니 이러한 소인은 차라리 순진한 편이다. 저들은 자신의 잘못을 단순히 감추는 정도를 넘어 적극적으로 합리화하고 미화하기 때문이다. 그 결과 저들의 궤변은 사람들의 진리 인식과 선악 관념을, 나아가 올바른 사회적 가치를 혼란에 빠트리기까지 한다. 그러므로 소인의 행태보다도 더 무서운 것은 그의 간지(奸智)이다. 이는 지식이 많고 지능이 높을수록 교묘하고 교활하다.

소인의 이와 같은 모습을 남에게서만 살필 일이 아니다. 사실 그러한 성향은 우리 자신에게도 있다. 되돌아 생각해보면 우리는 남들 앞에서 올바른 주장과 행동을 하지만, 그 이면에는 이기적인 마음과 욕심을 숨기고 있는 경우가 허다하다. 이를테면 사회생활 상에서, 심지어는 우정이나 사랑의 자리에서조차 상대방으로부터 무언가를 얻어내려는 불순한 저의가 깔려 있기도 하다. 학교에서는 그것을 '봉사활동'이라는 이름으로 권장하기까지 한다. 점수를 받기 위해 선행을 하도록 하는 것이다. 예수님은 "왼손이 하는 일을 오른 손이 모르게 하라."고까지 말씀했는데 말이다. 당연히 마음속에 불순한 저의가 깔려 있는, 또는 대가를 바라는 조건적인 선행에서는 도덕심을 기대할 수 없다. 도덕심은 순수한 마음속에서만 배양될 수 있는 것이기 때문이다.

그러므로 행위에 앞서 무엇보다도 진실하고 정직한 마음을 갖지 않으면 안 된다. 대가와 조건을 따지지 않는 순수한 선의지를 말이다. 이를 위해 평소 자신의 생각들을 양심의 법정 위에서 반추할 필요가 있다. 행동 이전에 자신이 한 생각이 양심에 부끄럽지 않은지 되살펴볼 일이다. 우리는 자신의 속마음을 감추고서 남을 속일 수는 있지만 자신의 양심을 속일 수는 없다. 양심은 남을 속이거나 궤변을 늘어놓을 줄 모르는 어린아이와도 같다. "임금님이 벌거벗었다."고 소리치는 아이처럼 말이다. "악취를 맡으면 싫어하듯, 미인을 보면 좋아하듯" 솔직하고 진실한 것도 이러한 양심의 산물이다. 그처럼 자신에게 성실한 양심은 "자기 자신을 속이지 않는다." 그는 악취 나는 더러운 행동을 혐오하면서도 스스로 저지르고, 아름다운 삶을 원하면서도 외면하는 어른들의 자기기만을 모른다.

군자가 "홀로 있음을 삼가는" 까닭이 여기에 있다. 이에 관해서는 앞에서 고찰한 바 있거니와, 여기에서도 역시 '홀로 있음'은 물리적 공간의 자리 이전에 심리공간을 뜻한다. 또 '삼간다'는 말은 마음씀씀이 한 순간조차 양심에 비추어 부끄러움이 없도록 조심스럽게 나선다는 뜻이다. 그것은 마치 신을 경건히 우러르는 마음과도 같다. 그처럼 '삼가는' 마음이라면 당연히 공간적으로 '홀로 있는' 자리에서도 조심하고 경건할 수밖에 없을 것이다. 과거 서당 시절 방안의 벽에 아래와 같은 글귀가 붙어 있었다. "혼자 잠을 자더라도 이불에 부끄럽지 않게, 혼자 어딜 가더라도 자신의 그림자에 부끄럽지 않게 행동하라[獨寢不愧衾, 獨行不愧影]."

성실함이란 이처럼 양심에 부끄러울 일 없이, 자기기만 없이 자신에게 정직하고 진실한 태도를 말한다. 이러한 인간적 성실성이야말로 자신에 대한 최대의 경의요 도리이다. 인간성은 이를 통해서만 회복되고 성취될 수 있다. 순수한 기쁨과 참다운 행복의 원천이 여기에 있다. 그것은 어떤 조건이 충족됨으로써 주어지는, 그리하여 조건의 상실과 함께 사라지고 마는 일상의 기쁨과는 다르다. 양심에서 우러나오는 기쁨과 행복은 무엇으로도 대신할 수 없는 지복이다. 즉, 양심의 명령에 따라 참자아를 성실하게 실현하는 삶의 도정에서 얻는 기쁨은 숭고하고 거룩한 환희이다. 그는 그렇게 "삶을 자족한다." "그의 마음이 드넓고 평화로우며, 거동이 침착하고 여유로운" 이유도 여기에 있다.

업무적 성실성과 인간적 성실성의 다른 점이 여기에서 드러난다.

삶의 의미와 행복을 가져다주지 못하는 업무적 성실성과 달리, 인간적 성실성은 자신의 삶을 스스로 즐길 수 있게 해준다. 그것은 자신의 존재됨, 또는 고결한 인간성에 대한 헌신이기 때문이다. 이는 사람들에게 한 가지 과제를 부여한다. 평소 무엇에 성실해야 할지 숙고해야 한다는 것이다. 범연하게는 일상생활에서 당면하는 모든 일에 성실해야 한다고 말하겠지만, 그 일의 의미와 가치를 함께 고려하지 않으면 안 된다. 아닌 말로 조폭 사회에서 보스와 조직을 위해 헌신하는 폭력배를 두고 "성실한 사람"이라고 칭찬하지는 않는다.

우리가 일상에서 성실해야 할 대상은 일 자체가 아니라, 일 속에서 구현해야 할 참다운 인간성이다. 즉 사랑과 의로움(정의)과 예의와 진리의 구현에, 또는 고결한 영혼의 일깨움에 성실해야 한다. 이는 도덕군자나 성직자에게만 해당되는 과제가 아니다. 그것은 우리가 일상으로 종사하는 업무의 현장에도 응용될 수 있다. 예컨대 성실성이 단지 자기 자신이나 기업의 영리를 위한 것이 아니고, 그 이상으로 소비자와 시민의 건강과 행복을 목표로 한다면, 그는 "삶을 자족하면서" 참다운 기쁨과 보람을 누릴 것이다. 『대학』에서 '성의(誠意)'를 말하기에 앞서 '격물치지(格物致知)'를 강조한 까닭이 여기에 있다. 진리의 탐구[格物]를 통해 참다운 앎을 성취해야[致知] 한다는 것이다. 어떤 삶의 현장에서든 진리를 몰각한, 또는 잘못된 앎에 입각한 성실성은 삶을 그르치고 말 것이다.

이에 대해 많은 사람들은 불편하고 답답한 마음을 가질 것이다. 마음가짐을 왜 꼭 그렇게 어렵게 해야 하는가 생각하면서 말이다. 설사 때로 그릇된 마음을 갖더라도 악행으로 나아가지 않고 나쁜 짓 하지 않고 잘 살 수도 있지 않은가? 사람들은 성실하지 않더라도 잘 살아가고 있지 않은가? 성실성이나 양심에 대한 강박관념은 자책이나 자학을 야기하면서 심하게는 노이로제까지 유발할 수도 있지 않은가?

하지만 반문해보자. 사람들이 그렇게 번거롭게도 절이나 성당, 교회를 찾아가는 것은 어째서인가? 그곳이야말로 지극한 성실성이 요구되는 자리가 아닌가? 그들은 거기에서 왜 자신의 불성실하고 그릇된 생각과 언행을 회개하면서 하느님에게 용서를 비는 것일까? 그것은 역시 양심의 가책을 견디기 어려워서일 것이다. 그들은 그러한 식으로 양심의 가책을 무마하려는 것이다. 물론 그것을 요식행위로 그쳐서는 안 된다. 일주일에 한두 번의 주기적인 행사를 넘어, 도처에서 하느님의 눈빛을 느끼면서 몸과 마음을 정결하고 성실하게 유지해야 한다. 양심에 부끄럼 없이 성실하게 나서고자 하는 군자의 삶의 정신을 우리가 유념해야 할 이유가 여기에 있다.

한편으로 사람들의 종교 신앙에는 고결한 삶의 소망이 깔려 있다. 사람은 누구나 진부하고 저속하며 때 묻은 삶을 원하지 않는다. 아무리 세상이 타락했다 하더라도 양심에 따라 고결하고 성실하게 살고 싶어 한다. 참삶의 의미와 행복의 원천이 거기에 있음을 알기 때문이다. 사람들이 종교에 관심을 갖는 커다란 이유가 여기에 있을 것이다. 위대한 종교는 사람들에게 세속적인 삶 너머 밝고 고결한 생명으로 거듭날 길을 제시한다. 성실의 정신은 이에 크게 부응한다. 그것은 주기적인 예배와 요식적인 회개에 그치지 않고 몸과 마음을 수시로 성찰하게 해준다는 점에서 우리의 삶을 거듭나게 해주는 훌륭한 정신이다. 이를 외면하고 세속적인 행복이나 빌고 내세의 천국을 소망하는 사람이 있다면 그는 진정한 신앙인이 아니다. 진정한 신앙인이라면 자신의 마음을 교회처럼 여겨 언제, 어디서든 자기성찰하고 뉘우치면서 삶에 성실하고 경건하게 나설 것이다. 그러므로 성실의 정신은 종교를 포함하여 모든 삶의 영역에서 요구되는 긴요한 덕목이다.

제15장 올바른 마음가짐

"수신(修身)하려면 마음을 올바르게 가져야 한다."고 하는데, 마음속에 분노의 감정이 있으면 올바른 마음을 가질 수 없고, 두려움의 감정이 있으면 올바른 마음을 가질 수 없으며, 좋아하는 감정이 있으면 올바른 마음을 가질 수 없고, 근심의 감정이 있으면 올바른 마음을 가질 수 없다. 마음이 다른 데 가 있으면 무얼 보아도 보이지 않고, 무얼 들어도 들리지 않으며, 무얼 먹어도 그 맛을 알 수가 없다. "수신하려면 마음을 올바르게 가져야 한다."고 한 것은 이를 두고 한 말이다.

[所謂修身, 在正其心者. 心有所忿懥, 則不得其正. 有所恐懼, 則不得其正. 有所好樂, 則不得其正. 有所憂患, 則不得其正. 心不在焉, 視而不見, 聽而不聞, 食而不知其味. 此所謂修身, 在正其心.]

『대학』의 '정심(正心)'장에 나오는 글이다. '마음을 올바로 갖기', 또는 '올바른 마음가짐'이라 번역될 수 있는 그것은 단순히 그릇된 마음을 부정하는 뜻에 불과하지 않다. 그 이상으로 그것은 감정과 사고를 어떤 일에 얽매이거나 사로잡히지 말고 균형감 있고 공정하게 유지해야 함을 의미한다. 세계와 사물에 대한 인식과 처사는 그처럼 올바른 마음가짐 속에서만 가능하기 때문이다. 아래의 속담은 그 반대의 사례를 재미있게 든다. "마누라가 예쁘면 처갓집 말뚝에도 절한다." "종로에서 뺨 맞고 한강에서 분풀이한다." 아래의 글을 읽어보자.

> 마음은 저울이나 거울과도 같다. 저울 위에 물건이 놓여 있지 않을 때에는 저울은 평형을 유지하지만, 그 위에 물건을 올리면 저울은 한쪽으로 기울어지고 만다. 또 거울 속에 사람의 모습이 들어 있을 경우에 그 거울은 다른 사물을 제대로 비출 수가 없다.
> (『심경부주』)

우리는 이의 한 예시를 공자의 수제자였던 안회(顔回)에게서 볼 수 있다. 안회는 "분노를 남에게 옮기지 않았다[不遷怒]."고 한다. 남에게 화풀이를 하지 않았다는 것이다. 물론 이는 보통사람들도 할 수 있는 일이지만, 공자가 칭찬했던 안회의 수준은 차원이 다르다. 우리 안의 분노는 억제되어 있을 뿐 여전히 부정적이고 폭력적인 힘으로 남아서 마음을 거칠고 황폐하게 만든다. 말하자면 우리는 일이 지났음에도 불구하고 마음의 거울과 저울을 비워두지 못하고 분노를 여전히 담아두고 있다. 그리하여 그것은 다른 사람이나 사물에 투사되어 그 모습을 왜곡시키고 또 그에게 유무형의 폭력을 가한다. 하지만 안회는 달랐다고 한다. 그 역시 분노해야 할 자리에서는 분노했지만, 안회의 분노는 대상이 사라지는 순간 저절로 사그라져 맑은 마음을 유지했다는 것이다. 안회가 평소에 마음 챙김이나 명상수행 같은 수행을 잘 했기 때문일까? 아무튼 이는 올바른 마음가짐의 전형에 해당된다. 그밖에 두려움과 애착과 근심 등 다른 감정들도 이를 유추하여 말할 수 있다.

일반적으로 말하면 감정은 과거의 경험이 쌓여 이루어진 습관적 성향의 발로이다. 이를테면 어떤 음식물에 심하게 채였던 사람은 더 이상 그 음식물을 좋아하지 않을 것이며, 어려서부터 부모로부터 인정과 칭찬을 받지 못하고 성장한 사람은 자존감의 상실과 열등의식으로 갖가지의 비정상적인 감정을 드러낼 것이다. 그러한 사람은 당연히 세계를 올바로 인식하고 처사하는 데 실패할 수밖에 없다. 그러므로 평소 자신의 감정을 유심히 성찰하고 올바르게 챙기는 마음공부를 할 필요가 있다. 트라우마로 남지 않도록 말이다. 불교의 '마음 챙김' 수행이 그 한 가지 방법이다.

감정의 영역을 넘어 그 밖의 심리양상도 마찬가지다. 대체로 거기에는 세 가지 일반적인 유형이 있다. 첫째, 일이 아직 도래하지 않았는데도 미리부터 기대하거나 염려하는 마음과, 둘째 일이 이미 지나갔는데도 그것을 잊지 못하고 담아두고 있는 마음, 셋째 선입견 또는 편견이 그것이다. 그 양상은 제각기 다르지만 사물을 올바로 인식하거나 처사할 수 없다는 점에서는 공통된다. 말하자면 "마음이 다른 데 가 있으면 무얼 보아도 보이지 않고, 무얼 들어도 들리지 않으며, 무얼 먹어도 그 맛을 알 수가 없다."

위의 세 가지 양상을 차례로 살펴보자. 먼저 어떤 일을 미리부터 기대하거나 염려하는 것은 올바른 마음가짐이 아니다. 마음이 현재를 떠나 있기 때문이다. 물론 삶은 원래 미래에 대한 전망 속에서 계획되고 영위되는 만큼 이러저러한 기대와 그에 따른 염려가 없을 수 없다. 예를 들면 좋은 성적을 기대하여 열심히 공부하고, 질병을 염려하여 운동을 하고 영양제와 건강식품을 먹는다. 그러므로 미래에 대한 기대와 염려는 현재의 삶에 활력을 주면서 추동해 주는 중요한 의의를 갖는다. 사람들이 궁핍과 고통 속에서도 삶을 체념하지 않는 것은 바로 밝은 미래에 대한 기대 때문이다. 자신의 미래를 전혀 기대할 수 없는 사람은 절망에 빠지고 말 것이다. 자살은 그 극단적인 선택이다.

하지만 문제는 기대가 너무 앞서는 경우이다. 마음속에 미래를 담아두고 있으면 현재를 있는 그대로 바라보지 못한다. 그의 마음은 미래에 앞서 나가 있는 나머지 자칫 현재의 진정한 의미와 가치를 놓치고 만다. 오히려 현실에 대한 불만이 커질 수도 있다. 예컨대 직장생활에서 월말의 봉급에만 관심을 두는 사람은 당면한 업무의 성취 자체에서 기쁨과 보람을 느끼기 어려울 것이다. 또는 종교생활에서 내세의 천국에 대한 동경과 기대가 클수록 그는 현세의 덧없음에 환멸을 느낄 것이다. 요컨대 그들의 지나친 기대감은 지금, 이 자리의 중요성을 간과하게 만드는 요인이 된다.

공자가 한 제자로부터 죽음에 관한 질문을 받고는 "삶도 모르면서 어떻게 죽음을 알겠는가."하고 대답한 까닭이 여기에 있다. 미래의 죽음을 미리부터 염려하는 것은 참으로 부질없는 짓이다. 현재의 삶에 충실해야 한다. 설사 "내일 지구에 종말이 온다 할지라도 오늘 한 그루의 사과나무를 심는" 현재의 정신을 갖고 있어야 한다. 미래를 전망하고 기대하면서도 '지금, 이 자리'의 삶에 진지하게 나서야 한다. '지금, 이 자리'야말로 미래의 기대를 이룰 수 있는 유일한 토대이다. 이를 벗어난 기대는 허공을 움켜잡으려는 것이나 다름없다. 아래에 『중용』의 글을 다시 한 번 읽어보자.

> 군자는 지금 머무르고 있는 자리에서 자신의 도리를 다할 뿐, 그 밖의 일은 바라지 않는다. 부귀의 자리에서는 부귀에 마땅한 도리를 다하고, 빈천의 자리에서는 빈천에 마땅한 도리를 다하며,

> 야만의 자리에서는 야만에 마땅한 도리를 다하고, 고난의 자리에서는 고난에 마땅한 도리를 다한다. 그리하여 군자는 어떤 자리에서나 안락하고 자족한다.

여기에서 '자신의 도리'에 주목해보자. 그것은 군자가 삶에 임하는 핵심 정신이기 때문이다. 물론 '지금, 이 자리'의 정신은 여러 유형이 있을 수 있다. 예컨대 내일은 없다면서 지금 이 순간을 최대한 즐기려는 쾌락주의가 있다. 하지만 그것은 결코 권장할 일이 아니다. 그것은 삶의 의미와 가치를 확보해주지 못하기 때문이다. 군자가 견지하고 있는 '자신의 도리'의 중요성이 여기에서 드러난다. 그것은 진리의 정신을 핵심으로 한다. 진리의 정신이야말로 삶의 매순간, 모든 자리를 의미 깊고 가치 있게 해주는 최선의 방책이다.

'올바른 마음가짐'이란 바로 이러한 것이다. 그는 '지금, 이 자리'에서 자신의 도리를 다하는 마음으로, 즉 진리의 정신으로 삶에 나선다. 진리란 학자들이 책상머리에서 연구하는, 보통 사람으로서는 알기 어려운 무슨 심오한 법리가 아니다. 그것은 종교적 관점에서 말하면 인간존재와 사사물물(事事物物)에 내재되어 실천을 기다리는 '하늘의 뜻'(하느님의 섭리)이요, 일상생활 상에서는 우리가 준행해야 할 사람됨의 이치를 뜻한다. 물론 이러한 '도리'(진리)에는 미래에 대한 전망과 기대가 담겨 있다. 말하자면 그의 미래는 현재와 동떨어진 앞날의 시간이 아니라, 현재 속에 철저히 용해되어 있다.

그리하여 그는 '지금, 이 자리'에서 도리(진리)에 따른 존재활동 자체를 즐긴다. 그에게 행복은 미래의 어느 시점에서 이루어질 목표의 성취에 있지 않다. 그는 현재가 아무리 궁핍하고 불우하다 하더라도 자신의 도리를 다하면서 '안락하고 자족한다.' 현존의 축복을 느낀다. 『중용』은 위의 글에 이어 다음과 같이 말한다. "군자는 평화로운 마음으로 하늘의 뜻을 기다리지만, 소인은 험한 행동으로 요행수를 찾는다." 정말 하느님의 뜻을 올바로 믿는 사람이라면 아무리 간난신고한 상황에 처해 있다 하더라도 '지금, 이 자리'에 고요하고 평화로운 마음으로 나서 자신의 도리를 다할 것이다.

'지금, 이 자리'의 정신은 미래의 기대심리에 주의를 주는 뜻에서만 긴요한 것이 아니다. 그것은 과거에 얽매어 있는 마음에 대해서도 마찬가지다. 우리는 이미 지나간 과거에 매달려 마음을 끓이곤 한다. 과거는 더 이상 존재하지 않건만, 기억의 잔상으로만 남아 있는 그것을 떨쳐내지 못하고 마치 노예처럼 끌려 다닌다. 과거 사실에 묶여 있는 것이다. 아니 정확하게 말하면 자신의 기억에 갇혀 있다. 트라우마는 이의 병적인 현상이다. 당연히 이는 현재를 성찰하고 미래를 전망하는 데 실패할 것이다. 그러므로 그에게서는 삶의 성장을 더 이상 기대할 수가 없다. 예컨대 정년퇴직 뒤 지난 날 잘 나갔던 과거의 추억만 되씹으며 여생을 허비하는 노인들이 그렇다. 또는 정치권의 보수주의자들도 마찬가지다. 그들은 과거에 누렸던 지배 권력의 환상에 빠져 변화하는 현실과 민심의 추이를 읽지 못한다. 그들은 '지금, 이 자리'를 직시하면서 자신의 생각과 태도를 바꾸려 하지 않는다.

물론 그렇다고 해서 과거를 다 잊고 현재와 미래에만 눈을 두는 태도는 결코 바람직하지 않다. 그것은 마치 나무를 심는데 그 뿌리를 뭉텅 잘라내고 줄기만 맨땅에 꽂는 것이나 다름없다. 과거는, 설령 아무리 어둡고 고생스러웠다 하더라도, 지금의 나를 성장시켜준 삶의 뿌리이다. 현재의 나는 멀리 조상의 역사적 환경과, 가까이는 가정적, 사회적 환경이 빚어낸 것이다. 부모님과 고향과 학업과정을 지워버린 나를 우리는 상상할 수 없다. 그것은 자신의 존재 자체를 부정하는 것이나 다름없다. 그러므로 과거에 대한 반성과 성찰은 현재와 미래를 설계하는데 매우 중요하고 불가결한 일이다.

하지만 과거에서 벗어나지 못한다면 현재를 올바르게 바라보며 적응할 수 없다. 현재가 과거의 영상에 물들어 있기 때문이다. 그러므로 과거에 묶이지 말고 '지금, 이 자리'의 정신으로 삶에 나서야 한다. 밝은 미래도 여기에서만 열린다. 예수님의 말처럼 "쟁기를 잡고 뒤를 돌아보는 자는 하느님의 나라에 합당하지 아니 하니라." 과거에 마음을 둔 사람은 현재의 자리와 미래의 일을 올바르게 성찰할 수 없다. 거듭남은 현재와 미래를 일구는 가운데에서만 가능하다. 이슬람교의 수피즘 시인 잘릴루딘 루미 또한 말한다. "과거와 미래는 우리로 하여금 신을 보지 못하도록 장막을 친다. 과거와 미래일랑 모두 불살라 버려라."

과거에 선비들이 지향했던 "감공형평(鑑空衡平)"의 마음 세계가 여기에서 열린다. 과거와 미래를 미리부터 마음의 거울[鑑]에 그려둠이 없이 마음을 텅 비우고[空], 그것들을 사전에 마음의 저울[衡] 위에 올려두지 않고 마음을 균형감 있게[平] 유지하리라는 것이다. 이는 마음을 과거와 미래의 속박으로부터 해방시켜 세계와 사물을 있는 그대로 대면하기 위해서다. 그것은 자신이 스스로 만들어 그 안에 자신을 가두는 온갖 관념들의 구속으로부터 벗어나 자유를 얻기 위한 노력이기도 하다. 세상을 통찰하는 밝은 지혜는 바로 이러한 '감공형평'의 마음속에서만 생겨난다. 삶의 고난과 궁핍 속에서도 안락하고 자족할 수 있는 토대도 여기에 있다. 아래에 퇴계의 시를 감상해보자.

귀양살이 닭 울어야 겨우 잠든다지만
나그네 길 기러기 울음에 나도 잠 못 이루네.

우리들은 생각이 너무 많아 걱정이라
허정(虛靜)과 염담(恬淡)으로 마음을 길러보세.
謫裏聽鷄方就睡　　旅中聞雁亦無眠
吾儕患在多思慮　　盍把虛恬養寸田
(〈病中得金季應書二絕〉)

이는 지인의 귀양살이 소감을 선생이 나그네의 소회로 응답한 것이다. 아마도 지인은 곤고한 귀양생활 속에서 과거의 영화로웠던 벼슬 시절을 되씹으면서 이러저러한 회한과 자책으로 "닭 울어야 겨우 잠드"는 나날을 보냈던 모양이다. "기러기 울음에 잠 못 이루"는 선생의 나그네 심사도 어쩌면 지난날 걸어온 자신의 발걸음과 불투명한 미래의 일을 두서없이 더듬는 마음이었을 것이다. 그 모두 부질없는 상념들이다. 아니 부질없는 정도를 넘어 두 마음은 현재의 삶을 전폭적으로 유보 없이 받아들이고 진지하게 대면하는 것을 방해한다. 둘 다 '지금, 이 자리'를 떠나 있기 때문이다. 위에 인용한 『중용』의 말처럼 "지금 머무르고 있는 자리에서 자신의 도리를 다할 뿐"이었다면 어떠한 상황에서든 안락 자족의 삶을 누렸을 텐데 말이다. 연산군 시절 용재(容齋) 이행(李行: 1478-1534)이 유배생활 중에 쓴 시는 그 경지를 잘 보여준다. "해는 길고 새소리 즐거운데 / 비온 뒤 산기운 아름다워라 / 깨끗이 치우고 책을 마주하니 / 이제야 옛사람의 마음이 보이네." (송혁기 교수 번역)

퇴계는 저 지인에게 '허정(虛靜)과 염담(恬淡)'의 정신을 제안한다. 모든 부질없는 상념들을 떨쳐 마음을 텅 비우고(虛) 고요하게(靜), 평화롭고(恬) 담박하게(淡) 갖자는 것이다. 이 역시 '감공형평'의 마음과 상통한다. 그렇게 하면 과거와 미래로부터 벗어난 그 마음은 귀양살이에서도 '진인사대천명(盡人事待天命)'할 것이며, 나그네 길에서도 '나그네 인생'의 초탈한 정신으로 세상만사를 음미하고 관조하는 여유를 가질 수 있을 것이다. 그 무엇에도 속박되지 않는 최상의 자유와 열락의 경지가 여기에서 열린다. 『채근담(菜根譚)』은 이러한 정신경계를 아름다운 영상으로 은유하여 다음과 같이 열어 보여준다.

> 바람이 성긴 대숲에 불어오는데 바람이 지나가면 대숲은 바람소리를 머물러 두지 않고, 기러기가 차가운 연못 위를 날아가는데 기러기가 지나가면 연못은 기러기의 그림자를 남겨두지 않는다. 마찬가지로 군자는 일이 다가오면 마음이 비로소 나타나고, 일이 지나가면 마음도 따라서 빈다.
> [風來疎竹, 風過而竹不留聲. 雁渡寒潭, 雁去而潭不留影. 故君子, 事來而心始現, 事去而心隨空.]

올바른 마음가짐을 방해하는, 달리 말하면 마음을 왜곡 굴절시키는 요인으로는 과거와 미래의 일 말고 또 한 가지가 있다. 선입견과 편견이 그것이다. 『심경부주』에 실린 이야기를 하나 들어보자. 옛날에 어느 학식 깊은 관리가 다리를 건설하는데 교각 하나가 모자라 공사를 중단한 일이 있었다. 어느 날 그는 산길을 가다가 좋은 재목감의 나무를 발견하고는 기쁜 마음으로 그것을 베어다가 다리를 완공하였다. 그런데 문득 어떤 자성의 마음이 일어났다. 자신이 숲속의 나무를 그 자체로 대면하지 못하고 교각 공사의 이용거리로만 바라보았다는 것이다. 그것은 그가 자신의 마음속에 교각의 그림을 담아두고 있었기 때문이다. 물론 그의 첫눈에 그것이 살아 있는 나무로 다가왔다 하더라도 결국에는 재목감으로 잘려 이용되었겠지만, 거기에는 사물(세계) 인식의 미묘한 차이가 존재한다. 사물을 그 자체로 바라보는 고도의 눈빛과, 단지 나의 이용거리로만 여기는 범속한 태도가 그것이다. 저 관리의 자성은 그러한 문제의식에서 나온 것이었다.

이를 우리의 일상생활에서 살펴보자. 사람들은 남들을 목적적인 존재로 대면하면서 그들의 인격을 존중하려 하기보다는, 대체로 자신의 이해관심 속에서 접근한다. 예컨대 어떤 사업주에게 노동자는 일꾼에 지나지 않으며, 치한에게 여성은 성적 노리개에 불과하며, 정치인에게 시민은 그가 얻어야 할 한 표일 뿐이다. 그들은 저들의 순수인격에는 관심이 없다. 그저 이용거리일 뿐이다. 더 나아가 사람들은 인간중심적인 편견 속에서 가축을 단순한 먹 거리로만 여긴다. 그들이나 나나 모두 존엄한 생명체라는 생각을 하지 않는다. 그리하여 단순한 폭력행위만 접해도 분노하면서, 방역을 이유로 가축을 수십 백만 마리씩이나 살처분 하는 잔인함에 대해서는 눈을 감고 용인하며, 그로 인해 자신이 질병에 걸리지 않을까만 걱정한다. 이기적이고 인간중심적인 편견이 다른 생명체들을 그렇게 천시하는 것이다.

이러한 편견의 사례는 그 밖에도 우리 사회의 곳곳에서 일상으로 목격된다. "믿음은 천국이요 불신은 지옥"이라면서 사람들을 험악한 말로 협박하는 그릇된 전도활동이 그러하며, 자신의 이념(사실은 이익)을 거스르는 사람에게 '좌파' '빨갱이'라는 딱지를 붙이면서 몰아붙이는 일부 보수 인사들의 작태도 마찬가지다. 아니 편견은 나 자신에게서도 도처에서 발견된다. 일례로 어떤 사람이 술에 취해 비틀거리면서 걸어갈 때, 그가 남자라면 관대하게 봐주면서도, 여자라면 "여자가 어찌?" 하면서 마음속으로 비난이 터져 나온다.

이러한 선입견과 편견이 자타간 대립과 갈등, 다툼, 증오와 폭력, 심지어 살인과 전쟁의 원인이 된다. 남녀 간, 지역적, 정치적, 종교적, 그 밖의 모든 분쟁의 핵심 요인이 거기에 있다. 그러므로 마음의 평화와 자타간의 조화로운 삶을 위해서는 자신이 선입견과 편견에 물들어 있지 않은지 수시로 성찰하지 않으면 안 된다. 얼룩진 감정과 편향되고 타성에 젖은 사고를 떨쳐버려 마음을 '텅 비우고 고요하게, 평화롭고 담박하게' 갖도록 노력해야 한다. 그처럼 '올바른 마음가짐'은 마치 선입견과 얼룩진 감정을 갖지 않은 어린아이의 맑은 눈빛과도 같이 세계와 사물을 항상 새롭게 대면하게 해주고, 또 삶의 순간순간을 새롭게 맞이하게 해주는 생명적인 힘으로 작용할 것이다. 도종환 시인의 〈맑은 물〉을 읽어보자. 이는 온갖 감정과 상념으로 흐트러지고 혼탁한 우리의 일상적인 마음과 삶을 되돌아보게 해준다.

맑은 물은 있는 그대로를 되비쳐 준다.
만산에 꽃이 피는 날 산의 모습은
아름다운 모습 그대로 보여주고
잎 하나 남지 않고 모조리 산을 등지는 가을날은
쓸쓸한 모습 그대로를 보여준다.
푸른 잎들이 다시 돌아오는 날은 돌아오는 모습 그대로
새들이 떠나는 날은 떠나는 모습 그대로
더 화려하지도 않게 더 쓸쓸하지도 않게 보여준다.
더 많이 들뜨지 않고 구태여 더 미워하지도 않는다.
당신도 그런 맑은 물 고이는 날 있었는가.
가을 오고 겨울 가는 수많은 밤이 간 뒤
오히려 더욱 맑게 고이는 그대 모습 만나지 않았는가.

제16장 음악의 정신

군자는 말한다. "예의와 음악을 잠시라도 몸에서 떠나게 해서는 안 된다. 음악을 깊이 익혀 마음을 다스리면 평화롭고, 거짓 없고, 자애롭고, 진지한 마음이 자연스럽게 생겨날 것이다. 평화롭고, 거짓 없고, 자애롭고, 진지한 마음이 생기면 즐거움을 알 것이요, 즐거움을 알면 삶이 편안해질 것이요, 삶이 편안해지면 오래도록 삶을 누릴 수 있을 것이요, 삶을 오래도록 누리면 하늘의 뜻을 깨칠 것이요, 하늘의 뜻을 깨치면 신과도 통하게 될 것이다. 하늘의 뜻을 깨치면 말을 하지 않아도 사람들이 신뢰를 보낼 것이요, 신과 통하면 노여움을 드러내지 않아도 사람들이 위엄을 느낄 것이다. 음악을 깊이 익혀 마음을 다스리면 그처럼 될 것이다. 예의를 깊이 익혀 자신을 다스리면 행동거지가 엄숙 경건해질 것이요, 엄숙 경건하면 위엄을 얻게 될 것이다. 마음이 잠시라도 화락하지 않으면 비열하고 거짓된 생각이 끼어들 것이요, 행동거지가 잠시라도 엄숙 경건하지 않으면 경솔하고 태만한 마음이 끼어들 것이다. 그처럼 음악은 마음을 순화하고 예의는 행동거지를 정제시켜 준다. 음악으로 마음의 화락함을 추구하고 예의로 행동거지의 순리를 추구하여 화락한 마음과 순리적인 행동거지를 다하면 사람들이 그의 얼굴을 보고는 그와 다투려 하지 않을 것이요, 그의 거동을 보고는 그를 쉽게 여기거나 업신여기지 않을 것이다. 그리하여 빛나는 덕이 내면에서 우러나와서 사람들이 누구나 그의 말을 경청할 것이요, 순리적인 행동거지가 밖으로 펼쳐져서 사람들이 누구나 그의 가르침을 받들어 따르려 할 것이다. 그러므로 옛말에 '예의와 음악의 정신을 깊이 익혀 세상에 나서면 어려울 일이 없으리라.' 하였다."

[君子曰: 禮樂不可斯須去身. 致樂以治心, 則易直子諒之心, 油然生矣. 易直子諒之心, 生則樂, 樂則安, 安則久, 久則天, 天則神, 天則不言而信, 神則不怒而威. 致樂以治心者也, 致禮以治躬, 則莊敬, 莊敬則嚴威. 中心斯須不和不樂, 而鄙詐之心入之矣. 外貌斯須不莊不敬, 而易慢之心入之矣. 故樂也者, 動於內者也. 禮也者, 動於外者也. 樂極和, 禮極順, 內和而外順, 則民瞻其顔色, 而不與爭也. 望其容貌, 而民不生易慢焉. 故德輝動於內, 而民莫不承聽, 理發諸外, 而民莫不承順. 故曰: 致禮樂之道, 擧而錯之天下, 無難矣.]

『예기』의 〈악기(樂記)〉 편에 나오는 난삽한 글이다. 이는 원래 위정자가 예의와 음악을 익힘으로써 얻을 덕망과 그 정치적 효과를 말한 것이지만, 훗날 그 내용은 모든 사람들이 실천해야 할 학습 주제로 일반화되었다. 이를 자세히 살펴보기에 앞서 한 가지 주목해 볼 사항이 있다. 일상생활에서 요구되는 각종의 예의규범들을 정리해 놓은 그 책이 음악에 관해 상당한 분량을 할애하여 깊고 길게 논의하고 있다는 점이다. 예의와 음악은 일견 전혀 무관한 내용처럼 보이는데 왜 그랬을까?

그것은 예의의 정신이 갖는 약점을 보완하기 위한 것이었다. 예의는 그 자체 몇 가지의 한계와 문제점을 내포한다. 의례적이고 형식적인 태도가 그 중 하나이다. 예를 들면 우리는 자타간 만남의 자리에서 애정이나 진정성을 결여한 채 겉으로 예법만 지키는 일을 다반사로 한다. 조직사회에서 업무로 매개되는 구성원들끼리 주고받는 인사가 그 일상의 예이다. 거기에는 서로 따뜻하게 인정을 나누고 인격을 교류하려는 바램과 의지가 별로 없다. 요식적이고 관행적이다. 그러므로 그것은 양자의 심리적 거리를 좁혀 화합시켜 주지 못한다. 조직을 떠나면 관계가 이내 단절되는 것도 이 때문이다.

한편 예의가 자타간 분별의 정신에 입각하여 정립된 규범이라는 사실 또한 문제를 낳는다. 예의는 노소와 성별과 신분의 차이에 따라 달리 규정된다. 이를테면 찬물도 위아래가 있으며, 남녀가 유별하며, 직장에서 아랫사람은 윗사람을 깍듯이 모셔야 한다는 식이다. 하지만 그것으로 충분한가? 그렇지 않다. 그러한 주장 속에서 요구되는 예의는 위아래나 남녀의 사이를 결코 좁혀주지 못한다. 오히려 그러한 인간관계는 응집력과 결속력을 갖지 못하여 부스러지기 쉽다. 일찍이 공자는 이러한 문제점을 인식하면서 다음과 같이 말한 바가 있다. "사람이 사랑을 모른다면 예의를 지킨들 무슨 의의가 있겠는가[人而不仁, 如禮何]."(『논어』) 예의도 인격을 교류하는 사랑의 마음 위에서 행해져야 한다는 것이다. 아니 엄밀하게 말하면 예의는 사랑의 이념을 실천하기 위한 방법론적 도덕원리이다.

『예기』가 〈악기〉를 편제하여 음악의 정신을 강조한 이유가 여기에 있다. 형식적이고 자타분별적인 예의와 달리 음악은 화합과 조화를 주조로 하기 때문이다. 두 말 할 필요도 없이, 음악은 두서없는 소리들의 나열에 불과한 것이 아니다. 음악의 선율은 일정한 주제를 장

단과 고저와 강약의 리듬으로 조화롭게 전개해 나간다. 그것이 오케스트라와 같은 대규모의 합주라면 수많은 악기들이 내는 선율들 사이의 조화는 더욱 복잡 미묘하다. 대표적으로 고전음악의 교향곡들이 그러하다. 그러므로 음악을 듣는다는 것은 우리가 조화로운 선율들을 따라가면서 그것의 주제를 음미하고 감동하며 즐긴다는 뜻을 갖는다.

자타분별적인 예의의 문제점을 보완하는 음악의 의의가 여기에 있다. 선비들은 음악을 익혀 화합과 조화의 정신을 키우려 하였다. 예의의 실천으로 인해 초래될 자타의 거리를 음악의 정신으로 좁혀 화해로운 마음 위에서 조화로운 관계를 맺으려 했던 것이다. 유교의 교육과정에 아이들이 13살부터 시와 음악을 배우도록 한 것도 이를 위해서였다. 물론 화해로움과 조화의 정신을 기르는 데에는 여러 가지 수행방법이 있겠지만 감성적인 음악만큼 효과적인 수단이 없을 것이다. 그것은 독서나 마음공부라고 하는 어렵고 의도적인 노력과는 달리, 일상적으로 쉽고 자연스럽게 접할 수 있으며 미적인 쾌감까지 불러일으킨다. 『예기』는 다른 곳에서 아래와 같이 말한다.

> 음악은 화합의 정신을 주조로 하고 예는 분별의 정신을 주조로 한다. 화합의 정신은 사람들을 서로 가깝게 만들어주고 분별의 정신은 서로 조심하게 만든다. 음악의 정신이 지나치게 강하면 사람이 방종해지고, 예의 정신이 지나치게 강하면 거리감을 갖게 된다. 그러므로 (거리감을 좁혀) 사람들의 마음을 화합시키고 (방종을 막아) 행동거지를 꾸미는 것이 예악의 정신이다.

이제 위의 본문으로 돌아가 살펴보자. 그 글이 다소 산만하므로 요점을 정리할 필요가 있겠다. 먼저 예의의 정신에 관해서는 제10장에서 대체로 논의한 바가 있으므로 여기에서는 그 나머지 뜻을 간단하게 덧붙이려 한다. 군자의 주장에 의하면, 예의는 사람들의 행동거지를 위엄 있고 엄숙 경건하게 해준다고 한다. 다음의 글은 그 모습을 구체적으로 보여준다. "발걸음은 장중하게, 손놀림은 공손하게, 시선은 바르게, 입은 과묵하게, 목소리는 조용하게, 머리는 똑바로, 기상은 엄숙하게, 서 있는 모습은 덕스럽게, 얼굴빛은 단아하게 하라." (『예기』) 이러한 몸가짐의 이면에는 존엄한 인간상이 깔려 있다. 인간은 '하늘(하느님)의 소명'을 받들어 행해야 할 과제를 갖고 태어난 만큼 행동거지를 함부로 방자하게 굴어서는 안 되며 품위 있게 해야 한다는 것이다. 아래의 글을 읽어보자.

> 어떤 사람이 정자(程子)에게 다음과 같이 위로의 말을 하였다. "사오십 년 동안 예의를 힘써 지켜오셨으니 매우 힘들고 고통스러우셨겠습니다." 정자가 대답하였다. "나는 날마다 편안한 땅을 밟아왔는데 힘들고 고통스러울 게 무엇 있겠습니까. 남들은 날마다 위태로운 땅을 밟고 있으니 그들이야말로 힘들고 고통스러울 것입니다." (『심경부주』)

이 대화에서 우리는 서로 다른 예의관 및 인간과 삶에 대한 상반적인 태도를 읽을 수 있다. 하나는 보통 사람들의 것으로써, 오늘날의 예의관도 이에 해당된다. 사람들은 예의를 인간관계상 부득이 지켜야 할 '힘들고 고통스러운' 자기 구속이라고 여긴다. 그러므로 그들은 어느 때든 '비례(非禮)'를 범할 의사를 갖고 있다. 자리에 따라, 그리고 필요에 따라 그러한 예의의 굴레를 벗어던져 버리고 자유롭게 행동하려는 것이다. 아니 그들은 말로는 저와 같이 위로하지만, 내심 상대방을 위선적인 도덕군자라고 비웃으면서, 오히려 마음 내키는 대로 행하는 '비례'야말로 인간의 자연스러운 태도라고 여기고 싶어 할 것이다.

하지만 예의야말로 인간의 존엄성을 확립시켜주는 핵심규범이라고 여기는 사람에게 보통 사람들의 태도는 인간이 딛고 살아야 할 '편안한 땅'을 버리고 비인간적인 '위태로운 땅'으로 나서는 것이나 다름없다. 예의는 인간의 행위(생명)질서를 규범화한 것으로써, 사람들이 인간성의 실현을 위해 적극 받아들여야 할 아름다운 구속이기 때문이다. 저들이 내세우는 '자유롭고 자연스러운' 삶만 해도 그렇다. 사실 인간은 동물과는 달리 자연대로, 자유롭게만 살 수는 없도록 되어 있다. 인간은 본질적으로 문화적인 존재로써 삶 전체를 갖가지의 인위적인 형식으로 꾸며 구속거리들을 스스로 지어낸다. 예의가 그 중 한 가지이다. 우리는 예의의 세계로 들어옴으로써만 자신이 동물과 같은 야만의 자연 상태를 벗어나 인간다운 삶을 살 수 있다. 그러므로 예의로 정제되어 엄숙하고 경건한 행동거지는 도덕적 위엄의 후광을 발하여 아름답기까지 하다.

하지만 저 군자의 주장에는 문제가 있다. 정말 사람들이 "(예의바른) 그와 다투려 하지 않을 것"이요, "그를 쉽게 여기거나 업신여기지 않을 것"이며, "그의 가르침을 받들어 따르려"할까? 그러므로 "예의(와 음악)의 정신을 깊이 익혀 세상에 나서면 어려울 일이 없"을까? 이는 너무 순진하고 터무니없는 발상이다. 오늘날은 말할 것도 없고 옛날 사람들조차 예의바른 행동거지를 두고 겉만 꾸며댄다고 오해하고, 시기와 질투심으로 비방하는 일이 허다했다. 물론 개중에는 〈호질(虎叱)〉의 주인공 북곽(北郭) 선생처럼 위선적인 인사들도 많이 있었을 것이다. 하지만 정말 '하늘의 소명'이라는 인간학적 과제를 실현하기 위해 엄숙 경건하게 삶에 나서는 예의바른 사람을 세상 사람들은 그렇게 곱게만 봐주지는 않는다. 그를 오해해서든 아니면 열등의식에서든 말이다.

그 실제의 사례를 퇴계의 회고담에서 살펴보자. 선생이 젊은 나이에 성균관에 입학하여 공부하던 시절이었다. 선생은 일거일동을 예의범절에 맞추어 생활했는데, 당시 함께 입학한 학생들로부터 미움과 비방과 모함을 당했다고 한다. 그것은 아마도 선생의 모범적인 행동거지가 그들에게 반면거울로 작용하여 부끄러움을 안겨주었기 때문일 것이다. 결국 선생은 두 달 뒤에 고향으로 돌아오고 말았지만, 선생에 대한 비방은 이후로도 그치지 않았다. 그것은 심지어 뒷날 성균관에 입학한 선생의 손자에게까지 미쳤다. 단지 아무개의 손자라는 이유에서 까닭 없이 미움을 받은 것이다. 그러므로 '예의를 깊이 익히면 그와 다투거나 그를 업신여기지 않을 것'이라는 생각은 너무나 순진하다.

이제 음악의 효능에 관해 살펴보자. 음악은 사람들에게 "평화롭고 거짓 없고 자애롭고 진지한 마음"을 키워준다고 한다. 과연 그러할까? 음악의 연주와 감상이 어느 경지에 이르러야 저와 같은 마음을 얻을 수 있지 모르지만, 아래에서는 그것을 예술 철학적 관점에서 접근해 보려 한다. 예술의 모든 장르가 그러한 것처럼, 음악은, 연주든 아니면 감상이든, 기본적으로 '유희'의 일종이다. 그 유희는 어린아이의 소꿉장난이나 어른의 화투놀이와 같은 단순한 재미가 아니라 차원 높은 미적 쾌감을 안겨준다. 삶의 현장이나 현실의 모든 이해득실을 떠나 까닭 없이 일어나는 즐거움이 그것이다. 사람들은 이를 통해 잡다한 현실의 속박과 책임을 벗어나 미적 형상의 세계에 들어 정신의 자유를 누린다.

오래전에 〈쇼생크 탈출〉이라는 영화가 있었다. 감옥에 갇힌 주인공 죄수가 교도소장의 집무실에서 모차르트의 〈피가로의 결혼〉을 듣고는 그 기쁨을 혼자 누리기 아쉬워 모든 재소자들이 듣도록 확성기로 틀어놓는다. 그러자 운동장의 모든 죄수들이 동작을 멈추고는 고개를 들어 모두 선한 눈빛으로 하늘을 바라보며 그 아름다운 노랫소리에 빠진다. 그 순간 그들은 자신들의 자유를 구속하는 감옥의 현실을 잊었을 것이다. 정신만큼은 하늘 위를 나는 새처럼 자유로웠을 것이다. 그러므로 "예술은 우리들에게 다른 방법으로는 도달할 수 없는 내면적 자유를 부여해준다."(E. 카시러) "미적 감정은 곧 자유에 대한 쾌감이다."(T. 립스)

음악(예술)의 이와 같은 기능은 현실생활에서 눈을 번득이는 이성의 감시와 규제를 풀게 만든다. 이성은 인간의 삶에서 불가결한 정신기능이지만, 그것이 사람들에게 가하는 스트레스는 결코 만만치 않다. 그것이 인간심리의 엄연한 일부인 감정을 억압하면서 현실의 자아를 항상 긴장시키기 때문이다. 우리는 이 점을 도덕생활에서 매일같이 실감한다. 이를테면 앞서 인용한 것처럼, "사오십년 동안 예를 힘써 지켜오셨으니 매우 힘들고 고통스러우셨겠습니다."하는 혹자의 위로는 이를 염두에 둔 말이었다. 정신의학자들은 아예 도덕이성의 지나친 감시가 노이로제 증상을 유발할 수도 있다고 임상 진단하기도 한다.

음악(예술)은 이처럼 이성의 지나친 억압과 규제가 빚어낼 인격의 불구를 예방하고 치료해주는 의의를 갖는다. 아니 그것은 감정을 이성의 억압으로부터 해방시켜 줄 뿐만 아니라 더 높은 단계로 승화시켜준다. '황홀한 환상'의 미적 세계로 진입하게 해주며, 어쩌면 인간성의 근원적 자리에서 노닐게 해준다. 학자들은 말한다.

> 무사무욕(無私無慾)의 순수한 미적 태도는 이기적이고 맹목적인 삶의 의지를 치료해주는 가장 좋은 치료제다. (쇼펜하우어)

미적 기능은 모든 감정과 정서를 이성의 이념과 조화시키고 이성의 법칙으로부터 그 도덕적 강제를 제거하여 이성의 법칙을 감각적 이해와 화해시킬 것이다. (F. 실러)

"시를 통해 감흥을 키우고, 예의를 통해 자아를 확립하며, 음악을 통해 자아를 완성한다[興於詩, 立於禮, 成於樂.]"(『논어』)는 공자의 말을 이러한 뜻으로 이해해 볼 수도 있을 것이다. 그 옛날 노래의 가사이기도 했던 시는 감정을 이성의 규제와 감시로부터 해방시켜 주는 훌륭한 기능을 갖는다. 아니 해방에 그치지 않고 감정을 정화시켜 주면서 미적 쾌감까지 부여한다. 그러므로 "시를 통해 감흥을 키울" 필요가 있다. 한편, 인간생활에서 예의는 불가결한 도덕규범인 만큼 "예의를 통해 자아를 확립"해야 한다. 예의를 벗어난 행위는 자신의 사람됨을 스스로 부정하는 짓이나 다름없다. 악당조차도 공공의 자리에서 짐짓 예의를 차리려는 것도 남들에게 자신이 인간답다는 인정을 받기 위해서다. 어느 사회에서든 예의는 그처럼 인간학적인 의의를 갖고 있다.

그런데 공자는 한 발 더 나아가 "음악을 통해 자아를 완성"할 것을 말하고 있다. 공자가 평소 도덕군자의 정신을 강조해 왔음을 알고 있는 우리에게 이는 의외의 발언처럼 들린다. 하지만 공자는 순 임금의 음악에 심취하여 그것을 배우느라 몇 달 동안 고기 맛을 모를 정도였으며, 제자들에게도 "예술의 세계에서 노닐도록[游於藝]"(『논어』) 가르치기도 하였다. 공자가 이처럼 음악과 예술에 주의를 기울였던 것은 도덕만으로는 인격이 완성될 수 없다고 여겼기 때문일 것이다. 인간정신의 고상한 징표인 진, 선, 미, 성의 관점에서 말하면, 진리(진)와 도덕(선)의 세계에만 머무르는 것은 사고의 편식에 다름 아니다. 아름다움(예술)과 거룩함(종교)을 함께 추구하지 않으면 안 된다. 자아는 그 모두를 추구함으로써만 완성될 수 있다.

이제 미루어두었던 주제를 돌이켜 생각해보자. 음악은 "평화롭고, 거짓 없고, 자애롭고, 진지한 마음"을 키워주며, 나아가 "하늘의 뜻을 깨칠 것이요," "신과도 통하게 될 것"이라 한다. 이러한 말들은 마치 음악이 희로애락의 인생사는 물론, 삶과 죽음의 실존문제까지도 해결해 줄 묘책인 것처럼 들린다. 곰곰이 생각해 보면, 음악이 이해득실의 현실 세계를 벗어나 무사(無私)하고 무욕한 가운데 세계와 삶을 음미 관조하고, 또 인간성의 근원으로 돌아가게 해준다는 점에서 위와 같은 주장은 어느 정도 일리가 있어 보인다. 우리가 고전음악을 듣노라면 마음의 고요와 평화를 느끼면서 잠시나마 정신의 절대자유 속에서 우주까지도 따뜻하게 품어 안을 수 있을 것 같은 기분이 일기도 하기 때문이다. 하지만 "(예의와) 음악의 정신을 깊이 익혀 세상에 나서면 어려울 일이 없으리라."는 생각은 역시 터무니없는 발상처럼 들린다. 아니면 음악을 통해 정말 "하늘의 뜻을 깨치고" "신과도 통하는" 절대의 경지에 이르면 그게 가능할까? 모를 일이다.

제17장 정신의 복권

군자는 올바른 성정(性情)을 회복하여 마음의 화평을 유지하고, 선악을 가려 바른 행실을 취한다. 그릇된 말과 외설스러운 색깔을 눈과 귀에 접하지 않고, 음란한 음악과 예의에 벗어난 일을 마음에 담지 않으며, 게으르고 흐트러지고 불순한 기운이 몸에 침입하지 못하도록 하여 귀와 눈과 코와 입과 팔다리와 마음의 활동을 모두 순리적이고 바르게 하여 삶의 뜻을 성취한다.
[君子, 反情以和其志, 比類以成其行. 姦聲亂色, 不留聰明, 淫樂慝禮, 不接心術, 惰慢邪僻之氣, 不設於身體. 使耳目鼻口, 心知百體, 皆由順正, 以行其義.]

『예기』〈악기〉 편의 글이다. 인간은 정신과 육체로 이루어져 있다. 우리의 전통적인 용어로 말하면, 마음과 몸이다. 물론 양자는 별개의 실체가 아니다. 정신없는 육체가 있을 수 없고 그 역도 마찬가지다. 양자는 서로 의존하면서 긴밀하게 영향을 주고받는다. 그러므로 그 중 어느 하나를 더 중요시할 일이 아니며, 둘 다 소중하게 돌보아야 한다. 사람들은 건강한 육체에 건전한 정신이 깃든다고 흔히들 말하지만, 그 육체도 건전한 정신의 지도를 받지 않으면 인간적 품위를 얻기 어렵다. 육체적 기량을 겨루는 운동경기에서조차 스포츠맨십을 숭상하는 것도 그것이 사람살이의 현장이기 때문이다. 사람들이 치졸한 승리를 비난하고 아름다운 패배에 박수를 보내는 것은 역시 정신을 소중히 여겨서다. 그 밖에 어떠한 삶의 자리에서도 마찬가지다. 정신은 인간다움의 표상이다. 물론 육체를 외면한 채 정신만 돌보아서는 안 된다. 양자는 균형을 이루어야 한다.

그런데 지난날 인류의 삶을 살펴보면 대체로 정신이 육체를 지배해온 자취였다 해도 과언이 아니다. 이를 역사적 흐름 속에서 일별해보자. 서양의 경우 기독교 문화가 그 실례를 단적으로 보여준다. 인간이 하느님의 모상대로 창조되었다는 사실은 그의 육체를 두고 한 이야기가 아니다. 정신이 하느님을 닮았다는 말이다. 그러므로 참으로 인간다운 삶은 육체가 아니라 정신에 있다. 오히려 육체는 정신의 삶을 저해하는 요인이다. 육체의 동물적이고 자폐적인 성향은 인간에게 내재된 하느님의 뜻을 자각하지 못하게 만들기 때문이다. 기독교가 애초에 금욕적일 수밖에 없었던 이유가 여기에 있다.

동양은 어떠할까? 먼저 불교에 의하면 인간의 몸은 지(地)·수(水)·화(火)·풍(風)이라고 하는 네 가지 요소의 일시적인 결합에 불과하다. 그러므로 덧없는 몸을 변함없는 실체인 양 여겨 집착해서는 안 된다. 그러한 어리석음이 생로병사의 온갖 번뇌를 지어낸다. 참다운 행복은 몸의 유혹을 뿌리치고 그로부터 해방된 청정한 마음에서 생겨난다. 그들이 궁극적으로 지향하는 '열반적정(涅槃寂靜)'의 경지가 이를 말해준다. 이 몸의 번뇌를 모두 여의면 마음이 고요 속에 들어 평화를 누릴 수 있다는 것이다. 그러므로 불교 역시 기본적으로 금욕을 통한 정신의 삶을 강조한다.

유교도 마찬가지다. 맹자가 "육체성은 천부의 것"이라고 말하긴 했지만, 육체의 주장이 정신의 가치를 저해한다는 사실을 깊이 인식하고 있었다. 맹자는 말한다. "마음을 기르는 데에는 (몸의) 욕망을 적게 갖는 이상으로 좋은 방법이 없다." 그 후 공맹의 유학이 성리학으로 발전하면서 몸의 가치는 정신 아래의 것으로 분명하고 확실하게 정위(定位)되었다. 이기론(理氣論) 상으로 말하면, 몸의 현실에 주목하는 주기론(主氣論)조차 몸의 활동[氣]을 도덕이념[理]에 종속시켰다. 몸의 욕구를 도덕심의 지도에 두지 않으면 태만 방종하고 이기적인 삶을 면할 수 없다는 사실을 잘 알고 있었기 때문이다. 특히 종교적인 외경의 정신이 크게 강조되면서 몸의 안락은 부도덕한 것으로 금기시되기까지 하였다. 『심경(부주)』의 내용이 선비사회에서 금과옥조처럼 여겨졌던 사실이 이를 방증한다. 그리하여 그들 역시 정신의 삶을 위해 금욕적인 태도를 자청하였다. 그들에게 숭상되었던 청빈(淸貧) 또는 안빈(安貧)의 정신이 이를 잘 말해준다.

이처럼 동서양을 막론하고 지난날 대다수의 사람들은 육체보다는 정신의 삶을 중요시하였다. 어째서 그랬을까? 그것은 기본적으로 그들의 인간관에 기인한 것이다. 그들이 인간의 본질을 영혼에 두든 불성에 두든 덕성에 두든, 아니면 일반적으로 이성에 두든, 인간은 동물과는 다른 존재라는 인식이 그 바탕에 깔려 있다. 그리하여 그들은 자신이 동물처럼 몸의 욕망대로 살아서는 안 된다고 여겨왔다. 인간으로서의 자존심을 지켜야 한다는 것이다. 이를테면 남녀가 몸이 욕망하는 대로 공공의 장소에서 어떤 짓거리를 하는 것은 스스로 인간이기를 포기하는 것이나 마찬가지다. 그것은 길거리의 아무 데서나 흘레하는 개와 다를 게 없다.

더 나아가 자신의 존재 깊은 곳에서 하늘(하느님)의 뜻을 자각하는 사람이라면 단순히 몸의 욕망을 억제하면서 도덕적으로 행동하는 삶에 만족하지 않을 것이다. 그는 그 이상으로 하늘의 숭고한 뜻에 주의를 기울이면서 현실 자아를 초월하려 평생토록 노력할 것이다. 우물 속의 개구리처럼 자신의 몸 안에 머물러 있으면 하늘을 볼 수 없기 때문이다. 아우구스티누스는 말한다. "자아를 경멸하는 상태일 정도로 신을 사랑하는 것이 / 신의 도시를 만든다 / 신을 경멸하는 상태일 정도로 자아를 사랑하는 것이 / 세속적인 도시를 만든다."(『영원의 철학』)

육체의 인간화는 정신의 지도 속에서만 이루어진다. 우리의 몸은 동물의 그것과 달리 생물학적 구조상 애초부터 인간적인 특성을 갖고 있다고 하지만, 아무리 그렇다 하더라도 정신의 지도를 받지 않으면 하나의 몸뚱어리에 지나지 않는다. 몸의 욕망에 따라 저지르는 성범죄를 두고 사람들이 "짐승 같은 짓"이라고 비난하는 것도 이 때문이다. 그러므로 도덕의 세계에서 몸의 욕망은 극복되어야 할 대상이다. 사람됨의 평가는 그 극복의 정도에 따라 달라질 것이다. 저 높이 몸을 초월하여 존엄하고 고결한 정신을 실현하는 소수의 위대한 인물이 있는가 하면, 현실에 붙박여 오직 자신의 몸만을 돌보려 하는 대다수의 세속적인 사람들도 있다.

그런데 인간은 동물과는 본질적으로 다르므로 육체성을 넘어 고상한 정신의 삶을 살아야 한다는 생각이 오늘날에는 크게 변하였다. 거기에는 대체로 두 가지의 요인이 작용하는 것처럼 보인다. 학문적인 것과 사회적인 것이 그것이다. 먼저 학문적으로 다윈의 진화론을 들 수 있다. 다 아는 것처럼, 그에 의하면 인간이 여타의 동물들과 다른 점은 더 진화되었다는 사실 뿐이다. 그러므로 인간도 근본에 있어서는 동물에 지나지 않는다. 이는 서양문화사 속에서 살피면 엄청나게 충격적인 주장이다. 인간은 하느님의 모상으로서 동물과는 근본적으로 달리 창조되었다는 기독교의 근본교리를 정면으로 부정하기 때문이다.

당연히 거기에는 인간의 동물적 육체성을 죄악시하지 않고 긍정하려는 뜻이 담겨 있다. 한 마디로 동물적인 행위를 부끄러워 할 필요가 없다는 것이다. 당시 일반대중까지도 다윈의 진화론을 열렬히 지지한 까닭이 여기에 있을 것이다. 육체가 정신의 감시와 억압으로부터 해방되어 자유를 얻었기 때문이다. 이제는 하느님의 눈치를 보지 않고 육체가 바라는 대로 행동해도 거리낄 게 아무 것도 없게 되었다. 과학이 그것을 보증해 준다. 오늘날 서양에서 발원되어 우리 사회까지 지배하고 있는 육체적 가치의 숭상풍조도 따지고 보면 이와 같은 인간(육체)관의 영향일 것이다.

인간의 육체성을 긍정하게 된 또 하나의 요인으로 산업문명의 출현을 들 수 있다. 상품의 대량생산과 소비를 자양분으로 하여 발전해 온 그것은 사람들의 욕망을 끊임없이 자극하고 부추기도록 되어 있다. 그 욕망은 기본적으로 먹고 마시는 등 육체적인 안일과 향락을 꿈꾸게 만든다. 오늘날 각종의 대중매체로 사람들의 눈과 귀를 유혹하는 수많은 상품광고들이 이를 잘 말해준다. 그 자리에서 비켜서서 상품이 인간의 품위와 존엄성을 얼마나 제고하는가 하는 질문을 던지는 것은 정신 나간 태도이며 반문명적인 사고방식이다. 사람들은 그저 육체적인 만족만 찾는 어린아이처럼 광고에 현혹되고 물건을 소비해 주면 된다. 그처럼 정신의 자유와 주체적 인격을 상실한 채 이 문명이 지시하는 대로 몸을 움직이는 '일차원적인 인간'이 오늘날 양산되고 있다. 정신이 박약해지고 실종되고 말았다. 이는 역사적으로 그 동안 줄곧 정신의 지배를 받아온 육체의 반란이요 쿠데타이다.

이에 대해 사람들은 정신의 다양한 기능을 말하면서 그것이 여전히 왕성한 활동을 하고 있다고 이의를 달지 모른다. 오늘날 인터넷을 통해 홍수처럼 쏟아져 나오는 각종의 지식정보만 하더라도 과거에는 전혀 상상할 수 없었던 정신활동이라고 말하면서 말이다. 하지만 그것이 인간성의 향상에 얼마나 기여하고 있는가? 현대문명과 조직사회에 봉사하는 기능적 정신활동으로 우리는 자신의 존재 의미와 삶의 가치를 확보할 수 있는가? 종교적으로 말하면 그 활동이 불성과 덕성과 영혼의 제고에 어떠한 기여를 하는가? 인간의 정신이 숭고하고 아름다운 것은 역시 그의 본성이라 할 수 있는 사랑과 의로움과 진리를 추구하는 데 있을 것이다.

'정신박약'의 또 다른 사례를 들어보자. 오래 전에 '웰빙'이라는 말이 우리 사회에 들어와 사람들의 입에 널리 회자된 일이 있었다. 그것의 사전적 의미는 몸과 마음의 건강과 행복을 추구하는 태도를 가리키는데, 사람들은 그것을 주로 몸의 건강과 관련된 뜻으로 받아들였다. 웰빙 식품이니 웰빙 다이어트니 웰빙 산업이니 하는 용례들이 이를 단적으로 말해 준다. 이는 우리나라 사람들의 행복관의 일단을 시사한다. 사람들이 정신적인 가치보다는 육체적이고 물질적인 만족에서 삶의 행복을 찾는다는 사실이다. 이는 물신숭배의 자본주의에 물든 결과이기도 하지만, 거기에는 우리 현대사의 어두운 그림자가 드리워 있기도 하다. 지난날 1970년대와 80년대에 인권과 민주정신을 무참히 짓밟으면서 영구집권과 독재를 자행했던 위정자들이 경제개발로 국민의 불만을 달래려 하였다. 정신적 가치는 제쳐놓고 물질적 행복이 삶의 전부인 양 여기게 만든 것이다. 이후 사람들의 사고방식이 그렇게 고착되어 여전히 물질적인 만족과 육체적 안락이 삶의 주된 목표가 되었다.

이러한 물질적 '웰빙'의 풍조 속에서 사람들은 자신의 육체만 돌보려 할뿐, 정작 정신의 건강에는 별로 관심을 갖지 않는다. 그들은 치열한 생존경쟁의 현장에서 양심이 마비되고 인간성이 파괴되어 가는 정신의 병을 고치려 하지 않고 오직 육체의 안락만을 꾀한다. 이의 치명적인 결과는 삶의 의미를 알지 못하는 허무의식의 증폭이다. 인간은 진, 선, 미, 성 등의 고결한 정신적 가치를 실현함으로써만 삶의 의미와 보람을 얻을 수 있는데, 육체의 욕망에 매몰된 나머지 그것을 외면하기 때문이다. 그들의 정신활동이라고 해야 기껏 육체에 봉사하는 수준이다. 전 세계적으로 살필 때 우리나라 사람들의 소득수준이 상당히 높음에도 불구하고 행복지수가 매우 낮은 이유가 여기에 있을 것이다. 자살률이 세계 1위라는 사실은 무엇을 뜻하는가? 그 모두 고결한 정신의 가치를 돌보려 하지 않는 태도에 기인한다.

그러므로 이제는 육체만 돌볼 일이 아니라 고결한 정신의 힘을 길러야 한다. 육체의 중요성을 모르는 건 아니다. 하지만 정신이 빈곤하면 건강한 육체에 100살까지 산다 하더라도 사람됨의 의미와 삶의 가치를, 참다운 행복을 얻을 수 없다. 그것이 결여된 빈곤한 정신에는 밝은 덕성과 고결한 영혼이 살아 숨 쉴 수 없다. 그러므로 정신을 자폐적인 육체에 봉사시키기만 할 것이 아니라, 오히려 진, 선, 미, 성의 정신으로 육체를 지도해야 한다. 기능적인 정신활동에만 전념할 것이 아니라, 도덕과 이념의 정신을 회복하고 강화해야 한다.

정신의 복권은 일차적으로 자신의 마음을 수시로 성찰하고 수행하는 노력에서부터 시작되어야 한다. 앞에서 지금까지 논의해 왔고, 그리고 이후로도 살필 내용이 모두 그것의 방법론에 해당된다. 그렇게 하여 “올바른 성정(性情)을 회복하여” 사랑과 의로움과 진리의 정신으로 살아야 한다. 물론 그것은 로댕의 ‘생각하는 사람’처럼 자신의 내면을 들여다보는 것만으로는 안 된다. 정신과 육체가 상호 영향을 미치기 마련이므로 올바른 정신을 찾기 위해서는 육체활동을 적절히 감찰하고 단속해야 한다. 방자한 몸가짐은 정신의 방종을 낳기 마련이다. 이를테면 단정한 마음을 불러일으키는 정장과 달리, 작업복은 마음을 흐트러지게 만든다. 과거에 선비들이 농담조차도 삼갔던 까닭도 여기에 있었다. 그것이 마음을 들뜨게 만들어 사물을 진지하게 접촉하는 것을 방해한다는 사실을 알았기 때문이다. 그 밖에도 이목구비의 활동 전체에 걸친 몸가짐의 단정함 여부에 따라 마음가짐도 당연히 달라질 것이다. 군자가 "그릇된 말과 외설스러운 색깔을 눈과 귀에 접하지 않고, 음란한 음악과 예의에 벗어난 일을 마음에 담지 않으며, 게으르고 흐트러지고 불순한 기운이 몸에 침입하지 못하도록" 하려는 이유가 여기에 있다.

고결한 정신은 육체 활동을 단지 감찰하고 단속하는 것으로 그치지 않는다. 그는 이목구비의 활동에 인간적 의미를 부여하며, 도덕과 이념으로 행동거지의 품위를 높인다. 동물적 육체를 고결한 정신으로 지도하여 인간화하려는 것이다. 군자가 "귀와 눈과 코와 입과 팔다리와 마음의 활동을 모두 순리적이고 바르게 하여 삶의 뜻을 성취"하려는 뜻이 여기에 있다. 그처럼 군자의 정신은 육체를 매개로 자신의 고결한 뜻을 실현하려 한다. 그 과정에서 정신이 처음에는 불가피하게 육체의 활동을 경계하고 억압할 수밖에 없겠지만, 오랜 세월의 노력은 육체를 순화함으로써 정신의 이념을 자연스럽게 성취하게 해줄 것이다. '수행'의 의의가 여기에 있다. 공자가 나이 70에 "욕망에 따라 행동해도 법도에서 벗어나지 않았다."(『논어』)는 경지가 이를 말해준다.

하지만 일반인들에게 그것은 꿈같은 이야기처럼 들린다. 우리가 날마다 실감하는 것처럼 육체를 정신의 지도 감독 하에 두는 것이 얼마나 어려운 일인가? 근세 이전에는 사람들의 삶이 실제로 그랬다고 하지만, 휘황찬란한 현대문명을 거부하고 칙칙한 회색빛의 그 시절로 다시 돌아가자는 말인가? 육체가 정신의 억압과 감시로부터 해방되어 마음껏 자유를 누리고 있는 마당에 그것이 가당키나 한 일인가? 정신이 가하는 도덕적 긴장으로 인해 초래될 삶의 스트레스를 어떻게 해소하란 말인가? 그것은 각종 질병을 유발한다고 하지 않는가?

이러한 일련의 의문 속에서 생각하면 고결한 정신의 삶은 소수의 윤리적 귀족들에게나 기대될 수 있는 일이지 보통 사람들로서는 난망한 이상처럼 보인다. 하지만 길이 없는 것은 아니다. 이상적으로는 사람들이 자아(인간)의 존엄성을 자각하여 정신의 삶에 기쁨을 느끼도록 교육하는 것이 최상책이겠지만, 그것을 기대하기 어렵다면 현실적으로 육체를 정신의 억압으로부터 해방시킬 수 있는 일상적인 방법들이 있다. 옛날의 사례를 하나 들어보자. 『예기』에 의하면 삶에는 "활시위를 한 번 매어 당기고 한 번 풀어놓는 도리[一張一弛之道]"가 있다고 한다. 이는 농민들이 추수 후 연말에 행하는 만취의 축제를 두고 공자가 내린 비유적 해석이다. 제자인 자공은 이 축제를 두고 "술에 취해 미쳐버린 모습"이라고 비난했지만, 탁월하게도 공자는 그것을 긍정적으로 이해하였다. 공자는 다음과 같이 응대한다. "활시위를 매어 당기기만 하지 풀어놓지 않는 것은 문왕(文王)과 무왕(武王)도 할 수 없었던 일이요, 활시위를 풀어놓기만 하지 매어 당기지 않는 것은 문왕과 무왕이 하지 않았던 일이다."

여기에서 '매어 당김'은 농민들의 농사일을, '풀어놓음'은 만취의 축제를 은유한다. 간단히 말하면, 위정자는 백성들에게 노동으로 일관된 삶을 강요해서는 안 되며, 노동으로 누적된 피로를 마음껏 풀 수 있는 축제의 시간과 자리를 허용해야 한다는 것이다. 우리는 이를 육체와 정신의 관점에서 재해석해볼 수 있다. 즉, 정신의 감시는 육체를 '매어 당겨' 속박하지만 이는 인간적인 삶을 영위하기 위해 부득이한, 아니 자청해야 할 일이다. 농민이 먹고 살기 위해 고된 농사일을 해야 하는 것처럼 말이다. 하지만 사람들은 그렇게 해서 생기는 육체의 긴장과 피로를 '풀어놓을' 방법을 여러모로 강구하기도 한다. 음악 감상이나 음주 같은 것이 그 일상의 예에 해당된다.

우리 전통의 풍류 정신은 바로 그러한 의의를 갖고 있다. 풍류란 국어사전에 의하면 "속된 일을 떠나서 풍치가 있고 멋들어지게 노는 일"이라 정의된다. 일상적인 말로 표현하면, 그것은 낭만이요 유희이다. 학문적 안목으로 살피면 그것은 세상사의 간섭과 억압, 일상의 긴장과 스트레스, 정신의 감시와 지배를 벗어나 유쾌하게 노는 심미활동의 일종이다. 사람들은 거기에서 일상의 도덕적 구속과 책임에서 탈피하는 한편, 단조롭고 지루한 생활을 벗어나 생기와 활력을 되찾는다.

하지만 풍류가 도덕 생활을 전혀 무시하는 것은 아니며, 오히려 그것을 아우르는 고차원의 정신을 담고 있다. 이 점은 우리의 고전에서 '풍류'라는 말을 처음 사용하고 있는 고운(孤雲) 최치원(崔致遠: 857-?)의 글에서 확인된다. 선생은 〈난랑비서(鸞郎碑序)〉('난'이라는 화랑의 비문)에서 다음과 같이 말한다. "우리나라에 현묘한 도가 있는데, 풍류라고 한다." 선생은 이어서 그 내용을 설명하는데, 요컨대 선행의 도덕 정신과 충효의 사회정신, 그리고 자연을 숭상하는 정신이 거기에 들어 있다고 한다. 풍류는 일상의 삶과 사회를 외면하고는 "멋들어지게 노는 일"에만 빠지지 않는다는 것이다. 그것은 건강한 도덕정신과 사회정신을 함께 갖고 있다. 이 점은 화랑들의 행적을 기록한 『삼국사기』(진흥왕 37년)의 다음 글에 잘 드러난다. "화랑들이 구름처럼 모여 때로는 서로 도의를 닦고, 때로는 서로 음악으로 유희하며 명산대천을 노닐면서 아무리 멀어도 다니지 않은 곳이 없었다."

이처럼 풍류는 정신활동과 육체 활동의 조화를 이루고 있다. 거기에서 우리의 육체는 긴장과 피로를 느끼기는커녕 오히려 유희의 기쁨을 얻으면서 생명적 활력을 충전 받는다. 불우헌(不憂軒) 정극인(丁克仁: 1401-1481)의 유명한 〈상춘곡(賞春曲)〉은 그러한 모습을 전형적으로 보여준다. 상당히 길지만 옛사람들의 풍류 세계를 엿보기 위해 전문을 한 번 읽어보자. 어투를 오늘날에 맞게 풀었다.

> 세속에 묻힌 분들 이내 생애 어떠한가. 옛사람 풍류를 미칠까 못 미칠까. 천지간에 남자 몸이 나 같은 이 많건마는, 산림생활 지극한 즐거움을 모른단 말인가. 초가삼간을 푸른 시내 앞에 두고, 소나무 대나무 울창한 속에 풍월주인(風月主人) 되었다네.
>
> 엊그제 겨울 지나 새봄이 돌아오니, 복숭아 살구꽃은 석양 속에 피어 있고, 푸른 버들 아름다운 풀들은 가랑비 중에 푸르구나. 칼로 마름질했는가, 붓으로 그려냈는가. 조물주의 신묘한 공력이 사물마다 야단스럽다.
>
> 숲속에 우는 새는 봄기운에 끝내 겨워 소리마다 교태를 부리누나. 물아일체(物我一體)이니 감흥이 다를까. 사립문 앞을 거닐어보고 정자에도 앉아서 유유자적 읊조리니 산중 하루가 적적한데, 한가로움 속 참맛을 아는 이 없이 나 혼자로구나. 여보게 이웃들아, 산천구경 가자꾸나. 들길 걷기 오늘 하고 물놀이는 내일 하세. 아침에는 산나물 캐고 저녁에는 낚시하세.

갓 괴여 익은 술을 두건으로 걸러놓고 꽃나무 가지 꺾어 술잔 세며 마시리라. 봄바람이 문득 불어 시냇물을 건너오니, 맑은 향기 잔에 지고 붉은 꽃잎 옷에 진다. 술동이가 비었거든 나에게 알리어라. 어린아이 시켜서 술집에 술을 물어, 어른은 지팡이 짚고 아이는 술을 메고 나직이 읊조리며 천천히 걸어서, 시냇가에 혼자 앉아 모래사장 맑은 물에 잔 씻어 술을 부어들고 냇물을 굽어보니 복숭아꽃 떠내려 온다. 무릉도원 가깝구나, 저 산이 거기인가.

솔밭 사이 오솔길에 진달래꽃 꺾어들고 산머리에 급히 올라 구름 속에 앉아보니 수많은 촌락들이 여기저기 널려 있네. 안개, 노을, 빛나는 햇살은 수놓은 비단 펼쳐놓은 듯 엊그제 검던 들녘 봄빛이 넘치누나. 공명(功名)도 날 꺼리고 부귀도 날 꺼리니 청풍명월(淸風明月) 그 밖에 어떤 벗이 있겠는가. 누추한 곳 가난한 살림에도 헛된 생각 아니 하니, 아무렴 일생의 즐거움 이만하면 족하지 않은가.

정신의 복권이 초래할 육체의 핍박을 해소할 긴요한 방법 한 가지가 여기에 있다. 그것은 개개인의 취향에 따라 취사될 수밖에 없겠지만, 우리는 전통의 풍류정신을 이 시대의 삶에서 다각도로 실험하고 응용해 볼 필요가 있다. 물론 자연을 배경으로 유유자적한 생활 속에서만 가능한 그것을 오늘날 그대로 재현하기는 거의 불가능한 일일 것이다. 하지만 고결한 정신의 필요성을 인정한다면 육체적 규제와 속박 속에서도 삶의 기쁨을 얻을 수 있는 방법을 일상생활 속에서 어떻게든 모색할 필요가 있다. 거실에서 키우는 화초에게 따뜻한 눈빛으로 다가가다 보면 잠깐이나마 맛볼 수 있는 '물아일체의 감흥'과, 길거리 가로수의 나뭇잎을 살랑살랑 흔드는 바람결이 눈에 들어오면서 무심하게 주어지는 기쁨 등 우리 주변에는 심미감각(풍류정신)을 불러일으킬 수 있는 요소들이 의외로 많이 있다. 그것들은 모두 정신의 감시로 인한 육체의 긴장을 풀어주고, 나아가 세상만사를 관조하고 유희할 수 있는 삶의 길을 마련해줄 것이다.

제18장 존재 지향의 삶

군자는 도(道)의 실천을 즐기고, 소인은 욕망의 만족을 즐긴다. 도로 욕망을 다스리면 삶의 즐거움 속에서 어지러움에 빠지지 않을 것이요, 욕망 때문에 도를 잃게 된다면 미혹에 빠져 삶의 즐거움을 모를 것이다.

[君子, 樂得其道, 小人, 樂得其欲. 以道制欲, 則樂而不亂. 以欲忘道, 則惑而不樂.]

『예기』〈악기(樂記)〉 편의 글이다. '도(道)'는 원래 매우 포괄적인 말로써, 범연하게는 도덕, 진리, 섭리 등의 뜻을 갖는다. 이는 "나는 길이요 진리요 생명"이라는 예수님의 말과도 일맥상통한다. 즉, 도란 사람으로 태어나 마땅히 걸어야 할 '생명'의 '길'인 '진리'를 말한다. 그러므로 진리에서 벗어나고 진리를 거스르는 언행은 자신의 사람됨을 스스로 부정하며 생명을 파괴하는 짓이나 다름없다. 그런데도 많은 사람들은 진리와 생명의 길을 헤아려 따르려 하기보다는, 오히려 그것을 비웃으면서 세속에 붙박여 살아간다. 진리야말로 삶의 갈증을 풀어주는 생명의 샘이며, 세상을 아름답게 밝혀주는 인간 존재의 등불임을 그들은 모른다. 결국 그들은 삶의 의미와 가치를 알지 못하여 허무에 빠지고 말 것이다. 기껏 세속적 욕망으로만 삶을 채우려 하는 그는 존재의 빈곤과 결핍감에 시달릴 수밖에 없을 것이다.

그런데 한 가지 간단치 않은 문제가 있다. 진리는 생명의 길이요 존재의 등불이라 했지만, 그것의 구체적 지침이 과연 무엇인지 알기 어렵다는 사실이다. 예컨대 각종의 종교는 그것을 친절하고 다양하게 제시하지만 서로 다르며 상충되기까지 하는 그들의 진리관은 오히려 사람들의 판단을 헷갈리게 만든다. 거기에 더하여 여러 학문분야의 주장들은 진리에 대한 회의적 사고를 더욱 부채질한다. 이를테면 기독교의 창조설에 입각한 진리관을 부정하는 생물학의 진화론 앞에서 그 신앙인들은 당혹감을 금치 못할 것이다. 그밖에 인문학과 물리학, 예술 등등 각 분야에서 내놓는 다양한 주장들을 듣노라면 사람들은 진리에 대한 회의적인 시각을 넘어 진리 자체를 부정하는 허무주의로 빠져들 수도 있다. 이것이 어쩌면 오늘날 진리 현장의 모습일 것이다.

하지만 진리가 삶을 의미 깊고 가치 있게 해주는 생명의 길이요 존재의 등불임을 인정한다면, 우리는 어떻게든 진리를 찾아 자신의 참생명을 발현하고 존재를 성취하도록 해야 한다. 이는 책상머리에 앉아 그것을 관념적으로 탐구해야 한다는 말이 아니다. 보편적인 진리를 알 수는 없지만 일상의 현장에서 자신의 생명을 제고하고 존재를 빛나게 해줄 삶의 길을 찾아야 한다. 물론 그것을 발견했다 하더라도 독선적이고 독단적으로 남들에게 강요하려 해서는 안 된다. 인간의 생명과 존재는 결코 고정적이거나 획일적이지 않아서 개개인의 생각과 의지에 따라 달리 빚어질 수밖에 없다. 예컨대 석가모니와 공자와 예수는 각자의 진리정신으로 자신의 존재를 전혀 다르게, 위대하게 완성하였다. 그러므로 자신의 종교적 신앙과 철학적 신념으로 진리를 남에게 강요하면서 시시비비 하려 해서는 안 된다. 나의 존재(생명)의 길이 남과 다를 수 있음을 인정하면서 상대방의 진리정신을 존중해야 한다. 아니 그와의 대화와 교류를 통해서 자신의 존재를 더욱 풍요롭게 만들어야 한다.

이러한 문제의식을 바탕에 깔고서 '군자'의 진리정신을 살펴보자. 군자는 자신의 존재를 성취할 수 있는 최상의 방책을 진리에서 찾는다. 물론 그 진리는 개념으로 유희되는 것에 그치지 않는다. 그는 일상의 생활현장에서 그것을 찾아 실천하려 한다. 생명에 대한 사랑과, 자타간 만남의 예의와, 그리고 올바르게 행동하고 잘못된 사태를 바로잡으려 하는 의로움의 정신이 그것이다. 그는 그러한 도덕정신으로 자신의 생명을 발현하고 존재를 성취하려 한다. 맹자의 웅변을 다시 한 번 들어보자.

> 이 세상에서 가장 넓은 집[사랑]에서 살고, 이 세상에서 가장 바른 자리[예의]에 서며, 이 세상에서 가장 큰 길[의로움]을 걷나니, 뜻을 펼 기회가 주어지면 만민과 더불어 그것을 행하고, 그렇지 않으면 혼자만이라도 그 길을 가리라. 이러한 뜻을 부귀도 어지럽히지 못하고, 빈천도 변절시키지 못하며, 위엄과 무력도 꺾지 못할 것이니, 이를 일러 대장부라 한다.

여기에서 부귀빈천의 문제에 주목해 보자. 그것은 사랑과 예의와 의로움이라고 하는 존재의 정신을 해치는 요인이다. 말하자면 진리가 지향하는 존재의 정신을 부귀의 욕망이 어지럽히고 빈천의 혐오가 변절시킨다. 빈천도 부귀의 좌절 속에서 초래되는 결과임을 감안하면, 요컨대 부귀의 욕망이 존재의 정신을 잠식한다. 부귀를 더 일반화한다면 소유를 문제시할 수 있다. 부귀는 소유의 주된 대상이기 때문이다. 소유는 그렇게 존재와 대립하며 상반한다. 소유의 욕망이 클수록 존재의 정신은 빈곤해질 것이다. 극단적으로 말하면 "부자가 천국에 가는 것은 낙타가 바늘구멍에 들어가는 것보다도 어렵다."(『성경』) 천국은 소유가 아니라 존재의 풍요를 얻은 자를 위한 곳이기 때문이다. 반대로 존재의 성취를 노력 할수록 소유는 멀어질 수밖에 없다. 맹자는 말한다. "부를 추구하면 사랑을 모를 것이요, 사랑을 베풀면 부를 축적할 수 없다[爲富不仁, 爲仁不富]." (『맹자』)

물론 그렇다고 해서 존재의 성취를 위해 소유를 버려야 하는 것은 아니다. 존재와 소유는 택일적인 사항이 아니다. '무소유'를 주장했던 법정 스님도 의식주의 생활에서 최소한의 소유까지 부정하지는 않았다. 오히려 소유는 존재 실현의 토대라는 점에서 중요한 의의를 갖는다. 문제는 삶의 중심에 어떤 가치를 세우느냐에 있다. 만약 권력이나 재물 등의 소유를 삶의 목표로 내건다면 그의 마음에 사랑과 의로움, 진리 등 존재의 정신이 자리할 수 없을 것이다. 오히려 목적물을 얻기 위해 비열하고 투쟁적인 생각을 품고, 소유물을 지키기 위해 인색하고 배타적인 태도를 견지할 수밖에 없을 것이다. 소유 중심의 삶이 빚어내는 존재 빈곤의 현상이 이렇게 드러난다. 마르크스는 말한다. "당신의 '존재'가 희미하면 할수록, 그리고 당신이 당신의 생명을 적게 표현하면 할수록, 당신은 그만큼 더 '소유'하게 되고, 당신의 생명은 그만큼 더 소외된다."

"욕망 때문에 도를 잃게 된다면 미혹에 빠져 삶의 즐거움을 모를 것"이라고 경고한 군자의 뜻이 여기에 있다. 소유의 욕망에서 삶의 즐거움을 찾는 것은 소금물로 갈증을 풀려는 것이나 마찬가지다. 이러한 현상은 오늘날 우리 사회의 도처에서 일상적으로 목격될 뿐만 아니라, 나 자신의 마음속에서도 수시로 자각된다. 우리들의 의식에 깊숙하게 침투해 있는 물신숭배의 자본주의에는 단 하나의 인간관이 지배한다. “나는 소유한다. 고로 존재한다.”이다. 그리하여 삶의 성공 여부를 소유의 다과에서 찾는다. 존재의 정신으로 사람들의 혼탁한 마음을 정화시켜야 할 성직자들까지도 그러한 소유주의적 사고를 거리낌 없이 드러낸다. “부자가 천국에 가는 것은 낙타가 바늘구멍에 들어가는 것보다도 어렵다.”는 예수님의 말씀을 그들은 어떻게 받아들이고 있을까? “빈손으로 존재의 고향으로 돌아가라[空手還鄕]”는 어느 선사의 일갈에 그들의 마음은 얼마나 떨릴까? 고 신동엽(1930~1969) 시인의 시 〈누가 하늘을 보았다 하는가〉를 한 번 읽어보자.

누가 하늘을 보았다 하는가.
누가 구름 한 송이 없이 맑은
하늘을 보았다 하는가.

네가 본 건, 먹구름
그걸 하늘로 알고
일생을 살아갔다.

네가 본 건, 지붕 덮은
쇠 항아리,
그걸 하늘로 알고
일생을 살아갔다.

닦아라, 사람들아
네 마음속 구름.

찢어라, 사람들아,
네 머리 덮은 쇠 항아리.

아침저녁
네 마음속 구름을 닦고,
티 없이 맑은 영원의 하늘
볼 수 있는 사람은
외경을
알리라

아침저녁
네 머리 위 쇠 항아릴 찢고,
티 없이 맑은 구원의 하늘
마실 수 있는 사람은

연민을
알리라.
차마 삼가서
발걸음도 조심
마음 조아리며.

서럽게
아, 엄숙한 세상을
서럽게
눈물 흘려

살아가리라.
누가 하늘을 보았다 하는가.
누가 구름 한 자락 없이 맑은
하늘을 보았다 하는가.

불행하게도 오늘날 자본주의 사회에서 사람들은 물질의 소유를 삶의 중심 가치로 세워놓고는 "그걸 하늘로 알고 일생을 살아간다." 하지만 그것은 존재의 정신을 어둡게 뒤덮는 "먹구름"이요, "머리를 덮은 쇠 항아리"일 뿐이다. 그러므로 존재의 정신을 회복하기 위해서는 "마음속 구름을 닦고" "머리 위 쇠 항아리를 찢"지 않으면 안 된다. "구름 한 송이 없이 맑은 하늘"의 뜻은 거기에서만 드러날 것이다. 인간에게 소유가 아니라 존재로 살도록 점지한 '하늘' 말이다. 그렇게 하여 "티 없이 맑은 영원의 하늘"을 내 마음 깊은 곳에서 깨닫는다면, "차마 삼가서 / 발걸음도 조심 / 마음 조아리며 / 서럽게 / 아, 엄숙한 세상을 / 서럽게 / 눈물 흘리며" 모든 생명에 대해 연민과 사랑의 마음을 갖지 않을 수 없을 것이다.

이처럼 존재의 정신을 삶의 중심 가치로 세워야 한다. 물론 이는 소유를 전적으로 거부해야 한다는 말이 아니다. 소유는 인간다운 삶을 영위하기 위한 토대로 중요한 의의가 있다. 하지만 그것을 삶의 목표인 양 여기는 소유주의적 사고를 버려야 한다. 참삶의 행복은 여기에서만 생겨난다. "도(道)로 욕망을 다스리면 삶의 즐거움 속에서 어지러움에 빠지지 않을 것"이라는 말뜻이 여기에 있다. 말하자면 진리의 정신으로 소유의 욕망을 다스리면서 사랑과 예의와 의로움으로 존재의 성취를 추구하면 삶이 미혹에 빠지지 않을 것이다.

지난날 우리의 역사 속에서 선비들이 누렸던 '안빈낙도(安貧樂道)'

의 삶이 여기에서 그 실제 모습을 보여준다. 흔히 '청빈(淸貧)' 사상으로 논의되기도 하는 그것은 존재의 정신을 압축적으로 담고 있다. 사람들은 이를 '맑은 가난'이라고 풀이하지만, 그 기저에는 인간학적인 의미가 깔려있다. '청'은 존재의 맑음을, '빈'은 소유의 가난을 함축한다. 그러므로 청빈은 소유가 아니라 존재의 정신으로 살겠다는 의지를 품고 있다. 소유의 가난에도 불구하고 존재의 맑음을 추구하겠다는 것이다. 소유의 가난은 존재의 맑음을 추구함으로 인해 초래되는 어쩔 수 없는 부수적 결과이다. 그럼에도 불구하고 가난을 자족할 수 있는 것은 그가 존재의 성취를 평생의 과제로 여겨 추구하기 때문이다. 자신의 존재에서 '하늘'의 뜻을 자각하는 사람은 더욱 그러할 것이다.

존재의 맑음은 단순히 깨끗한 마음이나 고결한 영혼으로 삶을 자족하겠다는 소망에 불과한 것이 아니다. 그것은 도덕정신을 자연스럽게 배태한다. 세속적인 생활 속에서 혼탁해진 존재가 맑음을 되찾으면서 그의 마음에 사랑과 예의와 의로움, 진리의 정신이 깨어나는 것이다. 마치 유리병 속의 흐린 물이 정화되면서 그 안에 은폐되어 있던 보석이 아름다운 모습을 드러내는 것처럼 말이다. 그리하여 그의 맑은 마음은 역시 "차마 삼가서 / 발걸음도 조심 / 마음 조아리며 / 서럽게 / 아, 엄숙한 세상을 / 서럽게 / 눈물 흘리며" 연민의 정으로 모든 생명에 대해 자비를 행하려 할 것이다. 석가모니의 자비와 공자의 인애(仁愛)와 예수님의 박애는 모두 그러한 마음에서 나오는 것이었다.

오늘날 어떤 사람들은 청빈의 정신이 무기력하다고 비판하면서 '청부(淸富)'를 주장한다. 존재의 맑음을 추구하면서 소유의 부를 이루자는 것이다. 말은 그럴싸하지만 이는 존재와 소유의 상반적 경향을 모르고 하는 이야기다. 현실적으로 삶을 유능하게 경영하고 부를 축적하면서 동시에 사랑과 의로움을 행하는 것이 가능한 일인가? 일신의 안락을 도모하려는 부의 욕망은 어려운 이웃에 대한 관심과 베풂의 사랑을 스스로 차단할 것이며, 반대로 그러한 사랑은 부의 축적을 방해하기 때문이다. 소수의 성직자들이 자선에 나서는 것은 그들이 자신의 삶을 경영할 줄 몰라서가 아닐 것이다. 그들에게는 사랑이야말로 '하늘'의 뜻이요 존재의 소명이라고 믿기 때문이다. 이렇게 생각하면 청빈의 정신만큼 강인하고 고결한 힘도 없다. 문제는 가난을 마치 악덕인 양 여기면서 존재의 성취에는 무관심한 우리들의 세속적인 사고방식에 있다. 아래의 글들을 읽어보자. 앞의 것은 13세기의 위대한 성자 프란체스코의 설교이다. 그는 청빈을 '하늘의 미덕'이라고 칭송하기까지 한다. 그리고 뒤의 것은 미국의 실용주의자 윌리엄 제임스의 글이다.

> 청빈한 사람은 모든 세상적이고 일시적인 것들을 아낌없이 버린다. 또한 그는 모든 영혼의 장애물을 제거하고 영원하신 주 하느님과 자유로이 연합할 수 있다. 청빈은 또한 이 지상에 있는 동안 우리의 영혼을 하늘의 천사들과 대화할 수 있게 만드는 미덕이니라. 십자가에까지 그리스도를 동반하고, 그리스도와 함께 무덤에 장사되고, 그리스도와 함께 부활하여 하늘로 승천한 것은 바로 청빈이었다. 왜냐하면 청빈은 그것을 사랑하는 영혼들에게 이 세상에서 하늘로 올라가는 능력을 주고, 청빈만이 참된 겸손과 사랑의 갑옷을 보호해주기 때문이다. 그러므로 (중략) 우리가 복음의 고귀한 청빈을 실천하고 사랑하는 자가 되며, 겸손한 추종자가 되도록 이끌어주시기를 기도하자. (『성 프란체스코의 작은 꽃들』)

> 내 생각으로는 전쟁을 압도할만한, 우리가 도덕을 추구하는 것을, 다소 한쪽으로 치우치는 것 같이 보일지 몰라도, 우리는 옛날 수도자들이 누려온 청빈 사상에서 찾아야 할 것 같다. (중략) 오늘날 우리에게는 새삼스럽게 가난을 위한 찬송이 절실히 요구되고 있다 (중략) 모든 일마다 성급하게 달라붙거나 혹은 돈을 탐내서 허둥지둥 대거나 하지 않는 사람을 우리는 모자란다고 하거나 명예욕이 없다고 비난을 하지만, 나로서는 우리 모두가 이 문제를 새삼스럽고 진지하게 숙고하도록 권장하고 싶다. 참으로 교양 있는 사람들까지도 맹목적으로 가난을 두려워한다는 것은 현대인이 시달리는 최악의 도덕적 병폐이다. (『문화철학』)

그러므로 아무리 소유를 무시할 수 없는 것이 현실이라 하더라도 그것을 삶의 목표로 삼아서는 안 된다. 삶의 중심에 존재의 정신을 확고하게 세워야 한다. 소유의 풍요 속에서 존재의 빈곤에 시달리지 말고, 비록 넉넉하게 살지 못할망정 사랑과 의로움, 진리의 정신으로 존재를 풍요롭게 일구어야 한다. 차제에 자신의 삶을 차분하게 되돌아보면서 진지하게 자문해볼 필요가 있다. 돈과 권력과 높은 자리를 얻기 위해 남들과 피나는 경쟁을 벌이고 있는 나는 과연 누구인가? 나의 존재는 그것으로 충분히 채워지며 행복을 얻을 수 있는가? 그러한 삶에서 영혼의 목마름을 느끼고 있지는 않은가? 그렇다면 어떻게 하면 존재의 풍요를 누릴 수 있을까? 이러한 자문은 수많은 고민과 방황을 야기하겠지만, 아름다운 인생을 일구어줄 커다란 힘으로 작용할 것이다.

제19장 측은지심

맹자가 말하였다. "사람은 누구나 남에게 차마 못하는 마음을 갖는다. 옛날 훌륭한 임금들은 차마 못하는 마음으로 백성들에게 차마 못하는 정치를 하셨다. 만약 차마 못하는 마음으로 백성들에게 차마 못하는 정치를 한다면 천하를 다스리는 일이 마치 물건을 손바닥 위에 굴리듯 쉬울 것이다. 사람은 누구나 남에게 차마 못하는 마음을 갖고 있다고 말한 것은 다음과 같은 이유에서다. 즉, 지금 사람들이 언뜻 어린아이가 우물에 빠지려는 모습을 보는 순간 모두 깜짝 놀라고 측은히 여기는 마음을 가질 텐데, 이는 어린아이의 부모와 교분을 맺으려고 그러는 것이 아니요, 동네사람들이나 친구들한테서 칭찬을 들으려고 그러는 것도 아니며, (측은지심이 없다고) 남들한테서 비난을 들을까봐 그러는 것도 아니다. 이렇게 살피면 측은지심이 없으면 사람이 아니며, 수오지심이 없으면 사람이 아니며, 사양지심이 없으면 사람이 아니며, 시비지심이 없으면 사람이 아니다. 측은지심은 인(仁)의 단서요, 수오지심은 의(義)의 단서요, 사양지심은 예(禮)의 단서요, 시비지심은 지(智)의 단서다. 이러한 사단(四端)이 마음속에 있음은 마치 몸에 팔다리가 있는 것이나 마찬가지다. 그처럼 사단이 있는데도 자기에게는 그러한 것이 없다고 여긴다면 이는 자신의 존재를 스스로 해치는 짓이요, 우리 임금에게는 그러한 것이 없다고 말한다면 이는 제 임금의 존재를 해치는 짓이다. 무릇 사단이 마음속에 있음을 알아 그 마음을 널리 펼친다면 마치 처음 타오르는 불씨가 마침내 온 산야를 태우듯, 처음 솟아 나오는 샘물이 온 들녘을 적시듯, 온 천하를 구원할 수 있겠지만, 만약 펼치지 않는다면 제 부모조차도 모실 수가 없을 것이다."

[孟子曰: 人皆有不忍人之心. 先王有不忍人之心, 斯有不忍人之政矣. 以不忍人之心, 行不忍人之政. 治天下, 可運之掌上. 所以謂人皆有不忍人之心者. 今人乍見孺子將入於井, 皆有怵惕惻隱之心. 非所以內交於孺子之父母也, 非所以要譽於鄕黨朋友也, 非惡其聲而然也. 由是觀之, 無惻隱之心, 非人也. 無羞惡之心, 非人也. 無辭讓之心, 非人也. 無是非之心, 非人也. 惻隱之心, 仁之端也. 羞惡之心, 義之端也. 辭讓之心, 禮之端也. 是非之心, 智之端也. 人之有是四端也, 猶其有四體也. 有是四端, 而自謂不能者, 自賊者也. 謂其君不能者, 賊其君者也. 凡有四端於我者, 知皆擴而充之矣. 若火之始然, 泉之始達, 苟能充之, 足以保四海. 苟不充之, 不足以事父母.]

맹자의 유명한 사단론(四端論)이다. 맹자는 이로써 인간의 본성이 선함을 논증하려 하였다. '단(端)'이란 실마리를 뜻하는 말로 몸통을 전제한다. 드러난 실마리를 따라가 보면 보이지 않는 몸통을 알 수 있다는 것이다. 이를테면 어떤 사람이 나에게 드러내는 감정의 실마리를 면밀히 추적해 보면 그가 품고 있는 생각의 몸통을 짐작할 수 있다. 맹자는 이러한 논법을 도덕성의 추론에 응용하였다. 사람들이 일상으로 드러내는 측은과 수오와 사양과 시비의 감정적 실마리를 따라가 보면 인간의 내면 깊은 곳에 도사리고 있는 도덕적 몸통, 즉 사랑[仁]과 의로움[義]과 예의[禮]와 지혜[智]의 본성을 발견할 수 있다는 것이다. 그러므로 "인간의 본성은 선하다."

하지만 이러한 방법은 어떤 한계를 갖는다. 맹자는 네 가지 도덕 감정의 실마리들에서 인간의 선한 본성을 추론했지만, 그 밖에 악한 감정들은 어떻게 이해되어야 하는가? 예컨대 동물적이고 이기적인 감정들의 실마리를 따라가다 보면 악한 본성의 몸통을 만나게 되지 않을까? 그렇게 논증된 이론이 성악설(性惡說)이다. 그러고 보면 성선설과 성악설은 마치 평행선을 달리는 철로와도 같아 보인다. 각자 선한 감정과 악한 감정을 예시하면서 자기주장만 하려 할 것이기 때문이다. 혹자는 인간의 본성에 선과 악이 혼재해 있다고 주장하기도 하지만, 그는 위의 양자를 각기 설득해야 할 형편이다. 이에 대한 논의와 논쟁은 오늘날 생물학과 심리학 등 과학의 분야에서 여전히 진행 중인 것으로 보인다.

뒷날 선비들은 특히 순자의 성악설을 마주하면서 맹자의 성선설이 갖는 위와 같은 한계를 자각했을 것이다. 그 결과 그들이 부각시킨 근본 명제가 바로 『중용』의 이른바 "천명지위성(天命之謂性)"이다. 인간의 본성은 '하늘'이 명한 것이며, 사단은 그것의 경험적 단서에 해당된다는 것이다. 이에 의하면 악(惡)은 '하늘(조물주)'이 애당초 인간을 만들 때 기획했던 내용이 아니다. 그것은 사람들이 이 세상을 살아가면서 지어낸 일탈 현상일 뿐이다. 이러한 형이상학적 주장은 어쩌면 세계 만물의 근원을 찾고 싶은 사람들의 종교적 성향에 부합할지도 모른다. 물론 경험주의적인 성악설은 이에 대해 동의하지 않겠지만 말이다.

하지만 종교나 형이상학을 동원하지 않고도 성선설을 지지할 방안이 있을 것으로 보인다. 이를 인류사적 관점에서 살펴보자. 즉, 인류는 태초부터 투쟁보다는 협동이 생존에 유리하다는 사실을 본능적으로 자각하면서 살아왔을 것이다. 자기 안에 갇혀서 날 선 감각으로 남들과 다투기보다는, 자신의 존재를 열어 남들을 받아들이며 서로 더불어 사는 것이 마음의 평화와 삶의 행복을 가져다준다는 사실을 말이다. 이기심과 투쟁은 이러한 태생적 본능에 반하는 타락 현상이다. 거기에는 자기 이익만 챙기려는 타산적인 의지가 개입되어 있다. 그러므로 "악은 선의 옆이나 바로 맞은편에 위치하지 않고, 다음 자리에, 선보다 한결 낮은 곳에 위치한다."(레비나스)

'사단'을 이러한 관점에서 들여다볼 수 있다. 그것은 남을 향해 열린 본능적 감정을 네 가지로 예시한 것이다. 그것을 두고 '선하다'고 말하는 것은 그처럼 자신의 존재를 열어 남을 보살피려는 모습이 사람들에게 기쁨과 감동을 주기 때문이다. 말하자면 그것은 인간의 사회적 존재됨에 대한 긍정적 평가다. 이에 반해 이기심이나 투쟁은 자기 안에 갇혀 자신이 남과 본질적으로 연결되어 있다는, 즉 사회적 존재라는 사실을 인식하지 못하는 태도이다. 그것은 사람들의 마음을 거스르고 화나게 만들기 때문에 '악하다.'

인간의 본성이 선한가 악한가 하는 문제는 단순히 이론적인 논쟁거리에 그치지 않는다. 그것은 사람들의 삶에 지대한 영향을 미친다. 먼저 성악을 주장하는 사람은 선을 자신의 삶과 사회를 유지하기 위해 불가피한 요청으로 받아들이면서 최소한의 선행으로 만족할 것이다. 그러므로 그에게서 자기희생은 물론, 자발적인 선행도 기대할 수 없다. 게다가 사회적인 제재가 약한 자리에서는 악행을 마다하지 않을 것이다. 그리하여 그는 아름답고 고상하며 의미 깊은 삶의 꿈을 갖기가 어려울 것이다. 그에게는 "만인의 만인에 대한 투쟁"의 사회에서 힘을 쟁취하는 것만이 최상의 목표일 것이다.

이에 반해 성선의 인간관은 악행을 자기 부정과 파괴의 짓에 다름 아니라고 여기기 때문에, 그는 사회의 요구에 앞서 자신의 사람됨을 자긍하고 자부하게 해줄 선행의 의지를 키울 것이다. 그는 이기심과 투쟁의식을 부끄럽게 자책하면서 봉사와 희생의 정신을 숭상할 것이다. 그는 사회가 아무리 타락했다 하더라도 인간의 고결한 본성을 믿으며 최소한 자신의 삶에서 실현하려 할 것이다. 이는 자연스럽게 "천하일가 사해동포(天下一家 四海同胞)"의 사회이념을 배태할 것이다. 인간이 본질적으로 선하다는 믿음 속에서 사회를 인정과 인격이 지배하는 가정처럼 만들려 하는 것이다. 가족 구성원들끼리 법과 같은 강제규범을 들먹이는 것은 상상할 수 없는 일이다. 이것이 우리 전통의 인간관과 사회이념이었다. 아래에 한국인의 선악 관념을 놀라운 눈으로 관찰한 어느 미국학자의 글을 읽어보자.

> (한국사회에서) 사람들은 악한 일이나 행동을 경험할 수는 있다. 그러나 일반화되고 만성적인 악을 상정하는 것은 마치 온 세상이, 그리고 우리가 사랑하는 모든 것이 악하다고 말하는 것이 되며, 이것은 너무나도 무섭고 엄청난 일이다. (중략) 사회가 하나의 커다란 가족이라면, 모든 인간관계가 가족관계를 모델로 하고 있다면, 그래서 낯선 사람일지라도 우리가 그에게 할아버지니 아주머니니 하는 식으로 가족 구성원에게나 사용할 호칭을 부여한다면, 악이 존재할 자리가 없다. 이런 상황에서 우리가 악을 이야기한다는 것은 "나의 가족이 악하다"고 말하는 것과 다름없다. (『전통과 현대』)

맹자는 선한 본성을 사랑과 의로움과 예의와 지혜의 네 가지 덕목으로 범주화했지만, 뒷날 선비들은 그중에서도 사랑을 가장 근본적인 것으로 여겼다. 간단히 말하면, 사랑이란 남과 생명적인 연대를 이루면서 공감 상통하는 마음이다. 이는 의지적인 노력 이전에 일종의 본능이다. 이 세상에 홀로 내던져진 삶의 외로움이 본능적으로 자타간 유대와 교감의 사랑을 열망하게 만드는 것이다. 몇몇 학자들은 이에 착안하여 사람들의 사회적 유대관계 여부가 그들의 건강과 수명에 미치는 영향을 연구하기도 한다. 아래의 글을 읽어보자.

> 인정하고 싶지 않을지는 모르지만, 우리의 사회적 행동방식은 개미와 유사한 면이 많다. 경쟁하고 남보다 앞서려는 성향에도 불구하고, 우리의 본능적인 충동은 언제나 서로 연결을 맺고자 하는 충동이다. 개미와 마찬가지로 인간은 천성적으로 팀을 이루어 놀고 싶어서 못 견디는 존재다. (『초생명공동체』)

사랑은 이처럼 "서로 연결을 맺고자 하는 충동"의 고상한 표현이다. 우리는 그 전형적인 모습을 남녀의 사랑에서 본다. 그것은 육체적으로든 정신적으로든 둘이서 하나가 되고자 하는 본능적 충동의 산물이다. 이는 사랑이 실존의 불안과 고독을 극복하게 해줄 강력한 힘을 갖고 있음을 시사한다. 사랑은 생명의 교감과 상통 속에서 자타간 유대의식을 강화시켜주기 때문이다. 물론 사랑은 남녀 사이에 주고받는 열정에 그치지 않는다. 그것은 형제와 친구, 이웃, 민족, 인류는 물론, 나아가 모든 생명체들을 향해서까지 열려 있다. 그 정점에 부처님의 '동체대비(同體大悲)'의 사랑이 있다. 만물을 자신과 한 몸으로 여기면서 그들을 무한한 자비심으로 구원에 나서는 사랑 말이다. 선비들이 궁극적인 이념으로 추구했던 인(仁)의 경지 또한 이와 다르지 않다. 그것은 퇴계의 말처럼 "천지를 한 집안으로, 만민을 나와 한 몸으로 여겨 그들의 가려움과 아픔을 모두 내 몸의 것처럼 느끼는" 물아일체의 생명적인 사랑이다.

사랑의 마음은 일차적으로 대개 두 가지의 방향으로 발로된다. 하나는 상대방을 나의 존재 깊이 보듬어 안으면서 그를 따뜻하게 보살피려는 마음이다. 남녀의 사랑이나 부모의 자식 사랑이 그 전형적인 실례에 해당된다. 다른 하나는 상대방의 슬픔과 아픔을 차마 외면하지 못하고 그와 슬픔과 아픔을 함께 하는 연민과 동정의 마음, 즉 측은지심이다. 물론 후자는 자연스럽게 전자로 발전하기도 한다. 옛날 어떤 임금이 도살장으로 끌려가는 소의 애처로운 눈빛을 차마 볼 수 없어서 "양으로 바꾸라."고 지시한 것이 그 예이다. 이 역시 생명애의 발로임은 물론이다. 그러고 보면 사랑에는 두 종류가 있다. 전자와 같이 즐거운 사랑이 있는가 하면, 후자처럼 슬픈 사랑도 있다.

측은지심은 생물학자 에드워드 윌슨의 이른바 '생물호성'(生物好性. 또는 생명 사랑의 성향: Biophilia)의 반사적 발로라 할 수 있다. 생명을 좋아하고 사랑하는 천부의 본성이 생명 손상의 현상 앞에서 본능적으로 드러내는 슬프고 어두운 마음이 바로 측은지심이다. 그것은 어쩌면 근원적으로는 생명의 유한성과 사멸성에 대한 실존의 비극적 감정을 뿌리로 하고 있는 것처럼 보인다. 죽음에 대한 두려움과 고통 의식이 죽어가는 모든 것들에 대해 연민의 마음과 동정심을 유발하는 것이다. 그러므로 그것은 단순히 남의 처지를 불쌍하게 여기는 마음에 불과한 것이 아니다. 그것은 인간만이 타고난바, 만물을 향해 열려 있는 근원적인 생명 감각이다. 퇴계는 말한다. "우리의 몸에는 측은지심으로 가득차 있다.(『퇴계전서』) 이러한 측은지심을 통해서 우리는 자신이 인간으로 살아 있음을 자각한다. 측은지심을 모르는 사람은 생명 세계와 통하는 창문을 닫고는 어둡고 밀폐된 공간에 자신을 외롭게 가두는 것이나 다름없다. 그는 마치 중풍 환자의 손발처럼 세상에 대해 아무런 감각도 갖지 못할 것이다. 그러므로 "자기에게는 그러한 것이 없다고 여긴다면 이는 자신의 존재를 스스로 해치는 짓"이다. 심하게 말하 "측은지심을 모르면 사람이 아니다."

이렇게 살피면 측은지심은 '사단'의 하나에 불과한 것이 아니라 나머지 '삼단(三端)'에 저류하는 근본적인 도덕 감정이라 할 수 있다. 그것은 사랑을 유발할 뿐만 아니라, 사태에 따라 생명의 외경 속에서 '사양지심'의 예의를, 생명 부정적 현상에 대한 '수오지심'의 의로움을, 생명성의 진위에 대한 '시비지심'의 지혜를 불러일으킬 것이다. 그러므로 측은지심이 결여된 도덕은 생명의 온기를 갖지 못한 차갑고 건조한 율법에 지나지 않는다. 이를테면, 범죄자에 대해 인간적인 측은(연민)의 마음을 갖지 않는다면, 그 응징과 처벌이 아무리 정의의 이름으로 행해진다 하더라도, 그것의 생명 억압적이고 파괴적인 성질은 인간이 본래 타고난 생명사랑의 성향에 거슬릴 것이다. 사람들이 잔인무도한 범죄자에 대해 사랑과 용서를 말하는 것도 이러한 근원적 성향에 기인할 것이다. 그러므로 역시 "지혜 중에서 가장 보편적인 동시에 필요한 지혜는 연민에 충실한, 또는 연민에 근거한 지혜다."(레비스트로스)

이러한 측은지심 속에서 "차마 못하는 마음"이 생겨난다. 측은지심이 있기에 어린아이가 우물에 빠지려는 모습을 보면서 차마 외면하지 못하며, "군자는 짐승이 죽는 모습을 차마 보지 못하고, 죽음을 앞두고 슬피 우는 소리를 듣고서 그 고기를 차마 먹지 못한다."(『맹자』) 다른 실례를 하나 들어보자. 옛날 어떤 임금이 들녘을 지나가다가 사면으로 둘러쳐진 그물을 보았다. 사람들이 짐승을 잡기 위해 쳐 놓은 것이었다. 이에 그는 "차마 못 할 짓"이라 하면서 그물의 세 방면을 열어놓도록 지시하였다. 굳이 죽겠다고 사람들에게 달려드는 녀석들만 잡으라는 것이다.(『주역』) 이 역시 애꿎게도 사람의 먹이가 될 짐승에 대한 측은지심의 발로임은 물론이다.

측은지심은 자연스럽게 생명애의 정신으로 발전될 것이다. 남의 슬픔과 아픔을 함께 느끼는 열린 마음은 그를 따뜻하게 보살피려 하기 때문이다. 그리하여 "그 마음을 널리 펼친다면 마치 처음 타오르는 불씨가 마침내 온 산야를 태우듯, 처음 솟아 나오는 샘물이 온 들녘을 적시듯, 온 천하를 구원할 수 있겠지만, 만약 펼치지 않는다면 제 부모조차도 모실 수가 없을 것이다." 측은지심은 마치 "처음 타오르는 불씨"나 "처음 솟아나는 샘물"처럼 미약하지만, "그 마음을 널리 펼치면" "온 천하를 구원할" 근본 동력으로 작용한다는 것이다. 부처님의 자비와 공자의 인애와 예수님의 박애도 사실은 인류에 대한 가없는 측은지심에서 발원한 것이었다.

측은지심은 인간사회를 넘어 모든 살아 있는 존재들에 대해서까지 펼쳐진다. 그것의 열린 생명 감각은 고통받는 생명 앞에서 예민하게 반응하기 때문이다. 옛날에 사람들이 물고기를 잡는데 촘촘한 그물을 사용하지 못하도록 하고(『맹자』), 만물이 소생하는 봄철에는 나무의 벌채를 금하지고, 애벌레와 새끼를 밴 짐승, 짐승 새끼를 잡지 못하도록 했던(『예기』) 것은 그러한 생명 감각의 발로였다. 그것은 단순히 자연보호의 차원에 불과한 것이 아니었다. 실례를 하나 들어보자. 조선의 한 선비가 종기를 앓았는데, 의원한테서 "지렁이 즙을 내서 발라야 한다."는 처방을 받았다. 이에 그는 "봄에 만물이 한창 생동하는데, 어찌 내 병을 치료하기 위해 생명 있는 것을 차마 죽일 수 있겠는가." 하면서 거절하였다. (『연려실기술』)

"측은지심은 인간다운 삶의 길이다."(퇴계) 측은지심(연민)에 충실한 지혜만이 자신의 생명을 활기차게 해주고 자타의 만남에 생동감을 불어넣어 주며, 사회와 나아가 자연 전체까지도 생기로 가득하게 해줄 수 있다. 그처럼 측은지심은 생명적인 삶의 핵심이다. 우리는 그 반증을 우리 사회에서 연례적으로 행하는 가축의 살처분 현장에서 목도한다. 그 현장을 감독하는 공무원들이 뒷날 트라우마로 시달렸다는 소식은 측은지심이 인간의 심성에 얼마나 깊이 자리하고 있는지를 역으로 말해준다. 그러므로 다시 한 번, "(측은지심은) 마치 처음 타오르는 불씨가 마침내 온 산야를 태우듯, 처음 솟아 나오는 샘물이 온 들녘을 적시듯, 온 천하를 구원할 수 있다." 그렇지 않고 남의 슬픔과 아픔을 공감할 줄 모르는 마비된 생명 감각으로는 "제 부모조차 모실 수가 없"음은 물론, 살아 있어도 죽은 목숨이나 다름없다 "자신의 존재를 스스로 해치는" 모습이 여기에서 드러난다.

이제 우리 자신을 돌아보자. 우리는 측은지심을 얼마나 갖고 있을까? 사람들은 중풍과 같은 몸의 마비에 대해서는 그토록 염려하고 신경 쓰면서도, 정작 마비되어가는 자신의 생명 정신과 측은지심에 대해서는 되돌아보지 않는다. 그들은 치열한 경쟁 사회에서 남들의 실패를 측은한 마음으로 위로하려 하기는커녕, 오히려 자기 성공의 기회로 여기면서 속으로 쾌재를 부른다. "파이팅!"을 외치면서 자기 안에 모질고 그악스러운 마음만 키우려 한다. 학교 현장만 해도 그렇다. 선생은 학생에게 '연민에 근거한 지혜'를 계발시키려 하지 않고, 오직 이기의 술수, 성공과 승리의 지식만 가르치려 한다. 거기에서 "별을 노래하는 마음으로 / 모든 죽어가는 것들을 사랑"하는 지혜는 사람들의 마음속에 들어설 자리가 없다.

그러므로 우리는 문명사회에서 야만인으로 살고 있다. 사람들은 문명인이라 자부하면서 옛사람들의 삶을 내려다보려 하지만, '생명'의 관점에서 살피면 오히려 그들보다 야만적이다. 토템신앙의 예에서 볼 수 있는 것처럼, 열린 생명감각으로 만물과 긴밀하게 교감했던 원시인들과 달리, 문명인들은 생명 감각이 둔화되어 있다. 온갖 꾸밈의 총체적 형식인 문명이 사람들의 마음까지도 수없이 덧칠하여 본연의 생명 감각을 무디게 만들고 있다. 그것은 문자를 비롯한 각종의 매체를 통해 사람들이 사물(생명)을 직접 대면하고 소통할 기회를 뺏는다. 예컨대 사람들은 빌딩 숲 속 아스팔트 위에 살면서 사계절 산천초목의 생동적인 변화를 직접 경험하지 못하고 주로 영상매체를 통해서만 건너다본다. 사람들이 가축의 살처분이라는 '차마 못 할 짓'에 무덤덤한 것도 이 때문이다. 문명의 이와 같은 문제점을 일찍이 간파한 사람이 바로 노자이다. 예컨대 "어린아이의 상태로 돌아가라[復歸於嬰兒]."고 노자는 주장한다. 이는 어떤 꾸밈도 없이 천진한 어린아이처럼 순수한 생명 감각으로 삶에 나서라는 속뜻을 갖는다. 어른들처럼 선악과 호오(好惡)와 미추와 성속의 분별적 개념에 감각이 덧칠되면 사물의 모습이 왜곡되고 대상과의 생명적 교류가 막혀버리기 때문이다.

하지만 문명의 폐해가 아무리 심하다 하더라도 그것을 거부할 수 없는 현실에서 어떻게 살라는 말인가? 이에 관해서는 수많은 논의가 필요하고 논란이 있을 것이므로 여기에서는 생명감각과 측은지심의 문제에 국한하여 이야기해보자. 이 문명사회가 그러한 감각과 마음을 무디게 만든다는 사실을 인정한다면 현재의 삶의 조건 속에서 어떻게든 그것을 회복할 방법을 강구해야 한다. 이를 위해 생명감각과 측은지심을 저해하는 요인이 무엇인지 따져볼 필요가 있다. 그것은 사회와 문명 전체에 걸쳐 있지만, 여기에서는 가장 일차적인 요인에 주목해보자.

원시인이나 어린아이처럼 인간이 본래 타고나는 열린 생명 감각, 또는 측은지심의 둔화는 기본적으로 자타 간 공감과 상통을 가로막는 '나' 의식에서 비롯된다. 너(그)에 대립되는 '나'가 생명 정신을 자기 안에 폐쇄시켜 상대방에 대한 연민과 동정을 불가능하게 만드는 것이다. 이를테면 내가 너보다 먼저 성공하고 출세해야 할 판에 너를 향해 마음을 열 수는 없는 일이다. 나보다 뒤처진 너를 측은지심으로 따뜻하게 보듬어 안으며 함께 나서는 것은 성공의 길에 방해가 될 뿐이다. 하물며 자타 간 경쟁이 극심한 사회에서는 남에게 두 눈을 겨를이 없다.

하지만 이처럼 자신의 생명 감각을 닫아 남에게 무관심한 태도는 필연적으로 자신의 존재를 외롭고 빈곤하게 만들고 말 것이다. 인간의 존재는 남과의 생명적 공감과 상통 속에서만 풍요로워지는 법이다. 사랑에 빠진 사람이 온 세상을 얻은 것처럼 환호작약하는 것도 이 때문이다. 오늘날 사람들이 갈수록 종교에 관심을 많이 두는 까닭도 여기에 있을 것이다. 존재의 외로움과 빈곤함을 견디기가 어려워 초월자에 귀의하는 것이다. 하지만 예배와 기도만으로 존재의 풍요를 이룰 수 있을까? 이웃을 향해 너의 마음을 열어 사랑을 나누라는 '말씀'을 실천하지 않는 한 그 소망은 터무니없을 것이다. 인류와 만물에 대한 가없는 측은지심으로 자비와 사랑을 베푼 성인들의, 우주만큼이나 넓고 깊은 존재의 길을 따라야 한다.

그러므로 열린 생명 감각(측은지심)을 회복하기 위해서는 무엇보다도 먼저 '나' 의식을 버려야 한다. 이기주의는 물론, 개인주의적인 사고도 벗어나야 한다. 후자는 세계인식과 처사의 중심을 역시 '나'에 두면서 너(그)와 대립하기 때문이다. 투명한 유리벽에 갇혀 상대방을 냉정하게 바라볼 뿐, 상대방과 생명의 온기를 나누려 하지 않는 원자화된 개인에게서 측은지심을 기대하는 것은 난망한 일이다. 1980년대 동료 교수한테서 들은 이야기가 있다. 광주 미국문화원에서 미국인들과 무슨 공식적 간담회를 가졌다고 한다. 그 교수는 저들에게 우리나라의 어려운 형편을 말하면서 '동맹국'으로서 몇 가지 지원을 해줄 것을 부탁했더란다. 그랬다가 다음과 같은 대답을 듣고는 충격을 받았다고 한다. "우리 미국인들은 형제간에도 도움을 주고받지 않는다." 이는 어쩌면 개인의 자유와 독립과 사적인 발전을 모토로 하는 개인주의의 전형적인 모습이다. 그들의 이성적인 사고는 상대방의 괴로움과 슬픔, 아픔을 함께 나누는 측은지심을 쉽게 이해하지 못할 것이다.

우리가 극복해야 할 것은 자기중심적인 '나' 의식뿐만이 아니다. 더 나아가 만물을 기껏 인간의 이용가치와 먹거리로만 여기는 인간중심적인 사고도 버려야 한다. 예컨대 동식물은 인간을 위해 태어난 하급의 존재에 불과한 것이 아니다. 지구상의 모든 생명체가 동등한 구성원이며 인간도 그중 하나일 뿐이다. 사람들은 이성을 가졌다 하여 우쭐하지만, 제 꾀에 넘어가는 어리석은 짓을 해서는 안 된다. 그들을 착취하고 학대함으로써 우리 자신의 존재를 망가트리는 짓 말이다. 그들은 나와 불가분하게 유기적인 일체를 이루고 있기 때문이다. 그러므로 우주를 향해 열린 마음으로 그들의 생명을 존중하면서 모두가 더불어 살아갈 길을 모색하지 않으면 안 된다.

측은지심은 자기(인간) 중심적인 태도의 극복과 함께 자연스럽게 회복될 것이다. 그동안 자폐적이던 생명 감각이 열리면서 모든 살아있는 것들과 생명을 공감 소통하고, 그들의 슬픔과 아픔을 함께 하려 할 것이기 때문이다. 당연히 그들의 생명을 구원하려는 사랑의 손길이 뒤따라 뻗칠 것이다. 퇴계의 표현을 빌리면 "나의 몸에 충만한 측은지심이 만물에 관류하여 막힘없이 두루 통하는 것이 사랑의 정신"이다.(『퇴계전서』) 여기에서 "만물에 관류하여 막힘없이 두루 통한다."는 말은 "천지를 한 집안으로, 만물을 나와 한 몸으로 여겨 그들의 가려움과 아픔을 모두 내 몸의 것처럼 느끼는"(위와 같음) 것을 뜻한다.

우리의 마음 속 미약하기 그지없는 측은지심이 "온 천하를 구원할 수 있는" 강력한 힘이 바로 여기에 있다. 그러므로 세상을 구원하기 위해서는, 아니 그 이전에 나 자신의 존재를 풍요롭게 하기 위해서는 역시 자폐적인 '나'를 극복하여 열린 생명 감각의 측은지심을 함양하는 노력에서부터 시작되어야 한다. 물론 그것은 마음으로 끝나서는 안 된다. 고통받는 자들을 따뜻하게 위로하고 보살피는 사랑의 실천으로 나서지 않으면 안 된다. 그것이 곧 하늘의 소명을 가진 자신에 대한 의무요 도리이기도 하다.

제20장 참다운 지혜

화살 만드는 사람이 어찌 갑옷 만드는 사람보다 잔인하겠는가. 하지만 화살 만드는 사람은 그 화살로 남을 상처 입히지 못할까 염려하고, 갑옷 만드는 사람은 그 갑옷이 화살에 뚫려 그것을 입은 이에게 상처 입힐까 염려한다. 무당과 관을 만드는 사람도 마찬가지다. 그러므로 직업의 선택에 신중하지 않으면 안 된다. 공자의 말씀에 "인정으로 훈훈한 마을이 아름답다. 어떤 사람이 자신의 거주지를 선택할 때 그 마을의 인정을 고려하지 않는다면 어찌 지혜가 있다고 할 수 있겠는가." 하셨다. 사랑은 사람이 하늘로부터 받은 높은 벼슬이요, 편안한 집이다. 그런데 그것을 못하게 막는 자가 없는데도 사랑을 행하지 않으니, 이는 지혜롭지 못한 태도이다. 사랑을 모르고 지혜를 모르면 예의도 모르고 의로움도 모를 것이니, 이는 남의 종살이를 하는 것이나 다름없다. 남의 종살이를 하면서 그것을 창피하게 여기는 것은 마치 활을 만드는 사람이 활 만드는 것을 창피하게 여기고, 화살을 만드는 사람이 화살 만드는 것을 창피하게 여기는 것과도 같다. 만약 창피하게 여긴다면 사랑을 행하는 것만큼 좋은 계책이 없다. 사랑이란 마치 활쏘기와도 같다. 활을 쏘는 사람은 자신의 자세를 바로잡고 나서 활시위를 놓는데, 설사 화살이 과녁에 적중하지 않았다 하더라도 활쏘기 경쟁의 승자를 원망하지 않는다. 다만 자기를 되돌아보아 잘못의 요인을 자신에게서 찾는 데 그친다.
[矢人, 豈不仁於函人哉. 矢人, 惟恐不傷人. 函人, 惟恐傷人. 巫匠亦然. 故, 術不可不愼也. 孔子曰: 里仁爲美, 擇不處仁, 焉得智. 夫仁, 天下之尊爵也, 人之安宅也. 莫之禦而不仁, 是不智也. 不仁不智, 無禮無義, 人役也. 人役而恥爲役, 猶弓人而恥爲弓. 矢人而恥爲矢也, 如恥之, 莫如爲仁. 仁者如射, 射者, 正己而後發, 發而不中, 不怨勝己者, 反求諸己而已矣.]

『맹자』의 글이다. 맹자는 참다운 지혜를 강조하기 위해 먼저 일상적인 예를 들었다. 직업의 선택에 지혜로워야 한다는 것이다. 맹자는 그 기준을 생명의 진작 여부에 두었다. 이에 의하면 갑옷의 제작과 무당의 굿은 생명의 보호와 구원을 목표로 하는 좋은 직종인 데 반해, 화살의 제조는 생명의 살상을 겨냥하며, 장의사는 사람들이 많이 죽어 자신의 수입이 늘어나기를 바란다는 점에서 나쁜 직종이다. 직업은 그 종사자들의 심성을 그렇게 바꾸어 놓는다. 그러므로 직업의 선택에 신중해야 한다.

이러한 주장은 오늘날 직업이 갈수록 전문화되고 가치중립적이 되면서 그것의 생명 진작성 여부를 판단하기 어려운 현실에서는 옳지 않을지도 모른다. 하지만 포괄적으로 말해 현대인들의 삶에 만연해 있는 '이성의 도구화' 현상을 우리는 그러한 관점에서 논의해볼 수도 있다. 사람들이 전문화되고 분업화된 업무에 매몰된 나머지, 정작 이성의 숭고한 이념인 인간성의 진작과 윤리적 가치의 추구에는 매우 소홀하기 때문이다. 이렇게 살피면 오늘날 사람들은 지능만 높을 뿐, 지혜롭지 못하다.

지혜란 무엇일까? 그것은 사리를 인식하여 올바르게 처사하는 능력이다. 그것은 지식과 가까운 개념처럼 보이지만 실제로는 크게 다르다. 지식은 사리의 인식에 그치지만, 지혜는 그것을 일상생활에 올바르게 활용하여 참생명의 진작과 인간성의 향상을 돕는다. 물론 지식 역시 일상생활에 활용되어 의식주 등 물질적 환경의 개선에 크게 기여해온 것은 사실이다. 거시적으로 살피면, 인류문명의 발전사가 그 모습을 잘 보여준다. 하지만 그것이 인간성을 향상시켜 왔는가? 문명의 발전은 인간성의 실현과 비례하는가? 오히려 인간성 실현의 토대인 물질적 환경의 개선에 너무 매달린 나머지, 물질의 노예가 되어 인간성이 매몰되고 있는 것은 아닌가? 우리의 지식 탐구열은 태생적으로 부여받은 사람됨의 과제에, 종교적으로 말하면 '하늘(신)'의 뜻에 얼마나 관심을 갖고 있으며, 그것의 실현에 노력하고 있는가?

한편 사람들은 출세와 성공을 위한 처세의 지혜를 말하기도 하지만, 그것은 참다운 지혜가 아니다. 우리가 갖추어야 할 참다운 지혜는 인간성을 향상시키고 참자아를 성취하는 데에 있다. 세계와 삶의 진리를 깨달아 해탈에 이르는 불교의 '반야지(般若智)'가 그 이상적인 사례이다. 기독교에서 말하는 구원의 지혜도 마찬가지다. 그러므로 지식이든 지혜든 우리는 그 궁극적인 목표를 생명의 진작과 인간성의 실현에 두어야 한다. 그 핵심은 역시 사랑이다. 자신의 인간성을 실현하고 남의 생명을 진작시키는 데에 사랑만큼 위대한 힘이 없기 때문이다. 이는 지혜가 사랑의 이념 속에서만 참다운 의의를 얻음을 일러준다. 그러므로 다시 한번 "지혜 중에서 가장 보편적인 동시에 필요한 지혜는 연민에 충실한, 또는 연민에 근거한 지혜다."

오늘날 우리는 지혜의 부재와 지식 과잉의 시대에 살고 있다. 사람들은 배움을 통해 알게 된 사물의 이치를, 아니 진리까지도 인간성의 실현을 위한 방편으로 활용하려 하지 않고 순전히 세속적인 성공을 위한 수단으로만 이용한다. 여기에는 여러 가지 요인이 있을 것이다. 먼저 사회적 관점에서 살피면 갈수록 복잡성과 다양성을 더해가는 사회에 적응하기 위해 사람들은 전문적이고 기능적인 지식을 습득하지 않을 수 없게 되었다. 아니 곰곰이 생각해보면, 원래 사회는 인간의 본성이나 참자아의 실현에는 관심을 두지 않는다. 복잡하고 다양한 조직의 총체인 그것은 자기 관리와 유지, 발전의 필요상 수많은 규범과 제도로 사람들을 규제하고 길들이려고만 한다. 이를 위해 봉사하는 것이 바로 갖가지의 지식이다. 만약 어떤 사람이 그 사회의 규범과 제도에 무지하거나 그것을 거부한다면 그는 도태되고 말 것이다. 그러므로 사회는 그러한 규범과 제도를 성실하게 습득하여 따르는 평범하고 대중적인 인간형을 요구할 뿐, 거기에서 인간의 본래성을 따지면서 저항하는 사람을 원치 않는다. 과거에 성현들이 사회로부터 소외되고 핍박당했던 까닭이 여기에 있다. 지식이 행세하는 사회에서 참다운 지혜는 그렇게 외면된다.

참다운 지혜가 외면당하는 까닭은 다른 데서도 발견된다. 그것이 추구하는 인간의 본성이 무엇이며, 참자아가 어떤 모습인지 알기 어렵다는 사실이다. 과거에 학문과 사상이 발달하기 전에는 그것이 비교적 분명하였다. 근세 이전 서양문화를 지배하던 기독교 사상을 예로 들면, 인간은 하느님의 피조물로서 그가 추구하고 성취해야 할 참자아의 모습이 확실하게 드러났었다. 하지만 진화론의 출현과 함께 창조설이 부정됨에 따라 사람들은 하느님의 말씀(지혜)를 회의할 수밖에 없게 되었다. 게다가 오늘날과 같이 종교가 다원화된 시대에 살면서 사람들은 인간의 본래면목에 대해 혼란스러운 생각을 금치 못한다. 종교마다 주장하는 바가 다르기 때문이다. 이를테면 기독교와 불교의 인간관과 그에 따른 지혜를 어떻게 통일할 수 있을까?

이에 더하여 제자백가의 다양한 철학과 사상까지 고려하면 오늘날은 가히 인간관의 무정부 시대라고 할만도 하다. 이에 따라 사람들은 인간의 본래면목이나 참자아를 성취하기 위한 지혜에 혼란을 겪을 수밖에 없게 되었다. 결국 그들은 생존경쟁의 와중에 어렵게나마 참자아를 찾고자 한다 하더라도 그 (지혜의) 길을 알지 못하여 허무의 나락으로 빠져든다. 이제 그들이 할 수 있는 일이란 한 가지 밖에 남아 있지 않은 것처럼 보인다. 치열한 삶의 현장으로 다시 돌아와 성공과 출세에 전념하는 것이다. 하지만 그것 또한 허무 의식을 더욱 증폭시킬 뿐이다. "부귀와 영화를 누렸으니 희망이 족할까. 푸른 하늘 밝은 달 아래 곰곰이 생각하니, 세상만사가 춘몽 중에 또 다시 꿈같도다."(〈희망가〉)는 노래를 쓸쓸히 중얼거리면서 말이다.

하지만 사정이 아무리 어렵다 하더라도 지혜를 갈구하는 마음을 버리지만 않는다면 그 길이 없는 것은 아니다. 모든 종교와 철학, 사상을 막론하고 인류가 공통으로 수긍할 수 있는 참삶의 지혜 말이다. 그 길은 생명에 주목하는 데서부터 열린다. 그 기원이나 종말 등을 따지기 이전에 지금, 이 자리의 생명에, 그리고 온갖 세속적 목표들로 덧칠되기 이전에 모두가 존엄하게 타고난 생명 자체에 관심을 가져보자. 이 세상에, 우주에 다시는 없을 현존의 그 모습이 하나하나 별빛처럼 반짝거리지 않는가? 경이롭고 신비롭지 않은가? 인간뿐만 아니라 곤충 한 마리, 풀 한 포기의 생명까지도 말이다.

그러한 눈빛은 자연스럽게 생명에 대한 외경의 마음을 갖게 할 것이며, 또한 부드럽고 따뜻하게 그에게 다가가 그를 깊이 품어 안으면서 하나가 되고 싶은 마음을 불러일으킬 것이다. 그것이 바로 사랑이며 지혜이다. 그처럼 아름다운 사랑과 거룩한 지혜를 부정하는 사람은 이 세상에 없을 것이다. 그러고 보면 불교와 유교와 기독교가 각자 다른 인간관을 갖고 있음에도 사랑(자비, 인, 박애)의 지혜를 공히 강조한 것은 결코 우연이 아니다. 우리는 여기에서 맹자가 한 말을 상기한다. "사랑은 사람이 하늘로부터 받은 높은 벼슬이요 편안한 집이다. 그런데도 그것을 못하게 막는 자가 없는데도 사랑을 행하지 않으니, 이는 지혜롭지 못한 태도이다."

정말 우리는 지혜롭지 못하게 살고 있다. 사랑을 하지 못하도록 막는 자가 없는데도 사랑을 행하려 하지 않으니 말이다. 혹자는 경제적 여유가 없어서 그렇다고 변명하려 한다. 하지만 부처님의 이른바 "무재칠시(無財七施)"가 있지 않은가. 온화한 얼굴로 사람들을 대하는 '화안시(和顔施)', 부드러운 말로 대화하는 '언시(言施)', 열린 마음으로 나서는 '심시(心施)', 따뜻한 눈빛으로 바라보는 '안시(眼施)', 남의 어려움을 행동으로 돕는 '신시(身施)', 남에게 자리를 양보하는 '좌시(座施)', 상대방의 마음을 헤아려주는 '찰시(察施)'가 모두 재물 없이도 행할 수 있는 사랑이다. 그러므로 사랑은 마음먹기 나름이다. 공자의 말처럼 "사랑이 멀리 있는 것인가? 내가 사랑하려는 마음을 가지면 사랑이 나에게 다가온다."(『논어』)

하지만 사랑의 마음을 억지로 가질 수는 없는 일이다. 그것을 가로막는 모든 요인을 제거해야 한다. 그중에서도 가장 일차적이면서 동시에 근원적인 장애 요인은 바로 나 자신의 마음 안에 있다. 자타 간 분별적이고 대립적인 사고 속에서 타자를 나의 존재 밖으로 밀어내는 자기중심적이고 자폐적인 태도가 그것이다. 이는 생명의 공감과 상통 속에서 펼쳐지는 물아일체의 사랑을 불가능하게 만든다. 사랑을 활쏘기에 비유한 맹자의 말뜻을 우리는 이러한 관점에서 들여다볼 수 있다. 맹자는 다른 자리에서, "내가 어떤 사람을 사랑하는데 그가 나의 사랑을 받아주지 않으면, 나는 자신의 사랑을 되돌아보아야 한다."(『맹자』)고 말한다. 상대방의 외면과 냉담을 비난만 할 일이 아니라, 자신의 태도가 진지하지 못한 것은 아닌지, 자신의 인격이 모자라기 때문에 그렇게 대접받는 것은 아닌지, 자신의 사랑이 상대방을 존중하거나 배려하려 하지 않은 자기중심적이고 이기적인 성질을 띠고 있지 않은지 등등을 반성해야 한다는 것이다. 마치 "화살이 과녁에 적중하지 않았다 하더라도 활쏘기 경쟁의 승자를 원망하지 않으며, 다만 자기를 되돌아보아 잘못의 요인을 자신에게서 찾는데 그치는" 것처럼 말이다.

그처럼 사랑은 부단한 자기반성과 개선을 통해서 깊어지고 넓어지고 새로워질 것이다. 자기중심성을 벗어나므로 그는 상대방에게 더욱 깊이 접근하여 물아일체적 사랑을 나눌 것이요, 그만큼 자신의 존재가 넓어지면서 궁극적으로는 모든 생명을 품 안에 아우르는 우주적 사랑을 알게 될 것이며, 그렇게 부단히 깊고 넓어지면서 매순간 새로운 생명 감각으로 상호 소통하는 환희를 얻을 것이다. 이처럼 자기 성찰적 사랑의 마음을 변함없이 갖고 있다면 설사 "사랑의 화살이 과녁에 적중하지 않는다 하더라도" 상대방을 원망하거나 좌절하지 않을 것이다. 사랑의 실패는 오히려 자신의 사랑을 더욱 깊게 해주고 넓혀주며 새롭게 해주는 계기로 작용할 것이기 때문이다. 달리 살피면, 그는 부단한 자기반성과 개선을 통해서 자신의 고결한 인간성을 더욱 심화시키고 향상시킬 것이다.

이러한 자기반성은 자연스럽게 삶의 지혜를 계발시켜준다. 그는 자신의 사랑의 불완전함과 문제점을 자각하면서 끊임없이 대안과 해결책을 모색할 것이기 때문이다. 그러므로 사랑은 지혜를 낳으며, 그 지혜는 또한 새로운 사랑의 길을 열어준다. 사랑과 지혜는 그처럼 서로를 돕는다. 당연히 그는 상대방에게 인격 존중의 예의를 갖추려 할 것이요, 매사에 의롭게 나서려 할 것이다. 예의 바른 인간관계와 의로운 삶은 사랑과 지혜에서만 조성되는 법이기 때문이다. 맹자는 이를 역설적으로 다음과 말한다. "사랑을 모르고 지혜를 모르면 예의도 모르고 의로움도 모를 것이니, 이는 남의 종살이를 하는 것이나 다름없다." 사실 인간의 고결한 본성은 사랑과 지혜와 예의와 의로움에 있는데, 이를 외면하는 것은 자신의 주체성을 스스로 포기하고 남의 종살이를 자원하는 것이나 마찬가지다. 기껏 그는 그 대가로 얻을 새경(연봉)에나 관심을 가지면서 평생 그렇게 자기 소외 속에서 살아간다. 예나 지금이나 "그것을 창피하게 여기는" 사람이 얼마나 될까?

사랑과 지혜는 자기반성만으로 얻어지는 것이 아니다. 그것은 인간의 본질과 세계의 참모습에 대한 사색과 탐구를 요한다. 무슨 일이든 왜곡된 인식은 그릇된 행동을 지어내기 마련이다. 예컨대 인간은 본래 이기적이며 악한 성품을 타고났다고 여기는 마음에는 사랑이 깃들 수 없으며, 거기에는 자기보존과 입신출세의 간지(奸智)만 자라날 것이다. 또는 개인주의적인 사고를 하는 한 자타 간 생명적 공감과 합일의 사랑은 불가능하다. 개인주의는 개인을 원자와도 같은 존재로 여기면서 자신의 자유와 독립, 사적인 발전을 좌우명으로 내세우기 때문이다. 구속과 복종을 자청하는 사랑을 그들은 달가워하지 않는다. 남녀 관계의 현장에서 살피면, 오늘날 자유연애와 결혼 기피의 풍조가 이를 예증한다. 일인 가구가 계속 증가하는 현상도 마찬가지다. 개인주의의 존재론적 토대가 되는 실체주의를 분석한 어느 학자의 글을 읽어보자.

'실체주의' 란 무엇을 말하는가? '실체' 라는 말은 원래 그 자체로 존재를 유지하는 것을 뜻한다. 다시 말해 그 자체로 홀로 설 수 있고 다른 것에 전혀 의존하지 않는 것을 말한다. 따라서 '실체주의' 는 사물들이 모두 각각 독립해서 존재하는 것으로 보고 상호간의 의존관계를 인정하지 않는 태도를 일컫는다. 이렇게 되면 결국 사물들은 모든 관계를 상실하는 결과가 생기게 된다. 실체주의는 모든 사물들을 고립시키고 분리시킨다. 즉 인간, 사물, 세계, 가치, 신 등을 그 자체로 홀로 존재하는 것, 즉 '실체' 로 보게 만든다. 따라서 이들이 맺고 있는 관계는 단절된다. 이것은 결국 사고하는 주체의 오만을 드러낸 것이다. 지성을 통해 모든 것을 정확하게 구획 짓고 파악할 수 있으며 그가 설정한 구획 안에 모든 것을 집어넣을 수 있다고 생각한다.

(『급변하는 흐름 속의 문화』)

아닌 게 아니라 개인주의는 지성의 오만이며, 따라서 지혜롭지 못하다. 그것은 인간이 본질적으로 공동체적인 존재임을 외면하고 있기 때문이다. 이는 개인주의가 공동체의 사회생활을 아예 부정하려 한다는 뜻이 아니다. 문제는 개인이 사회(공동체)에 앞서 존재한다고 여기는 그들의 믿음에 있다. 그들이 잘못 생각하는 것처럼, 개인이 먼저 있고 나서 공동체가 형성되는 것이 아니다. 인간은 삶의 광야에 홀로 내던져진 뒤에 성장과 함께 사람들의 무리에 끼어드는 것이 아니다. 그는 태생적이고 본질적으로 공동체적인 존재이다. 그는 부모와 조상, 그밖에 수많은 인연 속에서 태어나 자신의 존재 안에 공동체성을 유전자처럼 갖고 있다.

그러므로 나의 존재를 들추어보면 그 안에 부모와 이웃과 친구와 고향과 그리고 나아가 우주 만물이 도사리고 있다. 그(것)들은 나의 존재를 형성시키면서 내 안에서 살아 스멀거린다. 존재의 피가 되고 살이 되어 있는 것이다. 맹자는 이러한 이치를 다음과 같이 압축한다. "만물이 모두 나의 존재 안에 갖추어져 있다."(『맹자』) 불교의 연기설(緣起說) 또한 그것을 간명하게 요약한다. "이것이 있으므로 저것이 있고, 이것이 생기므로 저것이 생긴다. 이것이 없으면 저것도 없고, 이것이 사라지면 저것도 사라진다[此有, 故彼有. 此生, 故彼生. 此無, 故彼無. 此滅, 故彼滅.]"

그러므로 우리는 한 사물의 본질을 파악하고자 할 때 그 개체의 내부만 들여다보려 해서는 안 된다. 고 서정주 시인이 한 송이의 국화꽃에서 "봄부터 그렇게 울어온 소쩍새 소리"와 "먹구름 속에서 또 그렇게 운 천둥소리"를 듣고, "간밤에 저리 내린 무서리"를 본 것처럼, 한 사물의 존재에 내재되어 있는 타자를 살펴야 한다. 최상의 참다운 지혜는 이처럼 인간의 공동체적 존재됨을 자각하는 데에서부터 생겨날 것이다. 그것은 만물이 본질적으로 서로 긴밀하게 연결되어 있음과, 일자 속에 타자가 내재되어 있음을 본다. 신라의 의상(義湘) 대사는 이러한 지혜를 아래와 같이 무슨 주문처럼 읊는다. "하나 속에 일체가 있고, 모든 것 속에 하나가 있으며, 하나가 곧 일체요, 모든 것이 곧 하나이다. 조그만 티끌 하나에 온 세계가 담겨 있고, 모든 티끌 속 또한 그러하다[一中一切, 多中一. 一卽一切, 多卽一. 一微塵中含十方, 一切塵中亦如是]."

이러한 지혜는 자연스럽게 사랑의 마음을 불러일으킬 것이다. 나의 존재 안에서 너를, 그를, 심지어 미물의 곤충과 잡초까지도 바라보고 느낀다면, 그들 모두를 제 몸처럼 여기면서 따뜻한 눈빛을 보내며 구원의 손길을 뻗치지 않을 수 없을 것이다. 그러고 보면 위대한 사랑은 역시 참다운 지혜에서 나온다. 부처님의 '동체대비(同體大悲)'의 사랑이 그 모습이며, 선비들이 삶의 궁극이념으로 삼아 평생토록 추구했던 '인(仁)'도 마찬가지다. 아래의 글을 다시 한 번 읽어보자.

> 인자(仁者)는 천지만물을 자기 자신과 한 몸으로 여긴다. 만물을 자신의 일부로 생각하니 그의 사랑이 어느 한 사물엔들 미치지 않겠는가. 만약 사물을 자신과 다른 것으로 여기면 그것은 나와 상관없는 존재가 되고 말 것이다. 이는 마치 수족의 마비로 인해 혈기가 통하지 않아 그것이 내 몸이 아닌 것처럼 느껴지는 것과도 같다.

이러한 '인자'의 삶은 일반인으로서는 상상조차 하기 어려운 다른 세계처럼 보이지만, 사실은 우리의 세속적인 일상생활 속에서도 그와 같은 심리적 편린이 발견된다. 그 단적인 예로 오늘날 확실히 하나의 문화로 자리 잡고 있는 반려동물의 사육현장을 들여다보자. 그들의 관심과 애정은 극진하기까지 해서 때로는 위화감이 들 정도이다. 그들이 과연 자신의 부모나 친척, 이웃에 대해서는 얼마나 마음을 주고 있는지 궁금하기도 하다. 이삼십 년 전만 하더라도 거의 찾아볼 수 없었던 동물 '반려'의 문화가 그처럼 갑자기 일상화된 것은 어째서일까? 그것은 아마도 개인주의의 여파일 것이다. 그들이 자기중심적이고 자타 단절적인 삶 속에서 겪을 수밖에 없는 애정의 결핍과 존재의 외로움을 개나 고양이에게서 해소하고자 하는 실존적 궁여지책이 아닌가 하는 것이다.

아무튼 그들에게 반려동물은 '동물' 이상의 의미를 갖는다. 그것은 소나 돼지, 닭처럼 단순한 먹거리에 불과한 것이 아니라, 서로 애정을 나누는 존재이기 때문이다. 그러므로 그들은 반려동물을 인간의 하위 존재로 무시하지 않고 인간과 동렬에 두려 한다. 저들이 죽으면 화장에 이어 사진을 내건 납골당에 안치하기까지 한다. 그들은 그 자리에서 이렇게 말하고 싶을 것이다. 저들도 사람에 못지않게 하나의 존엄하고 고귀한 존재라고 말이다. 이에 관한 한 그들은 인간중심적인 편견을 넘어 동물을 인간과 동일한 생명으로 여겨 사랑하는 높은 지혜를 갖고 있다고 할 수 있을 것이다.

이는 "천지만물을 자기 자신과 한 몸으로 여기는" '인자'의 마음과 일맥상통한다. 반려동물의 주인들 역시 그를 제 몸처럼 여겨 보살피고 사랑하기 때문이다. 하지만 그들이 인간은 물론 다른 가축과 곤충, 초목들에게도 그러한 마음을 갖고 있을까? 혹시 개인주의의 부산물인 삶의 외로움을 면하기 위한 방책으로 반려동물을 대상으로 택한 것은 아닐까? 만약 그렇다면 그들의 사랑은 일방적이고 자기중심적인 성질을 면치 못한다. 거기에는 양자가 동등한 주체로서 서로 존중하고 아우르는 참사랑의 정신이 결여되어 있다.

물론 그렇다고 해서 반려동물을 대하는 그들의 마음 자체를 비난할 일은 아니다. 그것은 하나의 소중한 실마리가 될 수 있다. 즉, 그들이 개나 고양이에게 갖는 '반려'의 마음을 사람들과 나아가 가축, 곤충, 초목 등 모든 살아 있는 것들에게까지 확대한다면 "천지 만물을 자기 자신과 한 몸으로 여기는" '인자'처럼 풍요롭고 환희로운 존재의 삶을 영위할 수 있을 것이다. 이렇게 생각하면 저 '인자'는 상상적인 인물만은 아니며, 누구나 그러한 삶의 지평을 넓혀나갈 수 있다. 모든 사람들이 각자의 존재 안에 '인자'의 씨앗을 갖고 있기 때문이다. 그들이 그것을 자각하고 체험하지 못하는 것일 뿐이다. 우리 모두 자신의 내부에서 깊이 성찰해볼 일이다.

제21장 어린아이의 미덕

대인(大人)이란 어린아이의 마음을 잃지 않는 사람을 말한다.
[大人者, 不失其赤子之心者也.]

『맹자』의 글이다. 맹자가 이 말을 하면서 생각한 '어린아이의 마음'은 어떠한 것이었을까? 맹자의 부연 설명이 없으므로 독자 스스로 상상할 수밖에 없지만, 일반적으로 우리는 어린아이 하면 곧 세속에 때 묻지 않은 순진함을 떠올린다. 이를테면 벌거벗은 임금님 앞에서 어른들은 보신을 위해 "이 세상에서 최고로 아름다운 옷을 입었다."고 굽실거리며 아첨하지만, 아이들은 "임금이 벌거벗었다."고 소리지른다. 그처럼 어린아이는 맑은 눈과 거짓을 모르는 마음으로 세상을 바라본다.

어린아이는 세상 물정을 모르기에 순진하다. 하지만 아이도 부모의 품 안을 벗어나 삶을 자립할 나이가 되어 가면 순진함을 잃고 거짓과 술수를 익힐 것이다. 복잡하고 또 냉혹하기조차 한 세상에 적응해야 하기 때문이다. 그렇다고 해서 그렇게 거짓과 술수로 한 세상 사는 것을 당연한 일로 여겨야 할까? 자신을 그렇게 내팽개쳐도 좋을 만큼 나는 하찮은 존재일까? 설사 하늘(신)의 소명은 모른다 하더라도, 이 세상에서 유일무이한 나 자신의 소중함을 인정한다면, 거짓투성이의 세상 속에서도 순결하게 삶을 가꾸어 나가야 하지 않을까?

맹자의 '대인'이 여기에서 모습을 드러낸다. "대인은 어린아이의 마음을 잃지 않는다." 이는 그가 어린아이처럼 세상 물정도 모르고 순진하게 삶에 나선다는 뜻이 아니다. 그는 위선과 궤변이 횡행하는 세상에서도 참다운 생명 정신을 잃지 않는다. '순진'이 물정 모르는 어린아이의 단순함이라면, '순수'는 혼탁한 세상에 물들지 않고 어린아이와도 같은 참생명을 지키는 강인한 정신이다. 마치 진흙 속에서 연꽃이 아름답게 피어오르듯 말이다. 그러므로 어린아이가 순진하다면 대인은 순수하다.

대인의 순수 정신은 그 자신의 인간관의 산물이다. 그는 사람이 어떠한 존재인지, 혼탁한 세상 속에서도 흔들림 없이 자신이 삶에서 추구해야 할 것이 무엇인지를 안다. 종교적 관점에서 말하면, 속세에 물들지 않고 신이 나에게 부여한 삶의 뜻을 깨달아 추구하는 사람이라면 그가 대인이다. 그가 제도권의 성직자여야 하는 것은 물론 아니다. 우리가 주변에서 흔히 목격하는 것처럼, 성직자들 가운데에는 신의 뜻을 배반하는 세속적인 '소인'들이 넘쳐난다. 이들과는 달리 교회가 아니라도, 평소 자신의 내면 깊은 곳에서 하느님의 뜻을 자각하여 세상에 흔들림 없이 나서는 신앙인이라면 그가 바로 대인이다. 신앙인만이 아니다. 종교를 믿지 않는다 하더라도 세상의 바른 이치와 자신의 존재 의미를 깊이 숙고하면서 그에 따라 삶에 순수하게 나서는 사람이라면 그 또한 대인이다. 다만 어떠한 유형의 인간관이든 그의 순수 정신은 사랑과 정의와 진리라고 하는 인류의 보편적인 가치를 핵심으로 갖고 있을 것이다.

주의해야 할 점이 있다. 어린아이와 같은 참생명을 교리나 계율,

도덕규범 등으로 지나치게 꾸미려 해서는 안 된다는 것이다. 그것들은 자칫 참생명을 호도하고 질식시킬 수 있기 때문이다. 그것은 마치 어린아이의 얼굴을 어른처럼 화장함으로써 그 맑고 투명한 모습을 덮어버리는 것과도 같다. 천연의 참생명을 인위적인 관념들로 치장하면 할수록 그것은 생기발랄함을 잃고 박제화 되기 쉽다. 물론 참생명의 실현을 위해 교리나 계율, 도덕과 같은 방편을 강구할 수밖에 없지만 거기에 집착하거나 매몰되지 말아야 한다. 어느 순간, 어떤 자리에서도 어린아이와 같은 참생명의 정신을 놓아서는 안 된다. 우리는 그 사례를 옛날 고승들이 계율을 무시하면서 천진난만한 어린아이처럼 한 세상을 살았던 데에서 본다. 한편 '대인'을 이상적 인물로 내놓은 맹자와 달리, 노자는 어린아이 자체를 앞에 세운다. 노자는 어린아이의 참생명을 다음과 같이 칭송한다.

> 독충도 어린아이를 쏘지 않고, 사나운 들짐승도 달려들지 않으며, 날짐승도 채가지 않는다. 어린아이는 뼈가 약하고 근육이 부드럽지만 움켜쥐는 손은 매우 단단하다. 남녀의 교접을 모르지만 성기가 빳빳하게 일어나는 것은 정기가 지순하기 때문이요, 종일토록 울어도 목이 쉬지 않는 것은 생명의 조화가 지극하기 때문이다.
> (『노자 도덕경』)

그러므로 "어린아이로 돌아가라[復歸於嬰兒]." 이는 실제로 아무것도 모르는 어린아이가 되라는 말이 아니다. 거기에는 어린아이의 마음을 승화시켜 차원 높은 지혜를 닦아야 한다는 뜻이 감추어져 있다. 노자는 다른 자리에서 고도의 은유어법으로 다음과 같이 말한다.

> 수컷을 알면서 암컷을 지키면 세상의 모든 물이 흘러드는 골짜기가 된다. 세상의 골짜기가 되면 덕이 영원히 떠나지 않게 되어 어린아이로 되돌아갈 것이다. 흰 것을 알면서 검은 것을 지키면 천하의 본보기가 된다. 천하의 본보기가 되면 덕에서 영원히 어긋나지 않아 무극(無極: 상대성을 초월한 세계)으로 돌아가게 된다. 영광을 알면서 오욕을 지키면 만물이 모여드는 골짜기가 된다. 만물의 골짜기가 되면 덕이 영원히 충족되어 질박함으로 돌아가게 된다.
>
> (『노자도덕경』)

여기에는 시비와 선악과 미추와 호오 등 어른들의 온갖 인위적이고 대립적인 관념(가치)들을 버리고 어린아이처럼 사물을 있는 그대로 바라보는 초월적인 안목을 갖출 것을 사람들에게 요구하는 뜻이 담겨 있다. 정말 어린아이의 눈으로 보면 어른들은 이상하기만 하다. 그들은 '수컷'과 '암컷', '흰 것'과 '검은 것', '영광'과 '오욕' 등등 각종의 상투적인 고정관념들에 젖어 편을 가르면서 서로 좋아하고 미워하고 분노하며 절망한다. 서로들 대립하고 다투며 짓밟아 죽이려고까지 한다. 이를테면 남자들은 우월적인 힘으로 여자들을 농락하려 하고, 우파는 좌파를 타격의 대상으로 만들어 어떻게든 지배적인 위치를 차지하려 하며, 많은 종교인들은 독선적인 사고 속에서 자기만이 진리를 안다고 주장한다. 어린아이의 눈으로 바라보면 어른들은 그렇게 이해할 수 없는 일들을 벌인다. 사회의 분열과 삶의 투쟁은 이의 필연적인 결과이다.

그러므로 "어린아이로 돌아가야 한다." 어린아이에게는 남녀와 흑백과 좌우의 관념이 없다. 그들은 무엇이 영광이요 오욕인지 알지 못한다. 남녀 간, 흑백 간, 빈부 간 피차의 분별을 모르고 서로 어울려 즐겁게 놀며, 과거를 추억하거나 미래를 기대하지 않고 지금, 이 자리에 기쁜 마음으로 오롯이 나선다. 사람들은 요즘 아이들이 영악하여 그렇지 않다고 말하지만, 사실 그것은 어른들이 조장하고 어른들에게 오염된 결과일 뿐이다. 어른들은 이른바 조기교육이라는 미명 하에 아이들에게 자기네와 같은 관념과 지식과 욕망을 주입한다. 어른들은 그렇게 아이들을 불행에 빠트린다.

사람들은 "어린아이로 돌아가라"는 노자의 주장을 두고 실제의 삶에 적용하는 데에는 크나큰 문제점이 있다고 비판하고 싶을 것이다. 자신이 어른으로서 갖고 있는 분별적인 관념의 허구성을 인정하지만, 그렇다고 해서 자타 분별의 엄연한 현실을 부정할 수는 없다고 여기면서 말이다. 그러나 노자가 묘사한 어린아이는 사려 분별을 모르는 유년시절을 뜻하지 않는다. 그는 "수컷을 알면서 암컷을 지키고" "흰 것을 알면서 검은 것을 지키며" "영광을 알면서 오욕을 지키는" 차원 높은 지혜를 갖고 있다. 달리 말하면, 그는 분별 속에서도 고도의 시각으로 그것들을 조화시키고 통합하는 정신을 잃지 않는다. 그러므로 노자의 어린아이의 '무지(無知)'는 사려 분별을 모르는 유년시절의 '부지(不知)'와, 사려 분별만 해대는 어른들의 '지(知)'를 넘어서, 분별적 세계를 높은 차원으로 모두 아우르는 최상의 지혜에 해당된다. 이는 고 김수영(1921-1968) 시인이 자신의 〈풀〉이라는 시를 자평한 말을 빌리면, "처음부터 의미를 포기하는 것이 아니라 의미를 껴안고 들어가서 의미를 구제함으로써 무의미에 도달하는" 최고 수준의 경지가 될 것이다.

그렇기는 하지만 '어린아이'의 현실적 한계가 사실 여기에 있다. 그것은 고도의 수행을 요구할 뿐만 아니라, 너무 초월적이어서 일상생활에서 실행하기가 지극히 어렵다는 점이다. 그렇다고 해서 체념적으로 분별의 세계에 안주할 일이 아니다. 노자의 주장이 아니더라도 천진무구하게 삶을 유희하는 어린아이의 마음을 배워야 한다. 특히 오늘날 각종의 분별적이고 파편화된 가치와 관념으로 인해 사람들의 질박하고 순수한 성품이 갈수록 메말라가고 있는 상황에서 이는 더욱 중요한 의의를 갖는다. 그리하여 그 어떤 분별적 언어와 이론으로도 충분히 설명할 수 없는 인간의 원초적 생명성을 회복하도록 노력해야 한다. 사실 인식은 생명의 나무가 아니다. 이 뜻을 알고자 한다면 인식에 물들지 않은 어린아이의 천진하고 생기발랄한 모습을 상상해보라.

『장자(莊子)』의 우화를 하나 소개한다. 혼돈(混沌)의 신이 있었는데 그는 찾아오는 친구들을 매일 융숭하게 대접하였다. 어느 날 두 친구가 보답으로 그의 몸에 일곱 개의 구멍을 매일 하나씩 뚫어주었다. 그가 아무런 감각기관도 갖지 않은 한 덩어리의 '혼돈'이었기에 이를 안타깝게 여겨서였다. 하지만 그는 구멍들이 뚫린 마지막 날 죽고 말았다. 이는 두 개의 눈, 두 개의 코, 두 개의 귀, 그리고 입의 일곱 개 감각통로(구멍)가 인간의 원초적 생명을 파괴하는 요인임을 말하려 한 것이다. 그 기관은 인간이 세계를 감각하고 인식하는데 필요불가결한 장치이긴 하지만, 동시에 사물을 일정한 언어 문법과 인식의 틀에 맞추어 상투적으로 이해함으로써 그것의 참다운 실상을 보지 못하게 만든다는 점에 문제가 있다. 이는 분별적 사고 이전에 원시인들처럼 사물과 세계를 온몸으로 감수할 줄 아는 인간의 원초적 생명 감각을 저해하는 요인이 된다. 나아가 그것은 갖가지로 인위적인 욕망을 부추기고 분별적인 지식들을 생산하여 우리의 삶을 어린아이와도 같은 '혼돈'의 순수 자연한 상태로부터 멀어지게 만들기도 한다. 이것이 어쩌면 과학(학문)의 이름으로 인간과 만물에 수없이 구멍을 뚫어대는 현대문명의 불행한 현주소가 아닐까?

어린아이의 미덕을 단순함이라는 관점에서 살펴보자. 아이는 단순하다. 무얼 복잡하게 생각하지 않으며, 이해타산의 '잔머리'를 굴릴 줄 모른다. 이를테면 그는 오늘이 몇 년, 몇 월, 며칠, 무슨 요일인지 따져 묻지 않으며, 단지 지금 이 자리에서 즐겁게 놀 뿐이다. 언어적 공식과 관습적 사고의 매개 없이 생기발랄한 눈빛으로 세상을 대면하고 체험한다. 이 점에서 그는 물리적 시간표에 따라 생활을 복잡하게 꾸미고 분별하는 어른들과 다르다. 어느 선사는 수행을 통해 어린아이처럼 단순해진, 그러나 사물의 미세한 움직임 하나에서도 삶의 환희를 느끼는 마음을 다음과 같이 읊는다. "산속의 노승은 갑자을축을 헤아릴 줄 모르지만 / 떨어지는 나뭇잎 하나를 보면서 세상에 가을이 왔음을 알아차린다. [山僧不知甲子數 / 一葉落知天下秋]"

물론 인간은 어린아이처럼 단순하게만 살 수 없는 것이 사실이다. 아니 다른 동물들처럼 육체적 생존본능을 충분하게 타고나지 못한 그는 대신 그 보상으로 주어진 탁월한 정신 능력으로 세계를 인공적으로 꾸미고 개변하며 살도록 운명 지워져 있다. 그가 세계 앞에서 복잡한 생각을 할 수밖에 없는 이유가 여기에 있다. 하지만 거기에는 어두운 측면이 도사리고 있다. 이리저리 생각하고 의심하면 할수록 사물의 본질에서 멀어진다는 점이다. 진리는 오히려 단순 명료한 눈빛으로만 포착될 수 있다. 과거에 선비들이, 특히 선사들이 "마음을 비울 것[虛心]"을 강조한 까닭도 여기에 있었다. 선입견이나 편견, 심지어 언어적 공식까지도 마음속에서 지워야만 사물의 참다운 실상이 다가올 것이기 때문이다. 그러므로 일이 복잡할수록 마음을 단순하게 가져야 한다. 그것이 번민과 고통을 줄이고 진리에 다가갈 수 있는 최선의 방책이기도 하다.

복잡한 생각은 술수와 거짓, 합리화와 궤변을 지어내기도 한다.

머리 좋은 사람일수록 그것이 능하다. 우리는 그 흔한 모습을 정치의 현장에서 일상적으로 목격한다. 그들은 개인적, 또는 당파적인 관심에서 자신에게 불리한 상황을 끊임없이 궤변으로 호도한다. 이와는 달리 단순한 사람은 자신의 약점과 문제점을 정직하게 인정하고 받아들일 뿐, 이해득실을 복잡하게 따지면서 자신을 꾸미고 합리화하지 않는다. 인간관계의 오해와 갈등을 풀고 파탄을 막을 수 있는 최선의 방책이 바로 여기에 있다. 단순함의 미덕이 그것이다. 복잡한 계산은 오히려 사태를 호도하여 더욱 혼란에 빠트릴 뿐이다. 그러므로 어린아이의 단순한 마음과 투명한 눈빛을 배우도록 해야 한다.

단순 정신은 기만을 모른다. 기만은 자신의 이해득실을 따지는 복잡한 생각에서 나온다. 어린아이가 남을 속일 줄 모르는 것은 그가 단순하기 때문이다. 그는 사실을 있는 그대로 받아들이고 인정할 뿐, 그것을 비틀고 거짓으로 꾸며 남을 속이지 않는다. 당연히 그는 남에 대한 기만 이전에 자기기만에 빠지지 않는다. 일반적으로 사람들은 자신의 거짓된 태도를 남들에게 진실이라고 궤변할 때 양심상 일말의 가책을 느낀다. 자기기만은 이를 면하려는 의도요 심리적 얼개의 산물이다. 자신의 거짓과 악행을 그럴싸한 논리로 스스로 합리화하여 양심의 가책을 벗어나려 하는 것이다. 당연히 어린아이는 자기기만을 모른다. 그는 자신을 교묘하게 꾸밀 만큼 복잡한 생각을 할 줄 모른다. 싫은 것을 좋다고 꾸미지 않으며, 악취를 맡으면서 향기로운 냄새라고 궤변하지 않는다. 그는 단순하게 사실을 사실대로 받아들일 뿐이다.

이처럼 자기기만이 없는 어린아이의 단순함은 어른들의 세계에서 환상에 지나지 않는 것일까? 하지만 우리의 역사 속에서는 그것을 미덕으로 추구한 사례가 있다. 『대학』은 말한다. "자기 자신을 속이지 말라! [毋自欺]" 이를 위해 선비들은 마음을 티끌 한 점 없이 밝고 맑은 거울처럼 닦았다. 퇴계의 말을 빌리면 "마치 거울처럼 사물이 다가오면 그것을 비추되 담아두지 않고, 사물이 지나가면 그것을 보내 텅 비우려"하였다. 말하자면 생각을 텅 비워 사물을 명료하게 인식하려 하였다. 차원 높은 단순함을 추구한 것이다. 선생이 마음을 함께 했던 작자 미상의 시를 다시 한번 음미해보자.

생각이 많으면 정신이 손상되니
마음을 맑게 비워야 양생(養生)할 수 있다네.
어찌하면 이 마음을 옛 우물처럼
맑게 물결도 티끌도 없게 할 수 있을까.
嘗聞思慮損精神　　唯有淸虛可養身
安得是心如古井　　湛然無浪亦無塵

어른들이 추구해야 할 단순함은 어린아이처럼 인식과 성찰을 거부해야 함을 뜻하지 않는다. 거기에는 노자의 '무지'처럼 초월의 정신이 내재되어 있다. 즉, 저 단순함은 맑게 열린 마음으로 세계와 사물을 대면하면서 그것들에 집착하지 않고 그것들로부터 자유로운 투명한 정신에서 생겨난다. 그러므로 그 단순함은 순진함이나 어리석음과 차원을 달리한다. 그야말로 달관적이다. 소동파(蘇東坡: 1037-1101)의 글을 통해 그 세계를 들여다보자. "생노병사의 소식이 이르면 곧바로 따라 나선다[生老病死, 符到卽行]."

우리는 늙음과 병듦과 죽음 앞에서 수없이 복잡한 생각들을 펼치면서 그 고통으로부터 벗어나기 위해 갖가지의 방책을 강구한다. 오죽하면 "인생이 고해"라고 했던가. 예를 들어보자. 죽음학의 권위자인 엘리자베스 퀴블러 로스의 주장에 의하면, 사람이 죽음의 선고를 받으면 대체로 다섯 단계를 거친다고 한다. 부정, 분노, 타협, 우울, 수용이 그것이다. 이를테면 의사한테서 불치의 병을 선고받으면 내가 그럴 리 없다고 부정하고, 이어 자신이 왜 그렇게 불행을 겪어야 하는지 분노를 드러내고, 하느님에게 더 살게 해달라고 빌면서 타협하고, 그것도 안 되니까 절망에 빠지고, 마지막 단계에서는 삶의 의지를 모두 내려놓고서 편안하게 죽음을 받아들인다는 것이다. 죽음이라고 하는 단순한 사실 앞에서 온갖 생각들이 그처럼 복잡하게 난마처럼 엉키면서 그를 고통 속에 몰아넣는 것이다.

소동파의 윗글에서 '곧 바로'라는 말은 이처럼 복잡한 생각과 부정적 감정들에 부대끼지 않고 생로병사의 운명을 즉각적으로, 담담하게 수용하는 뜻을 담고 있다. 선생은 고통스러운 현실을 일말의 회의와 반발, 거부와 저항 없이 아주 순순히 받아들이려 한다. 죽음을 예로 들면, 앞의 네 단계를 건너뛰고 삶의 끝을 '곧 바로' 편안하게 수용하리라는 것이다. 물론 이는 그가 질병의 치료를 거부하고 삶 자체를 포기한다는 말이 아니다. 그는 당면의 상황에서 "진인사대천명(盡人事待天命)" 할 뿐이다. 맹자는 말한다. "일찍 죽고 오래 사는 문제에 대해 번민의 마음을 갖지 않고 자신을 수양하면서 죽음을 기다리는 것, 그것이 하늘의 뜻을 받드는 길이다[夭壽不貳, 修身以俟之, 所以立命也.]"(『맹자』) 이처럼 '하늘의 뜻'을 받들어 의심 없이 나의 길을 가겠다는 자세는 얼마나 달관적이며 숭고한 단순함인가! 물론 이는 누구나 할 수 있는 일이 아니다. 그것은 '하늘(신)의 뜻', 또는 우주 자연의 섭리를 깊이 깨달아 거기에 자신의 삶을 내맡기는 초월과 해탈의 수준 속에서만 가능할 것이다. 퇴계는 말한다. "자연의 섭리를 타고 돌아가 목숨을 다하리니, 더 이상 무엇을 바라리오[乘化歸盡 復何求兮]."

달관적 단순정신은 삶에 최상의 환희를 가져다줄 것이다. 순전히 개념적 사고의 필터를 거쳐서만 사물을 받아들이는 어른들의 메마르고 빈곤한 감각과 달리, 원시인들처럼 생각 이전에, 생각을 뛰어넘어, 사물을 온몸으로 체감하는 단순정신에는 매사가 새롭게 다가와 기쁨을 안겨줄 것이다. 그 원형적인 모습을 우리는 아이들의 끝없는 호기심과 놀이정신에서 볼 수 있다. 아래에 어른의 복잡한 생각과 아이의 단순한 눈빛을 잘 대비시켜 줄 시 두 편을 소개한다. 앞의 것은 대유학자 주자의 〈무이도가(武夷櫂歌)〉 중 제3편이고, 뒤의 것은 선승이었던 혜개(慧開: 1183–1260)의 작품이다. 두 분 다 중국 송나라 때의 인물이다. 앞의 시에서 '가학선'이란 골짜기에 매달아 그 안에 시신을 담아둔 배를 말한다. 그 옛날 중국 어느 지역의 장례풍습이었다고 한다.

셋째 구비에서 그대는 보았는가 가학선(架壑船)을
노를 젓지 않은 지 몇 해인지 모르겠네.
푸른 바다가 이처럼 뽕나무 밭이 되었으니
물거품과 바람 앞 등불 같은 인생 애착 가질 게 있을까.
三曲君看架壑船
不知停櫂幾何年
桑田海水今如許
泡沫風燈敢自憐

봄에는 꽃들이 만발하고 가을에는 밝은 달이 비치며
여름에는 시원한 바람이 불고 겨울에는 하얀 눈이 내리지.
만약 부질없는 생각들을 마음에 걸어두지 않는다면
세상살이가 바로 좋은 시절이라네.

春有百花秋有月
夏有凉風冬有雪
若無閑事掛心頭
便是人間好時節

주자는 "물거품과 바람 앞 등불 같은 인생 애착 가질 게 있을까" 하면서 세상을 초탈한 듯하지만, 선생의 마음 한구석에는 여전히 세상에 대한 애착의 정이 남아 있다. 선생이 뱃놀이 중에 '셋째 구비'의 아름다운 풍광을 마음껏 즐기며 노래하지 못하는 까닭이 여기에 있을 것이다. 하지만 사람은 누구나 예외 없이 '가학선'을 타게 되어 있으며, '푸른 바다가 뽕나무밭이 되는' 것이 자연의 이치이다. 그런데 어찌 그처럼 "부질없는 생각들을 마음에 걸어두고" 스스로를 번민에 빠트리는가. 무얼 그렇게 심각하고 복잡하게 생각하는가. 삶은 그야말로 단순하게도 바로 지금, 이 자리인 것을 말이다. 그처럼 단순한 마음을 가지면 일상의 매 순간이 봄 여름 가을 겨울의 각기 색다른 풍경과도 같이 더없이 환희롭게 다가올 것이다.

아래에 석가모니의 사유 궤적을 추적한 헤르만 헤세의 소설 『싯다르타』의 일부를 인용한다. 일반적으로 사람들은 삼법인설(三法印說) 가운데 하나인 "세상살이가 모두 고통[一切皆苦]" 이라는 말에만 머물러 불교를 비관주의라고 여기지만, 헤세는 석가모니의 생각을 정확하게 짚어냈다. 사실 석가모니 역시 허무한 마음속에서 한동안 세계 만물의 본질은 무엇이며, 나는 어떤 존재인가 하는 문제를 놓고 심각하고 복잡하게 생각하였다. 석가모니는 자신의 몸을 괴롭히는 고행으로 해탈을 시도하기도 하였다. 하지만 어느 순간 섬광과도 같은 깨달음이 일었다. 그것은 영원이니 순간이니, 차안이니 피안이니 하는 등의 분별적인 생각들을 떠나 어린아이처럼 단순한 눈빛 속에서 주어지는 것이었다. 그 눈빛에 세상 만물이 그 모두 아름답기 그지없었으며, 삶이 기쁨으로 넘쳤다. 차제에 소설을 읽는 재미를 함께 느껴보자.

> 예전의 싯다르타는 이러한(세계만상의 새롭고 매혹적인: 필자 주) 광경이 경망스럽고 기만적이며 무상하고 자신의 눈을 가린다고 생각했다. 본질적인 것은 눈에 보이는 세계 저편에 있었기 때문이다. 그래서 예전에는 이 모든 것을 의혹의 눈으로 바라보았고, 철저한 사유에 의해 무화될 수밖에 없다고 여겼다. 그랬던 그는 이제 깨달음을 얻어 차안(나고 죽고 하는 고통이 있는 이 세상)을 인정하고 가시적인 것에 의해 세상을 인식하고, 이 세상에서의 고향을 인정하고, 본질적인 것을 추구하지 않았다. 이처럼 아무 것도 추구하지 않고, 피안의 세계를 목표로 하지 않게 되었다. 이렇게 단순하게 생각하고 어린아이처럼 세상을 바라보니 세상에 아름답지 않은 것은 없었다. 달과 별들도 아름답게 보였고, 시냇물과 강물도 아름답게 보였으며, 숲과 바위도 아름답게 보였다. 또한 산양과 꽃무지, 나비도 아름다웠다. 지금처럼 천진난만하게 길을 걸어가는 것도, 각성한 것도 기분 좋은 일이었다. 이렇게 마음을 열고 아무런 불신 없이 세상을 바라보니 기쁨이 넘쳤다.

부처님의 자비도 이처럼 단순하고 천진난만한 마음에서 우러나올 것이다. 부처님에게 사랑은 이성의 명령이나 또는 신의 말씀으로 부과된 과제가 아니다. 그러한 명령이나 말씀을 매개로 요구되는 사랑은 간접적이고 파생적이어서 감각적 충만성과 생명적 절실성을 갖지 못한다. 참다운 사랑은 이러저러한 사고의 과정을 거치지 않고 나의 존재 깊은 곳에서 직접적으로 터져 나와 타자와 생명을 공감하면서 그를 보살피려는 마음이다. 그것은 어머니가 품안의 어린아이를 바라보는 한없이 따뜻한 눈빛과도 같다. 위대한 사랑은 그처럼 단순하고 명료하다. 그것은 성별과 노소와 인종과 나아가 인간과 초목금수의 차이를 따지지 않고 살아 있는 모든 존재를 근원적 생명감각으로 깊이 보듬어 안는다. 동체대비(同體大悲)의 사랑이 바로 그것이다.

제22장 참마음

우산(牛山)의 나무들이 과거에는 울창했었다. 하지만 그 산이 큰 나라의 교외에 있었기 때문에 사람들이 나무들을 도끼와 자귀로 매일 베어냈다. 그러니 울창할 수 있겠는가. 그래도 나무들이 밤낮으로 자라나고 또 비와 이슬에 젖어 싹을 틔우는데, 뒤이어 소와 양들이 그것들을 뜯어 먹으니 저와 같이 벌거숭이산이 되고 말았다. 하지만 이 어찌 산의 본디 모습이겠는가. 사람의 경우도 마찬가지다. 어찌 그에게 사랑과 의로움의 마음이 없겠는가. 다만 그 선한 심성을 사람들 스스로 버리는 것이 마치 도끼와 자귀로 나무들을 날마다 베어내는 것과도 같으니, 그러고서도 심성이 아름다울 수가 있겠는가. 그럼에도 선한 심성이 밤낮으로 자라나고 또 새벽에는 맑은 정신이 깨어나건만, 무얼 좋아하고 싫어하는 등 일상의 인정이 저마다 다른 데다가 사람들은 낮의 생활 속에서 그 선한 심성을 잃어버리고 만다. 그것을 날마다 잃다 보면 야기(夜氣)가 남아 있을 수 없고, 야기가 남아나지 못하면 결국 짐승에 가까워지고 만다. 사람들은 그처럼 짐승 같은 모습을 보고는 "인간에게는 본래 선한 심성이 없다." 고들 한다. 하지만 어찌 그것이 인간의 본래 모습이겠는가. 그러므로 어떤 생명이든 양육을 받으면 잘 자라날 것이요, 양육을 받지 못하면 죽고 말리라. 공자께서 말씀하셨다. “잡으면 존재하고 놓으면 사라져서, 출입하는 것이 시도 때도 없어 그 향방을 알 수 없는 것, 그것은 바로 사람의 마음이다.”

[牛山之木, 嘗美矣, 以其郊於大國也, 斧斤伐之, 可以爲美乎. 是其日夜之所息, 雨露之所潤, 非無萌蘖之生焉, 牛羊又從而牧之, 是以若彼濯濯也. 人見其濯濯也, 以爲未嘗有材焉. 此豈山之性也哉. 雖存乎人者, 豈無仁義之心哉. 其所以放其良心者, 亦猶斧斤之於木也, 旦旦而伐之, 可以爲美乎. 其日夜之所息, 平旦之氣, 其好惡與人相近也者幾希, 則其旦晝之所爲, 有梏亡之矣. 梏之反覆, 則其夜氣不足以存. 夜氣不足以存, 則其違禽獸不遠矣. 人見其禽獸也, 而以爲未嘗有材焉者, 是豈人之情也哉. 故苟得其養, 無物不長. 苟失其養, 無物不消. 孔子曰: 操, 則存. 舍, 則亡. 出入無時, 莫知其鄕, 惟心之謂與.]

『맹자』의 글이다. 맹자는 인간이란 본래 어떠한 존재인지, 인간성을 어떻게 함양해야 할지 하는 등의 문제에 대해 철학적이고도 실천적인 관심을 깊게 갖고 있었다. 그러므로 맹자의 핵심사상은 한 마디로 인간학(人間學)이라 할 수 있다. 사람들은 흔히 맹자의 정치사상에 주목하지만, 사실 그것은 인간학의 연장선상에 있는 것이었다. 맹자에게 정치란 사랑과 의로움(정의)의 인간성을 실현하기 위한 제도적 방편일 뿐이었다. 이 점은 우리가 『맹자』를 여는 순간 첫머리 글에서 쉽게 간취된다. 맹자는 어느 나라의 임금으로부터 다음과 같은 환영의 말을 듣는다. “노인장께서 천리를 멀다 않고 오셨으니 이제 내 나라를 이익 되게 함이 있겠군요.” 이에 대해 그는 매섭게 대꾸한다.

"왕께서는 하필 '이익'을 말씀하십니까. 역시 사랑과 의로움이 있을 뿐입니다."(『맹자』) 이어 맹자는 사랑과 의로움의 도덕 가치를 숭상하지 않는 사회의 혼란을 장광설로 설파한다.

맹자의 인간학적 문제의식은 당시의 사회와 시대 상황 속에서 배태되었을 것이다. 전국(戰國)시대에 백가쟁명의 사상적 무정부 상태 속에서 사람들은 인간이 어떠한 존재인지, 그리고 어떻게 살아야 할지 갈피를 잡기 어려웠다. 인간의 본성과 관련하여 말하면 "본성이 악하다"는 '성악설(性惡說)', "선도 있고 악도 있다"는 '유선악설(有善惡說)', "선도 없고 악도 없다"는 '무선악설(無善惡說)' 등 여러 주장이 횡행하였다. 사람들은 이 가운데 어떠한 것을 따라야 할지 난감했을 것이다. 일상생활상에서 살피면, 그것들은 제각기 경험적 심리의 일면을 토대로 하고 있어서 전적으로 부정하기가 어렵기 때문이다.

하지만 문제는 그것들이 단순히 이론적 논쟁에 그치지 않는다는 점에 있다. 사람들이 어떠한 인간관을 갖느냐에 따라 그들 각자의 삶의 방향과 방식이 달라지기 마련이다. 이 점은 여러 유형의 종교적 인간관들에서 극명하게 드러난다. 모든 시대와 사회가 겪는 신구세대의 갈등도 따지고 보면 인간관의 차이에서 비롯된다. 인간의 본성이 선하냐 악하냐 하는 문제도 마찬가지다. 자신의 악행에 양심의 가책과 부끄러움을 느끼는 전자와 달리, 후자는 그러한 마음을 갖지 않을 것이다. 본래 악한 인간이 악행을 하는 것은 그야말로 자연스러운 일이기 때문이다. 그렇다고 해서 그가 악행을 마음대로 저지르는 것은 물론 아니다. 그는 악행이 인간관계의 파멸과 사회의 혼란을 초래하고 말리라는 사실을 잘 알기에, 개인적으로는 이성으로 자신의 악한 마음을 자제하고, 사회적으로는 강력한 법과 제도로 사람들의 악행을 다스리려 한다. 말하자면 선행은 양심의 산물이 아니라 사회적 요청에 불과하다. 이에 대해 맹자 같으면 다음과 같이 반문하고 싶을 것이다. 악한 마음을 제어하고 법과 제도를 창안하는 이성은 과연 선한가 악한가?

이에 대해 한발 물러서서 선악이 마음속에 공존한다는 주장을 할 수도 있다. 이는 사람들이 실제로 자신의 내부에서 흔히 경험한다는 점에서 상당히 설득력이 있다. 하지만 그것은 성악설과 농도의 차이는 있지만 역시 어떤 문제를 야기한다. 악한 심성을 함께 타고난 것으로 인정하다 보면 아무래도 순수한 선의지가 약화된다는 사실이다. 마음속에 악한 일면이 낙인처럼 찍혀 있는데 그것을 외면하면서 힘들게 선한 심성만 실현하려 할 필요가 있을까? 결국 그것은 존엄하고 고결한 삶의 의지를 약화시킬 것이다.

이들과는 달리 인류의 선각자들은 공통적으로 인간이 본래 선한 성품을 타고났음을 역설한다. 부처님의 '청정한 불성'과 공자의 '밝은 덕성', 그리고 예수님의 '고결 영혼'이 그 대표적인 모습이다. 그분들에 의하면, 그것이 인간의 참마음이다. 이는 단순히 논리적 사고의 결론이 아니었다. 성인들은 그것을 자신의 내면 깊은 곳에서 각득하고 체험하였다. 이후 인류의 역사 속에서 사람들이 추구해온 존엄하고 고결한 삶은 그와 같은 참마음을 되찾으려는 노력의 역정이었다고 할 수 있다. 아니 예나 지금이나, 그리고 미래에까지도 인간이 본래 선하게 태어났다는 '성선(性善)'의 관념은 삶과 사회를 밝게 인도해주는 정신적 횃불이다. 이의 부정은 자신의 삶과 인간사회를 어둠 속에 방치하는 것이나 다름없다. 맹자가 '성선'을 반대하는 여러 주장에 그토록 예민하고 격정적으로 대응했던 것도 이 때문이었다. 그 바탕에는 모든 사람이 '요순'과 같은 사람으로 살기를 바랐던 열망이 깔려있었다.

오늘날 우리는 어떠한 인간관을 갖고 살아가는가? 어쩌면 인간의 본성에 선과 악이 공존한다는 생각까지도 넘어 점점 '성악설' 쪽으로 기울어지고 있는 것은 아닐까? 마침 어느 과학자가 『이기적 유전자』라는 책까지 내놓았으므로, 그동안 남몰래 부끄러워했던 자신의 이기적인 생각과 소행들도 이제 거리낌 없이 펼칠 수 있게 되었다. 선(善)? 사람들의 박수를 받지만 사실 그것은 자타 간 공멸을 막기 위해 고안된 사회적 전략이요 어려서부터 학습된 가치에 불과하다. 그러므로 인간의 본성인 이기적 욕망을 억제하려 하지 말고, 남들의 시선을 의식할 것 없이 오직 자신의 성공과 행복을 얻기 위해 당당하게 나설 필요가 있다. 이것이 오늘날을 사는 사람들의 인간관이요 삶의 자세라고 하면 지나친 말일까? 참고로 『이기적 유전자』의 저자는 뒷날 어떤 대담에서 비판을 듣고는 '협력적 유전자'라는 말로 자신의 주장을 수정하였다.

사람들은 흔히 사회를 밀림에 비유하곤 한다. 인간사회도 야생의 밀림처럼 약육강식과 적자생존의 이치가 지배한다는 것이다. 그러므로 그러한 세상에서 살아남기 위해서는 어떻게든 강한 힘으로 남들을 제압하기 위해 "파이팅!" 해야 한다. 이를 위해 이기적인 책략과 술수들을 동원하는 것을 나쁘게 여겨서는 안 된다. 도덕은 나약한 사람들의 자기방어 수단에 지나지 않는다. 만물의 영장으로서 인간이 고유하게 갖고 있는 이성도 이제는 더 이상 과거의 그것이 아니다. 옛날 사람들은 이념과 도덕 가치를 발견할 수 있는 고결한 정신 능력으로 그것을 자부했지만, 오늘날엔 밀림의 사회에서 살아남기 위한, 그리고 자신의 이기적 욕망을 실현하기 위한 정신적 도구로만 여긴다. 거기에는 아름다운 삶의 이념과 고상한 가치를 지향하는 정신이 더 이상 작동하지 않는다. 한 마디로 오늘날의 인간관은 부박하고 세속적이다. 종교인들조차 '불성'과 '영혼' 등의 교리를 믿어 품위 있고 고결하게 살려 하기보다는, 속세에 파묻혀 온갖 이권을 추구하면서 '영혼 없는 삶'을 남보다 먼저 살고 있다.

우리는 여기에서 문득 맹자의 절묘한 비유를 떠올린다. 인간은 정말 사람들이 생각하는 것처럼 이기적이고 투쟁적인 존재인가? 그것은 "소와 양들이 날마다 초목들을 뜯어먹고, 도끼와 자귀가 그것들을 베어내 벌거숭이가 되어버린 산을 바라보면서 그것이 산의 본디 모습"이라고 여기는 것과 같은 오해가 아닌가? 어째서 사람들은 삶의 현장에서 이기적이고 투쟁적인 태도를 갖기에 앞서 자신이 천부적으로 타고나는 "사랑과 의로움의 선한 심성"에 주목하지 않는 것일까? 비유하자면 그 심성은 소와 양, 도끼와 자귀의 소행에도 불구하고 밤낮으로 자라나고, 또 비와 이슬에 젖어 싹을 틔우는 초목의 생명정신과도 같다. 즉, 사람은 이기적이고 투쟁적인 심리 이전에 "사랑과 의로움의 선한 심성"을 본래 타고났다. 그것이 천부의 참마음이다.

이를 다른 관점에서 살펴보자. 우리는 어려서 부모 형제의 사랑 속에서 자라고, 장성해서는 사람들과 따뜻한 정분을 나누면서 지낸다. 살다 보면 이기심과 투쟁의식이 때때로 발동하기도 하지만 우리의 삶을 버티고 견인해 주는 힘은 역시 따뜻한 사랑과 인정이다. 처음부터 고슴도치처럼 털을 곤두세우면서 사나운 마음으로 세상에 나서기를 바라는 사람은 하나도 없다. 탕아가 어머니의 따뜻한 품안을 그리워하듯, 사람들은 누구나 예외 없이 사랑 속에서 마음의 평화와 희열을 얻는다. 사람들이 '벌거숭이'와도 같은 황량한 세상에서 무언가 알 수 없는 불안감을 갖는 것도 역으로 살피면, 벌거숭이산 초목의 뿌리들처럼 부단히 생명의 꿈을 꾸는 심층의 참마음이 발동한 결과일 수도 있다. 그러므로 사랑은 역시 인간존재의 심층에 내재해 있는 생명 본능과 원초적 열망의 산물이다.

또한 아무리 투쟁적인 사람이라도 남들의 불의한 처사를 싫어하며 의로운 행동 앞에서 고개를 숙인다. 그가 악행에서 생명의 위축과 부정을 느끼고, 선행에서 성취의식과 충만감을 갖는 것 또한 참마음이 작용하기 때문일 것이다. 한편으로 "만인의 만인에 대한 투쟁"의 야만을 벗어나 서로 의존하고 연대하며 협력하는 정의로운 사회를 내심 그리워하기도 할 것이다. 투쟁을 넘어 궁극적으로 바라는 삶의 평화와 행복도 거기에서만 주어진다는 사실을 그는 잘 알 것이다. 그러므로 사랑과 의로움은 이기심과 투쟁의식 등 여러 결함에도 불구하고 인간의 존재 근저에 내재해 있는 참마음이다. 이기심과 투쟁의식 속에서 생겨나는 모질고 사나운 마음은 현실에서 유발되는 각종 욕망으로 인해 그것이 황폐해진 결과일 뿐이다. 그러므로 "벌거숭이산이 산의 본디 모습"이라고 해서는 안 되는 것처럼, 그 마음을 인간의 본래성이라고 여겨서는 안 된다. 사랑과 의로움의 참마음은 본래 이기심과 투쟁의식에 앞선다. 아래의 글을 읽어보자.

> 대타적 존재의 원래 의미는 투쟁이 아닌 윤리이다. 타인과의 대면은 우리에게 책임감을 느끼게 할 뿐, 투쟁으로 인도하지는 않는다. (중략) "윤리적 관계는 여러 가지 자유의 출현에 선행한다. 또 헤겔이 말하는 역사의 동인이 되는 전쟁에 선행한다."(레비나스) 이 말은 전쟁이 일어나기 전에 세상이 모두 평화로웠다는 말이 아니다. 사실 '윤리적 폭력'이 의식의 충돌이나 적대관계보다 선행하고 있다는 말이다. 선은 나를 사로잡고 내 동의 없이 내게 부과된다. 내가 선을 선택하기 이전에 그것이 나를 선택하였다. "악은 바로 죄이다. 본의 아니게 책임을 회피한 것에 대해서 져야 할 책임이다. 악은 선의 옆이나 바로 맞은편에 위치하지 않

고, 다음 자리에, 선보다 한결 낮은 곳에 위치한다.” (레비나스)
(『사랑의 지혜』)

그러므로 인간다운 삶을 영위하기 위해서 우리가 어떤 마음을 길러야 할지 그 답은 자명하다. 이에 대해 사람들은 이성적으로는 수긍하면서도, 적자생존의 험악하고 각박한 현실을 생각하면 어쩔 수 없이 이기적이고 투쟁적이 될 수밖에 없다고 변명하고 싶을 것이다. 하지만 그처럼 현실의 논리를 따를수록 그들 자신이 궁극적으로 소망하는 삶의 평화와 행복은 멀어지기만 할 것이다. 이기적이고 투쟁적인 마음은 자타 간 적대감과 질투심, 시기, 원망, 열패감 등 온갖 부정적인 감정만 키워 자신을 황량하게 만들 뿐이다. 그런 마음속에 삶의 평화와 행복이 깃들기를 바라는 것은 마치 나무 위에 올라가 물고기를 낚으려는 것이나[緣木求魚] 다름없다. 진정한 행복은 역시 사랑과 의로움의 참마음에서만 나온다.

그러면 어떻게 하면 참마음으로 살 수 있을까? 교과서적으로 말하면, 그 길은 이기심과 투쟁의식을 버리고 언제 어디서나 남을 따뜻하게 보듬어 안는 수행의 노력 속에서 발견될 수 있을 것이다. 하지만 이는 마음속에 본래 없던 뜻을 억지로 주입하는 것 같아 실제의 효과를 기대하기 어려울 것이다. 무엇보다 사람들 각자 자신의 내면에서 참마음을 스스로 자각하고 체험하는 일이 우선되어야 한다. 이를테면 골목을 지나다가 마주친 길고양이의 수척하고 병든 모습에서 측은지심을 느낀다면 그것이 바로 사랑의 강력한 심리적 원천이다. 만약 자신의 내부에서 그러한 마음을 계속 키운다면 궁극적으로는 인류와 만물까지 품에 보듬어 안는 우주적 사랑을 알게 될 것이다.

이처럼 참마음을 사람들이 각자 자각하고 체험할 수 있는 심리적 단초를 말한 것이 본문의 이른바 '야기(夜氣)'이다. 그것은 사위가 캄캄하고 조용한 한밤중 고요 속에서 깨어나는 맑고 밝은 마음의 기상을 뜻한다. 불행하게도 그것은 오늘날 사람들의 마음을 빼앗아가는 TV와 밤새도록 휘황거리는 광고의 네온사인, 어둠을 몰아내는 가로등, 그리고 아스팔트 길을 달리는 자동차들의 굉음 등으로 인해 순전히 상상 속의 일이 되고 말았다. 하지만 그것을 직접 체험해 보고 싶다면 어느 깊은 산사에서 하룻밤 유숙하면서 별빛 가득한 한밤중에 조용히 앉아 자신의 마음을 들여다보아도 좋을 것이다. 어두운 밤은 그렇게 복잡다단한 상념들을 씻어 우리의 마음을 고요하고 맑고 밝게 해주기도 한다. '야기'의 수행론적 의의가 바로 여기에 있다. 회재(晦齋) 이언적(李彦迪: 1491-1553)의 시를 통해 그 지평을 엿보도록 하자.

소슬히 비 내리는 산중에 꿈에서 깨니
창밖에 꿩 우는 소리 홀연히 들려오네.
세상만사 모든 생각 다 사라지고
다만 마음 한 점 맑게 떠오르네.
山雨蕭蕭夢自醒　　忽聞窓外野鷄聲
人間萬慮都消盡　　只有靈源一點明 〈存養〉

이처럼 밝은 불빛과도 같은 맑은 마음을 사람들은 소중하게 키우려 하기는커녕, 오히려 밤낮으로 발동하는 온갖 욕망과 생각들로 무질러버린다. 이는 역시 근본적으로는 부박하고 세속적인 인간관에 기인할 것이다. 그들은 저 벌거숭이산과도 같이 황폐해진 마음을 인간의 본래적인 심성으로 여기면서 이기적이고 투쟁적으로 세상에 나선다. 겉으로 벌거숭이라 해도 땅속의 뿌리에서 한 순간도 쉼 없이 활동하는 초목의 생명정신처럼 자신의 마음 근저에서 한 점 불빛처럼 피어오르는 밝은 영혼(덕성, 불성)을 안으로 들여다볼 생각을 하지 않는다. 그러면서 "인간에게는 본래 선한 심성이 없다."고 주장한다. 하지만 "어떤 생명이든 양육을 받으면 잘 자라날 것이요, 양육을 받지 못하면 죽고 말리라." 결국 그들은 자신의 고결한 인간성을 스스로 부정하는 결과를 면치 못한다. 짐승과 다른 인간다움의 특성, 즉 참마음을 스스로 소중하게 돌보고 키우려 하지 않기 때문이다.

"마음 한 점 맑게 떠오르"는 '야기'는 밤에만 생겨나는 것이 아니다. 어두운 밤은 사람들을 조용히 자기 안으로 침잠케 해줄 좋은 환경일 뿐이며, 저 '맑은 마음'은 노력 여하에 따라서는 한낮 일상의 생활 속에서도 충분히 체험될 수 있다. 즉, 욕망과 잡념을 버리고 마음을 고요 속에 두면 저러한 '맑은' 기상이 마음의 지평 위에, 마치 새벽 동녘의 여명처럼 떠오를 것이다. 현실의 일들은 그러한 마음으로 사리에 따라 처사하면 된다. 마치 맑은 거울이 다가오는 사물을 왜곡하지 않고 있는 그대로 비추어내는 것처럼 말이다. "고요 속에서 만물을 보면 모두가 자연 그대로 봄의 뜻을 갖고 있음을 알게 될 것이다."(『근사록』) 맑고 고요한 마음에는 만물을 약동시키는 춘풍화기와도 같은 순수생명의 기상이 어리리라는 것이다. 그것은 어쩌면 인간존재의 심층에 놓여 있는바, 남들과 연대하고 사랑과 인정을 나누면서 화해롭게 지내고자 하는 열망을 품고 있을 것이다. 그야말로 '텅 빈 충만'이다. 혹자는 말한다. "너 자신의 마음을 깨쳐 바닥이 없는 적막한 무(無)에 발을 내디뎌라. 그리고 믿어라. 이 무(無)의 조용한 힘은 일반적으로 위대하고 강하다고 여겨지는 그 어떤 것보다도 훨씬 위대하다는 것을."(Bernhard Welte)

오늘날 사람들이 "참을 수 없는 존재의 가벼움"에 시달리는 까닭을 이러한 관점에서 규명해볼 수 있다. 이기적이고 투쟁적인 사고 속에서 세상과 긍정적인 관계를 맺지 못하고 마치 아파트의 주거공간처럼 자기 안에 갇혀 지내는 사람에게 존재의 빈곤과 결핍감, 실존의 공허감은 필연적인 귀결이다. 이는 근본적으로 잘못된 인간관에 기인한다. 인간은 본질적으로 공동체적(사회적) 존재로서 서로 의존하고 연대하면서 더불어 살도록 되어 있는데, 그러한 이치를 부정하면서 남에 대해 무관심한 채 오직 자기 자신만을 돌보려 하기 때문에 존재의 가벼움과 빈곤을 면치 못하는 것이다. 자신의 존재를 본질적으로 구성하고 있는 세계와 타자를 배제하니 자아의 폭이 최소화되면서 존재의 결핍감을 느낄 수밖에 없다. 실제로 의학자들의 임상보고에 의하면 남들과의 연대와 친밀한 관계를 거부하고 자기 자신에게만 관심을 갖는 자기중심적인 사람들이 질병을, 특히 심혈관 질환을 많이 얻는다고 한다.

이는 "남과 더불어 사는 삶"이 인간존재의 본성에 맞으며, 그것이야말로 심각한 질병조차 치유해주는 최상의 비방임을 시사한다. 그것은 삶에 대한 깊은 감사, 즉 깊은 행복까지 가져다준다. 이에 반해 자기중심적인 집착은 자타간 대립과 긴장으로 인한 스트레스로 각종의 질병을 유발할 뿐만 아니라, 삶을 불행으로 내몬다. 남에 대해서는 무관심한 채 자신만을 돌보는 사람이 어디에서 삶의 기쁨과 행복을 찾을 수 있을까? 많은 돈과 높은 사회적 지위? 그것들은 고결한 인간성의 실현을 돕기 위한 수단으로 이용되지 않는다면 오히려 그의 존재를 빈곤하게 만들 것이다. 존재는 소유에 반비례하는 것이 정한 이치이기 때문이다. 그러므로 참다운 행복을 얻기 위해서는 무엇보다도 우리 스스로 "인생관의 전환"을 도모해야 한다. 삶의 지도를 다시 그려야 한다. 자신의 불행과 아픔을 밀림과도 같은 험악한 바깥세상 탓으로만 돌려서는 안 된다.

우리는 여기에서 사랑과 의로움의 정신이 인간의 참마음임을 다시 한번 확인한다. 그것은 자타 간 서로 의존하고 연대하며 더불어 살도록 되어 있는 공동체적 존재의 정신을 도덕 가치로 언명한 것이다. 사람들이 더불어 사는데 가장 긴요한 가치인 그것은 인간성을 제고해주고 삶을 의미 깊게 해주며 우리의 존재를 넓혀주는 강력한 힘이다. 이를테면 남을 아우르면서 배려하고 보살피는 사랑은 그만큼 나 자신의 존재를 확장시켜준다. 그것은 너는 너요 나는 나라는 자타 단절의 장벽을 무너트리고 상대방을 나의 존재 속에 불가분의 일체로 끌어들이기 때문이다. 우리는 이를 부부간, 부모와 자식 간의 사랑에서 일상적으로 체험한다. 부처님과 공자, 예수님은 그 대상을 인류와 나아가 모든 살아 있는 것들에게까지 확대함으로써 우주만큼이나 넓은 존재성을 얻었다. 그분들이 인류의 마음속에서 영원히 살아 있는 존재로 숭상되는 것도 이러한 까닭에서다. 그분들을 예배하고 찬송하는 우리는 지금 그러한 실천적 가르침을 따르고 있는가?

제23장 방심의 수습

사랑은 누구나 타고난 마음이요, 의로움은 누구나 걸어야 할 길인데, 그 길을 버려두고서 따르지 않고, 그 마음을 놓아두고서 찾을 줄 모르니, 애처롭구나! 사람들은 닭이나 개를 잃어버리면 찾을 줄 알면서도, 제 마음을 놓아버리고는 찾을 줄 모른다. 학문의 길을 다른 데에서 찾을 것이 없다. 놓아버린 마음을 찾는 것일 뿐이다.

[仁, 人心也. 義, 人路也. 舍其路而不由, 放其心而不知求, 哀哉! 人有鷄犬放, 則知求之. 有放心而不知求. 學問之道, 無他, 求其放心而已矣.]

맹자의 말이다. 사상사적으로 살필 때 "놓아버린 마음", 즉 '방심'을 학문의 주제로 올려놓은 사람은 맹자가 처음일 것이다. 그런데 그 말은 오늘날 흔히 통용되는 것과는 의미가 크게 다르다. 일반적으로 우리는 그것을 주의력의 결핍이라는 뜻으로 사용하지만, 맹자는 사랑과 의로움의 도덕심을 놓아버린다는, 또는 잃어버린다는 뜻을 거기에 부여하고 있다. 맹자가 이를 두고 "애처롭다"고 탄식한 데에는 단순히 도덕적인 것을 넘어서 그 바탕에 인간학적인 사고가 깔려있다. 사랑과 의로움의 정신이야말로 인간다움의 징표인데 사람들이 '방심'한다는 것은 인간이기를 스스로 포기하는 것이나 다름없기 때문이다. 그러므로 인간학적 관점에서 말하면 학문이란 놓아버린 자신의 마음을 되찾아 천부의 인간성을 실현하기 위한 노력에 다름 아니다.

그런데 '방심'의 이와 같은 뜻은 뒷날 선비들에 의해 확장되고 변형되기까지 하였다. 이에 관해 퇴계의 구체적인 예화를 통해 그 일면을 살펴보자. 선생은 어떤 술자리에서 방심으로 인해 실수를 저질렀음을 부끄러워하면서 한 제자에게 다음과 같이 토로한다. "마음을 붙잡거나 놓아버리는 그 한순간에 선악이 나눠는 것이 마치 한퇴지(韓退之)의 이른바, '올라가기는 한 치도 어렵더니 / 자세를 잃으니 한순간에 천 길 낭떠러지로 떨어지는' 격이었습니다."(『퇴계전서』)

선생이 술자리에서 저지른 방심은 어떠한 것이었을까? 그 자리에서 사랑과 의로움의 정신을 지키리라는 다짐은 뜬금없는 일이다. 그러면 얼큰한 술기운으로 마음이 풀어져 들뜬 상태였을까? 우리가 흔히 경험하는 것처럼 그러한 마음은 후회스럽게도 쓸데없는 말을 많이 내뱉게 만든다. 하지만 술좌석에서 점잖게 앉아 마음을 다잡아가면서 조심스럽게 술을 마실 수는 없지 않은가? 혼자서 마시는 술은 그렇다 치고, 술을 곁들여 친구와 우정을 나누는 자리라면 어느 정도의 '방심'은 오히려 필요하지 않을까? 그렇게 해서 다소 말이 많은 가운데 오가는 정이 더욱 소중할 수도 있다. 나아가 퇴계 자신이 인정하고 또 즐기기도 했던 것처럼, 술은 호연한 기상을 북돋아서 현실의 시름을 잊게 해주기까지 한다. 재미 삼아 선생의 시를 한 수 읽어보자.

저기 저 동산 숲 아침비가 지나가니
아름다운 나무들이 푸른빛을 더하누나.

저녁나절 서늘바람 빈 곳에서 불어 일고
지다 남은 저녁노을 높은 가지 깃들었네.
띠 이엉 풀집은 고요 속에 잠겨 있고
훤히 뚫린 골짜기는 신비조차 하구나.
술은 혼자 마시는 것 아니라지만
우연한 흥취에 애오라지 잔을 든다.
얼근한 기분 속에 물아(物我)를 잊었으니
하물며 세속 굴레에 어찌 다시 얽히리오.

園林朝雨過　　蔥蒨嘉樹姿
晩凉生衆虛　　餘靄棲高枝
泬寥茅屋靜　　谽谺洞壑奇
酒無獨飮理　　偶興聊自爲
陶然形跡忘　　況復嬰塵羈　　(〈和陶集飮酒二十首 其八〉)

그런데도 선생은 왜 지인과 가졌던 술자리의 방심을 '천 길 낭떠러지'요 '선악의 갈림길'로 여겼을까? 그것은 당시의 과도한(?) 음주가 저와 같이 '물아를 잊고 세속의 굴레를 벗어나게 해주는' 수준을 넘어 선생의 마음을 흐트러트리고 풀어지게 만들어서였을까? 그렇다면 선생이 흥겨운 술자리에서조차 잃지 않으려 했던 마음은 어떤 것이었을까? 이는 선생의 방심과 우리 일반인들의 그것을 구별시켜 주는 하나의 단서가 될 수 있다.

선생에 의하면, 마음은 단순히 일상의 소소한 일들을 판단하고 처리하는 사무적인 능력에 불과한 것이 아니다. 마음은 세계에 참여하여 만물과 관계를 맺는 주체이다. 그러므로 마음은 우주의 입법자와도 같은 위대성을 갖는다. 세계의 설계와 삶의 공사가 거기에서부터 비롯된다. 사람들이 마음가짐을 주의 깊게 가져야 할 이유가 여기에 있다. 왜냐하면 사람들이 매일 같이, 아니 순간순간 행하는 바, 그 설계와 공사의 성공 여부는 바로 자신의 마음가짐에서 비롯되기 때문이다. 선생은 말한다. "마음은 만사의 근본입니다. (중략) 그래서 옛 선비들은 학문을 논할 때 반드시 방심을 거두고 덕성을 함양하는 것을 최초의 착수처로 여겼습니다."(『퇴계전서』)

선생이 평소 잃지 않으려 했던 마음은 바로 이러한 것이었다. 선생은 세계(사회)에 참여하여 만물과 관계를 맺는 우주적인 마음을 항상 견지하려 하였다. 당연히 세계 만물은 어디 멀리 떨어진 곳에 있지 않고, 시시각각 다가와 나에게 어떤 판단과 책임 있는 행동을 '요구'한다. 이를테면 술자리의 세계는 참여자에게 절도 있는 음주와 예의 바른 언행을 요구한다. 그 요구에 적절하게 응해야만 의미 깊고 아름다운 술자리의 세계가 펼쳐질 것이다. 그밖에 우리가 살아가면서 참여하는 세계의 모든 국면이 다 그러하다. 그러므로 대수롭지 않은 술자리라 해서 그 마음을 놓아서는 안 된다. 세계(만물, 타인)가 나에게 무엇을 요구하는지 숙고해야 한다.

그런데 사람들은 이에 대해서는 생각해보지 않는다. 그 요구에 대해서는 '방심'하면서 세계에 대해 자신의 요구사항만 들이댄다. 내가 세계를 위해 무슨 일을 해야 할지 생각하기보다는 세계가 나를 위해 무얼 해주기만 바라는 것이다. 이처럼 자기중심적인 사고방식이 세계와 갈등을 빚으며 불행을 증폭시킨다. 오늘날 "만인의 만인에 대한 투쟁"의 비정한 사회현상도 따지고 보면 여기에 근본 원인이 있다. 사람들은 남들이 자기에게 암묵적으로 요구하는 것을 이행하는 데에는 무관심한 채 일방적으로 남들에게 자신의 요구사항만 주장한다. 자타간 갈등과 싸움이 일어날 수밖에 없는 까닭이 여기에 있다.

오늘날 심각하게 문제되고 있는 생태계의 위기도 마찬가지다. 사람들은 자연 만물이 그들에게 무엇을 요구하는지, 달리 말하면 인간으로서 자연 만물을 위해 행해야 할 과제에 대해서는 털끝만큼도 생각해보지 않고, 오로지 자신의 요구를 충족시키는 일에만 집중한다. 이를테면 동식물의 생존권에 대해서는 조금도 아랑곳하지 않고 그들의 서식지를 무참하게 파괴한다. 그들을 순전히 먹거리로만 취급한다. 예컨대 상어의 지느러미를 채취하기 위해 그들을 매년 7천만 마리 이상 아무런 죄책감도 없이 잡아 죽인다. 식인상어가 사람 하나를 물었다 하면 온 나라가 법석을 떨면서 말이다.

인간 중심적인 이기주의는 명백히 자연 또는 신의 뜻에 반한다. 자연(신)의 관점에서 살피면 인간이나 동식물이나 모두 생태계의 동등한 일원이다. 아니 그들이 인간에게 헤아릴 수 없이 많은 혜택을 주는 만큼 인간도 보답의 마음으로 그들의 생명을 존중하고 배려하지 않으면 안 된다. 이를 몰각하고 그들을 지배하고 착취하는 것은 터무니없는 월권이요 오만이다. 지구의 평화는 국제사회의 조약만으로 되는 것이 아니다. 자연 만물의 요구에도 귀를 기울이면서 "저들이 제각기 존재(삶)의 제자리를 얻도록[各得其所]" 힘써야 한다. 그리하여 퇴계의 말처럼, "만물을 나와 더불어 사는 이웃"처럼 여기면서 그들과 공생하고 공영하는 가운데에서만 인간사회의 평화와 삶의 행복이 주어질 것이다.

세계(만물, 사회)의 요구에 응하여 타자와 유대를 맺고자 하는 우리의 마음은 단지 생존의 필요에서 후천적으로 생겨나는 것이 아니다. 그것은 태생적으로 타고나는 인간의 참마음이다. 신앙인들은 그것을 하늘(하느님)의 뜻이라고 주장하겠지만, 진화론적으로 살피면 그것은 유사 이래로 인류가 살아오면서 터득하고 전해온 도덕적 유전인

자라 할 수 있을 것이다. 말하자면 사랑은 인간이 진화의 정점에서 얻은 자연의 최대선물이다. 현실적으로 사람들은 세계와 담을 쌓고 자기 안에 갇혀 사는 존재의 절대고독을 견디지 못하며, 어떻게든 마음을 열어 자타간 소통하기를 원한다. 영화에서 종종 연출되는 것처럼, 감옥의 죄수들이 그토록 두려워하는 독방의 징벌은 인간의 그러한 심리를 역으로 이용한 제도일 것이다.

세계를 향해 열린 마음을 한마디로 요약하면 사랑이다. 세계에 참여하고 자타 간 유대를 이루게 해주는 마음으로 사랑만큼 근원적인 것은 없다. "사랑은 사람[仁者, 人也]"(『중용』)이라는 말뜻이 여기에 있다. 사랑은 인간다움의 근간이며, 사랑을 모르는 사람은 좀비나 다름없다. 자기 안에 갇혀 자신만을 돌볼 뿐 남들과 생명을 공감하고 소통할 줄 모른다면, 자신을 넘어 세계를 향해 나아가지 않는다면, 어떻게 사람이라 할 수 있을까? 그러므로 사랑은 세계를 향해 열린 인간존재의 중심좌표이다.

의로움 또한 세계에 참여하는 하나의 행동양식이다. 세계는 사람들에게 의롭게 살 것을 요구한다. 세계는 사람들의 의로운 행동을 통해서만 완성될 수 있다. 물론 그것만으로 충분한 것은 아니며, 그 위에 사랑이 펼쳐져야 한다. 사실 의로움도 사랑을 올바르게 실천하기 위한 도덕원리에 해당된다. 다만 독립적인 덕목으로서의 의로움은 사리에 따라 올바르게 처사하는 정신을 뜻한다. 그것은 사랑과 마찬가지로 세계를 존립하고 유지시켜 주는 중요한 도덕적 지렛대이다. 불의한 행동은 세계를 혼란에 빠트린다. 이는 인간사회의 문제에 그치지 않는다. 사리에 어긋난 행동은 만물의 질서까지 어지럽힐 것이다. 오늘날 수많은 동식물의 멸종위기는 인간이 그들에게 가해온 '불의한' 행동의 산물이다. 의로움은 그렇게 사회를 넘어 인간이 만물에게 지고 있는 범우주적인 의무이다.

이상으로 인간이 세계에 참여하여 만물과 유대를 이루는 마음의 핵심적 덕목으로 사랑과 의로움을 이야기했지만, 그밖에도 세계가 사람들에게 요구하는 사항은 그와 같은 도덕범주로 잡히지 않는 일들도 많이 있을 것이다. 생명에 대한 외경의 정신이 그 한 예이다. 이러한 문제의식 속에서 우리는 일상의 현장에서 만물이 인간에게 무얼 바라는지, 인간이 만물을 위해 해야 할 일이 무엇인지 다각도로 살피지 않으면 안 된다. 즉, 세계 참여의 과제와 책임 앞에서 '방심'해서는 안 된다. 우리의 삶은 사람들끼리의 만남으로만 존재하고 성취될 수 있는 것이 아니다. 세계(만물)의 토대와 후원이 없는 삶을 우리는 상상할 수 없다. 그러므로 세계의 요구에 적극 부응함으로써 만물이 우리에게 말없이 베풀고 있는 헤아릴 수 없는 은혜에 보답하지 않으면 안 된다.

차제에 우리는 '만물의 영장' 관념을 바꿀 필요가 있다. 인간이 만물을 지배할 수 있는 권능을 타고났다고 여겨서는 안 된다. 그러한 오만은 생태계의 위기를 더욱 부추길 뿐이다. 오히려 만물의 요구를 헤아려 부응할 수 있는 능력을 인간만이 타고났으며, 인간은 그러한 우주적 과제와 의무를 수행해야 할 존재라고 생각해야 한다. 그 위에 삶의 좌표를 세워야 한다. 『서경』은 말한다. "하늘의 일을 인간이 대신하도록 되어 있다[天工, 人其代之.]" 여기에서 '하늘의 일'이란 만물생성의 사업을 말한다. 만물의 생성은 그야말로 자연 그대로 이루어질 것처럼 보이지만, 문제는 인간의 개입이다. 자연을 조작하여 문화의 세계 속에서 살아갈 수밖에 없는 인간은 잘못하면 만물의 생성질서를 교란하고 파괴할 수도 있다. 오늘날 사람들이 만물의 지배자로 자처하면서 개발해온 반자연적 문명이 그 생생한 모습이다.

그러므로 생태계의 위기를 극복하는 일은 잘못된 영장 관념을 바로잡는 데서부터 시작되어야 한다. '방심'의 수습이 여기에서도 중요성을 얻는다. 그동안 '놓아버린 마음', 즉 우주적 과제의식을 되찾아야 한다. 이는 무슨 거창한 주장이 아니다. 사랑의 마음을 되찾으면 된다. 공자의 말처럼, "사랑이 먼 것이더냐? 내가 사랑하고자 한다면 사랑이 바로 내 마음속에서 일어난다."(『논어』) 그리하여 모든 생명체를 향해 열린 사랑의 마음으로 그들과 더불어 조화롭게 살 길을 모색해야 한다. 하늘(하느님)이 인간을 이 세상에 내보낸 뜻도 여기에 있을 것이다.

그런데 어째서 사람들은 "그 (의로움의) 길을 버려두고서 따르지 않고 그 (사랑의) 마음을 놓아두고서 찾을 줄 모를"까? 그들의 '방심'은 어디에 기인하는 것일까? 여기에는 현실적으로 다양한 요인이 있겠지만 그 근저에는 역시 자기중심적인 사고방식과 그리고 크게는 인간중심 이기주의가 놓여 있다. 자신만을 돌보려 하기 때문에 남을 향해, 나아가 세계 만물을 향해 열린 도덕적, 우주적인 마음을 갖지 못하는 것이다. 그렇게 사람들은 참마음을 '놓아 버리고' 하늘(하느님)의 뜻을 저버린 채 살아간다. 이는 달리 살피면 그들이 사람됨의 의미를 스스로 축소하고 방기하는 것이나 다름없다. 삶의 허무 의식이 여기에서 자라난다. '방심'은 그처럼 치명적인 존재의 질병까지 초래한다. 우리가 그것을 하나의 화두로 여겨, 살아가면서 부단히 반추해야 할 이유가 여기에 있다.

제24장 몸만 가꾸는 사람들

지금 무명지(無名指)가 굽어서 펴지지 않는 사람이 있다고 하자. 그는 통증을 느끼거나 일에 불편을 겪지 않은 데도, 만약 그 손가락을 펴주는 자가 있다는 소문을 들으면 진(秦)나라와 초(楚)나라의 길도 멀다 하지 않고 찾아갈 것이다. 이는 자신의 손가락이 남들의 것과 같지 않기 때문이다. 그처럼 손가락이 남들과 같지 않은 것은 싫어할 줄 알면서 자신의 마음이 남들과 같지 않은 것은 싫어할 줄 모르니, 이를 일러 '미루어 생각할 줄 모른다.' 고 하는 것이다.
[今有無名之指, 屈而不信, 非疾痛害事也. 如有能信之者, 則不遠秦楚之路, 爲指之不若人也. 指不若人, 則知惡之. 心不若人, 則不知惡, 此之謂不知類.]

맹자의 말이다. 자신의 마음을 돌볼 생각은 않고 몸에만 신경을 쓰는 태도는 예나 지금이나 다름없는 모양이다. 왜 그러할까? 마음과 달리 몸은 제삼자에 의해 관찰되고 비교되기 때문일 것이다. 만약 마음도 그 씀씀이마다 겉으로 드러나, 가령 얼굴에 가지각색으로 표현되어 남들에게 발각된다면 사람들 모두 자신의 마음을 올바르고 아름답게 가꾸려 할 것이다. 하지만 마음은 보이지 않는 것이니 굳이 그럴

필요가 없다. 게다가 손가락처럼 마음의 표준적인 형상이 있을 수 없는 만큼 "자신의 마음이 남들과 같지 않은 것"을 염려해야 할 이유가 없다. 맹자는 "미루어 생각할 줄 모른다."고 안타까워했지만, 사실 마음이 몸의 문제를 미루어 생각할 성질의 것은 아니다.

그렇기는 하지만 사람들이 몸의 관리에만 열중하지 정작 자신의 마음은 돌보려 하지 않는다는 맹자의 주장은 여전히 경청할 필요가 있다. 세계의 입법자인 마음을 올바로 확립하지 않으면 사물의 인식과 판단, 삶의 영위에 착오를 면할 수 없기 때문이다. 간단히 말하면, 나의 그릇된 마음은 세계(만물, 타인)와의 관계를 잘못 설정하여 크고 작은 해악을 지어내며 자신의 삶까지 망가트릴 것이다. 예를 들면, 거시적으로는 만물의 영장 관념이 오늘날 생태계의 위기를 초래한 현실이나, 또는 일상적으로는 개인주의적인 사고가 상호 의존적이고 자타 공동체적인 존재성을 부정함으로써 사람들을 단독자적 고립과 불안, 고독 속에 빠트리는 현상이 그러하다.

오늘날 사람들의 마음은 주로 몸에 치중되어 있다. 자신의 마음을 성찰하고 또 가꾸려 하기보다는 몸의 치장에만 신경을 쓴다. 몸의 산업이 한없이 번창하는 현실이 이를 잘 예증한다. 예를 들면, 피부를 예쁘게 꾸미기 위한 각종 화장품의 개발과, 눈 코 입 등 얼굴을 젊고 아름답게 만들기 위한 성형수술의 발달, 그 밖에 보다 섹시하고 근육질 있는 몸을 키우기 위한 식품문화와 헬스산업의 번창 등이 그 현상을 적나라하게 보여준다. 몸을 아름답게 꾸며주는 의류산업도 예외가 아니다. 아름다움을 추구하는 것이 아무리 사람의 본능이라 하지만 오늘날 사람들의 관심은 너무 도를 넘는다.

그러다 보니 문제가 발생한다. 그들은 삶의 기쁨과 행복을 그처럼 잘 가꾸어진 몸에서만 찾는다. 하지만 그처럼 표피적이고 한시적인 기쁨이 얼마나 갈까? 자신의 외모에서 얻는 감각적인 기쁨은 정신적 깊이를 갖지 못하므로 매우 표피적이며, 따라서 가볍다. 그것은 마치 자신의 집을 고급스러운 장식물들로 꾸며놓고는 그것으로 삶의 행복을 누리려는 것이나 다름없다. 하지만 그것들을 바라보면서 얻는 기쁨은 얼마간의 시일이 지나면 무감각해지는 법이고 보면 그 소망은 덧없다. 한편으로 우리는 부자들이 가난한 사람들에 못지않게 불행하게 산다는 사실을 잘 안다. 몸의 가꿈도 마찬가지다. 얼굴이 아름답고 몸매가 예쁘며 옷치장이 화려한 사람들 가운데 불행과 고통을 겪는 경우가 얼마나 많은가. 집의 규모나 장식물 이전에 가족과 이웃 사이에 화목하고 인정 어린 교류가 행복의 관건인 것처럼, 몸의 외형적인 꾸밈에 앞서 아름답고 선한 인간성을 가꾸어 삶에 나서는 것이 참다운 행복의 조건임을 알아야 한다.

몸의 기쁨은 한시적이기도 하다. 몸이 늙고 병드는 것은 누구도 피할 수 없는 자연의 이치이다. 그런데도 젊은 아름다움에 집착하는 것은 어리석은 일일 뿐만 아니라 번민과 고통을 자초할 수밖에 없다. 모든 존재는 쇠멸하게 되어 있는 자연의 이치를 거스르려 하니 말이다. 얼굴에 보톡스 주사를 맞고 주름살 수술을 한들 그게 얼마나 갈까? 그렇게 해서 팽팽한 피부를 갖는다 한들 그것이 곧 젊음을 되찾는 일일까? 그러한 일에 안간힘을 쓰기보다는 늙음을 순순히 받아들이면서 삶의 연륜과 미덕이 배어 있는 고운 주름살을 갖는 것이 현명한 일이다. 아름다움의 관념을 바꾸어야 한다. 젊음은 발랄한 아름다움을 보여주지만, 아름다움의 기준을 거기에만 두어서는 안 된다. 나이가 들면서 깊어가는 인격에서 풍겨 나오는, 고상하고 품위 있는 아름다움도 있다. 그러므로 늙음을 쇠잔함이 아니라 익어감의 과정으로 받아들여 인격의 성숙을 도모해야 한다.

외모의 중시는 정신의 빈곤을 초래한다. 밖으로 몸을 가꾸는 일에 치중할수록 안으로 인격의 성숙을, 삶의 의미와 가치를 추구하고 실현하려는 노력이 약해질 수밖에 없다. 동서고금을 막론하고 인류의 스승들이 얻었던 깨달음이 어디에 있었던가. 예컨대 석가모니의 불성과 공자의 덕성, 예수의 영혼은 모두 마음속에서만 자각될 수 있다. 그런데도 신앙인들조차 안으로 자신의 마음을 돌보려 하기보다는 밖으로 몸을 가꾸는 일에만 열중한다. 그야말로 존재의 외화내빈이다. 이것이 오늘날 우리들의 모습이라 하면 지나친 말일까? 『심경부주』의 다음 글은 오늘날의 우리에게도 여전히 커다란 경각심을 준다.

> 사람들은 거울을 볼 때 얼굴이나 눈에 더러운 것이 묻어 있으면 반드시 씻을 것이요, 옷을 터는데 옷깃이나 소매에 때가 묻어 있으면 반드시 빨래할 것이며, 집안에 책상과 창, 벽 등에 먼지가 덮여 있으면 반드시 털어낼 것이다. 이렇게 하지 않으면 마음이 편치 않기 때문이다. 그런데 신령이 깃들어 있는 집인 마음이 더럽고 때 묻어 있으며, 그 마음에 날마다 먼지가 쌓이는데도 그것들을 씻어내고 털어낼 줄 모른다면, 이는 작은 것만 보고 큰 것을 놓치는 격이며, 바깥 것만 살필 줄 알지 안의 것을 버리는 격이다.

존재의 외화내빈 현상이 이렇게 해서 생겨난다. 내 바깥의 '작은 것', 즉 몸(그리고 재물)에만 관심을 쏟을 뿐, 내 안의 '큰 것', 즉 천부의 고결한 마음을 돌보는 일에 소홀하기 때문에 인격이 빈곤해질 수밖에 없는 것이다. 물론 몸을 '작은(바깥) 것'이라 해서 무시해서는 안되며, 그 자체로 매우 소중한 존재임은 두말할 나위가 없다. 하지만 몸이 저 고결한 마음의 소리를 듣지 않고 자기 방식대로 세상에 나서거나, 또는 몸의 욕망에 봉사하도록 마음을 부려서는 안 된다. 만약 몸이 마음의 주인 노릇을 하면 이는 스스로를 동물과 다름없는 육체적 존재로 전락시키는 짓이나 마찬가지다. 그렇다면 사람이 사람다운 점을 과연 어디에서 찾을 수 있을까?

"마음에는 신령이 깃들어 있다." 이 말은 만물 가운데 유일하게 인간만이 하늘(하느님)의 뜻을 해독하여 실천할 줄 아는 신묘한 정신능력을 타고났음을 뜻한다. 그러므로 참다운 신앙인이라면 신령이 강림해 계시는 마음을 '씻어내고 털어내' 깨끗이 정돈하려 할 것이다. 더럽고 때가 낀 마음에는 신령이 머무를 수 없다는 사실을 잘 알 것이기 때문이다. 몸을 아름답게 가꿀 최상의 방법이 바로 여기에 있다. 즉, 몸의 진정한 아름다움과 품위는 신령을 우러르듯 경건한 마음 위에서만 드러난다. 그리하여 "부자가 돈으로 집을 화려하게 꾸미듯이, 군자는 덕으로 몸을 빛나게 만든다[富潤屋, 德潤身.]" (『대학』)

이는 일상적으로 몸의 감각을 단속하고 욕망을 억제하는 일에서부터 시작되어야 할 것이다. 한 마디로 금욕적인 태도가 요청된다. 몸의 욕망을 방임하는 한 정신의 삶, 즉 참삶의 의미와 가치는 요원할 수밖에 없다. 물론 그 의미와 가치를 확보하는 어려움은 둘째 치고 몸의 욕망을 억제하기는 쉬운 일이 아니다. 특히 오늘날처럼 각종 매체를 통해 그 욕망을 끊임없이 자극하고 조장하며, 심지어 본래 없던 욕망을 만들어내기까지 하는 사회 속에서 금욕적인 삶을 산다는 것은 마치 문명을 외면하고 외딴 섬에서 혼자 지내는 것처럼, 또는 빌딩숲 속의 원시인과도 같은 느낌에 견딜 수 없이 외롭고 고통스러울 수도 있다.

하지만 존재의 외화내빈을 초래하는 몸의 욕망을 따를지, 아니면 '마음속 신령'의 목소리를 따라 의미 깊은 정신의 삶을 살지 깊이 생각해 보지 않으면 안 된다. 억만년을 빌어도 다시는 못 가질 단 한 번의 이 삶을 후회 없이 영위하고자 한다면 개념 없는 사고와 행동을 강요하는 이 시대의 문명을 과감하게 거스를 각오와 용기를 가져야 한다. 그리하여 그동안 몸의 욕망과 안락만을 추구하던 눈빛을 안으로 돌려 자신의 내부에서 '신령'을 깨달으면서 자신의 존재를 "날마다 새롭게, 또 날마다 새롭게[日新又日新]"(『대학』) 닦아나가야 한다. 존재의 풍요를 누릴 수 있는 길이 여기에 있다. "밖으로 향하는 눈빛을 안으로 돌이켜 자신의 영성(靈性)을 살피라[廻光返照]"는 옛 선사의 가르침이 오늘날만큼 절실한 경우는 없다.

제25장 몸과 마음의 화해

사람은 누구나 제 몸의 모든 부분을 사랑한다. 모든 부분을 사랑하므로 모든 부분을 소중하게 돌본다. 피부의 세세한 부분까지도 다 사랑하므로 그 세세한 부분까지 소중하게 돌보는 것이다. 그러한 사랑과 돌봄을 잘 하는지 여부를 살피는 방법은 다른 데 있지 않다. 자기 자신을 돌아보면 된다. 사람에게는 귀한 것이 있고 천한 것이 있으며, 큰 것이 있고 작은 것이 있다. 그러므로 작은 것을 돌보느라 큰 것을 해쳐서는 안 되며, 천한 것을 돌보느라 귀한 것을 해쳐서는 안 된다. 작은 것만 돌보는 자는 소인(小人)이요, 큰 것을 돌보는 자는 대인(大人)이다.

지금 어떤 정원사가 아름다운 오동나무를 버리고 산대추와 가시나무를 기른다면 그는 형편없는 정원사일 것이다. 마찬가지로 손가락 하나만 돌볼 뿐 어깨와 등을 외면하면서 그것을 자각하지 못한다면 그는 정상적인 사람이 아니다. 먹고 마시는 일만 밝히는 자를 사람들이 천박하게 여기는 것은 그가 작은 것만 돌볼 뿐 큰 것을 무시하기 때문이다. 만약 먹고 마시는 사람이 큰 것을 외면하지 않는다면 그의 음식 섭취가 어찌 단지 피부의 세세한 부분만 돌보는 일에 그치겠는가.

[人之於身也, 兼所愛. 兼所愛, 則兼所養也. 無尺寸之膚, 不愛焉 則無尺寸之膚. 不養也, 所以考其善不善者. 豈有他哉, 於己取之而已矣. 體有貴賤, 有小大. 無以小害大, 無以賤害貴. 養其小者, 爲小人. 養其大者, 爲大人. 今有場師, 舍其梧檟, 養其樲棘, 則爲賤場師焉. 養其一指, 而失其肩背而不知也, 則爲狼疾人也. 飮食之人, 則人賤之矣, 爲其養小以失大也. 飮食之人, 無有失也, 則口腹 豈適爲尺寸之膚哉.]

맹자의 말이다. 글이 다소 지루하게 얽혀 있지만, 요컨대 "작은(천한) 것으로 큰(귀한) 것을 해쳐서는 안 된다."는 주장이다. 여기에서 '작은(천한) 것'이란 몸을, '큰(귀한) 것'이란 마음을 지칭한다. 이는 윗장의 〈몸만 가꾸는 사람들〉의 주제를 부연한 것인데, 맹자는 아예 몸을 '작은(천한) 것'이라고 비하하고 있다. 말하자면 마음(정신)이 중요한 것이지 몸(육체)은 하찮은 것이라고 주장하는 듯하다. 하지만 이는 전체적인 문맥 아래에서 해석되어야 한다. 그것은 '큰(귀한) 것'과의 대비적 관점에서 언급된 것일 뿐이다. 맹자는 다른 자리에서 "형색(形色)은 천성(天性)"이라고까지 말한다. 이목구비와 팔다리 등 육체에도 인간으로서 추구해야 할 천부의 이치가 내재되어 있다는 것이다. 그런데도 이를 성찰하지 않고 육체적 욕망만 추구하는 사람이 있다면, 그는 '크고 귀한' 사람됨의 이치(를 헤아려 실현할 줄 아는 마음)을 버리고 '작고 천한' 동물적 육체에 자족하는 것이나 다름없다. 달리 살피면 이는 자신의 사람됨을 스스로 비하하고 모멸하는 짓이다.

사실 우리 주변에는 사람됨의 의미와 가치를 추구하는 정신의 삶에는 무관심한 채 "몸만 사랑하고 돌보며" "먹고 마시는 일만 밝히는" 사람들을 많이 본다. 아니 되돌아보면 나 자신이 지금 그렇게 살고 있는 것은 아닌가? 게다가 프란치스코 교황의 지적처럼 "악마의 배설물" 인 자본주의는 온갖 현란한 상품들을 끊임없이 생산하면서 먹고 입고 마시는 몸의 욕망을 한없이 부추긴다. 그리하여 이 사회에서 '크고 귀한 것', 즉 "신령이 깃들어 있는" 마음을 들여다보면서 구도의 삶을 사는 사람의 외로운 목소리는 대중의 소음 속에 묻혀버리기 일쑤다. 종교계에서 소수의 독실한 성직자들이 소외되고 심지어 파문까지 당하는 서글픈 현실이 그 한 사례이다. 그야말로 "악화가 양화를 구축하는" 시대이다.

말이 나온 김에 검토하고 싶은 철학적 명제가 하나 있다. 퇴계의 이른바 이귀기천(理貴氣賤)이 그것이다. "이(理)는 귀하고 기(氣)는 천하다"는 말이다. 이는 이기론(理氣論)에 대한 기초적 이해를 요구하지만 본론의 주제와 관련해서 간단히 살펴보자. 위의 명제에서 '이'는 진리와 도의의 정신을, '기'는 육체성을 뜻한다. 그러므로 그것은 문자 그대로 풀이하면 "정신(마음)은 귀하고 육체는 천하다"는 말이 된다. 어떤 사람들은 이에 입각하여 퇴계가 정신만 소중히 여겼지 육체는 천시했다고 비판한다. 하지만 이는 위에 인용한 맹자의 '귀천' 논의를 대충 훑어보면서, 맹자가 몸을 천시하고 마음만 중요시했다고 단정하는 것과 똑같은 오류를 범하고 있다. 전후의 문맥을 꼼꼼하게 살피지 않은 채 말이다.

우리는 저 "이기귀천"의 전체적인 맥락을 살펴보아야 한다. 그것은 선생이 한 지인의 잘못된 생각을 비판하면서 나온 말이다. 선생의 지인은 몸의 건강을 도모하는 기(氣)의 수련, 즉 기공(氣功)에 큰 관심을 갖고 있었다. 심지어는 남녀의 합방요령인 방중술(房中術)까지 거론하였다. 하지만 선생이 판단하기에 그것은 몸의 건강에만 신경을 쓰는 나머지 마음의 건강, 즉 진리와 도의의 정신을 기르는 일을 소홀시하는 문제점을 갖고 있었다. 위의 명제는 이와 같은 문제의식에서 나온 것이었다. 달리 말하면, 그것은 선생의 지인이 정신과 육체의 가치를 전도할까 염려해서 행한 말일뿐, 선생이 육체 자체를 천시해서 그러한 것은 아니었다. 선생의 말대로 만약 진리와 도의의 정신을 잃지만 않는다면 육체의 수련은 하등 문제가 되지 않는다. 선생의 이러한 충고는 오늘날에도 그대로 타당하다. 많은 사람들이 진리와 도의의 정신(마음)을 돌보고 가꾸는 일에는 무관심한 채 몸을 단련하고 정력을 강화하는 일에만 열성을 보이기 때문이다.

물론 그렇다고 해서 몸의 관리 자체를 비난할 일은 아니다. 맹자의 말을 빌리지 않더라도, 몸의 생명질서를 유지하기 위한 노력은 당연히 필요하다. 사실 정신건강도 육체의 건강 여부에 좌우되는 경우가 흔하다. 하지만 인간의 존엄과 품위는 역시 정신에서 나온다. 인간의 위대함은 육체적 능력의 탁월함에 있지 않다. 오히려 불구의 육체에도 불구하고 정신의 위대함으로 인류의 심금을 울린 사례들을 우리는 많이 알고 있다. 귀가 멀었음에도 불멸의 음악을 작곡한 베토벤이나, 몸이 흉측하게 뒤틀어진 천재 물리학자 스티븐 호킹이 그 역사적인 인물의 예이다.

그러므로 몸에 앞서 마음을 잘 돌보고 길러야 한다. 물론 객관적으로 살피면 몸(육체)과 마음(정신)이 모두 소중하므로 당연히 양자를 다 같이 돌보아야 한다. 하지만 현실적으로 어려운 문제가 하나 있다. 몸과 마음의 지향이 상반적인 성향을 갖고 있다는 사실이다. 몸은 감각적인 만족을 추구하면서 마음이 자신을 따라줄 것을 요구하는데 반해, 마음은 이를 뿌리치면서 몸에게 인간적 품위를 갖출 것을 요구하기 때문이다. 이를테면 남녀가 만나는 자리에서 몸의 욕망은 길거리의 동물적 교합조차 마다하지 않겠지만, 마음은 거기에 제동을 걸어

때와 장소를 가리고 또 서로에게 인간적 예의를 갖출 것을 몸에게 요구한다. 인류사적으로 살피면 이를 전형적으로 제도화한 것이 결혼의 예식이다.

이렇게 생각하면 요즘 서구사회에서 남녀가 서로 정이 통하면 동거하면서 정식의 혼례를 달갑게 여기지 않는 풍조는 무언가 잘못되었다. 그들은 남녀의 자유로운 교제를 주장하면서 의례적인 결혼의 구속을 피하려 하지만, 몸의 욕망을 앞세우는 것이 과연 자유인가? 그들은 성적 억압으로부터의 해방만 누리려 할 뿐, 정작 절제와 균형을 통해 욕망의 인간적인 의미를 실현하려는 차원 높은 자유에는 관심을 갖지 않는다. 인간에게 자유란 단순히 구속으로부터 벗어나는 것을 뜻하지 않는다. 그것은 천부의 인간성을 실현해야 한다는 과제를 갖는다. 아래의 글을 읽어보자.

> 자유란 여러 구속적 규칙으로부터 면제되어 있는 것은 아니다. 도리어 자유란 도덕적 의지가 자신에게 부과하는 규칙이다. 그것은 '자율'의 의미이며, 자기 규제와 개인적 책임을 의미하는 것이다. 칸트가 말하듯이 자유는 '주어진' 것이 아니라 '부과된' 것이다. 그것은 증여된 선물이 아니라 하나의 과제이며, 아마도 우리가 스스로에게 부여할 수 있는 가장 어려운 과제이다. 이 과제를 수행하는 것은 우리 시대처럼 험난한 사회적 위기와 정치적 동요의 시대에서는 더욱 더 어려운 일이 되었다.
>
> (『상징, 신화, 문화』)

그러고 보면 남녀(결혼)의 자리에서도 '자유의 과제'를 수행하는 것은 역시 어려운 일이 되고 말았다. 말이 나온 김에 몇 마디 덧붙여

야겠다. 그들이 결혼의 제도를 거부하고 애정의 강약에 따라 쉽게 만나고 헤어지는 것은 삶의 중요한 의미 하나를 스스로 버리는 일이나 다름없다. 전통적으로 사람들은 결혼을 '제2의 인생'이라 여길 만큼 중요시해 왔다. 결혼이 인간의 삶에 갖는 크나큰 의미를 그렇게 강조한 것이다. 나아가 그것은 인간학적인 의의까지 갖는다. 어느 학자는 말한다. "결혼식이란 동물적인 교합에 반대하는 인간의 항의의 표현이며, 내분비의 예속에 반대하는 최초의 은밀한 항의의 표현이라 할 수 있다." (『인간학 철학 형이상학』)

이러한 결혼식을 형식적인 치레에 불과하다고 거부한다면 우리에게 남는 것은 '동물적인 교합' 밖에 없을 것이다. 예식이 아무리 번거로운 형식이요 구속에 지나지 않는다 하더라도, 인간은 본질적으로 수많은 형식들을 스스로 만들고 거기에서 삶의 의미를 찾는 존재이다. 그러한 형식들의 총체적인 모습이 바로 문화이다. 인간을 문화적 존재라고 말하는 까닭이 여기에 있다. 그러므로 결혼식의 거부는 문화적 존재됨을 스스로 축소하면서 삶의 중요한 의미 하나를 포기하는 것이나 다름없다. 맹자의 표현을 빌리면 그들은 "가시나무만 기르는 형편없는 정원사"와도 같아서 아름다운 삶의 정원을 가꿀 줄 모른다.

본론으로 돌아가자. 우리는 상반되는 몸과 마음을 어떻게 하면 화해시킬 수 있을까? 그것은 몸의 요구만 따르지 않고 그것을 진리와 도의의 정신으로, 또는 진, 선, 미, 성의 가치로 절제하고 승화시켜 인간화하는 데에 있다. 우리의 전통사상에 의하면 그러한 정신과 가치를 일상의 행위지표로 규범화한 것이 바로 예의이다. 케케묵은 사례로 들릴지 모르지만, 남녀유별의 윤리가 그 한 유형이다. 그밖에 선비들은 몸이 나서는 모든 자리에 예의의 마음으로 몸을 지도하려 하였다. 공자의 이른바 '사물(四勿)', 즉 "예의에 벗어나는 일은 보지 말고, 예의에 벗어나는 일은 듣지 말며, 예의에 벗어나는 일은 말하지 말고, 예의에 벗어나는 일은 행동하지 말아야 한다[非禮勿視, 非禮勿聽, 非禮勿言, 非禮勿動.]"는 말뜻을 이렇게 이해할 수도 있다. 공자는 몸과 마음 사이에 절제와 조화의 이치를 예의에서 발견했던 것이다. 물론 거기에는 몸에 대한 마음의 억압과 강제가 일정하게 주어지지만, 그것은 몸을 동물적인 차원으로 방치하지 않고 거기에 인간적인 품위를 부여하려는 깊은 뜻이 담겨 있다.

맹자가 정원사의 비유를 든 뜻이 여기에 있다. 정원의 아름다움 여부가 정원사의 솜씨에 좌우되는 것처럼, 한 사람의 품격은 그가 천부의 인간성을 어떻게 돌보고 기르느냐에 따라 달라진다. 가시나무나 기르는 형편없는 정원사처럼 못난 사람은 아름다운 마음(정신)을 내팽개치고 몸(육체)만 돌보려 한다. 그러면 어떻게 하면 삶의 정원을 아름답게 가꿀 수 있을까? 그것은 거기에 어떤 의미와 가치를 심어 기르느냐에 좌우될 것이다. 가령 수많은 가시들을 세워 남들에게 이러저러한 상처를 주는 재물과 권력의 욕망을 심을 것인가, 아니면 아름다운 향기로 사람들을 저절로 다가오게 만드는 인격을 기를 것인가에 따라 사람됨의 품격과 삶의 아름다움이 달라질 것이다. 세상이 아무리 살벌하다 하더라도 삶을 가꾸는 문제는 자신의 마음에 달려 있다.

내친김에 정원사의 비유를 좀 더 깊이 들여다보자. 거기에는 수양 정신이 함축되어 있다. 문자 상으로 닦고[修] 가꾼다[養]는 뜻을 갖는 그것은 자신의 존재됨, 즉 자아를 대상으로 한다. 정원사가 수목을 관리하듯이 삶의 정원에서 자아를 끊임없이 기르고 가꾸어야 한다는 것이다. 이는 인간이 가변적인 존재임을 전제한다. 사람은 처음부터 사람이 아니라 끊임없이 사람으로 되어가는 존재이다. 설사 천부의 도덕성을 타고났다 하더라도 그것은 잠재적일 뿐, 현실의 삶에서 그것을 실현하는 정도에 따라 사람됨의 크기가 달라진다. 그 모습은 "짐승만도 못하다"고 만인의 지탄을 받는 악한에서부터, 인류의 숭상을 받는 성인에 이르기까지 넓은 스펙트럼을 갖는다.

수양의 인간학적인 의의가 여기에서 드러난다. 그것은 자신의 존재됨(자아)을 "일신 우일신(日新 又日新)"하기 위한 노력이다. 과거에 선비들이 수양을 학문의 핵심적 주제로 여긴 까닭이 여기에 있다. 퇴계는 말한다. "학문의 길은 날마다 앞으로 나아가지 않으면 날마다 퇴보할 것이요, 경계하고 두려워하지 않으면 반드시 태만해지는 법이다."(『退溪全書』) 이러한 주장은 학문을 순전히 글공부(독서와 저술)로만 여기는 사람들에게는 이해되기 어려울 것이다. 글공부를 하루 이틀 거른다 해서 학문이 퇴보할 리는 없기 때문이다.

하지만 선생에게 학문이란 참자아의 발견과 실현을 위한 수양의 노력이었다. 선생은 그것을 독서와 저술의 자리는 물론, 일상의 현장에서 전방위적으로 행하였다. 그것은 자아가 활동하는 모든 순간에 행해져야 하는 것이기 때문이다. 선생의 말을 다시 들어보자. "군자는 낮에는 밖에서 종일토록 도(道)의 실현을 위해 부단히 노력하고, 밤에 집에 들어와서는 삼가 진지하게 처신하며, 잠자리에서조차 손발을 가지런히 거두어 어느 한순간도 경건하게 임하지 않으면 안 된다."(『퇴계전서』) 이는 선생이 예민한 존재감각을 갖고 있었음을 보여준다. 그리하여 선생에게는 잠깐의 방심과 태만조차 '퇴보'로 자각되었을 것이다. 그것은 마치 매일 샤워하던 사람이 그것을 하루쯤 걸렀을 때 느끼는 개운치 않은 기분과도 같을 것이다. 이러한 관점에서 생각하면 "하루라도 글을 읽지 않으면 입 안에 가시가 돋는다[一日不讀書, 口中生荊棘]."는 안중근 의사의 글도 그 의미가 매우 깊게 다가온다.

안타깝게도 오늘날 사람들에게 수양이라는 말은 화석의 언어가 되고 말았다. 우리의 삶에 중요한 전통의 정신자산을 잃은 것이다. 아니 우리 스스로 그것을 내팽개쳐 버렸다. 우리는 삶의 정원을 재물과 명예와 권력 등으로 화려하게 꾸미려 할 뿐, 참자아의 수양을 통해 아름답게 꽃피우려 하지 않는다. 우리는 그렇게 자아의 정원을 스스로 황폐화시키고 있다. 맹자의 표현을 빌리면 온통 몸만 가꾸려 할 뿐, "신령이 깃들어 있는" 마음을 소중하게 돌보려 하지 않는다. 심지어 "사람이 거듭나지 않으면 하느님의 나라를 볼 수 없다."고 설교하는 성직자들조차 수양을 통한 '거듭남'의 노력을 외면하고 겉으로 화려한 몸의 권력만 추구한다. 그러니 신의 죽음을 넘어 "인간이 죽었다."는 탄식이 나올 만도 하다. 이는 수양의 정신이 과거 어느 때보다 절실함을 역으로 말해 준다. 특히 자본주의에 물들어 재물로 화려하게 몸을 치장하려는 허황된 생각을 버리고, 안으로 돌아와 마음속 '신령'의 목소리에 귀를 기울이면서 자신의 존재를 부단히 '닦고' 소중하게 '가꾸어' 나가야 한다. 혹시 그 구체적인 길을 찾기 어렵다면 유교, 불교, 기독교, 도가 등 우리의 전통사상을 들여다보면 좋을 것이다. 거기에는 수양의 방법과 사례들이 가득 담겨 있다.

제 26 장

第26장 마음의 기능

공도자(公都子)가 여쭈었다. "똑같은 사람인데 혹자는 대인(大人)이 되고, 혹자는 소인(小人)이 되는 것은 어째서입니까?" 맹자가 말씀하셨다. "큰 것을 추구하면 대인이 되고, 작은 것을 추구하면 사람은 소인이 된다." 공도자가 또 여쭈었다. "똑같은 사람인데 혹자는 큰 것을 추구하고 혹자는 작은 것을 추구하는 것은 어째서입니까?" 맹자가 말씀하셨다. "이목(耳目)의 감각기관은 사유능력이 없어서 바깥 사물에 현혹되는데, 이목이 바깥 사물을 접촉하면 그것에 끌려 다니고 만다. 하지만 마음의 기능은 사유능력에 있는 만큼, 사유하면 하늘의 이치를 알 수 있지만 사유하지 않으면 그것을 알 수 없다. 이 두 가지, 즉 이목과 사유능력은 둘 다 하늘이 사람에게 부여한 것이지만, 먼저 큰 것을 확립하면 작은 것이 어지럽히지 못할 것이다. 대인이란 이러한 사람일 뿐이다. [公都子問日: 鈞是人也, 或爲大人, 或爲小人, 何也. 日: 從其大體, 爲大人. 從其小體, 爲小人. 日: 鈞是人也, 或從其大體, 或從其小體, 何也. 日: 耳目之官, 不思而蔽於物. 物交物, 則引之而已矣. 心之官則思, 思則得之, 不思則不得也. 此天之所與我者, 先立乎其大者. 則其小者, 不能奪也. 此爲

大人而而矣.]

맹자와 제자 공도자(公都子) 사이의 문답이다. 이는 위에서 살핀 두 장의 연장선상에서 부연된 것이다. 즉 '큰 것'인 마음과 '작은 것'인 몸(여기에서는 이목)의 관계를 어떻게 정립하느냐에 따라 사람됨이 '대인'과 '소인'으로 갈라진다고 말하고 있다. 윗 장의 경우도 마찬가지지만 여기에서 '소인'이란 간사하고 부도덕한 사람을 지칭한 것이 아니다. "신령이 깃들어 있는" 마음의 명령을 따르는 '대인'과 달리, 그는 몸(이목구비)의 욕망에 이끌려 행동하는 사람을 뜻한다.

맹자에 의하면 '대인'이 되기 위해서는 무엇보다도 '큰 것', 즉 마음을 먼저 확립하여 '작은 것(이목)'의 어지럽힘을 당하지 않도록 해야 한다. 마음을 세계의 한 중심에 흔들림 없이 세워 삶이 몸의 욕망에 지배받지 않게 해야 한다는 것이다. 몸의 욕망에 지배되는 사람은 '소인'이요, 반대로 욕망을 지배하는 사람은 '대인'이다. 그러고 보면 서글프게도 오늘날 자본주의 사회에서 거개의 사람들은 '소인'을 자청하면서 살아간다. 그 사회에서 그들의 제일 명제는 "나는 욕망한다. 고로 존재한다."이다. 자본주의는 그러한 사람들의 욕망을 자양분으로 몸집을 끊임없이 불려 나면서 체제를 공고히 하고 있다.

그런데 '대인'이 되기 위해 확립해야 할 '마음'이란 과연 어떠한 것일까? 이는 독자들이 위의 두 장에서부터 계속 가져왔던 의문일 것이다. 따지고 보면 몸의 욕망도 마음의 한 가지 양상이 아닌가? 그러므로 마음을 어떻게 정의하느냐에 따라 몸과는 물론 세계와의 관계가 달라질 수밖에 없다. 위에서 맹자는 마음을 '사유능력'이라고 단정했지만, 사유도 다양하고 그 범위도 아주 넓은 만큼 그것만으로 '대인'과 '소인'을 가르는 것은 적절하지 않아 보인다. 이를테면 저 '소인'들이 이목의 감각적 욕망을 충족시키기 위해 갖가지로 계산하고 도모하는 등 '사유'하는 것 또한 분명히 마음의 기능이다. 한 마디로 '소인'이라 해서 어찌 사유능력이 없겠는가.

그러면 '소인'과 달리 '대인'이 갖고 있는 사유능력의 마음은 어떤 것일까? 이를 알기 위해서는 마음의 심층을 들여다보아야 한다. 일반적으로 말하면, 마음이란 사물을 감각하고 인식, 판단하며 뜻을 세우는 등의 정신 능력을 뜻한다. 그러므로 그것은 삶의 전방위에 걸쳐 활동한다. 일상적인 의식주의 생활에서부터 시작하여 학문과 예술, 종교에 이르기까지 마음의 영역에서 벗어나는 것은 하나도 없다. 사람들은 그 모든 자리에서 제각각의 방식으로 사유능력을 발휘한다. 이목의 욕망을 채우기 위해, 돈을 벌기 위해, 권력을 잡기 위해, 아니면 드물게는 진, 선, 미, 성의 고상한 가치를 실현하기 위해 사리를 판단하고 행동을 결의하는 등 갖가지로 생각들을 펼친다.

그런데 이처럼 일반적인 활동 양상과는 달리 사람들이 특별하게 관심을 갖는 주제가 한 가지 있다. 태어남과 죽음 너머 인간의 존재 근원에 대한 의문이 그것이다. 이를테면 나는 어디에서 왔으며, 어디로 가는가? 이 광막한 우주 속에서 먼지만도 못한 나의 위상과 의미는 무엇인가? 하는 등의 형이상학적인 자문이다. 이는 일상생활에 아무런 도움도 되지 않는, 공허하고 쓸데없는 생각들의 나열처럼 들릴 수도 있지만, 곰곰이 생각해보면, 그처럼 숨 막히고 현기증 나는 실존의 의문도 없다. 당연히 그것은 사람들의 생각과 삶에 지대한 영향을 미친다. 고(故) 유치환(1908-1967) 시인의 시 〈드디어 알리라〉를 한 번 읽어보자.

드디어 크낙한 공허(空虛)이었음을 알리라.

나의 삶은 한 떨기 이름 없이 살고 죽는 들꽃
하그리 못내 감당하여 애닮던 생애도 정처 없이 지나간
일진의 바람
수유에 멎었다 사라진 한 점 구름의 자취임을 알리라.
두 번 또 못 올 세상
둘도 없는 나의 목숨의 종언(終焉)의 밤은
일월이여 나의 주검 가에 다시도 어지러이 뜨지를 말라.
억조(億兆) 성좌(星座)로 찬연히 구천(九天)을 장식한 밤은
그대로 나의 크낙한 분묘(墳墓)!
지성하고도 은밀한 풀벌레 울음이여 너는
나의 영원한 소망의 통곡이 될지니
드디어 드디어 공허(空虛)이었음을 나는 알리라.

이처럼 '크낙한 공허'의 죽음 앞에서 몸서리치지 않을 사람이 있을까? 이것이 인간으로 태어나 운명적으로 짊어진 실존의 근원적 불안과 공포이다. 인간의 종교적 성향이 여기에서 자연스럽게 발동된다. 종교란 기본적으로 사람들이 실존의 불안과 공포를 해소하기 위해 만든 자기 구원의 장치이다. 말하자면 "인간은 죽지 않기 위해 신을 상상해 내었다."(도스토에프스키) 원시인들의 영혼 불멸 신앙에서부터 현대에 이르기까지 인류가 만들어낸 각양각색의 종교들이 모두 이러한 상상력의 산물이다. 물론 신의 존재가 종교의 절대적 필요조건은 아니다. 불교의 무신론도 있고, 유교의 섭리 관념도 있다. 학자들은 말한다. "종교란 인간의 삶의 모든 측면에 궁극적인 의미를 제공하는 모든 인간존재의 영적인 원천"이다.(조셉 M. 키타가와). "종교는 우리들이 의존하고 있다는 절대적인 감정 내에 존재한

다."(Schleiermacher) 사람들은 그처럼 "인간존재의 영적인 원천"에 절대적으로 의존하여 자신을 삶의 '크낙한 공허'로부터 구원하고자 한다.

동서고금을 막론하고 현자들이 인간의 존재 근원을 깊이 탐구했던 까닭이 여기에 있을 것이다. 그것은 일차적으로 그들이 저 근원에서 연역되는 참삶의 의미와 가치로 자신을 '크낙한 공허'로부터 구원하기 위해, 그리고 나아가 그로써 사람들에게 삶의 길을 안내하고 인도하기 위해 전개된 사고의 여정이었다. 인류의 스승들에 의하면, 인간의 근원에 대한 철저한 자각만큼 삶에 중요한 것은 없다. 올바른 삶의 길은 거기에서만 열린다. 사람들이 몸의 욕망에, 또는 재물이나 권력에 매몰되는 것은 그러한 자각이 부재한 데에 기인한다. 그들이 사람들에게 "밖으로 향하는 눈빛을 안으로 돌이켜 자신의 영성(靈性)을 살피라[廻光返照]"고 가르친 까닭도 여기에 있다.

맹자가 말한 마음의 사유능력은 바로 이를 염두에 둔 것이었다. 맹자가 사람됨의 특성으로 여겼던 마음은 단지 무엇이든 인식하고 판단하며 소망할 수 있는 정신기관에 불과한 것이 아니었다. 그것은 일차적으로 선악판단의 도덕심을 뜻하지만, 그 근저에는 하늘(신)의 뜻을 헤아려 실천할 줄 아는 초월적인 능력이 내재해 있다. 도덕심은 이의 현실적인 작용양상이다. 퇴계가 마음을 일러 "신령이 깃드는 집"이라고 말한 까닭이 여기에 있다. 맹자는 말한다. "자신의 마음을 다하는 사람은 자신의 본성을 자각하게 될 것이다. 본성을 자각하면 하늘을 알게 되리라[盡其心者, 知其性也. 知其性, 則知天矣]."(『맹자』) 맹자는 자신의 체험적인 자각을, 마치 불교의 아리송한 공안처럼, 이와 같이 압축된 언어로 표현하였다. 아래에서 그 뜻을 풀어서 살펴보자.

동물과 달리 인간의 마음은 우주만물을 관찰하며 그 이치를 헤아릴 줄 아는 신묘한 역량을 본래 갖고 있다. 사람들은 대개 자신의 존재 안에 갇혀 자기중심적인 시각으로 세상을 바라보지만, 만약 개체적인 자아를 버리고 자신을 우주의 한 중심에 두어 만물을 바라본다면 그 순간 내적 공간이 크게 열리면서 세계를, 만물을 자신의 존재 속에 받아들이게 될 것이며, 그 안에서 만물에 대한 사랑의 마음이 자연스럽게 깨어나게 될 것이다. 퇴계는 이를 두고 "측은지심이 온몸에 충만하다[滿腔子是惻隱之心]"(『퇴계전서』)고 말한다. 모든 죽어가는 생명을 마주하면서 갖게 되는 안타깝고도 따뜻한 사랑의 마음이 그것이다. 이는 평소 자기 안에 갇혀 사는 일상적인 자의식 속에서는 엿보기 어려운 경지이지만, 잠시라도 '나'를 내려놓고 세상을 한 번 바라보자. 그 순간 내적 공간이 열리면서 깊은 고요와 평화 속에 만물과의 일체감이 느껴질 것이다. 어느 시인(나바르 스콧 모마데이)은 그렇게 해서 얻은 생명의 희열을 아래와 같이 노래한다.

나는 화창한 하늘을 떠도는 깃털 하나
나는 광야를 달리는 푸른 말
나는 물속에서 반짝이며 휘도는 물고기
나는 바람을 타고 노는 독수리
보라! 나는 살아 있다. 살아 있다. (『생명으로 돌아가기』)

만물을 향해 열려 있는 마음은 단지 텅 빈 상태에 불과한 것이 아니다. 거기에는 '측은지심'이 충만해 있다. 한 마디로 생명 사랑의 마음이다. 이는 경험으로 습득된 것이 아니다. 그것은 인간의 타고난 본성이다. 맹자가 "자신의 마음을 다하는 사람은 자신의 본성을 자각하게 될 것"이라고 말한 뜻이 여기에 있다. 게다가 그것이 타고난 본성임을 자각한다면 그는 거기에서 '하늘(의 이치, 뜻)'을 자연스럽게 알게 될 것이다. 하늘이 그를, 인간을 이 세상에 내놓은 뜻을 말이다. 만물을 사랑하며 만물과 더불어 화해롭게 살라는 과제를 하늘이 인간에게 주었다는 것이다. 퇴계는 이를 아래와 같이 천명한다. "만민은 나의 형제요 만물은 나와 더불어 사는 이웃이다 [民吾同胞, 物吾與]."

맹자가 사람들에게 '사유'할 것을 강조한 것은 이처럼 그들 자신의 마음속에 천부적으로 새겨져 있는 도덕적 본성과, 나아가 '하늘(의 이치, 뜻)'을 자각케 하려는 의도에서였다. 자신의 내면 깊이 침잠하여 그것을 진지하게 성찰하라는 것이다. 사람으로 태어나 걸어야 할 참삶의 길이 거기에서 열린다. 유신론으로 예를 들어 말하자면 진정한 신앙의 삶은 신의 말씀을 깊이 '사유'하는 데에서부터 시작되는 것과도 같다. 삶의 방황과 오류는 '하늘(신)의 뜻'을 잘못 사유하는 데에서 비롯된다. 여기에는 하늘, 즉 인간의 존재 근원에 대한 무지와 부정도 포함된다. 그 근원을 모르고 오해하며 부정하는 사람들은 자신의 우주적 좌표를 얻지 못하여 '크낙한 공허' 속에서 일생을 헤매며 살아갈 것이다.

맹자가 사람들에게 "먼저 큰 것을 확립" 하도록 요구한 뜻이 여기에 있었다. 앞장에서 '큰 것'이란 마음이라 했지만, 사실 그것은 일반적인 사려활동의 기관에 불과한 것이 아니었다. 이를테면 자신의 출세와 성공을 위해 무얼 도모하고 추구하는 마음(뜻)을 아무리 흔들림 없이 확립한들 그는 몸이 요구하는 (재물이나 권력 등) '작은 것'들에 집착하는 자기중심적인 '소인'의 삶을 벗어나지 못한다. 사람들이 진정으로 확립해야 할 '큰 것'은 그처럼 세속적인 사려활동의 마음이 아니다. 자기 안에 갇히지 말고 만물을 향해 무한히 열려 생명애로 충만한 '대인'의 우주적 심흉을 길러야 한다. 종교적으로 말하면 하늘(신)

의 뜻을 헤아려 실천하려는 마음을 무엇보다도 먼저 확립해야 한다. 그러한 마음만이 '크낙한 공허'를 벗어나 삶을 의미 깊게 해줄 것이다. 일반인들은 도무지 이해가 안 되겠지만 『주역』은 그러한 '대인'의 최고경지를 아래와 같이 형용한다.

> 대인의 덕은 마치 천지와도 같이 만민과 만물을 자신의 품에 보듬어 양육하며, 그의 지혜는 해와 달처럼 삼라만상을 밝게 통찰하며, 그의 삶은 사계절의 변화처럼 순리적이며, 그의 길흉판단과 처사는 귀신처럼 신묘하다. 그리하여 그가 시대를 앞질러 일을 도모할 때에는 그 시대가 그를 뒤따르고, 시대를 따라서 일을 행할 때에는 그 시대가 추구해야 할 이치를 올바로 헤아려 천명한다. 이처럼 시대조차 그와 어긋나지 않는데 하물며 사람들이나 귀신이야 말할 게 있겠는가.

제27장 소유의식의 폐해

굶주린 사람은 어떤 먹거리든 맛있게 먹고, 목마른 사람은 어떤 물이든 달게 마신다. 이는 그가 음식의 올바른 맛을 알지 못해서 그러하다. 굶주림과 목마름이 입맛을 해치기 때문이다. 어찌 입맛만 굶주림과 목마름의 해를 입겠는가. 마음까지도 해를 입을 것이다. 만약 어떤 사람이 굶주림과 목마름 때문에 마음이 해를 입지 않는다면, 그는 남보다 못났을까 걱정하지 않아도 될 것이다. [飢者甘食, 渴者甘飮, 是未得飮食之正也, 飢渴害之也. 豈惟口腹有飢渴之害, 人心亦皆有害. 人能無以飢渴之害爲心害, 則不及人, 不爲憂矣.]

맹자의 말이다. 이는 앞서 살핀 제18장의 〈존재 지향의 삶〉과 함께 논의될 수 있는 주제이다. 맹자는 음식의 문제를 들어 가난이 사람들에게 끼치는 폐해를 이야기하고 있다. 가난이 사람의 마음을 비굴하고 저급하게 만들 수 있다는 것이다. 가진 자에게 아첨하거나, 또는 뒤틀린 심사로 세상을 바라보는 경우가 그렇다. 만약 가난에도 불구하고 올바른 삶의 정신을 잃지 않고 진, 선, 미, 성의 고상한 가치를 추구하는 사람이 있다면 그는 사람들의 앙모와 칭송을 받을 것이다.

예를 들면, 자주 끼니를 거를 정도로 가난했음에도 진리의 길에 매진했던 안자(顔子)를 두고 공자가 "거의 성인의 경지에 다다랐다."고 칭찬하였다. 물론 그에게 남들의 칭찬 여부는 그다지 중요하지 않을 것이다. 가난 속에서도 삶의 의미와 가치를 추구하는 것만으로도 그는 스스로 행복하게 여길 것이기 때문이다. 지난날 우리 역사상 "안빈낙도" 했던 선비들의 삶이 그 실상이다.

하지만 이는 보통사람들에게서는 기대하기 힘든 일이다. 게다가 오늘날처럼 물질적인 풍요를 삶의 목표로 내거는 사회의 풍토 속에서 가난은 부끄러운 일로 여겨지며, 악덕으로까지 혐오된다. 사람들은 소유의 가난에도 불구하고 존엄한 인간성을 자부하면서 세상에 당당하게 나설 줄 모른다. 오히려 부정과 불의조차 마다하지 않고 부의 축적에 일생을 내건다. 이러한 현상은 옛날부터 있어 왔지만 오늘날 물신숭배(物神崇拜)의 자본주의는 이러한 풍조를 전사회적으로 조장하면서 사람들의 삶을 잘못된 길로 안내하고 있다. 그것은 사람들에게 삶의 의미와 가치를 재물(돈)에서 찾도록 세뇌하면서 정작 존엄하고 고결한 인간성의 실현에는 무관심하도록 만든다. 그야말로 재물만능의 시대이다.

물론 가난을 권장할 일은 아니다. 가난은 여러 모로 행동을 제약하고 삶을 불편하게 만든다. 게다가 존엄한 인간성을 실현하고 고결한 삶을 영위하기 위해서 최소한의 물질적 토대는 필요하다. 특별한 상황이 아닌 한 굶어죽을 처지에서 사랑과 정의, 진리만 외칠 수는 없는 일이다. 언젠가 〈존재와 소유의 정신〉을 주제로 특강을 한 일이 있었다. 그때 청중 한 분이 불만어린 질문을 던졌다. 하루 벌어 하루를 사는 사람에게 소유를 버리고 존재의 삶을 살라고 강요할 수 있느냐는 것이었다. 아마도 존재의 정신을 강조하는 나의 주장이 그의 소유주의적 사고에 거슬렸던 모양이다. 하지만 그 질문자를 포함해서 청중은 모두 사회 각계의 높은 신분에 먹고 살만한 사람들이었다. 그들이야말로 사회를 선도하는 인물들이었기 때문에 내가 특별히 존재의 정신을 강조했던 것이다. 만약 가난한 청중을 대상으로 했다면 다른 주제로 나섰을 것이다.

아니 가난한 사람들에게는 "존재의 정신은 제쳐놓고 어떻게든 돈을 많이 벌어야 한다."고 격려하면서 재테크의 방법만 강의해야 할까? 그러나 그들이 가난한 것은 부를 축적할 방법을 몰라서가 아닐 것이다. 그들이 가난한 데에는 개인적인 능력 문제 이외에 가난을 벗어나지 못하게 만드는 사회적 요인들이 많이 있다. 그러므로 가난의 개선은 본인의 노력은 말할 것도 없고, 범정부적인 차원의 시책과 제도개혁을 동시에 필요로 한다. 한 마디 덧붙인다면, 그 목표는 그들을 단순히 부자로 만들어주는 것에 그쳐서는 안 된다. 위정자는 모든 사람들이 빈부를 넘어 어떻게 하면 인간으로서 품위 있는 삶을 살게 할 것인가 하는 데에 궁극의 목표를 두어야 한다. 역시 존재의 정신을 사회의 중심 가치로 세워야 한다.

인간의 존재 의미와 참삶의 가치를 탐구하고 모색하는 사람의 과제와 역할이 여기에 있다. 그는 가난한 사람들 앞에서조차, 돈을 벌되 존재의 정신을 잃지 말도록 설득하고 충고할 필요가 있다. 가난에 짓눌린 나머지 인간과 삶을 오직 돈(재물)의 관점에서만 바라보지 않도록 주의시켜야 한다. 가난한 사람이 경계해야 할 점이 여기에 있다. 맹자의 말처럼 '굶주리고 목마른' 사람처럼 되어서는 안 된다. 음식의 올바른 맛을 알지 못하는 '굶주리고 목마른' 사람처럼, 가난 때문에 인간의 존재 의미와 삶의 참맛을 잃어버려서는 안 된다. "굶주림과 목마름 때문에 마음까지도 해를 입지" 않도록 해야 한다.

삶의 참맛을 모르는 것은 가난한 사람에게만 나타나는 현상이 아니다. 부자도 마찬가지로 부유 때문에 '마음의 해'를 입는 경우가 수두룩하다. 많은 사람들은 자신의 부를 지키고 확대하는 일에만 열중할 뿐, 아름다운 인간성의 실현이라는 존재의 과제에는 무관심하다. "곳간에서 인심 난다."고 하지만, 이는 드문 일이다. 오히려 "구천 원 가진 사람이 천 원 가진 사람의 돈을 빼앗아 만 원을 채우려 드는" 것이 현실이다. 그는 자기 안에 갇힌 나머지, 재물을 남들과 나누면서 서로 공존하며 상생하는 것이 미덕이요 참다운 행복임을 모른다. 오히려 자신의 부유한 삶이 뛰어난 능력의 결과라고 여기면서 거드름을 피운다. 그는 그처럼 무지하고 오만하다.

이는 역시 근본적으로는 자아에 대한 잘못된 인식에 기인한다. 그는 자신의 존재 의미를 소유에서 찾는 미망에 빠져 있다. 그리하여 소유의 풍요를 존재의 위대함으로 착각하면서 일생을 살아간다. 그는 소유와는 달리 존엄한 인간성과 인격의 세계가 있음을 모른다. 그가 못 가진 사람들을 하시하면서 갑질을 부리고 오만을 떠는 이유가 여기에 있다. 이는 소유를 앞세우는 사람에게서 드러나는 존재(인격)의 빈곤 현상을 잘 보여준다. 그러한 사람 앞에서 "먹고 살아야 할 처지라 어쩔 수 없다."하여 고개를 숙여야 할까? 그럴 일이 아니다. 동등한 인격으로, 나아가 사랑과 의로움, 진리 등 존재의 정신으로 떳떳하고 당당하게 나설 필요가 있다. 나의 인격적 위엄으로 그를 주눅 들게 해야 한다. 공자의 제자였던 증자(曾子)는 말한다. "만약 저들이 부유함을 내세우면 나는 사랑으로 나설 것이요, 저들이 벼슬을 내세우면 나는 의로움으로 나설 것이다. 내가 저들에게 부족할 게 무엇 있겠는가." (『맹자』)

이와 관련하여 공자가 한 제자와 나눈 문답을 한 번 살펴보자.

제자가 "가난하지만 비굴하지 않고, 부유하지만 교만하지 않은" 태도가 어떤지 여쭙자, 공자는 다음과 같이 대답한다. "그 정도면 괜찮다. 하지만 가난하면서도 삶을 즐기고, 부유하면서도 예의를 좋아하는 것만 못하다."(『논어』) 이는 소유의 빈부 속에서도 변함없이 지켜야 할 존재의 정신을 주제로 하고 있다. 우리는 저 '예의'에 더하여 사랑과 의로움과 진리의 덕목을 추가할 수 있다.

위의 문답에서 거론되지는 않았지만 빈부 의식과 관련하여 또 하나의 유형이 상정될 수도 있다. 즉 '가난으로 비굴하고 부유로 오만한' 태도이다. 이는 최하의 수준으로써, 존재의 정신을 지향하는 공자의 문하에서는 처음부터 논의 거리가 못 되었다. 아무튼 저 제자는 빈부 속에서도 존재의 정신을 잃지 않는 것을 삶의 이상으로 여기고 있었다. 이는 오늘날의 관점에서 살펴보면 매우 높은 수준에 해당된다. 그러나 공자의 생각으로는 거기에도 문제가 있다. 그것은 여전히 소유와 존재의 대립의식을 떨치지 못하고 있기 때문이다. 저 제자는 가난(부유) 속에서 비굴(오만)하게 굴지 않겠다고 다짐하지만, 거기에는 자신이 가난(부유)하다는 자의식이 깔려있다.

이와는 달리 공자의 답변은 아예 그러한 대립을 뛰어넘고 있다. 즉 "가난하면서도 삶을 즐기고, 부유하면서도 예의를 좋아하는" 태도는 빈부의식을 뛰어넘어 오직 예의와, 나아가 사랑과 의로움과 진리로 자신의 존재를 성취하려 한다는 점에서 최상의 경지이다. 이는 공자가 부유(소유)를 혐오하거나 비난하지 않음을 일러준다. 다만 부유한 생활 속에서도 예의(와 사랑, 의로움, 진리)의 정신으로 존재를 성취할 것을 강조한다. 퇴계는 말한다. "부유함과 높은 지위와 복되고 윤택함은 하늘이 나의 삶을 풍요롭게 하도록 내려준 것이요, 가난함과 미천함과 근심과 슬픔 거리는 하늘이 너를 옥처럼 아름답게 단련시키기 위한 것이다[富貴福澤, 將厚吾之生也. 貧賤憂戚, 庸玉汝於成也]."(『퇴계전서』) 여기에서 "나의 삶을 풍요롭게 하도록"이란 하늘이 나에게 잘 먹고 잘살게끔 복을 내려주었다는 말이 아니다. 그것은 사랑과 의로움, 진리의 선행(善行)을 쉽게 할 수 있도록 유리한 조건을 주었다는 뜻이다. 궁핍한 생활 속에서는 선행의 제약을 받을 수밖에 없기 때문이다. 한편 "옥처럼 아름답게 단련시키기 위해"란 불우한 환경에 좌절하거나 체념하지 않고, 오히려 그것을 자아의 성찰과 성숙의 계기로 받아들이리라는 의지를 표명한 것이다. 어느 경우든 존재의 정신을 실현하리라는 다짐이 그 핵심에 놓여 있다.

소유의식은 사회적으로도 문제를 일으킨다. 한마디로 무관심의 조장이다. 가난에 시달리는 사람들은 대체로 돈(재물)을 좇느라 남에게 관심을 갖지 않는다. 이를테면 미취업자들이 모두 가난한 것은 아니지만, 그들의 취업 열망은 다른 어려운 사람들의 처지를 동정하거나 자기희생 속에서 그들을 배려할 마음의 여유를 갖지 못한다. 부자도 마찬가지다. 그들 역시 자신의 부를 지키고 또 키우는 일에만 열중할 뿐, 남을 돕고 배려하려는 마음을 갖지 않는다. 그들이 대체로 보수적인 것도 이에 연유한다. 그들은 자신의 기득권을 보호해주는 현존의 사회질서를 옹호하려 할 뿐, 생활이 어려운 사람들의 처지와 사회개혁에 관해서는 관심이 별로 없다.

결국 가난하건 부유하건 소유의식으로 살아가는 사람들의 마음에는 남을 배려하고 보살피려는 공공의 사회정신이 들어서기가 어렵다. 오히려 목적물을 얻고 지키기 위해 자신의 내부에 간사하고 이해타산적인 생각과 자타 간 경쟁심에 승부의식만 키울 것이다. 그들에게 타인은 자신의 목적을 성취하기 위한 이용가치에 지나지 않으며, 친구조차도 잠재적인 경쟁자로서 은근한 경계대상일 뿐이다. 그러므로 그들에게서는 지속적이고 윤리적인 인간관계를 기대하기가 어렵다. 사회생활상 남과 맺는 관계는 목적이 이루어지면 종료되는 계약과도 같다. 오늘날 인간관계가 일시적이고 가벼우며 덧없는 한 가지 요인도 여기에 있을 것이다.

결국 돈(재물)을 제일의 가치로 숭상하는 사회는 인간적인 응집력을 갖지 못하여 모래성처럼 언젠가 무너지고 말 것이다. 그러한 사회는 마치 밀림과도 같이 "만인의 만인에 대한 투쟁"의 현장일 뿐이다. 그것은 겨우 법과 제도, 공권력으로 지탱되고 있지만, 사랑과 예의와 의로움과 신뢰의 정신이 사라진 자리에서 어떻게 인간다운 삶을 영위할 수 있을까. 사람들은 그처럼 삭막한 사회에서 필연적으로 존재의 외로움에 시달릴 수밖에 없을 것이다. 이는 소유 중심적인 사고 속에서 남을 자신의 존재 밖으로 밀어낸 결과이다.

이처럼 존재의 정신을 외면하고 소유에 집착하는 태도는 사람들이 자신을 스스로 사물화하여 비하하고 모멸하는 것이나 다름없다. 오늘날 학자들이 지적하는 것처럼, 많은 사람들이 앓고 있는 각종의 심리질환도 따지고 보면 자신의 존재를 존엄하게 돌보려 하지 않음으로써 나타나는 현상이다. '존재의 질병'을 앓고 있는 것이다. 역설적으로 이는 인간의 본질이 어디에 있는지 되돌아 묻게 해준다. 재물(은 물론 권력 명예 등)의 소유가 아니라 자신의 존재 내부에서 그것을 찾아야 한다는 것이다. 인류의 스승들은 그것을 깊은 깨달음 속에서 밝혀 온몸으로 실천한 바 있다. 한 마디로 사랑이 그것이다. 그 정신은 남들을 자신의 품 안에 깊이 보듬어 안으면서 존재의 풍요를 누리게 해준다. 그러므로 사랑은 윤리덕목 가운데 하나에 불과한 것이 아니라 근원적인 존재 실현의 방식이다.

우리가 마음속으로 다짐해야 할 삶의 정신이 여기에 있다. 위에서 가난의 개선을 위해 위정자들이 정책적인 노력을 기울여야 한다고 했지만, 사실 그에 못지않게, 아니 그 이전에, 개개인의 사고 전환이 앞서지 않으면 안 된다. 즉, 소유 중심적인 사고를 버리고 존재의 정신을 소중하게 돌보고 키워야 한다. 정치의 시책과 사회제도의 개선이 아무리 훌륭하게 이루어진다 하더라도 그것만으로는 결코 충분하지 않다. 개개인의 노력이 없어서는 안 된다. 지금 당장 "부귀도 어지럽히지 못하고, 빈천도 변절시키지 못하며, 위엄과 무력도 꺾지 못하"(『맹자』)는 대장부의 정신을 갖지는 못하더라도, 일상생활 속에서 자기도 모르게 드러내는 소유의식의 폐해를 수시로 점검하면서 존재의 정신을 확립하려는 노력을 게을리하지 말아야 한다.

이에 대해 가난한 사람들은, 또는 예컨대 취업준비생들은 "배부른 소리 한다."면서, "목구멍이 포도청"인 사람의 심정과 처지를 전혀 이해하지 못하고 있다고 비난할지 모른다. 하지만 그렇다고 해서 가난과 돈 때문에 쪼그라든 마음과 늘어진 어깨로 세상을 원망하고 비난하면서 살 것인가. 남에 대한 우호적 관심을 버리고 자기 안에 갇혀 돈만 추구하면서 외롭게 살 것인가. 다시는 못 가질 소중하기 짝이 없는 이 삶을 돈벌이에 몰두하면서 물질적인 안락만 추구한다면 너무 허망하고 억울하지 않은가.

가난하다고 해서 꼭 불행한 것만은 아니다. 문제는 자신의 마음가짐에 있다. 존재의 정신을 잃지 않는 한 공자의 말대로 "가난하면서도 삶을 즐길"수가 있다. 예컨대 단란한 가정생활에 더하여 이웃과 따뜻한 인정을 나누고, 길거리에서 만나는 사람들에게 예의를 갖추며, 남을 배려하고 도와주는 일은 내가 마음만 먹으면 할 수 있는 일들이다. 나아가 바람결에 흔들리는 나뭇잎이나 가을 풀벌레 소리, 붉은 저녁노을 등 무심히 다가오는 풍경들이 다 즐거움 거리가 될 수 있다. 그렇게 해서 얻는 삶의 잔잔한 즐거움은, 달리 말하면 존재 활동의 기쁨은 돈으로는 결코 살 수 없다. 그것이 진정한 삶의 힘이다. 소유물만을 뒤쫓는 사람은 그러한 즐거움을 누릴 수 없다. 부의 힘은 가식적이고 환각적일 뿐이다. 빈부의식을 초월한 퇴계의 시를 한 편 읽어보자. 제자들의 기록에 의하면, 선생은 매 끼니에 두세 가지의 반찬으로 자족했다고 한다.

두 손으로 샘물을 떠 벼루에 부어
한가히 앉아서 시를 지어 적는다.
그윽한 삶의 취향에 유유자적하니
남들이 알아주건 말건 따질 게 무엇 있나.
掬泉注硯池　　閒坐寫新詩
自適幽居趣　　何論知不知　(〈溪堂偶興〉)

가난 속에서도 삶을 즐길 수 있다는 말은 돈벌이를 할 필요가 없다는 이야기가 아니다. 생계를 유지하기 위한 노력은 지극히 정당하다. 다만 그 순간에도 주의해야 할 사항이 있다. 가난을 이유로 참삶의 의미를, 존재의 정신을 포기해서는 안 된다는 점이다. 아무리 생활이 어렵다 하더라도 존엄한 자아를 버려서는 안 되며, 또 사람들에 대한 우호적인 관심과 애정을, 나아가 진리의 정신을 잃어서는 안 된다. 맹자의 말처럼 가난 때문에 '마음의 해'를 입지 않도록 해야 한다. 하늘이 인간에게 내려준 존재의 과제를 숙고하고 실현하려는 고결한 마음을 삶의 중심에 두어야 한다. "참으로 교양 있는 사람들까지도 맹목적으로 가난을 두려워한다는 것은 현대인이 시달리는 최악의 도덕적 병폐"라는 윌리엄 제임스의 말을 마음 깊이 되새길 필요가 있다.

제28장 의로움의 정신

물고기도 내가 좋아하는 음식이요 곰 발바닥도 내가 좋아하는 음식이지만, 두 가지를 다 취할 수 없다면 물고기보다는 곰 발바닥을 택하겠다. 삶도 내가 원하는 바요 의로움 또한 내가 원하는 바지만, 두 가지를 다 취할 수 없다면 삶을 버리고 의로움을 택하겠다. 삶 또한 내가 원하는 바지만 삶보다 더 바라는 것이 있기 때문에 구차하게 살려 하지 않는 것이며, 죽음 또한 내가 싫어하는 바지만 죽음보다 싫은 것이 있기 때문에 환난을 피하지 않는 것이다. 만약 어떤 사람이 삶보다 더 바라는 것이 없다면 살 수 있는 모든 방법을 어찌 쓰지 않겠으며, 죽음보다 더 싫어하는 것이 없다면 환난을 피할 수 있는 모든 방법을 어찌 쓰지 않겠는가. 의로운 마음이 있기 때문에 살 수 있음에도 그 방법을 쓰지 않는 것이며, 의로운 마음이 있기 때문에 환난을 피할 수 있음에도 그 방법을 쓰지 않는 것이다. 그러므로 삶보다 더 바라는 것이 있는 것이며 죽음보다 더 싫은 것이 있는 것이니, 이는 현자들만 갖는 마음이 아니다. 모든 사람이 다 갖고 있지만 현자는 그러한 마음을 잃지 않는 것일 뿐이다. 밥 한 그릇과 국 한 사발을 얻으면 살고 얻지 못하면 죽는다 하더라도, 어떤 사람이 꾸짖으면서 그것을 주면 길 가는 사람도 받지 않을 것이며, 발로 차서 주면 걸인이라도 좋아하지 않을 것이다. 그런데 사람들이 거액의 녹봉은 예의를 따지지 않고 받으니, 거액의 녹봉이 자신에게 무슨 보탬이 되기에 그러는 것일까? 화려한 저택을 갖기 위해서, 나를 받들어 모실 아내를 위해서, 그리고 내가 아는 궁핍한 사람에게 베풂으로써 그가 나의 은혜에 감사하게 여길 것을 기대해서 그러는가? 전에 자신을 위해서는 죽어도 받지 않다가 화려한 저택을 갖기 위해서 그것을 받고, 전에 자신을 위해서는 죽어도 받지 않다가 나를 받들어 모실 아내를 위해서는 그것을 받으며, 전에 자신을 위해서는 죽어도 받지 않다가 내가 아는 궁핍한 사람에게 베풂으로써 그가 나의 은혜에 감사하게 여길 것을 기대하면서 그것을 받으니, 이러한 짓을 또한 그만둘 수는 없을까? 이를 일러 "사람의 참마음을 잃었다."고 하는 것이다.

[魚我所欲也, 熊掌亦我所欲也. 二者不可得兼, 舍魚而取熊掌者也. 生亦我所欲也, 義亦我所欲也, 二者不可得兼, 舍生而取義者也. 生亦我所欲, 所欲有甚於生者, 故不爲苟得也. 死亦我所惡, 所惡有甚於死者, 故患有所不辟也. 如使人之所欲, 莫甚於生, 則凡可以得生者, 何不用也. 使人之所惡, 莫甚於死者, 則凡可以辟患者, 何不爲也. 由是, 則生而有不用也. 由是, 則可以辟患而有不爲也. 是故 所欲有甚於生者, 所惡有甚於死者, 非獨賢者有是心也, 人皆有之,賢者能勿喪耳. 一簞食, 一豆羹, 得之則生, 弗得則死, 嘑爾而與之, 行道之人弗受. 蹴爾而與之, 乞人不屑也. 萬鍾則不辨禮義而受之, 萬鍾於我何加焉. 爲宮室之美, 妻妾之奉, 所識窮乏者得我與, 鄕爲身死而不受. 今爲宮室之美, 爲之. 鄕爲身死而不受, 今爲

妻妾之奉, 爲之. 鄕爲身死而不受. 今爲所識窮乏者得我而爲之, 是亦不可以已乎. 此之謂失其本心.]

의로움의 정신을 강조하는 맹자의 장광설(長廣舌)과도 같은 웅변이다. 맹자는 의로움의 정신을 "사람의 참마음"으로 여겼다. 맹자는 그 단서를 사람들이 자신의 옳지 않은 행동을 부끄러워하고[羞], 남의 옳지 않은 행동을 미워하는[惡] '수오지심'에서 발견하였다. 오늘날 어떤 심리학자는 실험을 통해 생후 몇 개월 되지 않은 어린아이에게서 모종의 부끄러움 의식을 확인했다고 한다. 그것이 어쩌면 천부적인 수오지심의 원초적인 모습, 즉 "사람의 참마음"이 아닐까?

그런데 오늘날 언론에 자주 오르내리는 잔인한 폭력 행위나 반인륜적인 범죄를 보노라면 그들에게 과연 수오지심이 눈곱만큼이나 있는지, 그리고 의로움의 정신이 정말 "사람의 참마음"이라고 할 수 있는지 의문이 들곤 한다. 하지만 그러한 범죄에 분노하고 치를 떠는 일반인들의 마음 자체가 바로 수오지심과 의로움의 정신의 반증 아닌가.

우리는 이의 역사적 실례를 지난날 죽음을 무릅쓰고 싸움터에 나섰던 수많은 의병들에게서 본다. 맹자의 말처럼 그들이라고 해서 어찌 삶을 원하지 않았겠으며, 죽음을 싫어하지 않았겠는가. 하지만 "삶보다 더 바라는 것이 있기 때문에" "환난을 피할 수 있음에도 그 방법을 쓰지 않았던" 것이다. 이는 의로움의 정신이야말로 인간의 보편적 덕목임을 일러준다. 그러므로 "수오지심이 없으면 사람이 아니다."(『맹자』)

이렇게 살피면 의로운 죽음은 존재의 소멸이 아니라 오히려 고결한 성취에 해당된다. 달리 말하면, 의로움의 정신은 삶과 죽음을 넘어 인간성을 제고하고 완성시켜주는 위대한 덕목이다. 이에 반해 의로움을 저버린 사람은 그 대가로 아무리 '거액의 녹봉'에 '화려한 저택'에서 떵떵거리며 산다 하더라도 그것은 겉만 번드르르한 허세에 지나지 않는다. 사람이라면 누구나 지녀야 할 "사람의 참마음"을 잃었기 때문이다. 그러므로 그는 살아 있어도 죽은 목숨이나 다름없다.

조선시대 사화 당시 죽음 앞에서 당당했던 선비들의 기개는 이러한 의로움의 정신에서 나온 것이었다. 그들은 의로운 죽음을 인생의 종말이 아니라 오히려 참삶의 결실로 여겼다. 중종 시절 기묘사화(己卯士禍)에 희생된 정암(靜庵) 조광조(趙光祖: 1482–1519)의 사례를 한 번 살펴보자. 다 아는 것처럼, 선생은 신진사류의 영수로서 적폐의 정치를 개혁하는 일에 앞장서서 정의로운 사회를 구현하려 하다가 훈구파 간신들의 음모로 유배지에서 사약을 받았다. 『연려실기술』은 그 최후의 전말을 아래와 같이 전한다. 죽음 앞에서도 의연했던, 아니 무서우리만치 평온했던 선생의 모습은 정말 눈물 나도록 가슴이 먹먹하다.

> 조광조가 능성(지금의 화순)에 귀양가 있었는데, (중략) 얼마 안 되어 사사(賜死)하라는 명령이 내려졌다. 이에 그는 말하기를, "임금이 신에게 죽음을 주시니 반드시 죄명이 있을 것인즉, 청컨대 그것을 공손히 듣고 죽겠노라." 하고는, 뜰아래 내려가 북쪽을 향해 두 번 절한 다음 꿇어 엎드려 전지(傳旨)를 받았다. (중략) 그는 목욕하고 새 옷을 갈아입은 다음 자기 집에 보내는 글을 쓰는데 한 자도 틀리게 쓰는 것이 없었다. 그가 조용히 죽음에 나가면서 옆에 그를 모시고 있는 자들에게 부탁하기를, "내가 죽거든 관을 얇게 할 것이요 두텁고 무겁게 하지 말라. 먼 길에 운반하여 돌아가기 어려울까 염려된다." 하였다. 금부도사 유엄이 죽음을 재촉

하는 기색이 있자 그가 탄식하기를, "옛 사람 중에 임금의 조서를 안고 여관에 엎드려 울었다는 이도 있는데, 도사는 어찌 옛 사람과 다르단 말이냐." 하고는 글을 읊기를, "임금 사랑하기를 어버이 사랑하듯 했고 / 나라 걱정하기를 집안 걱정하듯 했네 / 하늘의 밝은 해가 이 땅을 내려 비추니 / 나의 충정 밝게 밝게 빛나리라.[愛君如愛父 / 憂國如憂家/ 白日臨下土 / 昭昭照丹忠]" 하고는 드디어 약을 마셨다. 그래도 숨이 끊어지지 않으므로 금부의 나졸들이 달려들어 목을 조르려 하자 그가 말하기를, "임금께서 이 신의 머리를 보전하려 하시는데 너희가 어찌 감히 이러느냐."하고는 독주(毒酒)를 더 마시고 드러누워 일곱 구멍으로 피를 쏟고 죽었다. 때는 12월 20일로써, 이 소식을 듣고는 눈물을 흘리지 않은 이가 없었다.

이를 소크라테스의 죽음과 비교해보자. 양자 모두 죽음 앞에서 평온했지만 죽음에 대한 인식에서는 커다란 차이를 보인다. 소크라테스는 독배를 마신 뒤 눈을 감기 직전 옆에 서 있는 친구에게, 질병치유의 신 아스클레피오스에게 감사의 제물로 닭 한 마리를 바쳐달라고 부탁하였다고 한다. 죽음이란 육체의 감옥으로부터 해방되는 것이라고 여겼기 때문이다. 그는 아마도 이렇게 하여 자신의 기도대로 저 세상에로의 행복한 여행을 하였는지도 모른다. 하지만 정암을 죽음의 위협으로부터 지켜준 것은 저 세상이나 신의 약속된 땅이 아니었다. 그것은 선생의 절명시(絕命詩)가 시사하고 있는 것처럼 역사와 사회를 지탱시켜 주는 진리와 도의의 힘이었다. 그 힘은 의로운 죽음을 오히려 삶의 완성으로 자부할 수 있게 해주었다. 그리하여 선생의 죽음은 여전히 이 세상의 삶으로 향하고 있었다.

이제 앞에서 잠시 덮어두었던 질문을 하나 던져보자. 의로움이란 무엇을 뜻하는 말인가? 맹자는 그것을 '수오지심'이라 했지만, 사실 그것은 생래적이고 직각적인 도덕 감정의 영역을 넘어 사람들이 평생토록 학문과 수양을 통해 갖추어야 할 덕목의 성질을 띠기도 한다. 그러면 도덕이념으로서의 의로움은 무엇일까? 사전적으로 말하면 그것은 일을 진리(사리)에 맞게 엄밀하게 판단하고 올바르게 처사하려는 정신이다.

그러므로 의로움의 정신은 사람들이 일상생활에서 흔히 주고받는, "사람이 의리가 있어야지." "의리 없는 놈"이라는 등의 '의리'나, 또는 폭력배들의 깡패의리와는 거리가 멀다. 그것의 핵심에는 진리정신이 놓여 있다. 이는 의로운 행동을 하기 위해서는 진리의 인식이 선행되어야 함을 일러준다. 진리를 떠나서는 의로움의 정신을 이야기할 수 없다. 과거에 선비들이 진리의 탐구를 학문의 한 축으로 여겼던 것도 이러한 이유에서였다. 그들에게 진리는 객관적인 탐구나 관념적인 유희의 대상이 아니라 일상적 실천의 주제였다. 의로움은 바로 그러한 실천정신의 산물이다. 달리 말하면 의로움은 실천 지향의 진리정신이다.

의로움의 정신은 '가치합리적인' 사고를 배양한다. 그것은 행위의 결과를 이해타산하지 않고 행위 자체에 내재하는 진리 가치를 실현하려 한다. 다시 말하면, 행위가 초래할 유·불리를 염두에 두지 않고 행위 자체가 옳기 때문에, 진리에 합당하기 때문에 무조건 행하려는, 일종의 '정언명령(定言命令)'이다. 율곡(栗谷) 이이(李珥: 1536-1584)는 말한다. "의로움은 이해타산 없이 행하는 정신이다. 만약 조금이라도 이해타산을 한다면 그것은 잇속의 마음으로써, 그는 도둑이나 다름없다. 선행을 하더라도 거기에 공명(功名)을 얻으려는 마음이 끼어 있으면 그것 또한 잇속의 마음이다. 군자는 그것을 도둑보다 더한 심보로 여긴다.” 이를테면 중·고등 학생들이 선행의 점수를 얻기 위해 노인복지시설을 방문하여 봉사하는 것이 그 한 예에 해당된다. 물론 그들은 점수를 따는 것에 더하여 자신의 선행에 다소의 자부심을 가질 것이다. 하지만 그것은 역시 ‘잇속의 마음’에서 나온 것이기 때문에, 아무런 목적도 없이 오직 선의지에서 발로되는 봉사활동의 순수한 기쁨과는 차원을 달리한다. 우리는 이를 (전자의) ‘목적 합리적인’ 행동과 (후자의) ‘가치 합리적인’ 행동으로 나누어 고찰해볼 수 있다. 참고로 합리 정신을 가치 합리적인 것과 목적 합리적인 것으로 나누는 어떤 학자의 말을 들어보자.

> 전자(가치 합리적 행동)는 어떤 행동 고유의 것이라고 사료되는 가치의 구현에 집중되는 것이고, 후자(목적 합리적 행동)는 어떤 행동으로부터 연유하는 것으로 기대되는 목적 달성에 집중된다. 가치 합리적 행동은 행동의 본질적인 고유성에 맞춰지는 것이고, 목적 합리적 행동은 그 행동에서 기대되는 의도된 결과에 맞춰진다.
> (『합리성의 한계』)

의로움의 정신은 바로 이러한 가치 합리적 사고의 한 가지 유형에 해당된다. 『춘추좌씨전』에 나오는 사례를 하나 들어보자. 옛날 어떤 자가 쿠데타를 일으켜 임금 자리를 탈취하자 당시 사관(史官)이 그 전말을 사실 그대로 기록한다. 이에 쿠데타의 장본인이 그를 죽인다. 그런데 후임 사관 역시 쿠데타의 전말은 물론, 전임 사관을 죽인 사실까지 기록하였고, 그 또한 죽음을 당한다. 또 다른 후임 사관도 일련의 사실들을 그대로 기록한다. 결국 쿠데타의 장본인은 더 이상 그 사관을 어쩌지 못한다. 이 사관들의 철학은 분명하다. 그들의 정론직필은 사관의 고유한 직분상 죽음을 무릅쓰고 진리 가치를 구현하겠다는 '가치 합리적인' 사고, 즉 의로움의 정신의 발로였다. 만약 그들이 사태에 임해서 삶을 최고의 목표로 두고서 처신의 이해득실을 계산했다면, 즉 '목적 합리적인' 사고가 발동했다면, 그들은 절대로 정론직필을 할 수 없었을 것이다. 하지만 그들은 의로운 길을 택했고, 의로운 죽음으로 삶을 고결하게 성취하였다.

우리는 여기에서 의로움의 정신이 "사람의 참마음" 임을 새롭게 확인한다. 저 사관들에게 정론직필의 의로운 행동은 그것이 자신의 존재를 실현하는 유일한 길이라고 믿었기 때문일 것이다. 달리 말하면, 그들의 정론직필은 생사의 이해타산을 떠난 순수한 존재 활동의 일환이었다. 이를 통해 그들은 죽음 앞에서조차 자신의 존재를 자부하면서 심층에서 우러나오는 존재 활동의 기쁨을 얻었을 것이다. 만약 그들이 "삶 이상으로 바라는 것이 없었다면" 죽음의 위협 앞에서 존재 실현의 '참마음'을 버렸을 것이다. 그리고 '거액의 녹봉'과 '화려한 저택' 속에서 '나를 받들어 모실 아내'와 행복하게 살 수 있었을 것이다. 하지만 그들의 마음 한구석에서는 자신의 곡필(曲筆)에 대해 존재의 자괴감을 느끼면서 자신을 괴롭혔을 것이다. 이것이 사람이 타고난 '참마음'이다.

의로움의 정신은 사회정치적인 사태나 사건에서만 작동되는 영웅적인 심리가 아니다. 그것은 시청 언동과 일신의 거취 등 일상의 현장에서도 수시로 발동될 수 있다. 퇴계의 일화가 이를 잘 말해준다. 선생은 한양에서 살 때 가을철 이웃집 밤나무 가지가 담장을 넘어와 떨어트리는 알밤들을 발견할 때마다 주워 던져서 돌려주었다고 한다. 자신의 물건이 아니기 때문이었다. 말하자면 "의롭지 않으면 지푸라기 하나라도 남에게서 취하지 않는”(『맹자』) 정신의 발로였다. 이는 오늘날 옳고 그름을 따지지 않고 오직 자신의 이해타산으로만 행동하는 우리의 모습을 부끄럽게 돌아보게 해준다.

의로움의 정신은 공리적인 사고를 부정한다. 행위의 목적이나 결과를 계산하는 공리의식과 달리, 의로움의 정신은 손익 여부를 떠나 오직 일에 고유한 진리 가치에 주목하기 때문이다. 공자는 말한다. “이익거리를 보거든 의로움을 생각하라[見利思義].”(『논어』) 퇴계 또한 말한다. “의로움을 올바로 행할 뿐 이익을 도모하지 않고, 도리를 밝힐 뿐 공명을 계산하지 않는다[正其義不謀其利, 明其道不計其功].”(『퇴계전서』) 우리는 여기에서도 의로움의 정신이 인간존재(사람됨)의 실현에 집중하고 있음을 확인한다. 인간존재는 이익이 아니라 오직 ‘도리’, 즉 진리와 도의로만 성취될 수 있기 때문이다.

선생이 “의로움은 삶의 길이요, 이익은 죽음의 길”(『퇴계전서』) 이라고 극언한 뜻도 여기에 있다. 진리 가치가 부재한 이익지향적인 삶은 정신적인 죽음에 이르는 길에 다름 아니다. 우리는 이 점을 오늘날 물질 만능의 자본주의 사회를 살면서 생생하고 가슴 아프게 겪는다. 이 사회는 사람들을 인격 가치가 아니라 물질 가치를 숭상하도록 만듦으로써 정신적인 죽음으로 내몬다. 사람들은 이익의 추구에만 골몰할 뿐, 사람됨의 의미와 참삶의 가치를 성찰하면서 인간답게 살아가려 하지 않는다. 물질적인 이익만 추구하고 탐닉하면서 정작 맑은 영혼의 각성과 고결한 인격의 제고에 대해서는 거의 관심을 두지 않는다. 영혼과 불성의 회복을 강조하는 종교의 신앙인들조차도 그러하다. 자본주의는 그렇게 사람들을 ‘죽음의 길’로 내몬다. 이 점은 그들이 존재의 빈곤감과 삶의 허무에 시달리는 데에서 잘 나타난다. 그들은 물질의 향락을 통해 그러한 빈곤과 허무에서 벗어나려 하지만, 그것은 자신의 정신을 마비시키는 짓일 뿐이다. 그들은 향락의 뒤끝에서 갈수록 더 깊이 공허감에 빠져들고 말 것이다. 목마른 사람이 소금물을 들이킬수록 갈증이 더 심해질 것처럼 말이다.

이와는 달리 "의로움은 삶의 길"이다. 그것은 "사람의 참마음"에서 발원하므로 우리의 존재를 풍요롭게 만들어준다. 우리는 그 실례를 살신성인의 '의인(義人)'에게서 본다. 사람들은 그의 의로운 행동에 감동하고 또 도덕적으로 고무 받으면서 그를 죽음의 어둠에 묻어두지 않고 여전히 살아 있는 정신으로 불러내 칭송한다. 역사적으로 살피면 조선 시대의 의병활동에서부터, 동학의 농민혁명, 일제 시대 지사들의 독립운동에 이르기까지 그들 모두가 죽음을 무릅쓰고 '삶의 길'을 걸었다. 그러므로 지난날 성현들이, 삶의 성취를 위해 의로운 길에 나서도록 이구동성으로 강조한 것은 결코 우연이 아니다. 그것은 그들이 "사람의 참마음"을 깊이 깨달은 결과였다. 개인의 삶뿐만 아니라 사회도 당연히 이러한 참마음 위에서 도모되어야 한다. 『대학』이 강조하는 것처럼, "나라는 재리(財利)를 이익으로 여길 것이 아니라 의로움을 이익으로 여겨야 한다." 말하자면 물질(경제)이 아니라 인격을 사회의 중심 가치로 확립해야 한다.

의로움의 정신은 일상의 현장에서 '정명(正名)'의 정신으로 드러나기도 한다. 정명이란 한 사람의 이름(사회적 호칭)에 내포되어 있는, 또는 그 이름이 지시하는 의무와 과제를 올바르게 실현하려는 정신을 말한다. 예를 들면, 내가 결혼해서 남편이라는 이름을 얻었을 때 나는 남편의 의무와 과제를 떠안게 된다. 그것이 남편이 부인에게 지켜야 할 올바른 '의리'이다. 그밖에 대통령, 국회의원, 부장, 과장, 스님, 목사 등등 사람들이 사회생활 속에서 얻는 수많은 이름(호칭)들에는 그것을 불러주는 사람들이 암묵적으로 기대하고 또 요구하는 '의리'가 담겨 있다. 이는 이름이 하나의 자격을 드러낼 뿐만 아니라 앞으로 수행해야 할 과제를 담고 있음을 일러준다. 그처럼 각각의 이름에 담겨 있는 과제(의무)를 올바르게 수행하려는 정신이 바로 의리(의로움)이다. 사람들은 이의 실천을 통해 서로의 존재를 인정하고 평가한다. 의리를 지키지 않는 사람에게는 관련 당사자들이 그에게 부여했던 이름을 회수하고 박탈할 것이다.

'정명'의 정신은 의로움이라는 다소 막연한 말에 구체적인 실천 지침을 준다. 자신이 얻고 있는 이름의 의미와 과제를 생각해보면 무엇이 의로운 행동인지 알 수 있기 때문이다. 이를테면 선생님의 의로운 처신(의리)을 알고자 한다면, 학생들이 나에게 기대하고 요구하는 바가 무엇인지 숙고해 보면 된다. 그밖에도 우리가 사회생활을 하면서 얻는 다양한 이름(호칭)들에는 수시 수처에서 취해야 할 올바른 의리가 담겨 있다. 앞서 살폈던 사관들의 의로운 정론직필도 바로 '사관'이라는 이름에서 나온 것이었다. 만약 그들이 그 이름을 얻지 못했다면 그처럼 목숨을 걸고 나설 이유가 없었을 것이다. 그처럼 이름은 의로운 처신의 방향과 방법을 구체적으로 일러준다.

다만 한 가지 주의해야 할 사항이 있다. 이름이 의로움의 정신을 굴절시킬 수도 있다는 사실이다. 원래 이름은 한 사람(과 나아가 만물)의 존재됨을 담고 있다. 나는 아버지, 남편, 선생, 남자, 또는 사람이라는 이름 속에서 그 각각의 존재됨을 얻는다. 그러한 이름을 갖지 못하면 나는 그 어떤 존재도 되지 못한다. 고 김춘수(1922–2004) 시인은 〈꽃〉에서 이러한 뜻을 다음과 같이 심오하게 읊는다. "내가 그의 이름을 불러주기 전에는/ 그는 다만 / 하나의 몸짓에 지나지 않았다 // 내가 그의 이름을 불러주었을 때 / 그는 나에게로 와서 / 꽃이 되었다."

그런데 한 가지 문제가 있다. 이름이 그 존재를 왜곡할 수도 있다는 점이다. 예를 들어보자. 사람들은 길가나 논밭에 난 풀들을 싸잡아서 '잡초'라고 이름 붙인다. 그런데 그 이름에는 암암리에 부정적인 뜻이 함축되어 있다. 사람들의 왕래와 농사의 방해요인으로, 따라서 제거되어야 할 대상으로 여겨지는 것이다. 저녁이면 감미롭게 울어대는 온갖 풀벌레들을 살게 해주며, 나아가 생태계의 저변을 지탱해주는 그것들의 엄연한 존재성이 그렇게 부정된다. 이름의 존재 왜곡성은 인간 사회에서도 흔히 목격된다. 예컨대 '사장님'이라는 이름은 직업적인 의미를 떠나 그의 존재 자체를 부풀리고, 상대적으로 '경비원'은 천시된다. 사람들이 길거리나 가게, 음식점에서 낯선 어른들에게 흔히 '사장님', '사모님'이라고 호칭하는 것도 그러한 왜곡을 통해 호의를 얻으려는 의도에서다.

이처럼 한 사람의 존재를 왜곡시키는 이름은 자연스럽게 의로움의 정신을 굴절시킨다. 의로움은 이름이 지시하는 존재 활동의 도덕적 양상인데, 이름 속에서 존재가 왜곡되면 거기에서 발로되는 의로움의 정신도 당연히 굴절될 수밖에 없다. 우리는 그 대표적인 사례를 동서고금에 걸쳐 일반적으로 나타나는 남녀불평등의 현장에서 목격한다. 그것은 남성과 여성이라는 이름(호칭)에 차별적인 존재성이 부여됨으로써 생긴 결과이다. 남성은 우월하고 강한 존재라는 터무니없는 편견이 비뚤어진 남녀의 의리관을 지어내는 것이다. 그리하여 여성은 아이나 키우면서 가사에 전념해야 한다는 구시대적인 사고방식의 부당함은 말할 것도 없고, 사회생활상 각종 기회의 현장에서 알게 모르게 불이익을 당한다. 취직이나 직장 내의 업무평가, 보직과 승진 등이 그 일상적인 자리이다. 말하자면 '여성'이라는 이름 속에서 그녀의 존재성이 폄하되고, 이에 따라 지시되는 존재 활동의 의리가 함께 왜곡

된다.

사실 모든 이름은 이러한 문제점을 갖고 있다. 그것은 존재를 드러내주고, 또 나 자신의 존재를 확인하고 자부하게 해주기도 하지만, 동시에 존재 활동의 의리, 즉 의로움의 정신을 왜곡시키기도 한다. 그러므로 이름 속에서 의리를 살필 때는 이름의 함정에 빠지는 것을 경계해야 한다. 이름의 독소를 제거해야 한다. 그 방법은 어디에 있을까? 그것은 이름을 벗어나는 높은 안목을 갖춤으로써 가능하다. 예를 들면 남성과 여성이라는 '작은' 이름에 갇히지 말고 양자를 아우르는 인간이라는 '큰' 이름으로 삶에 나서는 것이다. 그 밖에 사장, 부장 등 명함상의 '작은' 이름으로 행세하려 하지 말고 거기에서도 벗어나야 한다. 모두가 평등하게 순수인격으로 조성되는 인간의 의리가 거기에서 펼쳐질 것이다.

우리는 이러한 눈빛을 인간관계뿐만 아니라 동식물에게까지 보낼 필요가 있다. 동물, 식물, 곤충이라는 이름에 갇혀 저들의 존재를 천대해서는 안 된다. 저들에 대해서도 올바른 의리를 행사해야 한다. 그것은 인간과 동식물, 곤충을 분별시키는 '작은' 이름을 벗어나, 저들을 모두 아우르는 '큰' 이름, 즉 다 같이 동일한 '생명'이라는 사실을 자각함으로써 얻어질 수 있다. 그러한 눈빛으로 바라보면 저들 모두가 소중하고 존엄한 존재로 나에게 다가올 것이다. 그렇게 해서 펼쳐지는 '우주적' 의리는 인간과 만물이 공존하고 상생하는 평화로운 세계를 자연스럽게 도모할 것이다. 만물의 영장으로서 저들에게 지켜야 할 인간의 의리가 거기에 있다.

제29장 세계관의 전환

닭이 울면 일어나서 부지런히 선행을 하는 사람은 순(舜)임금의 부류요, 닭이 울면 일어나서 부지런히 이익을 추구하는 사람은 도척(盜蹠)의 부류이다. 순임금과 도척이 구별되는 점을 알고자 한다면 다른 것이 없다. 그것은 선행과 이익의 사이에 있다.
[雞鳴而起, 孳孳爲善者, 舜之徒也. 雞鳴而起, 孳孳爲利者, 蹠之徒也. 欲知舜與蹠之分, 無他, 利與善之間也.]

맹자의 말이다. 아는 것처럼, 순임금은 중국 고대의 전설적인 임금이다. 그는 가정적으로는 자신을 죽이려고까지 했던 간악한 부모에게 변함없이 효성을 다했으며, 정치적으로는 임금으로서 사회를 태평성대로 이끈 성인(聖人)이었다고 한다. 공자는 말한다. "순임금은 위대한 효자이셨다." "순임금은 지혜가 뛰어난 분이셨다. 그럼에도 남들에게 묻기를 좋아하셨고, 사람들의 평범한 이야기도 심중하게 경청하면서 이치에 닿지 않는 말은 덮어두시고, 합당한 말은 칭찬하셨다. 그리고 무슨 일이든 양극단을 피하여 중용의 정신으로 백성을 다스리셨다. 순임금다운 점이 바로 여기에 있다."(『중용』)

여기에서 '중용'이란 양극단의 산술적 중간이나 또는 적당한 절충을 뜻하지 않는다. 그것은 오늘날의 관점에서 풀이하자면 자본주의(우)와 공산주의(좌), 진보와 보수, 또는 야당과 여당의 어느 한편에 치우치지 않고 대립자들의 한 중심에 서서 객관적으로 판단하고 공명정대하게 처사하는 정신을 뜻한다. 그 '중심'이 무엇인가에 관해서는 사안에 따라 어렵고도 다양한 논의가 있어야겠지만, 개괄적으로 말하면, 저와 같은 상대적 개념들의 시시비비를 벗어나, 이념과 사상으로 덧칠되기 이전에 존재하는 순수인간(생명)을 상정해볼 수 있다. 사람들이 이념과 사상에 봉사하는 것이 아니라, 거꾸로 이념과 사상이 사람들을 위해 봉사하게 해야 한다. 가령 인간다운 삶의 관점에서 살필 때 자본주의 가운데서 "이치에 닿지 않는 말"은 접어두고, 공산주의 가운데에도 "합당한 말"은 채용해야 한다. 정말 위대한 지도자라면 그러한 안목과 지혜로 사람들을 설득하고, 또 사회를 이끌어나갈 것이다.

도척은 춘추시대에 수천 명의 졸개들을 이리저리 이끌고 다니면서 나쁜 짓을 자행한 도적 떼의 우두머리였다고 한다. 그는 도둑이긴 했지만 그래도 도둑의 '의리'를 아는 인물로 미화되기도 한다. 『장자』에는 공자가 그를 찾아갔다가 그의 살기 어린 장광설을 듣고는 아연실색하여 돌아왔다는 이야기가 나온다. 이는 실제의 사실이 아니라 공자의 사상과 행적을 기롱하려는 의도에서 꾸며낸 말이다. 아무튼 그는 도둑의 대명사로 일컬어지곤 한다. 한두 세대 전만하더라도 우리 어른들 사이에서는 나쁜 사람을 두고서 "도척 같은 놈"이라고 비난하는 말들이 일상 대화의 자리에서 종종 오가기도 하였다.

그런데 맹자가 순임금과 도척을 거명한 까닭은 두 사람의 인격이나 삶을 평가하기 위한 것이 아니었다. 논의의 주제 상에서 살피면 사실 그들은 없어도 좋을 들러리에 불과하다. 그 요점은 착한 사람과 나쁜 사람이 어떻게 나누어지는가를 말하려는 것이었다. 그것은 (순임금이 행했던) '선행'과 (도척이 추구했던) '이익'에 있다. 사람됨의 한 가지 평가기준이 여기에 있다. 자신의 이익만 추구하는 사람은 나쁜 사람이다. 이는 맹자의 말을 빌릴 것도 없이 인물평가에 흔히 활용되는 잣대이다. 하지만 돌이켜 그것을 자기 자신에게 들이대 본 일이 있는가? 정작 "내 눈의 대들보는 보지 못하고 남의 눈의 티끌만 보는" 것은 아닌가? 퇴계는 시를 통해 이를 다음과 같이 훈계한다.

> 닭 울면 일어나서 저마다 노력하라
> 손에 닿는 모든 일이 선행과 이익의 갈림길이니
> 남을 비난하느라 자기성찰을 잊어서는 안 되나니
> 잠시라도 경계하지 않으면 소인이 되고 말리라
> 雞鳴而起各孳孳　　觸手無非善利幾
> 莫只攻人忘自責　　斯須不戒小人歸 (〈東齋感事〉)

사실이 그렇다. 우리는 일상의 모든 현장에서 '선행과 이익의 갈림길'에 직면하고 있다. 일에 임해서 선행을 할 것인지, 아니면 이익을 추구할 것인지 수시로 판단하고 또 결심해야 한다. 선행을 해야 한다고 양심의 목소리를 듣다가도 이어 이해타산이 뒤따르면서 이익의 추구로 돌아서는 일도 허다하다. 그러고 보면 선행은 말처럼 쉽지 않다. 나의 행위가 남들에게 선행으로 칭찬받는다 하더라고 내심 (재물과 명예와 신분상) 자기 보전의 이익을 염두에 둔 일도 적지 않다. 우리는 평소 이러한 자기 점검을 얼마나 하면서 살아가고 있을까? 이렇게 살피면 맹자와 퇴계가 사람들에게 참삶의 길을 걷도록 훈계한 뜻은 오늘날에도 여전히 절실하다. 더구나 이익만을 부추기는 자본주의 사회에서는 더욱 그러하다.

그런데 다소 뜬금없는 생각처럼 들리지만, 저 순임금과 도척의 세계관이 새삼 궁금해진다. 그들 모두 나름의 세계관을 갖고 있을 것이며, 그들의 선행과 이익 추구는 그것의 산물일 것이기 때문이다. 이의 논의를 위해 먼저 선(행)의 의미에 주목해 보자. 그것은 자명한 것 같으면서도 상당히 모호하다. 사전적으로 살피면 '선'이란 한 사람의 언행이 도덕적 기준에 합치하는 것에 대한 평가적인 의미를 띤다. 하지만 그 기준이 시대와 사회에 따라 다를 것이고 보면 선의 공신력이 약해질 수밖에 없다. 예를 들면, 음식점에서 동료들의 밥값을 한 사람이 내는 것을 미덕으로 여겼던 우리의 전통적인 사고방식을 오늘날 개인주의화된 젊은 사람들은 이해하기 어려울 것이다.

선의 의미를 도덕 이전에 존재론적인 관점에서 살펴보자. 동물과 달리 인간은 본래 불확정적이며 가변적인 존재이다. 나는 자신의 존재를 열어 남을, 나아가 우주 만물까지도 아우를 수도 있고, 반대로 남을 배제하고 자기 안에 갇혀 오직 자신만을 위해서 살 수도 있다. 순임금과 도척이 그 모습을 잘 보여준다. 전자는 우주적 대아요 후자는 개체적 소아이다. 인간존재의 스펙트럼은 그처럼 넓고 넓다. 당연히 그 존재의 폭에 따라 삶의 행복 정도가 달라질 것이다. 남을 아우르면서 그와 더불어 사는 의미 깊은 기쁨이 있는가 하면, 이에 반해 자폐적인 사고 속에서 혼자만 누리는 가벼운 기쁨도 있다. 우리가 자신의 존재를 개방해야 할 실제적인 이유가 여기에 있다.

선이란 한 사람이 자신의 존재를 열어 남을 아우르면서 돕고 보살피는 태도에 대한 긍정적 평가의 언명이다. 달리 살피면 선은 생명에 대한 긍정이며 존재의 확장이다. 예컨대 어려운 이웃을 나 몰라라 하지 않고 도움의 손길을 내미는 모습은 주위의 사람들에게 기쁨과 감동을 주면서 "착하다"는 칭찬을 받는다. 지난 역사 속에서 그토록 칭송을 들어온 순임금의 삶이 그 예에 해당된다. 이에 반해 악은 자신의 존재를 닫고서 남을 외면한 채 오직 자기 자신만을 위해 행동하는 태도에 대한 부정적 평가의 성질을 띤다. 그러한 태도는 보는 사람들의 마음을 상하고 또 화나게 만들기 때문이다. 그러므로 악은 생명에 대한 부정이요 존재의 축소이다. 도척의 소행이 이의 전형적인 예에 해당된다.

그런데 곰곰이 생각해보면, 선행은 자신이 남과 불가분하게 연결되어 있다는 인식의 산물일 것이다. 남을 나의 밖에 저만큼 떨어뜨려 놓는 마음에는 도움의 손길이 생겨날 수 없다. 내가 남과 어떤 방식으로든 서로 이어져 있다고 여기기 때문에 자신의 존재를 열어 타자를 아우르며 돌보려 하는 것이다. 그 연결은 가족, 친구, 이웃, 지역, 민족, 인류, 생명 등 범주가 다양하다. 당연히 이에 따라 자신의 존재를 개방하는 정도가 달라질 것이며, 선행의 크기도 다를 것이다. 그 정점에서 자신이 인류와, 나아가 모든 살아 있는 것들과 불가분의 일체를 이루고 있다는 자타(自他) 동일체 의식 속에서 그들을 존재 깊이 아우르면서 구원하려는 사람이 있다. 바로 우주적 대아의 성인이다.

이처럼 내가 남과, 나아가 세계와 상호 연결되어 있다는 사실은 달리 살피면 만물의 상호의존성을 말해주기도 한다. 어떤 물리학자는 말한다. "상호의존성은 모든 생태적 관계의 본질이다. 모든 생물 구성원의 행동은 수많은 다른 구성원의 행동에 의존한다."(『생명의 그물』) 예를 들면 나의 탄생은 부모와 조상에, 성장은 주변의 환경과 친구에, 그밖에 나를 지탱시켜주는 모든 것들에 의존해 있다. 지금 이 순간 나의 존재도 내가 글을 쳐 넣는 컴퓨터에, 그 조립 생산자에, 컴퓨터를 작동시키는 전기에, 전기를 생산하는 재료와 기술자에, 그밖에 이들의 존재와 활동을 가능케 하는 모든 요소들에 의존하고 있다. 그러므로 나의 존재의 뚜껑을 열어보면 그 안에 그와 같은 요소들, 나아가 해와 달과 바람과 구름 비 등 삼라만상과 온 우주가 담겨 있음을 깨닫는다. 그것들은 단지 돌무더기처럼 쌓여 있는 과거 사실이나 기억으로가 아니라, 지금 이 순간도 나의 삶과 존재에 꾸준히 은밀하게 작용한다. 고 서정주 시인의 〈국화 옆에서〉를 한 번 음미해보자.

한 송이의 국화꽃을 피우기 위해
봄부터 소쩍새는
그렇게 울었나 보다.

한 송이의 국화꽃을 피우기 위해
천둥은 먹구름 속에서
또 그렇게 울었나 보다.

그립고 아쉬움에 가슴 조이던
머언 먼 젊음의 뒤안길에서
인제는 돌아와 거울 앞에 선
내 누님같이 생긴 꽃이여.

노오란 네 꽃잎이 피려고
간밤엔 무서리가 저리 내리고
내게는 잠도 오지 않았나 보다.

이처럼 한 송이의 국화꽃에서 소쩍새 소리와 천둥소리를 듣고,

또 먹구름과 무서리를 본 사람이라면, 나아가 한 사물에서 타자의 모습을 보고 그 소리를 듣는 사람이라면, 그들을 대면하는 마음이 달라지지 않을까? 아무리 하찮은 미물이라도 그들 각각의 우주적 존재성에 감탄하고 경외심을 가질 수밖에 없을 것이다. 만약 국화꽃이 지금 우리 집 정원이나 베란다에 있다고 가정해 보자. 내가 저에게 물을 뿌려주고 그 꽃의 아름다움과 향기에 심취하는 순간 나는 어느새 저를 나의 존재의 일부로 받아들이고 또 자타일여(自他一如)의 동일체감을 얻을 것이다. 그러다 보면 그동안 저만큼 떨어져 있던 국화가 갑자기 나에게 다가오면서 무슨 말이라도 건네지 않을까? 나는 그러한 저에게 무슨 말이라도 하고 싶지 않을까? 선행의 마음과 손길이 여기에서 펼쳐질 수 있다. 그 존재를 소중히 여기고 생명을 보살피려는 것이다. 이는 선행의 교육에 있어서 규범적인 훈시에 앞서 세계(사물)관의 올바른 정립이 중요함을 말해준다.

이에 반해 악행은 자신이 남과 아무런 상관도 없다고 여기면서 그를 희생시켜서까지 자신의 이익만을 도모하는 '도척'과도 같은 태도로써, 자신의 존재를 스스로 축소시키고 소외시키는 어리석음에 다름 아니다. 그는 이렇게 생각할 것이다. "너는 너고 나는 나인데 내가 왜 너에게 도움의 손길을 내밀어야 하는가? 나는 나 자신을 위해 산다. 너의 어려움은 전적으로 너 자신의 무능력과 노력 부재의 결과일 뿐이다." 이는 세계관적 관점에서 살피면 내가 타자(세계)와 연결되어 있다는 사실을 인식하지 못하고, 아니 그것을 부정하면서 오로지 자기 자신에게만 집중하는 자폐적인 모습을 보여준다. 이른바 '실체주의'적 사고가 그에 해당된다. 아래의 글을 읽어보자.

'실체주의'란 무엇을 말하는가? '실체'라는 말은 원래 그 자체로 존재를 유지하는 것을 뜻한다. 다시 말해 그 자체로 홀로 설 수 있고 다른 것에 전혀 의존하지 않는 것을 말한다. 따라서 '실체주의'는 사물들이 모두 각각 독립해서 존재하는 것으로 보고 상호간의 의존관계를 인정하지 않는 태도를 일컫는다. 이렇게 되면 결국 사물들은 모든 관계를 상실하는 결과가 생기게 된다. 실체주의는 모든 사물들을 고립시키고 분리시킨다. 즉 인간, 사물, 세계, 가치, 신 등을 그 자체로 홀로 존재하는 것, 즉 '실체'로 보게 만든다. 따라서 이들이 맺고 있는 관계는 단절된다. 이것은 결국 사고하는 주체의 오만을 드러낸 것이다. 지성을 통해 모든 것을 정확하게 구획 짓고 파악할 수 있으며, 그가 설정한 구획 안에 모든 것을 집어넣을 수 있다고 생각한다.

(『급변하는 흐름 속의 문화』)

개인주의는 이러한 실체주의의 한 양상이다. 그는 타자와의 존재론적 관련을 부정하면서 자신의 자유와 독립, 사적인 발전만을 도모한다. 그에게 "너는 너고 나는 나다." 부모 자식의 관계에서조차 생물학적으로는 자식이 부모에게 의존함을 인정하지만, 도덕적으로는 상호 독립해서 존재하는 별개의 실체이다. 물론 그렇다고 해서 그가 도덕을 부정하는 것은 아니다. 그의 입장에서 독립적인 개인들의 충돌과 다툼을 방지하기 위해서는 도덕이 요청되며, 이의 보완책으로 법과 제도도 당연히 필요불가결하다. 이렇게 살피면 개인주의자에게 선행은 그의 존재 내부에서 울려 나오는 자발적인 명령의 산물이기보다는 자기 보전을 위해 부득이한 요청적 성질을 띤다.

이러한 도덕관념은 우리 전통의 그것과 판이하다. 전통적으로 우리에게 도덕과 선행은 참마음의 명령으로 여겨졌다. 달리 말하면 그것은 나와 타자가 서로 의존하며 유대를 맺고 있는 인간존재의 본성에서 발로된다. “만물이 모두 나의 존재 안에 들어 있는”(맹자) 이치상 나는 자신의 존재 깊은 곳에서 타자의 목소리를 듣고 자연스럽게 그에게 도움의 손길을 뻗치는 것이다. 퇴계가 〈예안향약(禮安鄕約)〉에서 “이웃의 환란에 도움을 줄 수 있는데도 불구하고 이를 좌시하고 구해주지 않는 자”를 처벌의 조항으로 집어넣은 것도 이러한 존재 정신과 참마음의 소산이었다. 선생의 주장은 개인주의의 관점에서는 도저히 용납될 수 없겠지만, 자타의 상호의존성과 공동체적 존재됨을 자각하는 사람에게 그것은 참마음의 당연한 발로로 여겨질 것이다.

아무튼 타자에 대한 무관심은 곧 나 자신의 존재를 스스로 축소시키고 소외시키는 자기 부정의 어리석음에 다른 것이 아니다. 그러므로 개인주의는 건강한 정신이 아니다. 그가 존재의 가벼움과 외로움에 시달릴 수밖에 없는 이유가 여기에 있다. 개인주의 사회에 심리질환이 많은 것도 이에 기인할 것이다. 그는 “닭이 울면 일어나 부지런히 (재물과 권력과 사회적 신분상의) 이익을 추구하”면서 그것으로 그 외로움을 달래려 하지만, 이는 “밑 빠진 독에 물 붓기”나 다름없다. 인간존재는 이익으로 성취될 수 있는 것이 아니기 때문이다. 우리는 타자와 상호 의존적인 관계 속에서, 그리고 본질적으로 타자를 나의 존재 안에 품고 있는 이치상, 그에게 다가가 선행을 함으로써만 외로움을 극복하고 참삶의 행복을 누릴 수 있다. 맹자가 “만물이 모두 나의 존재 안에 들어 있다.”하고는, 이어 “그 이치를 내 안에 돌이켜 성실하게 실천한다면 더 이상 커다란 기쁨이 없을 것”(『맹자』)이라고 말한 까닭이 여기에 있다.

그러므로 사람들에게 “닭이 울면 일어나서 부지런히 선행에 힘쓰라.”고 강조하는 것만으로는 사실 충분하지 않다. 무엇보다도 우선적으로 인간관과 나아가 세계관을 올바로 정립하지 않으면 안 된다. 우리의 전통사상인 유교와 불교는 그 자료를 풍부하게 갖고 있다. 물론 상호 의존적이고 공동체적인 인간관과 세계관의 정립은 오늘날 갈수록 사람들을 파편화하고 원자화하면서 개인주의를 끊임없이 부추기는 사회구조 속에서 결코 쉬운 일이 아니다. 하지만 인간의 본성에 어긋나고 공동체적 인격을 파괴하는 개인주의와, 나아가 자타 간 분리와 단절의 실체주의적 세계관이 존재의 외로움을 낳고 삶의 불행을 초래한다는 사실을 사람들에게 일깨울 필요가 있다. 그러면 그들은 절실한 문제의식 속에서 공동체적이고 생태적인 사고에 입각하여 새로운 인간관과 세계관을 모색하려 할 것이다. 그것이 미래의 희망을 향하는 첫걸음이다.

제30장 욕망과 참마음

참마음을 기르는 데는 욕망을 적게 갖는 것 이상으로 좋은 방법이 없다. 욕망이 적으면 참마음을 잃는 일이 있다 하더라도 그러한 경우가 적을 것이요, 욕망이 많으면 참마음을 잃지 않는 일이 있다 하더라도 그러한 경우가 적을 것이다.
[養心, 莫善於寡欲. 其爲人也, 寡欲, 雖有不存焉者, 寡矣. 其爲人也, 多欲, 雖有存焉者, 寡矣.]

맹자의 말이다. 수사법을 동원하느라 말을 다소 꼬았지만, 요컨대 욕망과 참마음의 상반성을 그렇게 이야기하고 있다. 욕망이 많으면 그만큼 참마음이 줄어들고, 반대로 욕망이 적으면 참마음이 자라난다는 것이다. 하지만 오늘날 참마음의 성찰이나 각성에 대한 논의는 고사하고 욕망을 적극 긍정하고 또 숭상하는 세태에서 맹자의 말은 위화감을 상당히 불러일으킬 것이다. 욕망이 왜 문제란 말인가. 삶은 욕망에서 시작되는 것이 아닌가?

사실 사람은 기본적으로 욕망하는 존재이다. 욕망을 빼놓고는 삶을 말할 수 없다. 식욕이나 성욕과 같은 본능적인 것에서부터 재물욕, 명예욕, 성취욕, 예술적 창작욕, 나아가 종교적 거룩함의 욕망에 이르기까지 그것은 삶의 동력으로 다양하게 작용한다. 인간의 문화는 그것의 총체적인 산물이다. 지구상 민족마다 다양한 특색을 이루고 있는 식색(食色)의 문화도 욕망을 빼놓고는 말할 수 없다. 그러므로 욕망은 자기 보존의 본능이요, 문화 창달과 세계 창조의 힘이 아닐 수 없다.

그런데 예로부터 동서양을 막론하고 인류의 현자들은 사람들에게 욕망을 경계하도록 충고해 왔다. 왜 그랬을까? 그들은 욕망의 지나친 추구가 허망한 삶을 초래한다면서 그것을 절제하도록 가르치기도 하고, 심지어는 욕망 자체가 자아의 실현을 방해한다고 여기면서 금욕을 주장하기까지 한다. 후자의 예로 서양의 고대사회에서 '마음의 평온(아타락시아)'을 도모했던 에피큐로스 학파와, 그리고 '무감동(아파테이아)'을 추구했던 스토아 학파를 들 수 있다. 그들은 욕망이 마음을 혼란시켜 삶을 불행하게 만든다고 여겼다. 멀리 서양에까지 갈 것도 없다. 우리 전통의 불교 역시 무욕의 삶을 강조한다. 부처님이 생존의 욕구 자체를 부정하는 것은 아니지만, 그로 인한 집착이 삶을 번뇌와 고통에 빠트린다는 사실을 사람들에게 자각시키려 한다. 그리고는 깨달음이라는 고차원의 욕망을 제시한다.

욕망이 왜 그처럼 경계의 대상이 되는 것일까? 그것은 인간학적으로 살피면 사람됨의 과제와 삶의 의미를 추구하는 데에는 무심하기 때문이요, 한편으로 그것의 맹목적인 성질은 이기적이고 배타적으로 자기만족만을 추구하면서 남을 배려할 줄 모르기 때문이다. 그 결과 그것은 개인적으로는 삶의 허무를 조장하고, 사회적으로는 자타 간의 갈등과 투쟁을 야기할 수밖에 없을 것이다.

그런데 문명사적으로 살피면 금욕의 시대를 지나 근대에 들어서 욕망이 해방되고 오늘날에는 조장되기까지 한다. 서양의 사례로 말하면, 근대 이전 기독교 문화는 금욕적인 삶을 숭배해 왔다. 하느님의 모상으로 빚어진 인간은 존재의 위계상 동물과 본질적으로 다른 만큼, 그는 감각적 욕망을 버려야만 하느님의 나라에 들어갈 수 있는 것으로 여겨졌기 때문이다. 이른바 '프로테스탄트의 윤리'가 그렇게 해서 생겨났다. 그런데 학문적 관점에서 살피면 이러한 문화적 분위기에 균열을 낸 두 학자가 있었다. 다윈(1809-1882)과 프로이트(1856-1939)가 바로 그들이다.

다윈은 "인간은 진화된 원숭이"라는 청천벽력과도 같은 주장을 내놓았다. 이에 의하면, 인간과 원숭이의 차이점은 진화의 정도에 있을 뿐 본질적인 것이 아니다. 인간도 근본에 있어서는 하나의 동물에 지나지 않는다. 이는 기독교의 창조론을 부정할 뿐만 아니라, 일반인들에게는 금욕의 형틀까지도 풀어주는 학문적 열쇠로 이용되었다. 욕망은 저급한 동물의 징표가 아니며, 참으로 인간적인 성질을 갖고 있다는 것이다. 당시 유럽의 일반 대중들까지도 다윈의 진화론에 열광했던 까닭이 여기에 있다고 한다. 사람들이 기독교 문화 속에서 금욕의 요구에 시달리며 질식할 것 같던 차에, 진화론은 그들의 욕망을 긍정하고 해방시켜 주는 과학적 이론으로 여겨졌기 때문이다.

한편 프로이트는 정신분석을 통해 무의식의 심층에 리비도(성욕, 쾌락 추구의 본능)가 도사리고 있으며, 그것이 우리의 삶을 지배한다고 주장하였다. 그에 의하면, 정신질환은 그것을 억압함으로써 나타나는 병적인 현상이다. 그러므로 성욕을 비롯하여 감각적 욕망을 억누르거나 부정해서는 안 된다. 욕망을 감추면서 점잖은 체 위선을 떨 필요도 없다. 건강한 삶은 오히려 그것을 충족하는 가운데서 성취될 수 있다. 한 마디로 금욕은 비인간적이다. 이러한 주장 역시 다윈의 진화론과 마찬가지로 당시 대중들의 커다란 호응을 얻었다. 이는 서양의 근대

사회가 금욕의 문화로부터 벗어나 욕망을 긍정하고 찬양하는 새로운 시대를 예고했음을 추측케 해준다. 그것은 이후 자본주의의 출현과 함께 훨씬 고조되고 심화된다.

그런데 욕망이 학문적으로 아무리 정당하게 인정받는다 하더라도, 한편으로 거기에 내재해 있는 위험을 깊이 생각해 볼 필요가 있다. 욕망의 긍정과 찬양은, 비록 의도적인 것은 아니라 할지라도, 자칫 인간의 자기 비하를 초래할 수 있기 때문이다. 욕망을 긍정하다 보면 사람들이 그것을 인간적인 차원으로 제고하지 못하고 그저 동물적인 수준에서 날 것으로 드러낼 염려가 있다. 그것도 인간적이라 변명하면서 말이다. 예컨대 남녀의 욕망이 아무리 인간의 자연스러운 성향이라 하더라도 그것을 긍정하고 찬양하다 보면 사람들은 상호 간 지켜야 할 예의와 자제심을 버리고 감각적인 만족에만 집착하게 될 것이다. 거기에서 인격을 교류하고 영혼을 교감하는 아름다운 사랑은 기대하기가 어렵다. 그것은 의미 깊은 삶의 요소 한 가지를 사람들 스스로 저버리는 것이나 다름없다. 대중가요의 한 구절처럼, 여차하면 지우개로 지워버릴 수 있도록 '연필로 쓰는 사랑'은 얼마나 가벼울까. 오늘날 허무 의식이 갈수록 증폭되는 것도 이처럼 감각적인 욕망에 삶을 내맡기기 때문일 것이다.

기독교의 금욕 이야기로 되돌아가 보자. 사실 그 바탕에는 고상한 인간상이 깔려있다. 그것은 인간의 육신을 부정하면서 자학하기 위한 것이 아니었다. 거기에는 인간이 하느님으로부터 부여받은 고결한 영혼을 회복하려는 뜻이 담겨 있다. 욕망은 그러한 영혼을 흐리게 만들고 타락시키는 주범이라는 사실을 선지자들은 알고 있었다. 그러므로 금욕은 그 자체가 목적이 아니라 맑고 고결한 영혼으로 살기 위한 수행의 노력이다. 설사 그것이 우리의 행동거지를 속박한다 하더라도 그것은 아름다운 구속이다. 사람다움의 참뜻은 거기에서부터 시작된다. 욕망의 해방은 자칫 방종으로 흐르면서 사람다움의 의미를 훼손할 염려가 있다.

맹자가 욕망을 적게 가질 것을 강조한 까닭도 여기에 있다. 맹자는 인간이 천부적으로 타고난 참마음을 욕망이 해친다고 여겼다. 참마음이란, 그동안 여기저기에서 이야기했지만, 요컨대 타자를 향해 열린, 그를 자신의 존재 깊이 아우르면서 보살피며 더불어 살고자 하는 마음을 말한다. 맹자는 그것을 사랑과 의로움, 예의, 진리로 덕목화하였다. 인간이 동물과 다른 점이 여기에 있다. 그러므로 욕망이 아무리 삶의 원동력이라 하더라도 그것을 앞세워 참마음을 잃어서는 안 된다. 욕망을 동물처럼 날것으로 드러내지 말고 이성의 지도 속에서 인간화해야 한다. 예컨대 남녀가 아무리 사랑하는 사이라 하더라도 감정과 욕망을 자제하면서 상대방에게 예의를 갖추어야 한다. 그렇게 해야만 동물적인 수준을 넘어 아름다운 사랑이 성취될 수 있다.

욕망을 경계해야 할 이유가 여기에 있다. 욕망 위주의 삶은 사람됨의 의미와 가치를 성찰하는 일에 무관심하다는 점에서 허무 의식을 증폭시킨다. 극단적으로 말하면, 그는 삶의 의미와 가치를 모르고 욕망 내키는 대로 살아가는 동물과 다를 게 없다. 그가 무의미하고 무가치한 삶에 만족하며 행복을 누릴 수 있을까? 그는 필연적으로 공허감에 시달릴 수밖에 없을 것이다. 사람은 크고 작은 의미(가치)를 확보함으로써만 자신의 존재감과 삶의 보람을 얻을 수 있기 때문이다.

인간은 본질적으로 의미 추구의 존재이다. 어느 누구도 무의미한 삶을 견디지 못한다. 행복은 일상 속에서 의미와 가치를 얼마나 확보하느냐에 좌우된다. 그러므로 우리가 허무로부터 구제될 수 있는, 삶의 만족과 보람을 얻을 수 있는 유일한 길은 의미를 추구하는 일이다.

이를 무시한 채 자신의 삶을 욕망에 내맡겨서는 안 된다. 물론 삶의 의미는 참마음에서 나와 사람들과 공유될 수 있는 것이어야지, 이기적이거나 남에게 해를 끼치는 것이어서는 안 된다. 차제에 우리는 되살펴 볼 필요가 있다. 자신이 지금 추구하고 있는 삶의 의미가 어떠한 성질을 띠고 있는지를 말이다.

생각해 보면, 욕망을 끊임없이 부추기고 또 조작하기까지 하는 이 시대의 문명은 참마음을 잠식하고 삶의 의미를 축소시키고 있다. 욕망의 조작이란 없던 욕망까지 만들어내는 현상을 말한다. 오늘날 우리의 눈과 귀를 한없이 자극하는 온갖 선전 문구와 광고물들은 그동안 자족하던 마음을 끊임없이 흔들어대면서 새로운 욕망 거리들을 찾아 나서도록 만든다. 이를테면 내가 휴대전화를 바꾸고 싶은 것은 그것의 기능이 떨어지거나 불편해서가 아니다. TV에 광고되는 신형 모델이 멋져 보이기 때문이다. 그것을 가져야 자신이 시대에 뒤떨어지지 않았다는 안도감도 얻는다. 이렇게 욕망은 사람들을 바깥 사물에만 관심을 갖게 함으로써 정작 참삶의 의미와 가치를 외면하게 만들며, 자기 내부의 고결한 영혼을 돌볼 겨를을 갖지 못하도록 한다. 식색의 욕망이나, 재물욕, 권력욕의 충족을 삶의 목표로 삼는 마음자리에는 인간의 존엄한 가치와 참마음이, 고결한 영혼이 자리할 여지가 없다.

인류의 현자들이 욕망의 절제를 주장했던 것도 이러한 염려에서였다. 심지어 금욕주의자들조차 그들의 목적은 금욕 자체에 있지 않았다. 그들은 금욕을 통해 궁극적으로 덕성의 실현이나 영혼의 안식을 도모하였다. 물론 금욕은 말할 것도 없고 욕망의 절제조차 보통 사람으로서는 그것을 받아들이기가 쉽지 않을 것이다. 욕망을 부추기고 조장하는 이 시대를 살아가는 사람들에게는 더욱 그렇다. 하지만 욕망의 위험성과 해악을 자각한다면 현자들의 충고와 가르침을 숙고할 필요가 있다. 마음의 평화와 삶의 행복을 얻기 위해서 말이다.

그러면 욕망을 어떻게 다스려야 할까? 제일 먼저 그것은 인간관과 삶의 정신을 바로 세우는 데서부터 시작되어야 할 것이다. 오늘날 자본주의 문명이 끊임없이 부추기는 욕망 위주의 인간관을 버리지 않는 한 욕망의 절제는 불가능한 일이다. "나는 욕망한다. 고로 존재한다."고 여기는 사람에게 욕망의 강제적인 억압은 오히려 정신질환의 부작용만 낳을 것이다. 그러므로 무엇보다도 먼저 자신의 내부에서 천부의 고결한 인간성을 자각하지 않으면 안 된다. 진정한 신앙인이라면 그것이 비교적 용이할 것이다. 그는 신을 우러르는 자리에서 마음속 맑은 영혼이 깨어나는 것을 자연스럽게 느낄 것이기 때문이다.

한편으로 가치판단의 이성 능력을 부단히 길러야 한다. 이성을 욕망 실현의 도구로 이용하려 해서는 안 된다. 진, 선, 미, 성의 이념과 가치를 발견하고 실현하는 정신을 삶의 중심에 세우고, 그것으로 욕망을 지도하고 순화해야 한다. 이를 통해서만 삶이 아름다울 수 있으며, 정신도 여기에서만 풍요로워질 수 있다. 이러한 이념과 가치를 외면하면서 식색과 재물, 권력의 욕망만 추구한다면 겉으로 아무리 화려하게 산다 하더라도 정신의 빈곤을, "참을 수 없는 존재의 가벼움"을 면할 수 없을 것이다.

제31장 무욕의 정신

맹자는 “참마음을 기르는 데에는 욕망을 적게 갖는 것 이상으로 좋은 방법이 없다. 욕망이 적으면 참마음을 잃는 일이 있다 하더라도 그러한 경우가 적을 것이요, 욕망이 많으면 참마음을 잃지 않는 일이 있다 하더라도 그러한 경우가 적을 것이다.” 하셨지만, 내 생각으로는 마음을 함양하는 데에는 욕망을 적게 갖는 것에 그쳐서는 안 된다. 더 나아가 무욕에까지 이르러야 한다. 무욕하면 순수한 가치심이 확립되어 만사 만물의 이치를 명료하게 인식할 수 있을 것이다. 순수한 가치심을 확립하는 사람은 현자(賢者)요, 만사 만물의 이치까지 명료하게 인식하는 사람은 성인(聖人)이다. 성현의 지위는 천부적으로 주어지는 것이 아니다. 누구나 참마음을 기름으로써 도달될 수 있다. 참마음을 잘 기르는 훌륭한 방법은 금욕에 있다. 문제는 개개인에게 달려 있다.

[孟子曰: 養心, 莫善於寡欲. 其爲人也, 寡欲, 雖有不存焉者, 寡矣. 其爲人也, 多欲, 雖有存焉者, 寡矣. 予謂養心, 不止於寡而存耳. 蓋寡焉, 以至於無, 無則, 誠立明通. 誠立, 賢也. 明通, 聖也. 是聖賢, 非性生, 必養心而至之. 養心之善, 有大焉. 如此, 存乎其人而已.]

중국 송나라의 유학자 렴계(濂溪) 주돈이(周敦頤: 1017-1073)가 지은 〈양심설(養心說)〉의 글이다. 선생은 맹자의 과욕(寡欲)을 넘어 아예 무욕을 주장하고 있다. 하지만 납득하기가 어렵다. 삶의 원동력이자 생명활동의 기제인 욕망을 버리는 것이 과연 가능한 일일까? 앞장에서 말한 것처럼, 인간의 다양한 문화는 일상의 의식주에서부터 고급의 예술에 이르기까지 욕망의 산물 아닌 것이 없다. 사실 "참마음을 기르는" 일만 하더라도 수양의 '욕망'을 떠나서는 한 걸음도 나아갈 수 없다. 나아가 성현이 되려는 뜻 또한 엄청난 삶의 '욕망'이다.

그러면 렴계가 부정했던 욕망은 어떠한 성질의 것일까? 아마도 선생은 사랑과 의로움 등의 참마음을, 오늘날의 어법으로 말하면 고결하고 순수한 영혼을 해치는 욕구 활동을 겨냥했던 것으로 보인다. 이를 두 가지 관점에서 접근해 보자. 첫째 가치론적 관점이다. 욕망은 가치를 전도시키는 요인이 되기도 한다. 그것은 목적물의 획득과 배타적 소유, 독점적 지배에만 전념할 뿐, 어떻게 하면 진, 선, 미, 성의 가치를, 또는 인간의 본질(인격)가치를 올바로 실현할 것인가 하는 문제에 대해서는 무심하다. 그러한 가치는 오히려 욕망을 저지하는 장애 요인일 뿐이다.

예를 들어보자. 남녀의 성적인 욕망은 전적으로 자기만족만을 추구한다. 그것을 아무리 사랑이라는 말로 아름답게 포장한다 하더라도, 사람들은 상대방을 소유함으로써 감각적인 만족을 얻는 일에만 열중한다. 그들에게 인격적으로 교감하고 서로 예의를 갖추는 고상한 사랑은 불편하기 짝이 없다. 그리하여 상대방은 순수한 인격이 아니라 욕망 충족의 '그것'으로 사물화 되어 버린다. 그 자리에서 인격을 포기한 나 역시 당연히 하나의 '사물'이 되고 만다. 그 밖에 권력욕과 재물욕도 마찬가지다. 전자는 사람들을 지배 복종의 관점으로만 대면할 뿐 온전한 인격으로 존중하려 하지 않으며, 후자의 배타적 소유의식에는 남을 배려하고 자기희생을 마다하지 않는 사랑의 마음이 생겨날 여지가 없다. 이러한 모습이 욕망의 현주소이다. 한 마디로 그것은 인격 가치를 안중에 두지 않는다.

무욕의 이상은 이러한 문제점을 자각하면서 나온 삶의 정신이다. 그렇다고 해서 그가 디오게네스처럼 그저 따뜻한 햇빛이나 쬐면서 우두커니 앉아 있는 것은 아니다. 사실 그는 엄청난 '욕망'을 품고 있다. "순수한 가치심을 확립하는" 현자를, 나아가 "만사 만물의 이치까지 명료하게 통찰하는" 성인을 소망하고 있기 때문이다. 당연히 그러한 소망은 인격과 물질의 가치를 전도하는 일이 없다. 오히려 인격 가치를 확립하여 실현하려는 그것은 정신의 삶에 매우 건강한 활력소로 작용한다. 우리는 여기에서, 그 옛날 종일 책이나 읽으면서 단조롭게 살았을 것 같은 선비들의 이면의 모습을 엿볼 수 있다. 평생토록 인격 가치의 실현을 소망했던 그들은 삶에서 지루함과 진부함을 느끼기는 커녕, 오히려 "일신우일신(日新又日新)"하는 자아의 향상과 성숙에 삶의 희열을 얻었을 것이다. 이는 허망하게도 세속적 욕망에서 삶의 활력을 기대하면서 그에 따라 덧없이 부침하는 오늘날 사람들의 부박한 모습과 크게 대조된다.

둘째, 무욕의 정신을 인식론적 관점에서 들여다보자. 욕망은 사물의 명료한 인식을 방해하는 요인이 되기도 한다. 설사 아무리 정당하고 자연스러운 욕망이라 하더라도, 그것은 우리의 마음을 대상 사물에 편향하도록, 또는 집중하도록 만들어 올바른 인식과 판단을 방해한다. 예를 들어보자. 내가 배고픔 속에서 무언가를 먹고 싶은 욕망은 하늘에 걸린 둥근 달조차 순간 맛있는 호빵처럼 비칠 수 있다. 또는 재물욕은 예술작품 앞에서 미적인 안목을 발동하지 못하고 그것을 재테크의 대상으로만 바라볼 것이다. 욕망을 끊임없이 부추기는 자본주의의 병폐 한 가지가 여기에서 드러난다. 마치 봉이 김선달처럼 세상만사를 돈으로 인식하는 사람들의 마음에는 사랑과 의로움, 진리의 정신이 깃들 수 없기 때문에 그들이 존재의 빈곤을 겪을 수밖에 없다. 그러므로 우리는 "자본주의는 악마의 배설물"이라고 갈파했던 프란치스코 교황의 경고를 심각하게 받아들여야 한다. 인간성을 회복하여 풍요로운 존재의 삶을 살기 위해서 말이다.

무욕의 정신은 이와 같은 문제의식 속에서 나온 것이다. 그것은 단순히 산속의 은둔자처럼 세상사를 외면하고 마음의 평화와 영혼의 안식을 얻기 위한 것이 아니라, "만사 만물의 이치를 명료하게 인식하여" 그것을 사회생활 속에서 온전히 실현하기 위한 삶의 자세이다. 그것은 세계의 한 중심에서 만사 만물을 조망하면서 보편 무사하게 그 이치를 실행하려 한다. 그러므로 무욕의 정신은 자기 안에 갇힌 세속적 소아를 초탈하여 만물을 품에 아우르는 우주적 대아를 성취하려 한다. 퇴계의 시 한 편을 음미해 보자.

이슬 젖은 풀잎들 함초롬히 물가에 둘렸는데
작은 연못 맑아서 티끌 한 점 없구나.
구름 흐르고 새가 지나는 모습은 원래 그렇게 비치지만
때때로 제비 날아 물결 찰까 염려되네.
露草夭夭繞水涯　　小塘淸活淨無沙
雲飛鳥過元相管　　只怕時時燕蹴派

선생은 욕망의 '제비'가 맑고 고요한 마음에 일으킬 '물결'을 걱정한다. 연못의 물결이 하늘 위의 구름과 새의 모습을 제멋대로 굴절시키고 또 갈가리 찢어놓는 것처럼, 욕망도 사물과 세계를 그 본래적 모습과는 상관없이 제 시선으로만 받아들이면서 갖가지로 왜곡하기 때문이다. 재물의 욕망은 모든 것을 이득 가치로만 바라보며, 권력의 욕망은 사람들을 지배 복종의 관점으로만 대한다. 이러한 인식의 파행은 재물욕과 권력욕에 '빠져서만' 생기는 것이 아니다. 마음이 그것들을 '지향하는' 순간 대상에 대한 왜곡과 굴절이 일어난다.

그러므로 "만사 만물의 이치를 명료하게 인식"하기 위해서는 무욕의 정신으로 삶에 나서지 않으면 안 된다. 아무리 작은, 또는 정당한 욕망이라도 맑고 고요한 마음에 잔물결을 일으켜, 달리 말하면 편향되고 불순한 생각을 일으켜서, 사물을 "명료하게 인식"하는 것을 방해할 수 있음을 주의해야 한다. 퇴계는 한 제자에게 충고한다. "만약 마음이 한 가지 일에라도 매이면, 그것은 마치 거울에 진흙이 한 점 묻어 있는 것과도 같아서 텅 비고 밝고 고요하고 오롯한 기상을 가질 수 없게 된다."(『퇴계전서』) 마찬가지로 욕망에 '매이는' 마음은 '진흙이 묻어 있는 거울'처럼 사물을 왜곡하고 변조할 것이다. 일상생활에서 마음을 성찰해야 할 이유가 여기에 있다. 욕망의 편향성을 부단히 경계하면서 마음을 고요 속에 두지 않으면 안 된다.

하지만 일상의 현실 속에서 무욕의 삶이 과연 가능한 일일까? 아니 욕망의 억압과 단속은 오히려 정서의 발달과 인격의 성장에 부정적인 영향을 끼치지 않을까? 설사 욕망을 도덕심으로 억제한다 하더라도 그것은 일시적으로 숨을 죽일 뿐 여전히 마음속 깊이 도사리고 있으면서 우리의 가치판단과 인식 활동을 혼란시킬 수도 있다. 심지어 정신의학자들의 보고에 따르면, 욕망을 감시하는 도덕심이 예민한 사람일수록 노이로제 증상이 많이 나타난다고 한다. 그렇다면 과욕 또는 금욕의 부작용을 어떻게 하면 예방할 수 있을까? 우리는 욕망이 발동하기 이전에 평소 인간 본연의 참마음을 기르는 수양의 노력에서 그 방법을 찾아볼 수 있다. 자신의 내부에서 선하고 자비로운 성품, 순결한 영혼을 수시로 일깨우고 함양하는 것이다. 이에 관해서는 앞의 장들에서 다양하게 논의해 왔거니와, 그렇게 해서 회복된 참마음은 자연스럽게 욕망을 순화시켜 줄 것이다.

한편 우리는 자신이 일상생활에서 품고 있는 욕망에 대해 근본적으로 자문해 볼 필요가 있다. 이를테면 나는 왜 부귀영화를 욕망하는 것일까? 이에 대해 가장 간단명료한 답변은 '행복'일 것이다. 하지만 부귀영화의 행복은 겉만 번지르르할 뿐 속이 텅 빈 비누 풍선과도 같다. 사람됨의 의미는 돈이나 권력, 사회적 신분으로 충족될 수 있는 것이 아니기 때문이다. 인류가 추앙하는 성인들은 오히려 부귀영화의 욕망을 버림으로써 사후에까지 영원한 현존성을 얻었다. 그러므로 우리는 자신의 욕망이 사람됨을 제고하는 것인지, 아니면 전락시키는지 수시로 자문할 필요가 있다. 욕망의 근절은 그처럼 근본적인 성찰을 통해서만 가능할 것이다. 아래의 글을 읽어보자.

> 모든 일은 뿌리가 있는 법이다. 집의 기둥은 뿌리가 없으므로 그것이 부러지면 집이 바로 무너지지만, 나무는 뿌리가 있으므로 가지를 자른다 해도 계속 자라날 것이다. 사람들은 부귀를 바라는데 그걸 가지고 무얼 하겠다는 것일까? 틀림없이 그것을 써먹고자 하는 뜻이 있을 것이니, 그것을 찾아내서 그 병통의 뿌리를 잘라내면 문제가 없어질 것이다. (『심경부주』)

하지만 "그 병통의 뿌리를 잘라낼" 힘을 어떻게 하면 얻을 수 있을까? 그것은 막연히 욕망의 병통을 인식하는 것만으로는 안 된다.

부귀의 욕망을 '부러트리는' 정도에 그치지 않고 아예 '뿌리 채 잘라내는' 데에는 역시 올바른 인간관을 근본적으로 정립할 필요가 있다. 예컨대 불교에서 말하는 '제법무아(諸法無我)'의 이치를 절실하게 깨달으면서 자기 안에서 불성을 깊이 체험한다면 모든 욕망이 눈 녹듯이 사라질 것이다. 또 기독교 신자처럼 하느님의 형상을 닮은 인간의 의미를 숙고한다면, 그는 욕망 너머 섬김과 박애의 삶에 진지하게 나설 것이다.

퇴계가 추구했던 무욕의 삶도 이러한 성찰의 산물이었다. "하늘의 밝은 뜻을 항상 되돌아보고" "오래 살거나 일찍 죽거나 오직 자아의 수행 속에서 하늘의 뜻만을 따르려"(『퇴계전서』) 했던 선생의 마음속에는 욕망이 틈입하기 어려웠을 것이다. 선생의 한 제자는 다음과 같이 전한다. "선생님은 담박하고 무욕하여 마음을 항상 만물 위에 펼치셨다. 이 세상에 선생님의 마음을 얽어매는 것은 아무것도 없었다."(『퇴계전서』) 이는 초월주의자의 태도처럼 보이지만, 선생의 무욕의 정신은 현실 세계를 외면하려는 것이 아니었다. 그 정신은 오히려 세속적 자아를 탈각하여 참자아로 새롭게 세계에 참여하게 해주었을 것이다. 욕망이 사라지면 만물을 따뜻하게 품어 안으며 올바르게 처사하려는 도덕적 성향이 자연스럽게 드러날 것이기 때문이다.

이제 다시 한번 우리의 삶을 되돌아보자. 오늘날 사람들은 욕망을 인간적인 것으로 허용하고 정당화하는 시대를 살면서 어느 누구도 과욕과 금욕의 충고를 받아들이려 하지 않는다. 오히려 욕망을 미덕인 것처럼 끊임없이 찬양하는 문명 속에서 그러한 충고는 반감을 불러일으킬 것이다. 하지만 욕망이 가치의 전도와 인식의 혼란을 야기함은 물론, 우리의 존재 자체를 빈곤으로 내몰고 있다는 사실을 심각하게 자성하지 않으면 안 된다. 사회학자 뒤르케임은 말한다.

현대 사회가 겪는 보다 심각한 문제는 단순한 정치적 불안이나 경제적 빈곤이 아니라, 욕망과 필요의 추구에 정당성과 한계를 부여함으로써 행위의 방향감을 제공해줄 수 있는 삶의 지표와 행위의 표준이 없고, 존재의 도덕적 의미가 메마르고 비어 있는 '절박한 도덕성의 빈곤' 에 있다. (『유교사회학』)

우리는 무욕의 정신을 이러한 관점에서 되새겨볼 필요가 있다. 그것을 비현실적이라고 비난만 해서는 안 된다. 우리는 거기에서 '도덕성의 빈곤'을 극복할 '삶의 지표와 행위의 표준'을 발견할 수 있다. 나아가 무욕의 정신이 추구하는 마음의 평화는 온갖 욕망의 자극에 시달리는 우리의 삶에 행복의 원천이 될 수 있다. 요컨대 무욕의 정신은 오늘날 메말라가는 '존재의 도덕적 의미'를 되찾게 해줄 뿐만 아니라, 내면의 아름다움을 발견하고 나아가 영적인 깨달음까지 얻게 해줄 훌륭한 지침으로 작용할 수 있다.

제32장 성인(聖人) 학습

"배움을 통해 성인이 될 수 있는가?" "그렇다." "요점적인 방법이 있는가?" "있다." "그것을 가르쳐 주시길 바라노라." "마음을 오롯하게 갖는 것이 그 요점이다. 마음의 오롯함이란 무욕(無欲)을 뜻한다. 무욕하면 일이 없을 때에는 마음이 텅 비고, 일에 임해서는 올바르게 처사할 것이다. 일이 없어 마음이 텅 비면 밝은 지혜가 생겨나고, 밝은 지혜가 생겨나면 만사 만물의 이치를 통찰할 수 있다. 그리고 일에 임해서 올바르게 처사하면 공명정대할 것이며, 공명정대하면 만물을 널리 아우를 수 있다. 밝은 지혜로 만물의 이치를 통찰하고 공명정대한 정신으로 만물을 널리 아우르면 성인의 경지에 이를 수 있다."
[聖可學乎? 曰可. 有要乎? 曰有. 請問焉. 曰一爲要. 一者, 無欲也. 無欲, 則靜虛動直. 靜虛則明, 明則通, 動直則公, 公則溥. 明通公溥, 庶矣乎.]

주돈이(周敦頤)의 〈통서(通書)〉에 나오는 글로써, 자문자답의 형식을 띠고 있다. 성인이 되기 위한 마음공부를 요지로 하고 있지만 글이 매우 난삽하고 압축적이다. 그 내용을 들여다보기 전에 먼저 선비들이 학문을 통해 이루고자 했던 성인의 이상을 살펴보자. 일반적으로 성인은 보통사람으로서는 감히 엄두도 못 낼 타고난 천품의 상상적인 존재로 여겨진다. 우리가 어떻게 석가모니나 공자, 예수 같은 성인이 될 수 있겠는가. "배움을 통해 성인이 될 수 있다."고 하지만 무엇을, 얼마나 배워야 그렇게 될 수 있는가? 그 '배움'이 오늘날과 같은 각종의 학문도 아닐 것이고 보면 우리의 곤혹스러움은 배가 된다. 게다가 생존경쟁이 치열한 이 시대를 살아가는 사람들에게 재물과 명예와 권력을 외면하는 성인은 결코 소망의 대상도 아니다. 성인은 기껏 종교적인 위안과 기복의 대상으로 숭상되고 예배될 뿐이다.

그런데도 지난날 선비들은 어째서 성인이 되기 위해 그토록 열심히 공부했을까? 그 이상이 결코 실현될 수 없다는 것을 어쩌면 그들도 자각했을 것이며, 결국 중도에서 자포자기했을 법도 한데 말이다. 이러한 의문에 답하기 위해서는 근본적으로 그들의 인간학적 관심에 주목해 볼 필요가 있다. 그들은 인간을 끊임없이 되어가는 존재로 여겼다. 이에 의하면, 사람됨의 모습은 우리가 자신을 어떻게 빚어내느냐에 따라 달라진다. 어느 소설가의 표현을 빌리면 "인생은 페르시아의 양탄자"(서머싯 몸)이다. 우리는 죽는 순간까지 자기 삶의 양탄자에 제각각의 방식으로 존재의 무늬를 직조해 나간다. 그중에는 인류가 흠모하는 성인의 아름다운 무늬가 있는가 하면, 사람들이 혐오하는 악당의 조잡하고 추악한 것에 이르기까지 천차만별이다. 우리가 삶의 현장에서 행하는 순간순간의 선택과 결단도 따지고 보면 자기 삶의 양탄자에 한 땀 한 땀의 수놓기에 다름 아니다.

선비들이 수양을 학문의 본령으로 여겼던 까닭이 여기에 있다. 그들에게 학문은 무슨 심오한 이론을 정립하고 저술하는 전문작업이 아니라, "참자아의 완성과 타자의 성취[成己成物]"(『중용』)를 목표로 하는 실천적 인간학이었다. 수양의 중요성이 여기에서 드러난다. 그들은 인간의 가변적인 존재됨에 주목하면서 세속적 자아를 진리와 도의(사랑과 의로움과 예의)로 '닦고[修]' '가꾸면서[養]', "날로 새롭게 또 날마다 새롭게[日新 又日新]" 존재의 거듭남 속에서 참자아를 완성하고자 하였다. 이러한 수양의 현장에서 성인은 이상적인 모델로 등장한다.

당연히 이러한 학문(수양)정신은 성인을 단순히 흠모와 경배의 대상으로만 여기지 않을 것이다. 성인은 진리와 도의의 표상일 뿐이다. 선비들은 과거의 성인들이 펼쳤던 진리와 도의의 정신을 자신들의 삶과 사회 속에서 부단히 재해석하고 보완하면서 참자아를 완성하려 하였다. "배움을 통해 성인 될 수 있다."는 믿음의 내막이 바로 여기에서 드러난다. 진리와 도의의 정신을 익히겠다는 것이다. 그러므로 실제로 성인이 될 수 있는가 여부는 문제가 되지 않는다. 평생 진리와 도의의 길을 걷겠다는 다짐과 의지가 있을 뿐이다. 공자의 제자 증자(曾子)는 말한다. "선비는 뜻을 넓고 굳세게 갖지 않으면 안 된다. 짐은 무겁고 길은 멀기 때문이다. 사랑의 짐을 졌으니 또한 무겁지 아니한가. 죽은 뒤에야 걸음을 멈출 테니 또한 멀지 아니한가[士不可以不弘毅. 任重而道遠, 仁以爲己任, 不亦重乎. 死而後已, 不亦遠乎]." (『논어』)

이러한 진리와 도의의 이념은 선비들의 삶을 추동하는 강력한 힘으로 작용하였다. 그들이 세속적인 부귀영화의 길을 거부할 수 있었던 힘도 여기에서 나왔다. 진리와 도의의 정신이 가난과 사회적 소외의 어려움을 능히 이기게 만든 것이다. 물론 유학자들 가운데에는 그러한 정신을 저버리고 입신출세나 추구하는 소인배들도 많았을 것이다. 하지만 그들은 공자가 제자들에게 경계시켰던 '소인유(小人儒)'일 뿐 진정한 선비가 아니다. 어느 학자는 말한다. "선비에는 대체로 세

등급이 있다. 첫째, 도덕에 뜻을 두는 사람이다. 그는 공명에 연연하지 않는다. 둘째, 공명에 뜻을 두는 사람이다. 그는 부귀에 연연하지 않는다. 셋째, 부귀에만 뜻을 두는 사람이다. 그는 못하는 짓이 없을 것이다."(『논어』 세주) 여기에서 말하는 '도덕'은 오늘날 우리가 주고받는 말과는 그 의미가 다르다. 그것은 진리[道]를 탐구하고 체득하여 자신의 인격[德]으로 만든다는 함의를 갖는다.

선비들의 이와 같은 삶의 정신은 오늘날의 사람들에게 마치 전설 속의 이야기처럼 들릴 것이다. 먹고 사는 현실을 완전히 외면하고 있는 것처럼 보이기 때문이다. 하지만 그들이 삶을 도외시하고 오직 학문에만 매달렸던 것은 아니다. 그들에게 글공부는 진리와 도의 탐구의 한 방법이었을 뿐이다. 게다가 진리와 도의는 무슨 거창한 이념이 아니었다. 그것은 인간관계에서 지켜야 할 사람됨의 도리요 처사 시에 준거해야 할 일의 이치였다. 『중용』은 말한다. "도는 삶에서 한순간도 떠날 수 없는 것이다. 만약 떠날 수 있는 것이라면 그것은 도가 아니다[道也者, 不可須臾離也, 可離, 非道也]." "도는 사람에게서 멀리 떨어져 있지 않다. 사람들이 도를 추구하면서 사람을 멀리한다면 그러한 도는 도라 할 수 없다[道不遠人. 人之爲道, 而遠人, 不可以爲道]."

이처럼 선비들의 진리와 도의의 정신은 철저하게 인간과 삶에 뿌리를 내리고 있다. 그들이 오늘날 사람들과 크게 다른 점 한 가지가 여기에 있다. 진리와 도의의 정신을 망각하고 오직 자신의 이익과 편의에 따라 사는 우리들과 달리, 그들은 그것을 사람됨의 본질 가치로 여겨 삶의 중심에 두고 처사하였다. 그것은 부조리한 사회 속에서 삶의 궁핍을 초래할 수밖에 없었지만 그들은 이에 개의치 않고 '안빈낙도'하였다. 이처럼 오늘날 사람들과 선비들의 삶을 갈래짓는 근원은 역시 인간관의 차이에 있다. 우리는 재물과 권력과 신분에서 사람됨을 평가하면서 무슨 수를 쓰더라도 그것을 획득하려 한다. 하지만 진리와 도의의 정신을 사람됨의 핵심으로 여기는 선비들은 "불의하게 주어지는 부귀를 뜬구름처럼 여긴다."(공자) 사람들은 이러한 선비를 두고 "현실을 모른다"고 비웃을지 모르지만, 그는 그들이 자신의 존재를 해치며 포기하고 있다고 안타까워할 것이다. 괴테의 시 〈시인과 그의 시대〉(전혜린 역)를 읽어보자. 이는 선비들의 삶의 정신과 맥락을 같이 한다.

영원의 상징에 충실히, 관찰에 굳건히
행동과 희생을 각오하고 너는 서 있다.
그러나 경건을 모르는 시대 속에서는
관직과 강단과 권위와 신뢰가
너에게는 주어져 있지 않다.

상실된 위치에서, 세상의 조롱을 받으면서
오직 너의 천직만을 의식하고
명예를 포기하고, 일상의 즐거움을 버리고
녹슬지 않은 보물을 지키는 것으로
너는 만족해야 한다.

성스러운 음성이 너에게 울려오는 동안
너는 군중의 조롱을 겁낼 필요가 없다.
그러나 그 음성이 회의 속에 죽을 때
너는 네 자신의 심장으로부터 조롱받고
백치로서 지상에 서게 된다.

그러나 미래의 완성을 향해
고통스럽게 봉사하는 편이
업적 없는 희생이나
네 고통의 의의를, 네 사명을
배반함으로써 위대하게, 그리고
왕후 같이 되는 것보다는 나으리라.

이상의 인간학적 토대 위에서 이제 주렴계의 글에 나오는 주요 개념들을 하나하나 검토하면서 글의 전체적인 함축을 풀어보도록 하자. 먼저 성인 학습의 요점이라고 하는 '오롯함'이란 일반적으로는 마음을 순수하고 온전하게 한 곳에 집중하는 태도를 말한다. 그 대상은 다양할 수 있다. 이를테면 어린아이는 놀이에, 학생은 시험공부에, 사람들은 외나무다리를 건너면서 발걸음에 오롯이 나선다. 그것이 일의 실패를 최소화하는 최선의 방책이다. 잡념에 흔들리고 흐트러진 마음으로는 무슨 일도 제대로 성취할 수 없기 때문이다. 선비들은 이를 '경(敬)'의 정신으로 덕목화하기도 하였다. 이에 관해서는 뒤에서 장을 달리하여 상론하려 한다.

이렇게 살피면 "마음의 오롯함이란 무욕을 뜻한다."는 말은 엄밀히 따지면 정확한 개념 정의가 아니다. 무욕이란 우리가 마음을 오롯하게 가짐으로써 뒤따르는 심리상태일 뿐이다. 이를테면 학생의 시험공부가 우수한 성적을 얻기 위한 바램의 일환이긴 하지만, 책을 오롯이 읽는 자리에서는 성적의 욕심을 떠나 이해와 암기에 전념할 것이다. 심지어 부잣집 금고에 귀를 대고서 그 비밀번호를 열심히 탐색하는 도둑의 오롯한 마음도 그 순간만큼은 재물의 욕심을 잊을 것이다. 이처럼 무욕은 오롯한 마음에 부수되는 현상이다.

그러면 선비들이 마음을 오롯이 하고자 했던 대상은 무엇이었을까? 그들은 살아가면서 마주치는 모든 일에 그러했지만, 내부적으로는 특히 '하늘의 뜻[天命]'에 오롯하였다. 초목금수(草木禽獸)와 달리 인간이, 자신이 하늘로부터 부여받은 존재의 본질 말이다. 그동안 누누이 살핀 것처럼, 그것은 세계를 향해 열린 생명 정신, 즉 진리와 도의(사랑과 의로움과 예의)의 정신을 핵심으로 갖는다. 선비들은 바로 그러한 정신에 오롯이 마음을 두어 그것을 실현하려 하였다. 그들에게는 그것이 "명예를 포기하고, 일상의 즐거움을 버리고" "상실된 위치에서, 세상의 조롱을 받으면서"도 지키고자 하는 "녹슬지 않은 보물"이요, "영원의 상징"이었다. 만약 그것을 저버린다면 그들은 "자신의 심장으로부터 조롱받고 / 백치로서 지상에 서게 된다."는 사실을 깊이 자각했을 것이다. 『대학』은 말한다. "하늘의 밝은 뜻을 항상 되돌아보아야 한다." 성인의 학습, 또는 참다운 학문은 바로 이처럼 '하늘의 뜻'에 마음을 오롯이 갖는 노력에서부터 시작된다.

마음이 오롯하여 "무욕하면 일이 없을 때에는 마음이 텅 비고, 일에 임해서는 올바르게 처사할 것이다." 이는 무욕 속에 드러나는 두 가지의 심리상태를 말하고 있다. 첫째 목전에 일이 없을 때에는 "마음이 텅 비어 있다." 욕망하는 것이 없으므로 세상살이의 모든 번뇌와 집착을 떨쳐 마음이 텅 빌 수밖에 없다. 이처럼 텅 비어 있는 마음은 단순히 공허하기만 한 것이 아니다. 그것은 아무런 지적, 감정적 흔적도 갖고 있지 않지만, 오히려 그러하기에 세계와 사물에 대한 밝은 예지의 빛을 머금고 있다. 그것은 마치 어떠한 영상도 담아두지 않은 텅 빈 거울이 그 앞에 다가오는 사물을 있는 그대로 비출 수 있는 것과도 같다. "텅 비면 밝은 지혜가 생겨나고, 밝은 지혜가 생겨나면 만사 만물의 이치를 통찰할 수 있다."고 말한 뜻이 여기에 있다.

이러한 마음 비움은 물론 저절로 주어지지 않는다. 사람들은 일이 없을 때 오히려 온갖 잡념과 공상에 사로잡혀 있기 일쑤이기 때문에 마음이 무언가로 차 있어서 투명한 거울처럼 밝은 지혜를 얻을 수 없다. 그러면 어떻게 하면 마음을 비울 수 있을까? 그것은 우리가 사려와 판단을 중지하고 내면의 지껄임을 침묵시킴으로써 가능할 것이다. 물론 이는 결코 강제될 수 있는 일이 아니며, 이러저러한 감정과 생각들이 두서없이 일어날 것이다. 하지만 그것들을 되작거리지 말고 무심히 흘려보내다 보면 마음이 점점 깊이 가라앉으면서 종당에는 텅 빈 고요 속에 침잠하게 될 것이다.

둘째, 무욕의 마음은 일에 임해 "올바르게 처사할 것이다." 욕심(욕망)은 일을 그르치는 요인 가운데 하나다. 그것은 자기만족에만 열중할 뿐 사리를 따지지 않기 때문이다. 이와는 달리 욕심이 없는 사람은 어떠한 이해타산도 하지 않고 오직 사리에 따라 올바르게 처사할 것이다. 그리하여 "일에 임해서 올바르게 처사하면 공명정대할 것이며, 공명정대하면 만물을 널리 아우를 수 있다." 퇴계의 한 제자가 전하는 선생의 모습에서 그 경지를 한 번 엿보자. "욕망이 말끔히 정화되고 천리(天理)가 날로 밝아져서 물(物)과 아(我) 사이에 피차의 구별을 두지 않으셨다. 선생님의 마음은 천지 만물과 흐름을 같이하여 만물로 하여금 각기 삶의 제자리를 얻도록 하셨다." (『퇴계전서』)

이상으로 성인이 되기 위한 마음 수행의 노력을 일별하였다. 그 출발점은 역시 하늘의 뜻(인간의 천부적 본질)에 마음을 오롯이 두는 데에 있다. 우리는 여기에서 저 성인을 도저히 이룰 수 없는 이상이라 하여 뒤로 물러설 필요가 없다. 실제로 성인이 될 수 있는가 여부는 중요한 사안이 아니다. 정작 우리에게 절실한 문제는 인간으로 태어난 자신의 존재를 해치거나 저버리지 말고 소중하게 돌보고 가꾸어야 한다는 것이다. 사람들의 '자포자기'를 안타까워했던 맹자의 탄식을 옛날 일이라고 흘려들을 일이 아니다. 우리는 그의 탄식을 마음 아프게 들어야 한다.

> 자신을 해치는[自暴] 사람과는 이야기를 나눌 수 없고, 자신을 버리는[自棄] 사람과는 일을 함께 할 수 없다. 말끝마다 예절과 의로움을 비난하는 것을 일러 '자신을 해친다'고 하고, "나는 사랑과 의로움을 행할 능력이 없다"라고 여기는 것을 일러 '자신을 버린다'고 한다. 사랑은 사람의 편안한 집이요, 의로움은 사람의 바른 길인데, 편안한 집을 비워둔 채 거기에서 살지 않고, 바른 길을 버려둔 채 걷지 않으니, 딱하구나! (『맹자』)

제33장 시청 언동의 수행

안연(顔淵)이 '극기복례(克己復禮)'의 절목에 대해 여쭙자 공자가 대답하셨다. "예의에서 벗어나는 일은 보지 말고, 예의에서 벗어나는 일은 듣지 말며, 예의에서 벗어나는 일은 말하지 말고, 예의에서 벗어나는 일은 행동하지 말아야 한다." 보고 듣고 말하고 행동하는 것은 신체의 활동 양상으로써, 우리의 마음이 바깥 사물을 접촉하여 나타나는 현상이다. 그러므로 이 네 가지를 절제하면 참마음을 기를 수 있다. 안연이 성인의 경지에 이른 것은 공자의 저 말씀을 따라 실천한 결과이다. 공부하는 사람들은 마땅히 이를 가슴 속에 담아두고서 잃지 말아야 한다. 이에 잠언(箴言)을 지어 나 자신을 일깨우려 한다.

첫째, 시잠(視箴)이다. 마음은 본래 텅 비어 있어서 사물을 접촉할 때에 어떤 자취도 드러내지 않는다. 이러한 마음을 잡아 지키는 데 긴요한 방법이 있다. 사물을 바라보는 태도에 그 핵심이 있다. 바깥 사물에 눈이 가려 이끌리면 마음이 그에 따라 움직이게 마련이므로, 보는 것을 절제하여 마음을 안정시켜야 한다. 욕망을 물리치고 예의에 맞는 일만 본다면 오랜 뒤에는 마음이 순수해질 것이다.

둘째, 청잠(聽箴)이다. 사람의 참마음은 천성에서 나온 것이지만, 청각이 바깥 사물의 유혹을 따르면 참마음을 잃게 된다. 저 위대한 선각자들은 자신이 머물러야 할 자리를 알아 마음을 화평하게 갖고, 삿된 생각들을 막아 순수의 정신을 기르면서 예의에 맞지 않으면 듣지 않으셨다.

셋째, 언잠(言箴)이다. 마음의 움직임은 자신이 하는 말로 인해 달라진다. 그러므로 말을 할 때에 조급함과 경솔함을 막아야 한다. 그러면 마음이 고요하고 오롯해질 것이다. 하물며 말은 삶에 중추적인 기능을 행사하여 남과 싸움을 일으키기도 하고 우호관계를 맺기도 하니, 행복과 불행, 영광과 오욕이 말에서 비롯된다. 말을 경솔하게 하면 마음이 방자해지고, 두서없이 하면 지루해진다. 내가 함부로 말하면 상대방의 말도 거칠어지고, 나가는 말이 도리에서 어긋나면 돌아오는 말도 순탄하지 않은 법이다. 그러므로 예의에 맞지 않으면 말을 하지 말아서 성현의 말씀을 공경히 받들어 행해야 한다.

넷째, 동잠(動箴)이다. 철인(哲人)은 일의 기미를 헤아려 한 생각조차도 순수함을 유지하고, 지사(志士)는 실천에 힘써 행동거지의 법도를 지킨다. 진리를 따르면 마음이 여유로울 것이요, 욕망을 따르면 위태로울 것이다. 한 순간이라도 잘 생각하고 조심스럽게 행동해서 자신을 지켜야 한다. 예의를 꾸준히 익혀나가면 천성(天性)을 이루어서 성현의 경지에 이르리라.

[顔淵問克己復禮之目. 子曰: 非禮勿視, 非禮勿聽, 非禮勿言, 非禮勿動. 四者, 身之用也. 由乎中而應乎外. 制於外, 所以養其中也. 顔淵事斯語, 所以進於聖人, 學者宜服膺而勿失也. 因箴以自警. 其視箴曰: 心兮本虛, 應物無迹, 操之有要,

視爲之則, 蔽交於前, 其中則遷, 制之於外, 以安其內, 克己復禮, 久而誠矣. 其聽箴曰: 人有秉彝, 本乎天性. 知誘物化, 遂亡其正, 卓彼先覺, 知止有定, 閑邪存誠, 非禮勿聽. 其言箴曰: 人心之動, 因言以宣. 發禁躁妄, 內斯靜專, 矧是樞機, 興戎出好, 吉凶榮辱, 惟其所召, 傷易則誕, 傷煩則支, 己肆物忤, 出悖來違, 非法不道, 欽哉訓辭. 其動箴曰: 哲人知幾, 誠之於思. 志士勵行, 守之於爲, 順理則裕, 從欲惟危. 造次克念, 戰兢自持, 習與性成, 聖賢同歸.]

중국 송나라의 유학자 이천(伊川) 정이(程頤: 1033-1107)의 글이다. 훗날 학자들은 이를 두고 공자의 '사물(四勿)'에 대한 '사잠(四箴)'이라 일컬었다. 그 내용을 들어다보기 앞서 대학 시절 서당에 들어가 공부했던 경험을 이야기해 보려 한다. 선생님은 나에게 『소학』을 먼저 읽히셨는데, 나는 거기에 실린 위의 ('사물'과) '사잠'에 마음이 꽂혀서 뒷날 버스 속에서도 그 글을 외우며 음미하고 다녔다. 당시만 하더라도 저 '예의'의 뜻을 정확하게 알지 못하여 그저 "아름답지 않은 것은 보지도, 듣지도, 말하지도, 행동하지도 않으리라."고 내심 다짐하곤 하였다. 그런데 지금껏 공부해오면서 그 뜻을 요해했다고 여기고 있는 오늘의 나는 그 옛날 오롯했던 마음과 진지했던 실천의 정신을 망각하고서 문자의 해독에만 열중하고 있다. 학문을 한답시고 개념을 따지고 논리나 세우는 글쓰기에 버릇이 들어서 그럴까? 아래에 소개하는 주자의 글이 눈에 번쩍 뜨인다. 선생은 노년에 들어 오히려 '사잠'의 통렬한 의미를 다음과 같이 말하고 있다.

번거로우시겠지만 사잠(四箴) 백십 자를 작은 해서(楷書) 글씨로 부탁합니다. 이를 위해 칸과 줄을 매긴 종이를 보내니, 여가에 써서 보내주시면 매우 고맙겠습니다. 이 잠을 옛날에 읽을 적에는 평이한 이야기일 뿐이라고 여겼는데, 근자에 들어 그 의미가 정밀하다는 것을 깨달았습니다. 이른바 "막대기로 한 대 맞으면 몸에 한 줄기 멍 자국이 생기고, 손바닥으로 맞으면 손바닥 자국이 생기는" 것처럼, 그 말씀이 정말 통렬하고 절실하게 다가옵니다. 그래서 그 글을 벽에 걸어두고서 행동거지가 어긋나지 않도록 하려는 것입니다. (『주자서절요(朱子書節要)』)

주제에서 벗어나지만, 지난날 "성현의 말씀을 공경히 받들어 행했던" 우리 전통의 학문 정신을 잠시 한 번 살펴보자. 요순공맹을 위시한 '성현'의 권위에 눌려 그들을 무비판적으로 추종했던 태도는 선비의 저술에서 수없이 목격된다. 이는 오늘날의 사고방식으로는 도저히 납득하기 어려울 것처럼 보인다. 특히 학자(사상가)들이 이전의 인물들을 가차 없이 비판하면서 새로운 이론과 학설들을 끊임없이, 다양하게 전개해온 서양의 학문전통과 대비해보면, 우리 전통의 사상사는 상대적으로 단조롭다는 느낌이 들기도 한다. 이러한 전통주의적 사고는 어디에 기인하는 것일까?

그것은 근본적으로 학문정신의 차이에서 비롯될 것이다. 서양의 학자들은 학문의 목표를 각자의 관점에 따라 독자적인 이론을 개발하고 정립하는 데에 둔다. 그들의 학문이 인문과 사회와 자연 전 영역에 걸쳐 끊임없이 핵분열 되어 지금의 모습에 이르고 있는 모습이 그 현장이다. 이와는 달리 우리의 전통은 "참자아의 완성과 타자의 성취[成己成物]"에 학문의 공통적인 목표를 두었다. 말하자면 우리의 전통학문은 참자아를 완성하기 위한 인간학이었다. 선비들이 수양을 학문의 핵심으로 간주할 수밖에 없었던 이유가 여기에 있다. 그들은 참자아의 완성을 위해 자신의 존재를 평생토록 '닦고[修] 가꾸어[養]' 나갔다.

이는 서양의 학문전통에는 결여된 우리의 소중한 정신적 자산이다. 한 번 생각해 보자. 인간의 모든 활동 가운데 고결한 인간성을 실현하기 위한 노력만큼 아름답고 빛나는 것이 있을까? 그것은 서양 학문의 창조적 열정과는 차원이 다르다. 자신의 존재를 부단히 향상시키려는 수양의 노력과 모습은 숭고하기까지 하다. 그러므로 우리는 인간 실종의 현대문명만 탓하지 말고 이러한 전통을 되살려야 한다. 그것을 자신에게서부터 먼저 시작해야 한다.

이러한 수양의 학문 정신으로 살피면 "자신이 머물러야 할 자리를 알아 마음을 화평하게 갖고, 삿된 생각들을 막아 순수의 정신을 기르면서 예의에 맞지 않으면 듣지 않으셨"던 지난날의 성현들은 사람들이 마땅히 뒤따라야 할 선각자로 여겨질 수밖에 없다. 그들은 이미 참자아의 길을 앞서간 분들이기 때문이다. 부처님이나 예수님을 경건히 우러르는 사람들의 심사도 이와 다를 게 없다. 만약 이러한 성현들의 말씀과 행로에 이의를 제기하고 거부하는 사람이 있다면 그는, 자신만의 독자적인 '수양' 정신을 갖고 있지 않는 한, 사람됨의 길을 스스로 저버렸다고 할 수밖에 없을 것이다.

주자와 같은 선각자가 노년에 '사잠'을 읽으면서 "막대기로 한 대 맞으면 몸에 한 줄기 멍 자국이 생기고, 손바닥으로 맞으면 손바닥 자국이 생기는 것처럼, 그 말씀을 통렬하고 절실하게" 느낀 까닭도 여기에 있을 것이다. 그것은 개념적 풀이 상에서만 살피면 "평이한 이야기일 뿐"이지만, 수양의 일상 현장에서 그것을 실천하려는 순간 그 의미가 "통렬하고 절실하게" 다가올 수밖에 없을 것이다. 게다가 그 통렬 절실함은 선생의 삶이 익어가는 노년의 즈음에 자신의 수양이 부족함을 강하게 일깨워주는 충격으로 체험된 결과일 것이다.

선비들의 학문은 이처럼 문자의 해독과 개념 정리에 그치지 않고 체험과 실천을 중요시하였다. 체험과 실천이 실리지 않으면 문자에 내포된 깊은 의미를 체감할 수 없음은 물론, 인간성의 제고와 참자아의 성취가 불가능하기 때문이다. 퇴계의 제자였던 정구(鄭逑: 1543-1620)는 학문 정신의 핵심으로 '사체(四體)'를 든다. '온몸으로 인식할 것[體認]', '온몸으로 성찰할 것[體察]', '온몸으로 실험할 것[體驗]', '온몸으로 실천할 것[體行]'이 그것이다. 그야말로 '온몸'의 학문 정신이다. 그것은 독서의 자리뿐만 아니라 당연히 일상의 현장에서도 작용한다. 이처럼 '온몸'의 정신으로 나서는 사람에게는 세계와 삶이 매우 생생하고 역동적으로 체험될 것이다. 그는 "하늘에 소리개가 날고 연못에 물고기가 뛰는[鳶飛魚躍]" 순간조차 놓치지 않고 거기에서 자연의 생동하는 섭리[道]를 포착할 것이다. 이는 세계와 만물, 인간을 메마른 개념으로 분석하여 핏기를 빼고 박제화시키는 오늘날의 학문 정신과 크게 대조를 이룬다.

이제 본론으로 돌아가자. '극기복례'에 관해서는 제10장 〈사랑과 예의〉의 주제에서 이미 상론한 바 있으므로 더 이상의 논의를 생략한다. 다만 여기에서는 '극기복례'와 '사물', '사잠'의 관계를 분명하게 정리할 필요가 있겠다. 공자는 사랑[仁]의 이념을 체득하기 위해 '극기복례'할 것을 강조하였고, 이를 실천하기 위한 절목으로 '사물'을 제시했으며, 정자는 '사물'의 구체적인 방법론으로 '사잠'을 내놓았다. 역으로 살피면 '사잠'은 '사물'을, '사물'은 '극기복례'를, 그리고 '극기복례'는 사랑의 이념을 지향한다.

그런데 '사잠'의 내용을 꼼꼼히 들여다보면 그것은 단순히 시청언동에서 예의를 준행할 것만을 부언하지 않는다. 그것은 시청언동이 사람들의 마음에 미치는 영향을 규명하고 있다. 이를테면 언행의 방종은 방종한 마음에서 나오지만, 또한 방종한 언행이 그러한 마음을 더욱 부추긴다. 사람들이 보고 듣고 말하고 행동하는 것을 절제해야 할 이유가 여기에 있다. 이는 시청언동의 방종이 일의 실패를 초래할까 염려해서만이 아니다. 그것은 궁극적으로 참마음을 회복하여 사랑으로 살기 위한 것이다. 그러므로 "눈(과 귀)의 욕망을 절제"하여 순수한 마음을 회복해야 한다. 눈과 귀가 욕망하는 대로 삶에 즉물적으로 나서면 마음이 표피적 감각에 매몰되어 일희일비하면서 사랑과 의로움 등 내면의 참소식을 들을 수 없을 것이다.

또한 "말을 할 때에 조급함과 경솔함을 막아야 한다." 이는 단순히 조급하고 경솔한 말로 인해 초래될 곤경을 예방하기 위한 것만이 아니다. 말수가 적으면 생각이 깊어지고 마음도 따라서 고요해지기까지 한다. 승려들이 '묵언수행(默言修行)'을 하는 뜻도 여기에 있을 것이다. 그것은 말실수를 예방하는 것 이상으로, 내면의 지껄임조차 중지하여 마음을 고요 속에 두려는 의도를 갖는다. 그 고요는 단지 마음이 텅 빈 상태에 불과한 것이 아니다. 그것은 맑고 순수한 의식으로 충만해 있다. 불교식으로 말하면, 거기에서 불성(佛性)이 깨어난다. 〈청잠〉에서 말한바, "위대한 선각자들이 자신이 머물러야 할 자리를 알아 마음을 화평하게 갖고, 삿된 생각들을 막아 순수의 정신을 길렀던" 데에는 당연히 그와 같은 말의 수행이 병행되었을 것이다.

한편 행동거지 상에서 "한순간이라도 잘 생각하고 조심스럽게 행동해서 자신을 지켜야 한다." 이는 목전의 일에 성공을 거두기 위해서만이 아니다. 진리로 자신을 지키려는 것이다. 그러므로 '한순간이라도' 진리에 맞는지 '잘 생각하고 조심스럽게 행동해야' 한다. 진리에 따른 행동은 설사 일의 실패를 겪는다 하더라도 '마음이 여유로울' 것이다. 진리야말로 인간다운 삶을 지탱하고 견인해주는 가장 강력한 힘임을 알기 때문이다. 그러한 진리에 '순수한' 사람이 '철인'이며, (진리의) '실천에 힘쓰는' 사람이 '지사'이다.

선비들은 삶의 진리를 예의로 도덕 규범화하였다. 예의는 단순히 관습적 규범에 불과한 것이 아니다. 그것은 추상적인 진리를 일반인들이 행하기 쉽도록 행동거지의 준칙으로 제정된 것이다. 달리 말하면, 예의는 인간성을 제고하고 생명적인 삶을 진작시켜 주는 진리의 규범 양식이다. 그러므로 그것은 우리가 보고 듣고 말하고 행동하는 자리에서 사람됨의 평가 기준으로 작용한다. 공자는 말한다. "예의를 모르면 사람으로 나설 수 없다[不知禮, 無以立]."(『논어』) "예의로 자아를 확립해야 한다[立於禮]."(『논어』) 오늘날에도 우리가 예의 없는 사람을 두고 "못 된 놈"이라고 비난하는 것도 이러한 전통적 사고의 산물일 것이다. 사람이 못 됐다는 것이다.

하지만 말하고 행동하는 자리에서 지켜야 할 예의범절은 쉽게 준행할 수 있지만, 일상적으로 보고 듣는 일에서는 과연 그 기준을 맞추어야 할 예의가 무엇인지 알기가 매우 어렵다. 예컨대 길거리를 걸어가면서 갖추어야 할 눈의 예의나, 또는 남들과의 대화에서 지켜야 할 귀의 예의는 어떤 것일까? 거기에서 인간성을 제고시켜 주고 생명적인 삶을 진작시켜 줄 시청각의 기준을 어떻게 잡을 수 있을까? 그것은 너무 추상적이고 막연하여 사람들이 준거하기가 힘들다. 과거에 부도덕한 것으로 죄악시되어 온 음란한 음악이 오늘날에는 (그것도 예술의 이름으로) 용인되는 현실 속에서, 그것들을 접하는 것은 더 이상 눈과 귀의 예의에서 벗어나지 않는 것처럼 보인다.

그러므로 말과 행동의 예의는 그렇다 치고, 시청각의 예의를 주장하는 것은 오늘날 전혀 무의미한 주장처럼 들린다. 아니 우리의 눈과 귀를 끊임없이 자극하면서 시청언동을 욕망대로 하라고, 그리하여 기쁨과 행복을 맛보라고 유혹하는 이 시대의 화려한 문명 현장에서 '사물'과 '사잠'으로 눈과 귀를 막고, 입을 다물며 행동을 자제하기란 가당치 않아 보인다. 이는 사회를 등지고 산속으로 들어가 원시인처럼 살라고 강요하는 것처럼 들린다. 그러면 성현들의 가르침은 역사 속에 묻힌 도덕적 화석에 불과할까?

그렇지 않을 것이다. 우리가 이 시대의 문명에서 인간성의 빈곤을 자각하고 참삶의 의미와 가치를 발견하지 못한다면 저 '사물'과 '사잠'에서 제시하는 내용을 곱씹어 볼 필요가 있다. 선비들이 참자아를 실현하고자 했던 시청언동의 예의를 전적으로 수긍하면서 문자 그대로 행할 수는 없지만, 문제가 많은 이 시대의 생활 태도에 대한 경종과 반성의 자료로 그것을 활용해 보자는 것이다. 눈과 귀의 예의도 매우 막연하기는 하지만, 그와 같은 문제의식을 갖고서 나 자신의 일상생활을 되돌아보면 설사 그 뜻이 "통렬하고 절실하게 다가오지"는 않는다 하더라도, 무언가 심신을 바로잡아 주고 참삶의 의미와 가치를 모색하게 해 줄 계기가 될 수 있을 것이다.

제34장 삼재(三才) 의식

아득한 하늘과 땅, 내려다보나 올려다보나 가없구나. 사람이 그 가운데 작은 몸을 얻어 태어났으니, 마치 창고 속 좁쌀 한 톨과도 같도다. 하지만 하늘, 땅과 더불어 삼재(三才)가 되니, 그것은 마음으로 인해서다. 고래로 누군들 이러한 마음을 갖지 않았을까마는, 마음이 육신의 노예가 되어 짐승이 되고 마는구나. 이목구비와 수족의 욕망이 마음의 빈틈을 파고들어 마음의 병을 야기하도다. 미약한 마음을 온갖 욕망이 공격하니, 아, 남아 있는 것이 거의 없구나. 군자는 정성을 다하여 깊이 성찰하고 경건하게 나서니, 태산과도 같은 마음의 명령을 육신이 따른다.

[范氏心箴曰: 茫茫堪輿, 俯仰無垠. 人於其間, 眇然有身, 是身之微, 太倉稊米. 參爲三才, 曰; 惟心爾. 往古來今, 孰無此心, 心爲形役, 乃獸乃禽. 惟口耳目, 手足動靜, 投間抵隙, 爲厥心病. 一心之微, 衆欲攻之, 其與存者, 嗚呼幾希. 君子存誠, 克念克敬, 天君泰然, 百體從令.]

중국 송나라의 유학자 범준(范浚: 1102-1151)의 〈심잠(心箴)〉이다. 이는 마음의 우주적 위대성을 회복할 것을 요지로 하고 있다. 인간은 우주의 시공간 속에서 살피면 "창고 속 좁쌀 한 톨"은 고사하고 먼지만도 못한 존재이다. 우주비행사들이 바라본 지구의 모습이 골프공만 한데, 하물며 그 위에서 아등바등 살아가고 있는 우리의 존재는 그 흔적조차 찾을 수 없다. 그럼에도 불구하고 인간은 "하늘, 땅과 더불어 삼재"가 될 수도 있다. '삼재'란 우주를 구성하는 세 개의 위대한 존재를 일컫는 말이다. 그것은 하늘과 땅과 인간을 가리킨다.

하지만 그처럼 '좁쌀'만한 몸으로 태어나 어떻게 하늘과 땅 만큼이나 위대할 수 있을까? 그 핵심은 바로 '마음'에 있다. 우리의 육신은 한 점 티끌만도 못하지만, 마음은 무시무종(無始無終)하고 광대무변한 우주를 품어 안을 수 있다. 이는 단순히 우주의 물리적 기원과 작용원리를 헤아릴 줄 아는 사유능력을 말하는 것에 그치지 않는다. 모든 살아 있는 것 가운데 인간은 유일하게 하늘과 땅의 위대한 능력을 헤아리고 본받아 실현할 수 있는 존재이다. 그 능력이란 다른 것이 아니다. 그것은 만물 생육의 힘이다. "하늘과 땅은 만물을 생육하는 위대한 역량을 갖고 있다[天地之大德曰生]."(『주역』) 말하자면 하늘과 땅은 온갖 생명의 모태이며 궁극적인 귀의처이다.

이러한 주장은 현대인의 사고방식으로는 매우 낯설게 느껴질 것이다. 사람들은 하늘과 땅을 해와 달이 뜨고 구름이 흘러 다니는 허공이요, 만물이 잡다하게 모여 있는 자리일 뿐으로 여긴다. 하지만 생명이 어떻게 탄생하고 어디로 돌아가는지 생각해보자. 인간의 부모와 조상, 만물의 종의 계통을 넘어서 그 맨 마지막을 바라보면, 이들의 총체적 근원을 상념해 보면 하늘과 땅이 있지 않은가. 사계절의 변화와 만물의 생장쇠멸을 이끌어가는 저 신비로운 하늘과 땅 말이다. 우리는 이에 대해 과학적 분석과 계량화의 습성을 버리고 시적인 감성을 동원하여 다가가 볼 필요가 있다. 퇴계가 아래와 같이 감동하는 것처럼 말이다.

가없는 봄바람에 삼월도 저물어라.
온갖 생명 기쁜 듯이 제 철을 다투네.
산 그림자 물에 지니 붉은 비단 흔들리고
들 빛은 하늘 닿아 푸른 비단 펼쳐졌네.
새들이 술 권하니 병든 몸 속아 넘어가고
개구리는 풍류 알아 제각각 노래하네.
하늘 땅의 만물생성 일들이 많다지만
묘한 곳은 무심히 그들에게 맡겨두네.
蕩蕩春風三月暮　　欣欣百物競年華
山光倒水搖紅錦　　野色連天展碧羅
鳥勸葫蘆欺我病　　蛙分鼓吹爲私吪
乾坤造化雖多事　　妙處無心只付他　　(〈十六日山居觀物〉)

선생은 봄날 하늘과 땅이 펼쳐내는 만물생성의 위대한 사업을 환희롭게 바라보면서 몸 아픈 것도 잊고 술을 한 잔 든다. 저 사업은 조물주의 의지요 조작일까? 아니다. 하늘과 땅, 오늘날의 말로 하자면 자연은 '무심히' 만물의 생성을 그들 각자에게 맡겨둔다. 이것이 바로 자연의 '묘한 곳', 즉 섭리의 본래성이다. 그렇다고 해서 그것이 아무런 역할을 하지 않는 것은 물론 아니다. 자연은 그와 같이 '무심'하면서도 '묘하게도' 만물의 생성변화를 총괄하고 거기에 질서와 조화를 부여한다. 유신론자라면 이에 대해 창조주를 이야기할 것이다.

오늘날 일부 과학자들도 인정하는 것처럼 하늘과 땅, 즉 자연은 하나의 거대한 생성체계이다. 만물은 그 안에서 상호 긴밀하게 유기적인 관계를 이루면서 천지자연의 영원한 생성에 참여한다. 우리의 전통은 이러한 자연관을 반영하고 있는 용례를 많이 갖고 있다. 예컨대 춘하추동과 동서남북을 들 수 있다. 춘, 하, 추, 동이나 동, 서, 남, 북의 단어가 서양에서처럼 각기 독립적으로 사용되지 않고 그처럼 연용되는 데에는 그것들이 시공간상 유기적으로 관련되면서 일련의 전체성을 이룬다는 생각이 그 근저에 깔려 있다. 만물은 그 안에서 상호 연관을 이루면서 무궁하게 생장쇠멸 해나간다. 그밖에 음양오행의 관념도 마찬가지다. 물론 그 이면에는 '하늘과 땅의 위대한 역량'이 부단히 작용한다. 만물의 생장쇠멸을 조율하고 주재하는 자연의 섭리가 그것이다.

'삼재'의 관념은 하늘과 땅의 이와 같은 역량, 즉 자연의 생성섭리를 인간이 본받아야 한다는 과제 의식을 함축하고 있다. '삼재'의 일원임을 자각하는 사람은 만물을 생육하는 하늘과 땅을 본받아 그들을 보살피리라고 다짐할 것이다. 그것이 인간에게 부여된 '하늘의 소명[天命]'이라고 여기면서 말이다. 초목금수가 아니라 사람으로 태어났으므로 만물을 품에 아우르며 살아가리라는 것이다. 이는 자연보호 이상의 뜻을 함축하고 있다. 오늘날처럼 위기의식 속에서 자연을 객체화하여 동식물원 가꾸듯이 하려는 것이 아니라, 인간도 하늘과 땅의 산물인 만물 가운데 하나의 존재로서 그들과 더불어 평화롭게 살려는 의지가 거기에 내재되어 있다. 퇴계의 말처럼 "만민은 나의 형제요, 만물은 나와 더불어 사는 이웃이다[民吾同胞, 物吾與]." 아래의 글은 이러한 사고의 산물이다.

> 성현은 만물을 그들 각각의 본성에 의거하여 계도해 나간다. 예컨대 곤충과 초목에 대해서조차 그들의 본성을 따르지 않음이 없

어서, 그들을 취하는 데 시절을 맞추고, 이용하는 데 절제를 보인다. 만물이 싹트는 봄에는 새끼를 죽이지 않으며, 새둥지를 부수지 않으며, 새끼 밴 것을 죽이지 않으며, 초목의 잎이 다 떨어진 뒤에 산림에 들어가 나무를 벤다.(중략) 성현이 만물로 하여금 제각각 존재의 자리를 얻도록 해주는 것은 만물을 생성하는 하늘과 땅의 정신을 그들이 남보다 앞서 알고 있기 때문이다.

(『주자전서(朱子全書)』)

우리는 이러한 '삼재' 의식을 케케묵은 과거 성현들의 이상으로 치부해 버려도 좋을까? 그렇지 않다. 거기에는 우리가 여전히 귀담아 들어야 할 중요한 가르침이 내재되어 있다. 그것은 단순히 만물을 아우르고 보살펴야 한다는 지당한 말씀에 그치지 않으며, 우리의 행복 여부를 결정짓는 절실한 삶의 정신을 담고 있다. 이를 존재의 풍요와 빈곤이라는 관점에서 접근해 보자. 사람은 자의식을 갖게 되면서 누구나 "하늘과 땅 가운데 작은 몸을 얻어 태어나 마치 창고 속 좁쌀한 톨과도 같은" 존재의 허망함과 외로움을 느끼며 살아간다. 우리의 삶은 그것을 벗어나기 위한 갖가지의 노력으로 점철되어 있다. 종교에 귀의함으로써, 예술적, 학문적 작품을 남김으로써, 본능적으로는 자식을 낳음으로써, 권력이나 재물을 획득함으로써, 향락을 추구함으로써, 심지어 술이나 마약에 빠짐으로써 실존의 불안과 고독, 허무를 벗어나려 한다.

그런데 스스로 돌이켜 보아야 할 일이 하나 있다. 자신이 실존의 고독과 허무를 벗어나기 위해 과연 올바른 방법을 택하고 있는가 하는 점이다. 가령 권력이나 재물에서 그 길을 찾는다면 이는 헛다리를 짚는 일이다. 인간존재는 그것으로 충족될 수 있는 것이 아니기 때문이다. 향락도 매한가지다. 그것은 지극히 일시적이고 감각적이어서 자기 구원의 방법이 결코 되지 못한다. 종교의 경우도 따져볼 필요가 있다. 만약 자비와 박애의 정신에는 무관심한 채 단지 이기적인 행복과 내세의 구원을 얻기 위해서 신앙한다면 그는 고독과 허무를 결코 벗어나지 못할 것이다. 남을 배제하고 자기만을 돌보려는 이기심은 자타의 단절로 인한 삶의 외로움을 오히려 증폭시킬 뿐이며, 한편 내세의 구원 약속을 스스로 확신할 수 없는 터에 현존의 불안은 결코 사라지지 않을 것이기 때문이다.

욕망이 '마음의 병'이 되는 까닭도 여기에 있다. 그것은 '삼재'로 태어난 인간의 우주적인 마음을, 즉 만물을 아우를 능력을 갖고 있는 참마음을 병들게 만든다. 그것은 타자를 배제하고 자기 안에 갇혀 오직 자신의 만족만을 도모하기 때문이다. 결국 그는 "육신의 노예가 되어 짐승이 되고 만다." 남을 아우르고 보살필 줄 모르고 자기 이익만을 추구하는 삶은 짐승의 그것이나 다름없다는 것이다. 그러고 보면 자기 안에 갇혀 부귀영화나 도모하는 우리는 모두, 정도의 차이는 있지만, '마음의 병'을 앓고 있는 것이 아닐까?

게다가 각종의 욕망을 끊임없이 부추기는 이 시대의 문명과, 그리고 욕망을 윤활유로 삼아 가동되는 자본주의 사회가 그러한 병을 끊임없이 확산시키고 고질화한다. 사람들은 자신의 멀쩡한 마음을 두고 이처럼 병들었다고 진단하는 것에 대해 강하게 반발하겠지만, 한번 곰곰이 자문해 보자. 자신의 욕망이, 탐욕이 온갖 이해타산 속에서 인정을 메마르게 만들고 부정과 거짓을 자행하게 하지는 않았는가? 그렇게 해서 자신의 인간성을 타락시키고 참마음을 잃게 만들고 있지는 않은가? 그것이 '마음의 병'이 아니고 무엇인가.

이를 종교적 관점에서 살펴보자. 기독교에 의하면 인간은 원래

하느님으로부터 고결한 영혼을 부여받았다. 그것이 본래적인 참마음이다. 하지만 인류의 조상인 아담과 이브가 선악과를 따먹는 순간 모든 사람들은 영혼이 타락한 '마음의 병'을 유전형질로 타고났다. 그것을 달리 표현한 말이 바로 '원죄'이다. 그러므로 사람들에게 요구되는 속죄의 삶은 마음의 건강을 회복하여 영혼을 다시 일깨우기 위한 노력에 다름 아니다. 그렇게 회복되는 맑은 영혼은 인류를 향해 열린 마음으로 박애의 길에 나설 것이다. 이는 이기적인 행복과 내세의 구원을 얻으려는 욕망의 산물인 기복신앙의 그릇됨을 일러주기도 한다. 그것은 오히려 '마음의 병'을 더 깊게 만들 뿐이다.

남에 대해서는 무관심한 채 자기만을 돌보려는 '마음의 병'은 자신의 존재를 빈곤으로 몰아넣는다. 그는 마치 수족이 마비된 환자와도 같다. 가려움과 아픔의 생명 감각을 잃은 마비된 수족처럼, 자기 안에 갇힌 병든 마음 역시 남의 아픔과 슬픔을 함께 하는 생명적 공감 능력이 마비되어 있다. 결국 그는 무감각한 정도만큼 존재의 허전함과 삶의 외로움을 느낄 것이다. 네가 있으므로 내가 존재하며, 너와 나 사이의 생명적 공감과 연대 속에서만 존재활동의 기쁨과 삶의 충만감을 얻을 수 있는데, 남에 대해 무관심하므로 존재의 의미를 확인하기 어려우며 그 기쁨을 알 수 없다. 그처럼 병든 마음이 살아가면서 즐길 수 있는 것이 과연 무엇일까? 그가 욕망 속에서 얻어내는 부귀영화는 허공 속에서 이내 흩어지고 마는 연기나 마찬가지다.

'삼재' 의식의 현재적 의의가 여기에서 드러난다. 그 과업을 실제로 완수할 수 있는가 하는 문제는 중요하지 않다. 그러한 노력만으로도 우리는 존재 활동의 기쁨과 삶의 충만감을 얻을 수 있다. 사람에 대해서는 물론 길가의 풀 한 포기, 곤충 한 마리에게까지 따뜻한 눈빛을 보내면서 그들을 보살피고 길러주는 '건강한' 마음은 존재의 외로움에 빠질 여지가 없을 것이다. 그러고 보면 과거에 성인들이 공통적으로 생명애(자비, 인, 박애)를 주창했던 것은 결코 우연이 아니다. 사람은 그러한 삶을 통해서만 존재의 풍요를 누릴 수 있기에 말이다. 구원의 길도 거기에 있다. 그것은 내세를 향한 것이 아니라 바로 지금, 이 자리에서 이루어질 수 있다. 종교의 참다운 의의가 여기에 있을 것이다.

제35장 외경의 정신

의관을 바르게 차리고, 시선을 존엄하게 가지며, 마음을 고요히 상제를 우러르라. 발걸음은 장중하게, 손놀림은 조신하게, 땅도 가려서 밟아 개미 두둑까지도 돌아서 가라. 문을 나서 사람들을 만날 때는 손님을 대하듯 하고, 일에 임해서는 제사를 받들듯이 하여, 경건하고 조심스럽게 처신하여 감히 조금도 안일하게 나서지 말라. 입 지키기를 병마개 막듯 하고, 사심(私心) 막기를 성문 지키듯 하며, 공경하고 엄숙하게 거동하고, 감히 조금도 경솔하게 나서지 말라. 몸은 동쪽으로 가면서 마음을 서쪽에 두지 말고, 남쪽으로 가면서 마음을 북쪽에 두지 말라. 당면의 일에 마음을 두어야 하지, 다른 곳으로 향하도록 하지 말라. 마음속 한 가지 일 위에 다른 일을 더하지 말고, 또 다른 일을 부가하지 말라. 마음을 오롯이, 만 가지 변화를 살피도록 하라. 이렇게 하는 것을 '외경'이라 이르니, 행동거지에서 이를 벗어나지 말고 몸가짐과 마음가짐을 바르게 하라. 잠시라도 방심하면 사사로운 욕심이 갖가지로 일어나, 불이 없어도 마음이 뜨거워지고 얼음이 없어도 차가워질 것이다. 털끝만큼이라도 어긋나면 하늘과 땅이 뒤바뀌고 사람의 윤리가 실종되며 사회의 법도가 무너질 것이다. 아, 사람들아. 자성하고 외경하라. 경계의 글로 여러분들의 마음에게 고하노라.
[正其衣冠, 尊其瞻視, 潛心以居, 對越上帝. 足容必重, 手容必恭, 擇地而蹈, 折旋蟻封. 出門如賓, 承事如祭, 戰戰兢兢, 罔敢或易, 守口如甁, 防意如城. 洞洞屬屬, 罔敢或輕. 不東以西, 不南以北, 當事而存, 靡他其適. 弗貳以二, 弗參以三. 惟心惟一, 萬變是監. 從事於斯, 是曰持敬. 動靜弗違, 表裏交正, 須臾有間, 私慾萬端. 不火而熱, 不氷而寒, 毫釐有差, 天壤易處. 三綱旣淪, 九法亦斁. 於乎小子, 念哉敬哉, 墨卿司戒, 敢告靈臺.]

주자의 유명한 〈경재잠(敬齋箴)〉이다. 이의 주제인 '경(敬)'은 외경의 정신을 요지로 한다. 옛날 서당생활이 생각난다. 학동들은 매일 새벽에 일어나면 당시 전등도 없는 캄캄한 방의 어둠 속에서 제일 먼저 이 글을 소리 내어 외웠다. 하루의 시작에 앞서 외경의 정신이 몸과 마음에 젖어들게 하려는 것이었다. 아침에 일어나면 등교의 채비에 부산한 도시생활의 습관에 젖어 있던 터라, 그 모습은 참으로 새롭고 아름다운 풍경이었다. 오늘날 초등학생부터 대학생에 이르기까지 〈경재잠〉이나 그밖에 좋은 글을 아침마다 소리 내어 읽게 할 방도가 없을까? 아니 사회생활을 하는 어른들에게도 그것은 매우 훌륭한 삶의 지침이 될 것이다.

위의 글은 굳이 자세히 풀이하지 않아도 그 자체만으로도 마음에 울림이 크다. 만약 그것을 매일같이 성독(聲讀: 스님들의 독경처럼 소리내어 읽기)한다면 외경의 정신이 온몸에 젖어들면서 새로운 삶의 세계에 들어설 수도 있을 것이다. 그런데 이렇게 요점이나 정리하려 하니 그 참맛이 떨어지는 것 같아 아쉽다. 마치 시원한 아이스크림을 녹여 순갈로 떠먹는 것 같은 느낌이 든다. 철학을 온몸으로 '실행하지' 못하고 그것을 글로 '배워' 풀어내려는 지식업자의 모습을 나 자신에게서 본다. 옛날 공자가 경고했던 '위인지학(爲人之學)'을 하고 있는 셈이다. 참자아의 완성을 위한 학문, 즉 '위기지학(爲己之學)'을 외면하고, 남에게 보여주어 이름이나 얻기 위한 작업을 하고 있는 것이다. 하지만 지금까지 그렇게 해왔으니 어찌할까. 저 경고를 마음에 새기면서 작업을 계속할 수밖에 없다.

먼저 퇴계의 말로 시작해보자. "외경의 정신은 성학(聖學)의 처음이자 끝입니다." 선생이 임금에게 올린 〈성학십도(聖學十圖)〉의 글귀이다. 저 말에는 선생의 인간관과 학문정신의 근간이 담겨 있다. 이에 의하면, 사람은 태생적으로 매우 불확정적이고 불안한 존재이다. 노력하기에 따라 성현이 될 수 있는가 하면, 반대로 악당으로 전락할 수도 있기 때문이다. 이를 주제로 읊은 선생의 시를 한 편 읽어보자.

명리에 휩쓸리고 세속에 이끌려서
고금의 영웅호걸 얼마나 전락했나.
천만의 갈래 길에 양주(楊朱)의 눈물을
뿌리며 가는 이가 다시는 없구나.
聲利紛拏俗尙驅　　古今英雄幾遷渝
無人更把楊朱淚　　灑向千岐萬轍衢　　(〈東齋感事十絕〉)

여기에서 '양주의 눈물'은, 옛날 양을 잃어버린 양주란 사람이 양을 찾아 나섰다가 여러 갈래의 길 앞에서 어쩔 줄 모르고 울어버렸다는 우화를 끌어온 것이다. 선생은 그 자리에서 실존이 처한 '천만의 갈래길'을 상념하고 있다. 실제로 사람들은 사고와 행위의 매순간마다 존재의 향상과 전락의 수많은 갈림길에 직면한다. 가령 나는 지금 하던 일을 멈추고 노래방에 갈 수도 있고 인터넷의 요상한 동영상을 열어볼 수도 있다. 그 가운데에서 어느 길을 택하느냐에 따라 나는 자신의 자아를 달리 만들어 나가게 될 것이다. 말하자면, 삶의 양탄자에 바늘 한 땀을 어떻게 놓느냐에 따라 그 무늬와 그림이 달라질 것이다. 위의 시는 이러한 실존의 현장 의식을 갖지 못하고 그저 "명리에 휩쓸리고 세속에 이끌려" 자아의 전락을 거듭하는 사람들을 개탄한 것이다.

이처럼 예민한 문제의식은 도덕적 실존의 불안과 긴장을 배태할 수밖에 없을 것이다. 한순간의 태만과 방심이 자아의 전락을 야기하겠기 때문이다. 『소학』은 말한다. "경건함이 게으름을 이기는 자는 행복을 얻고, 게으름이 경건함을 이기는 자는 불행을 면치 못한다[敬勝怠者吉, 怠勝敬者滅.]" 선생이 외경의 정신을 "성학의 처음이자 끝"이라고 단언한 이유가 여기에 있다. 그것은 참자아의 발견과 성취를 목표로 하는 학문의 도정 상에서 한순간도 잃어버려서는 안 되는 삶의 각성제이겠기 때문이다. "외경의 정신은 사람을 붙들어주고 경각시키며 채찍질해주는 도리"요, "삶의 방향을 제시해 주는 지남침이다." (『심경부주』)

외경이란 세계와 사물, 그리고 삶에 대해 갖는 조심스럽고 경건한 마음가짐을 뜻한다. 이를테면 "위로는 귀신과 어버이, 스승을 우러르듯 하고, 아래로는 깊은 연못가에 다가서고 살얼음 위를 걷듯" (『심경부주』) 하는 마음이다. 이는 인간이 존엄하고 고귀한 존재라는 인식을 전제로 한다. 인간이, 그리고 자기 자신이 하찮은 존재에 불과하다고 여기는 사람은 삶에 경건하고 엄숙하게 나서려 하지 않을 것이다. 가령 인간은 진화된 원숭이라거나(다윈), 삶은 무의식의 근저에

도사린 성적 본능에 의해 조종된다(프로이트)고 생각한다면, 엄숙 경건한 태도는 허위와 가식에 지나지 않는다고 여길 것이다. 이들은 오히려 동물적 욕망을 자연스러운 것이라 여겨 따르려 할 것이다. 우리는 여기에서 삶에 경건하게 나서지 못하는 자신의 태도를 되돌아 자성할 필요가 있다. 거기에는 어쩌면 "나는 하찮은 존재"라는 생각이 도사리고 있는 것은 아닐까?

외경의 정신은 몇 가지의 갈래를 갖는다. 그것은 일차적으로 생명을 외경하고 존중하는 마음을 갖는다. 그는 자신의 생명을 존중하여 소중하게 가꿀 뿐만 아니라 다른 사람들과, 나아가 모든 살아 있는 존재의 생명을 존중하면서 그들을 보살피려 한다. 모든 생명은 존엄하다는 생각을 품고 있기 때문이다. 아래의 글은 생명 외경의 정신이 어디까지 펼쳐질 수 있는지를 잘 보여준다.

> 이천(伊川)이 부주(涪州)로 귀양을 가는데 적림(翟林)이 그를 전송했다. 도중에 절에서 유숙하는데 적림이 불상을 등지고 앉자 선생이 그에게, "의자를 돌려 앉아 불상을 등지지 말도록" 충고했다. 적림이 "불교도들이 숭배한다고 해서 우리도 그래야 하는 것입니까?" 라고 하자, 선생이 말했다. "하지만 사람의 모습을 갖추고 있으니 그를 업신여겨서는 안 됩니다."
> 양구산(楊龜山)이 이천의 이 말을 전해 듣고는 다음과 같이 경탄했다. "공자의 말씀에 '사람이 죽을 때 순장용(殉葬用)으로 쓰이는 나무인형을 만든 사람은 후손이 끊길 것이다' 하셨는데, 이는 사람 모양을 본떠서 그것을 순장에 이용하도록 했기 때문이다. 사람 모양을 본떠서 그것을 순장에 이용하다 보면 나중에는 틀림없이 산 사람을 순장하게 될 것이다. 군자는 외경의 마음을 쓰지 않

는 일이 없으니, 인형도 소홀히 하지 않거든, 하물며 사람에 대해서는 더 말할 것이 없다. 만약 인형에 대해서 경시하고 소홀히 여기는 마음이 싹트면, 종국에 가서는 틀림없이 사람을 경시하고 소홀히 여기게 될 것이다." (『심경부주』)

이는 선비들이 생명 외경과 존중의 정신을 깊게 갖고 있었음을 잘 일러준다. 이와 같이 불상에 대해서까지 마치 산 사람을 대하듯 '예의'를 갖추는 것은 기본적으로 인간의 생명을 존중하는 마음에서 우러나오는 것이었다. 이러한 외경심의 근저에는 '측은지심'이 도사리고 있기도 할 것이다.(〈제19장. 측은지심〉 참조) 나나 저들이나 희로애락의 감정과 생로병사의 운명을 함께 한다는 자각은 저들과 아픔을 공감하면서 저들의 생명을 존중하고 경외할 수밖에 없겠기 때문이다. 이러한 정신은 모든 삶의 현장에서 널리 펼쳐지지만, 그것의 가장 일상적인 현장은 가정의 부부생활이다. 이에 관해 퇴계가 갓 결혼한 손자에게 보낸 편지를 다시 한 번 읽어보자. 이는 우리 전통의 부부관을 '남존여비'와 '부창부수'의 관념으로만 오해해 온 오늘날 사람들의 잘못된 생각을 단번에 바로잡아준다.

무릇 부부는 인륜의 시작이요, 만복의 근원이므로, 아무리 친밀하다 하더라도 역시 방정(方正)하게 행동하고 조심해야만 하는 사이다. 그래서 "군자의 도는 부부에서부터 시작된다" 고 한 것이다. 세상 사람들은 모두 예의와 공경심을 잃고서 그저 가깝게만 지내다가 마침내는 서로 얕보고 업신여겨 못하는 짓이 없는데, 이 모두 서로 손님처럼 공경하지(相敬如賓) 않는 데에서 생겨나는 일이다. 그러므로 집안을 올바르게 지켜 나가려면 마땅히 부부 사이부터 조심하지 않으면 안 된다. 천만 경계하거라.

『춘추좌씨전(春秋左氏傳)』에 이런 일화가 실려 있다. 어떤 정치인이 들길을 지나다가 마침 밭에서 일하는 농부와 그의 아낙을 마주쳤다. 아낙은 점심밥을 내와 남편에게 공양하는데, 부부 사이에 주고받는 언행이 마치 손님을 대하듯이 공손하였다. 그는 속으로 외쳤다. "상경여빈(相敬如賓)이로다!" 그리고는 조정으로 돌아와 임금에게 이러한 사실을 아뢰고는 그 농부를 천거하였다. "공경은 덕의 산물입니다. 그러므로 공경할 줄 아는 사람은 틀림없이 덕을 갖추었을 것입니다. 백성은 덕으로 다스려야 하는 것이니, 임금님께서는 그를 등용하시길 바랍니다. 신이 들으니, '문을 나서 사람들을 만날 때는 손님을 대하듯 하고, 일에 임해서는 제사를 받들듯이 하는 것이 사랑의 법도'라 합니다."

지금도 생생한 목소리로 들리는 것 같은 퇴계의 충고는 '예의와 공경심'이 무엇인지조차 모르는 현대인의 부부생활에 더더욱 절실한 충고로 다가온다. 사실 남녀 간이든 부부 사이든, 아니면 우정의 자리에서든 사랑은 '상경여빈'함으로써만 완성될 수 있다. 상대방을 인격적으로 존중하는 '예의와 공경심'을 결여한 사랑은 감각적인 열정에 지나지 않는다. 오늘날 남녀는 말할 것도 없고 부부가 쉽게 결별하는 것도 잘못된 사랑에 커다란 요인이 있을 것이다. 인격의 교감과는 달리 열정은 감각의 만족과 함께 서서히 식고 마는 것이 정한 이치이기 때문이다. 그러므로 〈경재잠〉의 글은 오늘날에도 모든 인간관계와 삶의 현장에서 여전히 중요한 지침으로 다가온다. "문을 나서 사람들을 만날 때는 손님을 대하듯 하고, 일에 임해서는 제사를 받들듯이 하여, 경건하고 조심스럽게 처신하여 감히 조금도 안일하게 나서지 마라."

외경의 정신은 온갖 잡념과 방심을 떨치고 마음을 오롯이 그 본연의 자리에 들게 해줄 것이다. 마치 신앙인이 하느님 앞에서 세상만사를 뒤로하고 마음을 고요하게 갖는 것처럼 말이다. 이처럼 본연의 자리로 수렴된 마음은 목전에 일이 있느냐 없느냐에 따라 다른 모습을 드러낸다. 첫째, 목전에 처리해야 할 일이 없을 때 그 마음은 밝고 맑고 고요한 빛으로 충만할 것이다. 이에 관해서는 〈제12장. 인간 본성의 심리지평〉에서 이미 자세히 살펴보았다. 둘째, 목전에 처리해야 할 일이 생겼을 경우 외경의 정신은 마치 하느님의 강림하심을 느끼듯 그 일을 경건하고 조심스럽게 수행하도록 해줄 것이다. 잡다한 생각으로 마음을 흐트러뜨리지 않고 일에 진지하고 오롯하게 나서도록 만들어줄 것이다.

오롯한 마음은 일차적으로 일에 집중하는 것으로 나타난다. 일에 임하여 이리저리 흐트러지기 쉬운 마음을 다잡아 그 일에 전념하도록 말이다. 그리하여 그것은 산만한 마음과 달리 일의 의미와 가치를 진지하고 올바르게 인식, 성찰하고 실천하게 해줄 토대가 된다. 사실 세계와 사물은 관심을 갖는 만큼만 그 모습을 드러낼 것이고 보면, 진지하고 오롯한 마음이야말로 세계만물의 심오한 경계를 열어줄 관건이 아닐 수 없다. 이는 오늘날 세계와 사물, 인간관계에 진지하지 못하고 가볍게만 나서는 사람들의 산만한 의식을 고려하면 새삼스럽게 중요성을 더한다.

실존철학자 하이데거는 대중의 존재 양식을 세 가지로 지적한 바 있다. '빈말'과 '호기심', '애매성'이 그것이다. 사람들은 사물 또는 현실과 깊이 있는 접촉을 갖지 못하고, 바깥에서 얼핏 그 그림자만 보고는 빈말만 늘어놓는다. 여기에는 현대문명의 현란한 광채가 그 배경으로 어지럽게 작용한다. 그것은 그들의 이목을 한시도 놓아두지 않고 쉴 새 없이 자극하며 분산시켜 사물과 현실에 대해 깊이 있게 접촉하는 것을 방해하기 때문이다. 그들이 호기심을 많이 갖는 것도 이에 기인한다. 그들은 빈말 속의 피상적 지식에 만족하고 새로운 자극에 민감하게 반응하면서 끊임없이 또 다른 흥밋거리를 찾아다닌다. 이러한 얄팍한 호기심은 또한 그들로 하여금 애매한 태도를 취하지 않을 수 없게끔 만든다. 흥미 위주의 사물 인식은 참과 거짓에 대한 분명한 식별을 불가능하게 하기 때문이다. 그 결과 세계와 삶에 대해 책임 있는 자세를 갖지 못하게 될 것은 불문가지다. 이러한 일련의 태도는 근본적으로는 진지하고 오롯한 삶의 정신이 결여된 데서 연유한다.

그러므로 세계와 사물을 올바르게 인식하고 깊이 있게 체험하기 위해서는 오롯한 정신을 갖지 않으면 안 된다. 우리가 어릴 적 어른들에게서 익히 들어온 훈계와 꾸중, 즉 "밥 먹으면서 말하지 마라"와 같은 말도 사실 이러한 의도를 갖는 것이었다. 이는 식사할 때 즐겁고 유쾌한 대화를 나눌 여지를 아예 박탈해버려 그 자리를 딱딱하게 만드는 경향이 있지만, 거기에는 중요한 삶의 정신이 내재되어 있다. 즉 자녀에게 오롯한 정신을 어려서부터 심어주려는 뜻이 담겨 있다. 아이들의 산만하고 부잡스러운 태도를 다스려 무슨 일에든 진지하고 오롯한 삶의 정신을 갖도록 하려 했던 것이다.

이렇게 함양되는 오롯한 정신은 풍요로운 삶의 길을 열어줄 것이다. 왜냐하면 그것은 세계와 사물을 진지하고 깊이 있게 대면하게 해주기 때문이다. 이를테면 식사에 오롯한 태도는 음식의 맛을 깊이 음미하게 해줄 뿐만 아니라, 나아가 음식물의 생산자에게 감사의 마음을 느끼게 해줄 수도 있고, 더 나아가서는 그것을 키워준 땅(과 수많은 미생물)에까지 고마움을 불러일으킬 수도 있다. 그러므로 〈경재잠〉의 충고는 역시 오늘날에도 중요한 의의를 갖는다. "몸은 동쪽으로 가면서 마음을 서쪽에 두지 말고, 남쪽으로 가면서 마음을 북쪽에 두지 마라. 당면의 일에 마음을 두어야지 다른 곳으로 향하도록 해서는 안 된다. 마음속 한 가지 일 위에 다른 일을 더 하지 말고, 또 다른 일을 부가하지 마라. 마음을 오롯이, 만 가지 변화를 살피도록 하라."

외경의 정신은 '나와 너'의 의미 깊은 만남을 조성해준다. 먼저 마르틴 부버의 말을 들어보자. " '나–너'는 온존재를 기울여서만 말할 수 있다. '나–그것'은 결코 온존재를 기울여 말할 수 없다."(『나와 너』) 여기에서 '너'란 온전하고 순수한 인격으로 대면되는 상대방을 말한다. 우리는 이의 전형적인 모습을 가정 내의 인간관계에서 볼 수 있다. 이에 반해 '그것'이란 상대방을 순수인격으로 대면하지 않고 하나의 이용수단으로 사물화한 것을 일컫는다. 이는 조직사회의 위계적 인간관계에서 일상적으로 드러난다. 이를테면 나는 사장이나 과장을 순수인격이 아니라 업무상의 기능적 존재로 만난다. 나와 그들의 관계를 맺어주는 것은 일이지 인격이 아니다. 그러므로 나는 언제든지 대체될 수 있는 '그것'에 지나지 않는다. 이는 회사의 직원 채용과 해고 현장에서 일상적으로 목격된다.

외경의 정신은 이러한 '나와 그것'의 태도를 거부하면서 '나와 너'의 만남을 촉진하는 커다란 힘을 갖는다. 무엇보다도 먼저 자신의 존재를 존엄하고 소중하게 가꾸는 외경의 정신은 남에게도 자신의 온존재를 기울여 다가가려 할 것이다. 그는 상대방을 자기 목적적인 존재로 존중하고 공경하면서 순수인격으로 교감하려 할 것이다. 우리는 여기에서 "인자(仁者)는 천하를 한집안으로, 만민을 내 한 몸처럼 여겨 그들의 가려움과 아픔을 바로 나 자신의 것으로 받아들인다."(『퇴계전서』)는 퇴계의 목소리를 듣는다. 사람을 권력이나 물질, 사회적 지위 등 몰인격의 '그것'으로 사물화 하는 일반인과 달리, '인자'는 '천하일가 사해동포'의 마음속에서 사람들을 부모형제에게 그러하듯이 온전한 인격의 '너'로 공경스럽게 대면한다. 이의 실제적인 모습을 제자들이 기록한 선생의 삶 속에서 살펴보자.

> 손님이 오면 그가 아무리 나이 어리다 해도 반드시 계단을 내려와서 맞이하셨고, 전송도 반드시 그렇게 하셨다.
> 앉아 계실 때는 반드시 단정하고 엄숙했으며, 손발을 움직이지 않으셨다. 제자들을 상대할 때에는 마치 존귀한 손님과 함께 있는 것처럼 하셨다.
> 선생님은 "손님이 오면 노소귀천을 막론하고 모두를 공경으로 대해야 한다."고 가르치셨다. (『퇴계전서』)

외경의 정신이 빚어내는 '나와 너'의 만남은 인간사회에 국한되지 않으며, 만물을 대면하는 자리에서도 발휘될 수 있다. 모든 생명을 존중하고 경외하는 사람이라면 나무 한 그루, 풀 한 포기에 대해서까지 이용 대상인 '그것'이 아니라 자기 목적적 존재인 '너'로 대할 것이다. 게다가 자타를 독립적인 개체가 아니라 상호 의존과 포함의 공동체적 존재로 여기는 사고 속에서 만물을 자신의 존재 깊이 아우르는 사람에게는 저들이 결코 '그것'으로 여겨질 수 없을 것이다. 타자를 '그것'으로 대면하는 순간 자신의 존재가 그만큼 축소되고 은폐됨을 자각할 것이기 때문이다. 퇴계가 매화와 나누었던 우정이 그러한 모습을 잘 보여준다. 그 중 감동적인 장면을 들여다보자. 선생은 세상을 떠나기 며칠 전 설사병으로 방 안에서 용변을 보게 되었는데, 그동안 길러온 분매(盆梅)를 다른 방으로 옮기라고 당부했다. "매형(梅兄)에게 불결할 터이니 내 마음이 편치 못하다." 여기서도 역시 '나와 너'의 정신이 잘 드러난다. 이는 선생의 외경의 정신이 인간을 넘어서 생명 자체에 대한 것으로 높이 승화되었음을 보여준다. 그밖에도 선생은 매화나 국화와 문답하는 시들을 여러 편 남기고 있다.

이러한 외경의 정신은 오늘날 심신의 단속보다는 해방을, 절제보다는 방종을 찬양하는 세태에서는 환영을 받지 못할 것이다. 세속적 안락을 목표로 살아가는 사람들에게 경건한 삶의 정신을 강조하는 것은 견디기 어려운 부담일 것이다. 게다가 생명을 경시하는 풍조가 만연해 있는 이 시대에 생명 외경의 구호는 허공에 흩어지는 메아리처럼 들린다. 사소할 수도 있지만 모두가 한 번쯤 생각해볼 만한 일상의 예를 들어보자. 아이들은 어른들이 선물로 흔히 사주는 인형과 로봇 장난감을 분해하고 조립하면서 재미있게 논다. 그런데 그 놀이는 팔다리와 목을 비틀고 뜯고 붙이고 하는 일들이다. 문제는 바로 이 장면에 있다. 혹시 아이들이 이러한 놀이를 익히면서 자라다 보면 진짜 사람이나 동물의 사지 분해에, 생명 손상에 무덤덤해지지는 않을까? 우리는 여기에서, "사람이 죽을 때 순장용으로 쓰이는 나무인형을 만든 사람은 후손이 끊길 것"이라고 경고했던 공자의 말을 떠올린다. 그러고 보면, 우리는 생명을 경시하면서 죽음을 찬양하는 문화 속에서 살고 있는지도 모른다. 아니 그러한 문화를 우리 자신이 양산하고 있다. 이러한 불행을 면할 수 있는 길은 하나밖에 없다. 외경의 정신을 확립하는 일이다. 자신은 물론 남의 생명을 존중하고 배려하면서 그를 순수인격과 온존재로 대면하는 외경의 정신 속에서만 우리는 생기 넘치는 삶을 영위할 수 있다. 만물과 생명을 교감하며 화해롭게 지내는 삶도 거기에서만 이루어질 수 있다.

제36장 마음의 중화탕(中和湯)

하늘과 땅이 만물을 무궁하게 생성하는 그 마음은 크나큰 사랑이니, 그것이 인간의 본성을 이루어 나의 정신적 핵심으로 작용한다. 그 핵심이란 무엇인가. 그 마음은 신비하게도 변화무쌍하게 펼쳐지면서 인륜강상의 근간이 된다. 하지만 잠시라도 방심하면 천리 밖으로 내달릴 테니, 정성스럽지 않으면 어떻게 잡아둘 수 있겠으며, 경건하지 않으면 어떻게 지킬 수 있겠는가. 누가 그 마음을 놓치고 누가 그 마음을 찾으며, 누구는 그 마음을 잃어버리고 누구는 그 마음을 갖고 있는가. 마치 팔을 굽히고 펴는 것이 내 팔뚝이요, 손바닥을 뒤집는 것이 내 손인 것처럼, 우리의 마음 자신이 그렇게 한다. 그러므로 마음의 미세한 잡념을 막아내고 홀로 있는 자리에서도 조심하는 것이 그 마음을 지키는 요령이니, 자신에게 절실하게 물어보고 일상의 일들에서부터 성찰하여 그 마음을 찾는 노력을 하라.

[天地變化, 其心孔仁. 成之在我, 則主于身. 其主伊何, 神明不測, 發揮萬變. 立此人極, 晷刻放之. 千里其奔, 非誠曷有, 非敬曷存. 孰放孰求, 孰亡孰有, 詘伸在臂, 反覆惟手, 防微謹獨. 茲守之常, 切問近思, 曰惟以相.]

주자의 〈구방심재명(求放心齋銘)〉의 글이다. 이는 매우 난삽하지만 방심의 수습을 요지로 하고 있다. 주자는 맹자가 제기한 방심의 문제를 중요하게 여겨 위와 같이 '잠명(箴銘)'의 형식으로 재차 다루고 있다. 이 주제에 관해서는 이미 제23장 〈방심의 수습〉에서 자세히 살펴보았으므로 더 이상의 논의를 생략하고, 대신 퇴계가 마음의 질병에 대해 처방한 〈중화탕(中和湯)〉을 아래에 소개하고자 한다. 거기에는 방심을 수습하는 일상적인 방안들이 구체적으로 소개되고 있다.

다만 이에 앞서 본문의 글 뜻을 일별할 필요가 있겠다. 거기에는 쉽게 이해되지 않는 부분들이 있기 때문이다. 그 글은 "하늘과 땅이 만물을 무궁하게 생성하는 그 마음은 크나큰 사랑"이라는 말로 시작된다. 이는 천지자연의 섭리를 모두(冒頭)에서 천명한 것이다. 섭리 하에 있는 인간의 우주적 본질을 밝히기 위해서다. 그 섭리란 인간과 만물의 생장 쇠멸을 주재하는 자연의 이치를 말한다. 주자는 그것을 '크나큰 사랑의 마음'이라고 표현하고 있다. 하지만 하늘과 땅에 무슨 마음이 있는가? 더구나 그것이 '크나큰 사랑'이라니 도대체 무슨 말인가? 우리는 이를 유기체적 자연관에 입각하여 살펴볼 필요가 있다.

주자의 생각에 의하면 "자연(지구)은 살아 있다." 이는 단순히 문학적인 수사에 불과한 말이 아니다. 거기에는 천지자연을 실제로 하나의 거대한 생명체로 여기는 사고가 깔려 있다. 이를 그의 눈빛으로 살펴보자. 하늘과 땅은 인간과 만물이 단순히 나타났다가 사라지는 시공간에 불과할까? 아니다. 만약 세계를 만물의 단순한 집적으로 보지 않고 서로 연결되고 의존되어 있다는 생태학적 사고를 받아들여 그 근원까지 밀고 나아간다면, 우리는 생태 세계의 근저에 만물의 생장쇠멸을 주재하고 관장하는 어떤 신비로운 힘을 만날 수도 있다. 천지자연의 이와 같은 창조적 역량을 두고 초월적인 인격신을 상념할 수도 있겠지만, 주자는 그것을 '하늘과 땅의 마음'으로 여겼다.

그 '마음'을 인간의 사고능력과 같은 것으로 이해해서는 안 된다. 어느 물리학자의 말을 들어보자. "마음이란 살아 있는 것의 본질, 또는 유기체의 특성으로써, 자기 조직의 역동성을 나타내는 일련의 과정들과 동일한, 일련의 시스템적 성질의 발현이다."(F. 카프라) 주자가 이처럼 과학적 분석과 판단을 하지는 않았을 테지만, 아마도 직관적인 통찰 속에서 '천지의 마음'을 말하지 않았을까 생각된다. 말하자면 만물의 생성에 무궁하게 작용하는 우주의 정신적 특성 또는 자연의 생명정신, 그것이 '천지의 마음'이다. 퇴계의 시를 한 편 읽어보자. 선생은 폭풍과 뇌우에 마음을 졸이다가 이어 개이는 하늘을 보면서 다음과 같이 노래한다.

(전략)
눈 한 번 깜짝 사이 씻은 듯이 사라지고
만 리 공중 개인 빛이 가을하늘 쪼이누나.
태허(太虛)는 현묘하여 아무 것도 없거늘
그 누가 일도 없이 이를 주재하는가.
한 번 닫고 한 번 열어 제멋대로 뒤흔드니
변화하는 그 신공(神功)을 누가 감히 깔보리오.
하늘님은 호령을 헛되이 내지 않으니
찢어대고 흔들어도 따뜻한 사랑이라네.
아까 보던 모든 것들 모두 꿈만 같으니
강가에 바람 쐬며 한 번 웃고 말리라.
斯須一眼盡如掃　　萬里晴光曬秋宇
太虛幽幽本無物　　孰居無事爲之主

一闔一闢恣披拂　　變化神功誰敢侮
天公號令不虛出　　催殘震動皆仁煦
向來所見付幻境　　一笑臨風大江滸　　(〈大雷雨行〉)

이 시에서 '따뜻한 사랑'이란 인간의 사랑을 뜻하지 않는다. 그것은 만물을 '따뜻하게' 품어 안으면서 그들을 생육시켜 주는 천지의 위대한 역량을 말한 것이다. 주자가 '그 마음은 크나큰 사랑'이라고 말한 뜻이 여기에 있다. 이는 과학적 사고나 또는 우리의 일상적인 시선으로는 전혀 이해될 수 없겠지만, 선생은 그것을 온몸으로 체감하고 감격하면서 저와 같이 노래하고 있다. 선생은 임금에게 다음과 같이 말하기도 한다. "해와 달은 이 땅에 틈이 있는 곳을 모두 비추며, 천지의 드넓은 사랑은 만물이 제각기 제자리를 얻게 해줍니다."(『퇴계전서』) 오늘날 일각에서 주장되고 있는 에코 페미니즘도 이러한 "천지의 드넓은 사랑"으로 논의해 볼 수 있지 않을까? 그것은 당면한 생태계의 위기를 해결해 줄 자료로 충분히 활용될 수 있을 것이다.

주자가 방심의 수습을 말하는 자리에서 '하늘과 땅의 크나큰 사랑'을 거론한 이유는 다른 데 있지 않다. 그것은 인간이 방심의 수습을 통해 회복해야 할 참마음의 핵심을 밝히기 위한 것이다. 사랑이야말로 인간의 천부적인 본성이라는 것이다. 두말할 필요도 없이 이 '사랑'은 윤리적인 차원을 넘어선다. 그것은 어느 생물학자의 주장처럼 인류의 진화 속에서 유전적으로 타고나는 '생명사랑의 성향(Biophilia)'을 뜻한다. 어떤 형태의 것이든 생명 부정적인 현상 앞에서 마음 아파하고 그들을 보듬어 안으며 구원해 주고 싶어 하는 마음을 누구나 타고난다는 것이다. 예를 들면, 털이 온통 엉겨 붙은 채로 길거리를 배회하는 유기견의 굶주린 눈빛을 보면서 사람들은 누구나 안타깝고 애절한 마음에 음식물을 주고 목욕시켜 주고 싶을 것이다. 그것이 “인간존재의 정신적 핵심”이요 “인륜강상의 근간이 된다.” 그러므로 “자신에게 절실하게 물어보고 일상의 일들에서부터 성찰하여 그 마음을 찾는 노력” 을 하지 않으면 안 된다. 참삶의 가치를 얻어 존재의 풍요를 누리기 위해서 말이다. 이제 아래에서는 퇴계의 〈중화탕〉을 음미하면서 마음의 건강을 되찾아 보도록 하자. 이는 사람들이 마음의 각종 병을 다스려 중화(中和)의 정신(제12장 〈인간본성의 지령〉 참조)을 회복하도록 지어진 처방전이다.

1) 사무사(思無邪): “생각을 조금도 불순하게 갖지 말라.”

이에 관해서는 제4장 〈순수의 정신〉에서 살핀 바 있다. 이를 위해서는 지금까지 논의해온 각종의 마음공부가 중요한 것은 말할 것도 없지만, 이에 더하여 실천해볼 만한 방법이 있다. 평소 시와 음악 등 예술을 가까이 하는 것이다. 예술은 단순히 미적 관조의 영역이기만 한 것이 아니다. 그것은 우리의 상상력과 공감을 불러일으키면서 마음을 순화시켜 주는 기능을 갖는다. 그러므로 예술은 마음의 수행과 도덕심의 함양에 커다란 도움을 준다. 상상력과 공감 없이는 도덕심이 일어날 수가 없다. 예컨대 사람들이 잔인할 수 있는 것은 상대방의 아픔을 공감할 줄 모르기 때문이다. 생명 손상의 아픔을 상상한다면 나뭇가지 하나라도 무단히 꺾으려 하지 않을 것이다. 공자가 “시를 통해 정감을 키우고[興於詩]” “예술에서 노닐도록[游於藝]” 가르친 것도 시와 예술의 저와 같은 기능을 알았기 때문일 것이다.

2) 행호사(行好事): “좋은 일을 행하라.”

‘좋은 일’이란 일차적으로 인간관계와 사회생활에서 사람들의 생명활동을 진작시켜 주는 일을 말한다. 간단히 말하면 남의 생명을 보살펴주는 것은 ‘좋은 일’이다. 구체적으로 그것은 사랑과 의로움(정의)과, 예의 등 도덕적인 행동을 포함한다. 그밖에 불교의 ‘선업(善業)’도 이에 해당될 것이다. ‘업(業)’이란 행동거지와 말, 그리고 생각과 의지를 뜻한다. 그것들은 자체 긍부정적인 에너지를 품고 있다. 이를테면 올바른 행동과 말은 상대방을 고무하고 격려해 줄 뿐만 아니라, 자신의 존재감과 자존의식을 높여주는 힘을 갖는다. ‘좋은 일’을 했으므로 기쁜 마음과 자부심이 생기는 것이다. 생각(의지)도 마찬가지다. 좋은 생각은 마음을 밝고 유쾌하게 해줄 것이요, 반대로 나쁜 생각은 어둡고 탁하게 만들 것이다. 당연히 그것들은 ‘에너지 불변의 법칙’상 언제, 어느 자리에선가 자신의 삶에 긍부정적인 결과를 초래하게 되어 있다. 그것이 ‘업보(業報)’다. 그러므로 자신의 마음 씀씀이와 언행의 선악 여부를 면밀히 성찰하면서 ‘선업’을 행해야 한다.

‘좋은 일’이란 인간관계를 넘어 자연 생태계를 건강하게 하는 일을 뜻할 수도 있다. 말하자면 대기오염이나 생태계의 파괴로 겪는 지구의 아픔을 함께 하면서 그것의 치유 방안을 찾아 행동에 나서는 것이다. 이를 정부 당국이나 환경운동가에게만 맡겨서는 안 된다. 우리들 자신이 일상생활 속에서 그 방안을 모색하고 실천해야 한다. 사소하게는 전기와 물, 종이 한 장의 절약에서부터, 나아가 풀 한 포기, 나무 한 그루의 생명을 소중히 하는 일에 이르기까지 우리가 할 수 있는 일이 도처에 널려 있다. 옛날 서당시절의 한 기억이 떠오른다. 아침 일찍 선생님에게 토방에 세숫물을 대령한 일이 있었다. 집 뒤 우물에서 떠온 것이었다. 선생님은 대야에 물이 가득한 것을 보시더니 조용히 한 마디 건네셨다. “내 물건이 아니라 해서 함부로 쓰면 안 되어.” 우리 선조들의 자연(사물)관을 깨닫게 해주는 자리였다.

우리는 이 시대를 살면서 심각하게 자성해야 한다. 의식주의 모든 방면에서 동식물을 무참하게 살생하며, 지구의 자원을 끊임없이 과소비하고 있는 우리들 자신의 생활을 깊이 회개하지 않으면 안 된다. 그러한 악행이 인간중심의 이기주의에서 비롯됨을 자각하면서, 지구 생태계의 일원으로 동식물들과 더불어 살기 위해 해야 할 일이 무엇인지 숙고해야 한다. ‘좋은 일’은 그렇게 생태계에까지 확대되어야 한다. 그것은 퇴계가 말한, “만민은 나의 형제요, 만물은 나와 더불어 사는 이웃[民吾同胞, 物吾與]”이라는 인식 속에서 지구(인간을 넘어 모든 생명체)의 생명을 돌보는 일이다. 진정한 행복은 그러한 생태적 선행 속에서만 이루어질 수 있다.

3) 막기심(莫欺心): “자신의 마음을 속이지 말라.”

이 시대에 삶의 성공 여부는 속임의 기술에 달려 있다고 하면 지나친 말일까? 부귀영화의 염원은 차치하고 생존 자체를 걱정하면서 어느 자리에서나 “파이팅!”을 외치는 사회의 풍토에서 공정한 게임의 법칙이나 정직의 가치는 별로 중요시되지 않는 것처럼 보인다. 오히려 살아남고 성공하기 위해서는 속임의 기술을 끊임없이 습득해야 한다. 그야말로 간지(奸智)가 숭상되는 시대이다. 오죽하면 교육당국이 ‘인성교육진흥법’이라는 희한한 법까지 만들었을까. 하지만 윤리도덕과, 마음(인성)의 문제를 법으로 해결하겠다는 발상이 우습다. 기본적으로 사람들의 가치 의식을 함양하고 제고하는 일부터 시작되어야 하는데 말이다. 그 첫걸음은 "자신의 마음을 속이지 않는" 데에 있다. "하늘 우러러 한 점 부끄럼 없이" 삶에 나서야 한다는 것이다. 이는 단지 윤리도덕의 실천을 바라서만 그러는 것이 아니다. 그것은 하늘(신)의 뜻에 부끄럽지 않게 살려는 깊은 염원을 담고 있다. 이에 관해서는 이미 여러 차례 논의한 바 있다.

4) 행방편(行方便): "권도(權道)를 행하라."

'수경행권(守經行權)'이라는 말이 있다. 정도(원칙)를 지키면서도 권도를 행해야 한다는 뜻이다. 여기에서 '권(權)'이란 권세가 아니라 저울을 의미한다. 저울은 물건의 무게를 재는데 사용되는 도구이다. 우리는 저울판 위에 물건을 올려놓고서 저울추를 움직여 물건의 무게와 형평을 이루는 눈금을 찾는다. 행위도 이와 다를 것이 없다. 우리는 어떤 사태나 상황에 처해서 그것을 마음의 저울로 마름질하여 형평에 맞는 올바른 '행위의 눈금'을 찾는다. 거기에 일의 성공 여부가 달려 있다. 그러한 '눈금'이 다수의 사람들에게, 그리고 긴 세월 속에서 공인될 경우 그것은 보편성을 얻으면서 한 사회의 규범과, 나아가 삶의 정도(원칙)로 자리 잡게 된다. 사람들이 일상생활에서 일반적으로 서로 기대하고 또 주문하는 윤리도덕이나 행위원칙과 같은 것이 모두 그에 해당된다.

하지만 삶은 우리가 예상하는 일반적인 상황 속에서만 영위되지는 않는다. 오히려 교과서적인 '행위의 눈금'으로는 처신하기 어려운, 그리하여 그것을 무시하고 우리 자신의 판단에 따라 새롭게 마름질해야 할 변칙적인 상황에 수없이 봉착한다. 행위 규범이나 정도의 한계가 여기에서 드러난다. 즉, 그것은 일반적인 행위 상황을 예상 또는 전제하고 있는 만큼, 그 상황을 벗어난 새로운 사태 앞에서는 적실성을 잃고 만다. 그러므로 정도만을 내세워서는 안 된다. 원칙주의(근본주의)는 또 다른 유형의 어리석음이다. 옛사람들은 이를 '교주고슬(膠柱鼓瑟)'이라는 말로 비유한다. 거문고의 기러기발을 아교로 붙여 놓고서 음악을 연주한다는 것이다. 그것은 이미 주어진 악곡에는 합당할지 모르지만, 그 밖의 악곡들을 연주하는 데에는 오히려 방해가 된다.

그러한 어리석음을 타파하기 위해 필요한 정신이 바로 권도(權道)이다. 그것은 일정한 행위의 눈금이 전제하고 있는 일반 상황의 무게가 바뀜으로써 그 눈금이 평형을 잃을 경우, 저울추를 옮겨 변칙적인 상황의 무게와 평형을 이루는 새로운 눈금을 저울질하는 임기응변의 정신이다. 맹자가, "남녀 간에는 물건을 직접 주고받지 않는 것은 예(禮)요, 형수가 물에 빠졌을 경우에는 손을 내밀어 구해주는 것은 권(權)"(『맹자』)이라 한 뜻이 여기에 있다. 말하자면 '예'가 일반적인 상황에서 취해야 할 행위의 눈금이라면, '권'은 변칙적인 상황 속에서 탐색된 새로운 눈금이다.

그러므로 정도(원칙)를 지키면서도 권도를 행해야 한다. 정도는 사회와 역사 속에서 수많은 사람들에 의해 공인되고 실천되어온 인간 존재의 의미와 가치를 지표화한 것인 만큼, 그것은 처사를 품위 있게, 그리고 삶을 고상하게 만들어줄 것이다. 설사 일의 실패를 겪는다 하더라도 자신이 정당하게 처신했다는 자부심을 가질 것이다. 하지만 원칙주의자들에게서 흔히 목격되는 것처럼, 그것의 집착은 현실 상황에 대한 올바른 판단을 방해하고 창조적인 응변력을 잃게 만들어 오히려 삶의 실패를 초래할 수도 있다. 그러므로 수시변통의 지혜로 당면의 상황을 올바르게 저울질하여 일을 성공적으로 수행하지 않으면 안 된다.

물론 권도는 변통의 술수나 무원칙적인 임기응변의 태도와 다르다. 우리는 권도의 행사에 앞서 정도 의식을 투철하게 갖고 있어야 하며, 당면의 상황이 과연 정도의 실천을 불가능하게 하는지 여부를 올바르게 판단해야 하며, 권도의 행사가 불가피하다 하더라도 정도가 궁극적으로 보호하고 이루려는 가치와 이념을 잊어서는 안 된다. 정도를 망각한 권도는 처세의 술수와 편법으로 전락하고 말 것이다. 정도야말로 삶과 사회를 지탱해 주는 커다란 힘인 만큼, 권도를 행하는 어떤 자리에서도 정도의 정신을 잃어서는 안 된다. 이를테면 정도의 핵심가치인 사랑과 정의, 진리의 정신을 삶의 중심에 세워두고서 그것을 현실 상황에 맞게 변통할 줄 아는 유연한 자세를 가져야 한다.

5) 수본분(守本分): "본분을 지키라."

'본분'이란 상당히 모호한 말이다. 그것은 인간의 천부적인 이치에서부터 사람들이 사회생활 상에서 마땅히 지켜야 할 직분과 과제에 이르기까지 매우 포괄적이다. 예를 들면 좌우상하의 구체적인 인간관계에서뿐만 아니라, 하늘(하느님) 앞에서도 인간의 타고난 본분이 있을 것이다. "너 자신을 알라."는 경구는 그러한 뜻을 모두 다 함의하고 있다. 혹자의 주장에 의하면, 저 말이 델포이의 신전 앞에 붙어 있었던 것은 유한한 인간의 본분을 자각하여 신을 공경히 섬기라는 경고의 뜻을 갖고 있다고 한다.

본분의 구체적인 내용은 대체로 사회적 신분상에서 주어지며, 그 신분은 사람들이 서로 주고받는 호칭으로 규정된다. 이를테면 부모, 자식, 선생, 학생, 과장, 부장, 사장, 국회의원, 대통령의 호칭을 얻음으로써 나는 비로소 그 신분에 걸맞은 본분을 갖게 된다. 그리하여 가정을 비롯하여 모든 조직과 사회는 그 구성원들 각자가 자신의 본분을 올바로 지켜야만 안정을 얻고 평화를 이룰 수 있다. 나아가 우리는 자연 만물에 대한 인간의 본분을 심각하게 거론해볼 필요가 있다. 오늘날 생태계의 위기는 그것에 대한 잘못된 인식과 행사에서 비롯된 것이기 때문이다.

본분 관념은 몇 가지 문제를 갖고 있다. 먼저 그것은 시대와 사회마다 달라질 수밖에 없는데, 많은 사람들, 특히 기성세대는 전통적인 본분 의식을 고집하는 경향이 있다. 예컨대 그들은 남녀유별의 관념에 입각하여 남편(남자)과 부인(여자)의 차별적 본분을 젊은이들에게 강요하려 한다. 또는 많은 선생들은 지난날 자신이 지켰던 학생의 본분을 자신의 학생들에게 은근히 요구한다. 신구 세대의 갈등이 이렇게 해서 생겨난다. 한편, 상하의 수직적인 인간관계에서 어떤 문제가 발생할 경우 윗사람은 아랫사람이 본분을 다하지 않는다고 비난한다. 자신이 윗사람의 본분을 올바로 수행하고 있는지 여부를 되돌아 생각해보지 않고 말이다. 예컨대 사장의 본분은 직원들의 복리후생에 힘을 쓰는 일일 텐데, 그보다는 직원들에게 회사의 이익을 창출하기 위한 헌신적인 태도만 강조한다. 윗사람과 아랫사람의 갈등이 이렇게 해서 생겨난다.

그러므로 "본분을 지키는" 일은 매우 중요하지만, 위와 같은 문제점이 자신에게 없는지 수시로 자문하지 않으면 안 된다. 어떤 본분이든 시대와 사회의 변천 속에서 끊임없이 변화하고 또 새롭게 생성된다는 사실을 인식하면서, 현실의 삶을 창의적으로 이끌어갈 새로운 본분을 모색해야 하며, 남의 본분을 강요하기에 앞서 자신의 본분을 다하도록 해야 한다. 그리하여 본분의 수행을 통해 자타간 화해로운 만남을 이룰 수 있도록 노력해야 한다. 궁극적으로는 자연과 사회의 모든 영역에 걸쳐서 사람됨의 본분을 끊임없이 모색하고 실천할 필요가 있다.

6) 막질투(莫嫉妬): "질투심을 갖지 말라."

삶의 불행은 시기와 질투에서 생겨난다. 사람들은 자기 것보다 큰 것, 많은 것, 좋은 것, 아름다운 것을 갖고 있는 사람을 보면 부러움을 넘어 내심 질투의 마음까지 갖는다. 상대방의 모습이 나타나기 전까지는 자족하던 마음이 한순간 빈곤감으로 바뀌면서 상대적으로 잘난 그의 약점을 들춰내려 하고 미워하기까지 한다. 그러므로 그의 마음은 부정적인 힘으로 어두워지면서 평온을 누릴 수가 없다. 이는 대개 자기애(自己愛)에서 비롯된다. 자기보다 더 잘나고 예뻐 보이는 대상 앞에서 상처받은 자존심을 회복하기 위해 상대방을 해치고 깎아내리려 하는 것이다. 질투심은 그처럼 자기중심적인 사고에서 배양된다.

그런데 가만히 생각해 보면 이 시대는 질투심을 한없이 조장하는 것만 같다. TV와 인터넷 등 각종 언론 및 영상매체의 발달로 인해 우리는 자신의 존재를 이 세계의 모든 사람들과 쉽게 비교한다. 비교 대상이 이웃과 동네사람들뿐이었던 과거에는 질투심도 적었을 것이다. 하지만 이제 국내에는 말할 것도 없고 지구 저편에서 나보다 잘 나가는 사람들을 생각하면 자신의 뒤떨어진 모습에 스스로 위축되면서 질투와 절망으로 마음이 삭막해진다. 그 질투심은 당연히 자신을 외로움과 쓸쓸함으로 몰아넣을 것이다. 나보다 잘난 사람들이 사방으로 둘러싸고 있으니 나의 존재가 왜소해지고 무너져버릴 것만 같다. 이렇게 살피면, 사방으로 열려 공적으로 수용당한 현대인의 삶은, 특히 자의식이 강한 사람일수록, 온갖 질투심 속에서 자신의 존재를 절망적으로 입증하려는 몸부림처럼 보인다.

오늘날 질투심을 조장하는 또 하나의 요인이 있다. 민주주의가 바로 그것이다. 민주주의는 평등의 이념을 핵심가치로 천명한다. 그것은 모든 사람이 똑같이 부와 행복을 누릴 권리를 갖고 있음을 강조하며 부추긴다. 그리하여 사람들은 그러한 권리를 누리기 위해 남들과 보이지 않는 투쟁을 벌인다. 치열한 경쟁사회에서는 길거리에서 스치는 사람조차도 잠재적인 경쟁자이다. 그러다 보니 남의 성공을 보면 부러움을 넘어 배가 아프며, 그를 끌어내리고 싶은 질투심이 일어난다. 그의 뛰어난 능력과 남다른 노력을 칭송하기는커녕, 그의 성공을 자신도 누리지 못함에 불만과 원망, 좌절을 겪는다. 이것이 모든 사람에게 부와 행복을 약속하는 평등주의의 어두운 이면이다.

이러한 질투심의 질곡에서 벗어날 방법이 없을까? 그것은 질투심을 가져서는 안 된다고 교육하거나 마음속으로 되뇌는 것만으로는 안 된다. 무엇보다도 먼저 남들과의 비교의식을 버려야 한다. 질투는 남들과 비교하는 마음에서 비롯된다. 서로 견줄 일이 없으면 질투거리도 생기지 않는다. 이를 위해서는 삶의 정신을 근본적으로 바꾸어야 한다. 삶의 목표를 재물이나 권력, 높은 자리에 두는 한 질투의 마음은 사라지지 않는다. 그것은 비교거리가 되기 때문이다. 남들과 비교될 수 없는 것을 추구해야 한다. 그것은 무엇일까? 인간 본연의 고결한 존재성과, 거기에서 발원하는 사랑과 의로움, 진리 등의 덕목이 그것이다. 법정 스님의 무소유 정신이나 테레사 수녀의 사랑을 자신의 것과 비교하면서 질투하는 사람이 있을까? 그것이 마음의 평화와 행복을 찾는 지름길이다.

자기애의 참다운 방법도 여기에 있다. 재물이나 권력, 사회적 신분으로 남들과 경쟁하면서 치장하는 것은 자신을 불행하게 만든다. 그것들은 오히려 인간 본연의 존재활동을 방해한다. 참다운 자기애는 바깥을 향하던 눈빛을 안으로 돌려 내면의 고결한 존재성을 밝혀 실현하는 노력에서부터 시작될 것이다. 이는 자연스럽게 남을 따뜻하게 품어 안는 이타(利他)의 사랑으로 발전될 것이다. 계제에 구봉(龜峯) 송익필(宋翼弼: 1534–1599)의 〈산행(山行)〉을 읽어보자. 선생은 질투심과 경쟁의식을 버린 삶을 다음과 같이 읊는다.

산을 오를 때엔 앉아 쉬는 것을 잊고
앉아 쉴 때에는 오르는 것을 잊으며,
소나무 그늘 아래 말을 쉬이면서는
흘러가는 물소리를 듣노라.
내 뒤에 오던 사람들이 나를 앞질러 가지만
저들과 목적지가 다른데 또 다투어 무얼 하리
山行忘坐坐忘行 歇馬松陰聽水聲
後我幾人先我去 各歸其止又何爭

하지만 "다투어 무얼 하리" 하면서 느긋한 마음을 갖기 위해서는 "저들과 목적지가 다름"을 철저히 자각해야 한다. 만약 남들과 같은 목표를 세운다면 서로 질투하면서 다툴 수밖에 없다. 그 모습을 우리는 재물, 권력, 사회적 지위의 쟁탈 현장에서 수없이 목격한다. 거기에서 뒤처지는 사람은 실의와 좌절과 열패감에 마음이 편치 못할 것이다. 게다가 "내 뒤에 오던 사람이 나를 앞질러 가기"라도 할 양이면 자존심의 상처와 시기, 질투에 속이 뒤집히기도 할 것이다. 경쟁의 자리는 이처럼 각종의 번민과 심리적 고통을 야기하여 사람들을 불행으로 내몬다.

지금 우리는 어떠한가? 내가 삶에서 목적하는 바는 무엇인가? 혹시 재물이나 높은 자리 등 세속적인 목적물들을 뒤쫓아 남들과 앞다투면서 그들을 앞질러 가려고 하고 있는 것은 아닌가? 하지만 이는 불행을 자초하는 짓이다. 경쟁으로 사납고 신산한 마음에는 결코 행복이 깃들 수 없다. 또 악전고투해서 목적물을 쟁취한다 한들 그 만족감은 매우 일시적이어서 새로운 목적물을 향해 새로운 경쟁심리를 발동하게 될 것이다. "말을 타면 경마 잡히고 싶다."는 속담이 있다. '경마'란 말고삐를 뜻한다. 사람들이 말을 소유하게 되면 말을 끌어주는 종을 두고 싶은 마음을 일으킨다는 것이다. 사람의 욕심은 그처럼 한이 없어서 자신을 끝없이 피곤하게 만든다. 이것이 오늘날 우리들 삶의 현주소라고 하면 지나친 말일까?

또 다른 관점에서 생각해보자. 행복을 미래에서 찾는 사람은 그것을 결코 얻을 수 없다. 산 하나를 넘으면 또 하나의 산이 보이는 것처럼, 그의 행복은 영원한 미래형으로만 남을 것이다. 결국 그는 행복을 뒤쫓아 다니면서 평생토록 불행한 삶을 살아갈 수밖에 없다. 이를 면하기 위해서는 지금, 이 자리에서 행복을 찾아야 한다. 지금 숨 쉬고 있는 이 순간을 삶의 전부라고 여기면, 그는 자신 앞에 다가오는 모든 일들을 소중하게 음미하고 누리려 할 것이다. 저 시인이 "산을 오를 때엔 앉아 쉬는 것을 잊고, 앉아 쉴 때에는 오르는 것을 잊으며 / 소나무 그늘 아래 말을 쉬이면서는 흘러가는 물소리를 듣노라"고 노래한 뜻의 함의가 여기에 있을 것이다. 산을 오를 때처럼 삶이 힘들지라도 불평 없이 진지하게 나서고, 안락을 얻으면 또 그 기쁨을 최대한 누리면서, '흘러가는' 인생을 관조하리라는 것이다. 만약 이에 더하여 삶의 궁극적인 '목적지'를 고결한 영혼의 자리에 두어 추구하는 사람이라면 그는 더할 수 없는 지복을 누릴 것이다.

7) 제교사(除狡詐): "교활하고 간사한 마음을 버리라."

"교언영색 선의인(巧言令色 鮮矣仁)"(『논어』)이라는 말이 있다. 정말 교묘한 말솜씨와 아첨하는 얼굴빛에는 사랑의 마음이 적을 수밖에 없다. 그는 교묘한 말솜씨로 사람들을 현혹하고 아첨하는 얼굴빛으로 그들의 환심을 얻으려 할 뿐, 자신의 내면 깊은 곳에 자리하고 있는 고결한 인간성을 외면하기 때문이다. 그는 그것을 자기 안에서 소중하게 돌보고 키우려 하지 않는다. 여기에는 "교활하고 간사한 마음"이 작용한다. 그 마음은 남을 따뜻하게 보듬어 안으면서 그를 보살피려 하기보다는, 일신의 영리 영달을 위해 온갖 술책만 도모한다. 교묘한 말솜씨와 아첨하는 얼굴빛도 여기에서 나온다. 그리하여 그의 마음에는 사랑과 정직의 가치가 들어설 여지가 없다.

이는 소인배들의 이야기만은 아니다. 나 자신의 마음속에도 "교활하고 간사한 마음"이 숨어 있으며, 그것은 때때로 교묘한 말솜씨와 아첨하는 얼굴빛으로 드러난다. 그러므로 남의 교언영색을 비난하기에 앞서 자신의 마음과 태도를 먼저 성찰하고 또 다스려 나가야 한다. 내 안에 깊이 자리 잡고 있는 사랑의 정신을 일깨워 사람들과, 나아가 모든 살아 있는 존재들과 더불어 화해롭게 지내야 한다. 자기 안에 갇힌 "교활하고 간사한 마음"으로는 결코 행복을 얻을 수 없다. 오히려 복잡한 이해타산 속에서 마음만 어지러워진다. 참다운 행복은 소박하고 꾸밈없는 마음속에만 깃든다.

8) 무성실(務誠實): "삶에 성실하게 나서라."

성실의 문제는 제14장 〈성실의 정신〉에서 이미 자세히 다룬 바 있으므로 여기에서는 간단하게 언급하려 한다. 성실은 삶의 중요한 덕목이다. 무슨 일이든 성실하게 나서지 않으면 그 일의 의미를 알 수 없다. 수박의 겉만 핥아서는 그것의 맛을 알 수 없는 것처럼 말이다. 그렇다고 해서 아무 일에나 성실하게 나서야 하는 것은 아니다. 예컨대 돈을 버는 일이나, 또는 높은 자리를 얻는 일에만 성실한 것은 오히려 사랑과 정의 등 고결한 가치를 실현하는 데에는 불성실할 수밖에 없을 것이다. 우리가 집중해야 할 성실성은 역시 앞서 살핀 '좋은 일'에 두어져야 하며, 궁극적으로는 존엄한 인간성의 제고와 향상을 목표로 해야 한다. 인간존재의 풍요와 빈곤, 삶의 행복 여부는 여기에 달려 있다.

9) 순천도(順天道): "하늘의 도리를 따르라."

'하늘의 도리'란 무슨 알기 어려운 비결을 뜻하지 않는다. 그것은 만물과 인간이 제각기 타고난 존재원리 또는 삶의 도리를 말한다. 그것은 나무의 '결'과도 같다. 만사만물은 저마다 고유한 존재(생명)의 결을 갖고 있다. 그것을 거스르면 존재질서의 혼란과 삶의 파탄을 면치 못한다. 그 결, 즉 존재원리나 삶의 도리가 무엇인지는 동서고금으로 종교, 철학, 과학 등의 분야에서 다양한 논의가 있어 왔지만, 아무튼 그것을 따르지 않으면 세계와 삶의 혼란을 피할 수 없을 것이다. 거시적으로 살피면 오늘날 점증되어 가는 생태계의 혼란과 기후의 위기가 그 한 사례이다. 맹자는 경고한다. "순천자(順天者)는 살고 역천자(逆天者)는 망한다."

'순리(順理)'라는 말이 있다. 요즈음에도 흔히 사용되는 그것은 사전적으로는 "도리를 따른다"는 정도로 간단하게 풀이되지만, 고전적으로는 매우 깊은 뜻을 함축하고 있다. 주자는 '순(順)'을 "사물의 본래적인 이치를 따를 뿐, 사사로운 뜻을 용납하지 않는 것[因其固然之理, 而无容私焉]"이라고 정의한다. 여기에서 '사사로운 뜻'이란 자신의 이해득실을 따지는 마음을 말한다. 그러므로 '순리'란 사물의 인식과 처사에 있어서 이기적이고 자기중심적인 타산을 버리고 '사물의 본래적인 이치' 즉, 진리만을 고려하고 따르는 태도를 뜻한다.

"하늘의 도리를 따르라"는 말의 일상적인 함의가 여기에 있다. 보고 듣고 말하고 행동하는 모든 자리에서 진리를 준행하라는 것이다. 그러므로 진리 정신을 결여한 채 남에게 강변하는 '순리'는 자신의 사욕을 감추기 위한 궤변에 지나지 않는다. 이는 '순리'의 삶을 위해 진리를 찾는 노력이 병행되어야 함을 일러준다. 종교적으로 말하면 삶의 현장에서 신이 나에게 바라고 요구하시는 뜻을 평소에 깊이 헤아려야 한다. "아침에 도를 들으면 저녁에 죽어도 괜찮으리라[朝聞道 夕死可矣]."는, 또는 "진리가 너희를 자유케 하리라."는 말씀을 확신할 정도로 진리정신을 삶의 한 중심에 확고하게 세워야 한다.

'하늘의 도리'는 거시적으로는 자연의 섭리를 포함한다. 섭리정신은 일상생활에서 개체적인 '나'가 각종으로 겪는 의심과 불만과 번민과 고통 등 모든 부정적인 정념들을 없애주는 근원적인 처방책이요, 삶에 지극한 행복을 가져다 줄 최상의 지혜이다. 하늘에서 이 땅을 내려다보듯 영원한 섭리의 눈빛으로 바라보면 부귀영화의 소망도 '꿈속의 꿈'일 뿐이며, 생로병사의 여정도 한 순간의 파노라마에 지나지 않는다. 순전히 관념적이고 상상적인 것처럼 보이는 섭리정신이 현실적으로 발휘하는 강력한 힘이 여기에서 드러난다. 그것은 일상의 삶에 파묻혀 남들과 대립 다툼을 일삼는 사납고 피곤한 개체적 자아를 잠재워 내면의 지극한 평화 속에서 세계 만상을 관조하며 누리게 해준다. 퇴계는 〈도산십이곡〉에서 그 경지를 아래와 같이 읊조린다.

춘풍(春風)에 화만산(花滿山)하고
추야(秋夜)에 월만대(月滿臺)라
사시가흥(四時佳興)이 사람과 한 가지라
하물며 연비어약(鳶飛魚躍) 천광운영(天光雲影)이야
어느 끝이 있을고

이 시는 개체적 자아를 완전히 탈각한 우주적 대아의 지평을 열어 보여주고 있다. 선생은 화창한 봄바람 속에 만발한 꽃들과, 가을밤 누각에 투명한 달빛 등 사계절 만사만물이 다채롭게 펼쳐내는 아름다운 정경을 "사람과 한 가지"라는 물아일체의 정감 속에서 음미하고 있다. 그것은 자기중심적인 '나'를 벗어나 '천광운영'(하늘빛과 구름 그림자)의 우주만상을 고요하게 비추는 티 없이 맑은 마음속에서만 가능한 일이다. 그러한 마음은 '연비어약' 즉, 하늘을 나는 솔개와 연못을 뛰어오르는 물고기에게까지 생기롭고 활발하게 작용하는 섭리를 직관하면서, 초월적인 안목으로 현실의 모든 구속을 벗어나 내면 깊이 무한한 자유와 심미적 쾌감을 누릴 것이다.

하지만 말이 그렇지 '하늘의 도리', 즉 진리와 섭리를 따르기가 어디 그렇게 쉬운 일인가. 그렇기는 하지만 자신을 진리와 섭리의 밖으로 내던지기에는 삶이 너무 소중하지 않은가. 그러면 어떻게 하면 거기에 가까이라도 다가갈 수 있을까? 그것은 진리와 섭리를 외면하는 요인을 자신 안에서 찾아 제거하는 발걸음에서 시작될 수 있다. 그 근본적인 요인은 역시 자기중심적인 자아의식에 있다. 자신의 이익과 안락만을 도모하는 '나' 의식 속에는 남을 향해 열려 있는 보편 무사한 진리(섭리)의 정신이 깃들 수 없기 때문이다. 이러한 '나' 의식의 폐해와 극복방안에 관해서는 제10장 〈사랑과 예의〉에서 다룬 '극기(克己)'의 주제를 비롯해서 그밖에 여기저기에서 논의했으므로 더 이상의 고찰을 생략한다.

10) 지명한(知命限): "운명의 한계를 알라."

운명이란 우리의 삶을 지배하는 어떤 초인간적인, 또는 우주적인 힘을 뜻한다. 세상에는 그것을 부정하면서 오직 인간의 의지와 노력만을 믿는 사람들도 있지만, 특히 나이가 들어가면서 지난날 걸어온 삶의 길을 돌아보다 보면 어떤 운명적인 힘이 자신의 일생을 지배하고 있는 것은 아닌가 하는 생각이 종종 든다. 그러한 운명은 삶의 한계로 작용한다. 우리는 운명을 넘어서 삶을 경영할 수 없다. 가령 가난이 나의 운명이라면 나는 그것을 적극 받아들여 그 한계 안에서 처신해야 한다. 그것의 부정은 자신의 심사만 어지럽게 만들고 마음을 고통 속에 빠트릴 뿐이다. 그것이 운명인 것을 어떻게 거부할 수 있겠는가. 그러므로 "운명을 모르면 군자라 할 수 없다[不知命, 無以爲君子]."[『논어』]

그렇다고 "운명의 한계를 알라"는 말은 삶의 의지를 버려야 한다는 뜻이 아니다. 지난날의 운명은 유보 없이 받아들여야 하지만, 그것이 미래까지도 나의 삶을 지배하리라고 미리부터 단정하면서 체념해서는 안 된다. 미래의 운명은 아무도 모르며, 어쩌면 우리들 각자가 개척하기에 달려 있다. 그러므로 운명은 우리의 자유의지와 노력을 부정하는 말이 아니다. 우리는 불운한 운명을 타개하기 위해 지금, 이 자리의 삶에 최선을 다해야 한다. 그러한 노력을 하지 않으면서 운명만을 탓하는 것은 올바른 삶의 태도가 아니다. '진인사대천명(盡人事待天命)'이라고, '사람으로서 할 수 있는 일을 다하'는 사람만이 '천명을 기다릴' 자격이 있다. 마르틴 부버는 말한다. "운명과 자유는 서로를 기약해 준다. 자유를 실현한 자만이 운명과 조우할 수 있다. 자유로운 인간은 자유의 반대 이미지인 운명과 조우한다. 자유와 운명이 만나 서로 의미를 만드는 것은 인간의 한계가 아니라 완성이다."(『지식의 다른 길』)

11) 청심(淸心): "마음을 맑게 가지라."

어떻게 하면 마음을 맑게 가질 수 있을까? 이에 관해서는 지금까지의 많은 주제들에서 중점적으로, 또는 부수적으로 논의해 왔으므로 여기서는 간단하게 요약하고 넘어가려 한다. 한번 되돌아 생각해 보자. 나의 마음을 흐리는 요인이 무엇일까? 그것은 대개 잡념과 욕망, 그리고 근본적으로는 역시 사사로운 '나' 의식에 있다. 현실의 불만족 속에서 일어나는 수많은 잡념들이 마음을 뒤죽박죽 만들고, 온갖 크고 작은 욕망들이 마음을 들끓게 만들며, 자기중심적인 '나' 의식이 자타간 대립과 투쟁을 불러일으키면서 마음을 거칠게 만든다. 후자의 경우 불교식으로 말하면 아무런 고정불변의 형상도 없으며 한바탕 꿈과도 같은 '나'의 존재에 집착하는 마음이 갖가지의 번뇌와 고통을 지어내면서 깊은 어둠속에 빠져든다.

그러므로 "마음을 맑게 갖기" 위해서는 이러한 요인들을 스스로 다스리고 제거하지 않으면 안 된다. 이는 평소 수없는 자기성찰 속에서만 가능할 테지만, 신앙인이라면 그것이 비교적 용이할 것이다. 신을 우러러 두 손 모아 기도하는 순간만큼은 그 마음에 잡념과 욕망과 '나' 의식이 조금도 끼어들 수 없을 것이다. 물론 자기에게 복을 달라고 기원하는 저급한 신심에는 그러한 경지가 결코 열리지 않겠지만 말이다. 아니 신앙인이 아니라도, 길거리를 힘없이 배회하는 유기견을 바라보는 사람의 애틋한 눈빛에서도 우리는 맑은 마음을 미루어 짐작할 수 있다. 그러므로 맑은 마음은 수행자만이 얻을 수 있는 것이 아니다. 생명에 대한 연민과 자비의 마음을 갖는 사람이라면 누구나 맑음을 얻을 수 있다.

12) 과욕(寡欲): "욕망을 줄이라."

이에 관해서는 第30장 〈욕망과 참마음〉, 그리고 第31장 〈무욕의 정신〉에서 깊게 논의하였다. 그밖에도 여기저기에서 욕망의 문제점을 지적했지만, 마음의 평화와 삶의 행복과 참다운 인간성의 실현을 도모하기 위해서는 역시 욕망을 적게 갖는 것 이상의 방법이 없다. 하지만 욕망을 무조건 억누를 수 있는 것이 아니고 보면, 역시 근본적으로 사람됨의 의미와 참삶의 가치에 대한 깊은 성찰이 있어야 한다.

13) 인내(忍耐): "인내하라."

우리는 살아가면서 흔히 인내심을 갖지 못하고 성급하게 행동한다. 아주 사소하게는, 바쁘지도 않건만 엘리베이터 안에서 단지 몇 초를 참지 못하고 닫힘 단추를 누르고, 유혹과 욕망을 참지 못하여 어떤 일을 쉽게 저지르기도 하며, 심지어는 일시적인 어려움을 참지 못하여 스스로 자기 목숨을 끊기까지 한다. 그처럼 무슨 일이든 인내심을 갖지 못하고 성급하게 나서는 경향이 있다. 일종의 조급증이다. 긴 호흡으로 천천히 숨을 고르며 일을 착실하게 처리하려는 마음이 부족한 것이다. 마치 봄에 씨앗을 뿌리고는 바로 그 자리에 서서 결실을 기다리는 것과도 같다. 가축의 사육과 식물의 재배에 성장촉진제를 투여하는 반자연적 행태도 이에 기인할 것이다. 오늘날 초고속의 인터넷 시대는 이러한 풍조를 더욱 부추긴다.

우리나라 사람들이 "빨리 빨리"의 성급한 성향을 갖고 있다는 외국인들의 지적을 우리는 이러한 관점에서 반성해볼 필요가 있다. 역사적으로 살피면 일제시대와 한국전쟁을 겪다 보니 사람들은 멀리 미래를 전망하면서 현재를 설계할 정신적 여유를 가질 수 없었을 것이다. 계속 수탈을 당하고 또 내일 당장 죽을지 모르는 긴박한 상황에서 느긋하고 태평하게 처신할 수 없었을 것이기 때문이다. 그것이 오랜 세월 우리 국민의 습성으로 배이면서 "빨리 빨리"의 문화가 조성되었을 것이다. 밥도 빨리 먹어야 하고, 집도 빨리 지어야 하며, 그밖에 무슨 일이든 빨리빨리 해치우는 것이 미덕인 것처럼 여긴다.

참을성을 갖지 못하고 일을 빨리 처리하려는 태도에는 긍정적인 측면도 있는 것이 사실이다. 가령 긴급한 사태를 만나 실기하지 않고 순발력 있게 대응해야 할 일이나, 또는 생활의 불편을 담당하는 서비스 산업분야 같은 데에서 그것은 효과적으로 작동하기도 한다. 하지만 와우 아파트와 삼풍백화점과 성수대교가 무너져 내린 국가적 대형 사건은 지난날의 일들이라 쳐도, 오늘날 빠른 성과와 효율성만 중시함으로써 초래되고 있는 각종의 산업재해나, 앞서기 경쟁으로 인해 야기되는 교통사고의 비율이 높은 것은 역시 기본적으로는 인내심의 부족에 연유한다. 우리나라의 자살률이 세계적으로 제일 높은 것도 한 때의 어려움과 괴로움을 참지 못하는 국민성향에 한 가지 요인이 있지 않을까?

인내심의 부족이 사람들 개개인의 삶에 미치는 악영향을 또 하나 살펴보자. 그것은 일의 성패 여부를 떠나 삶을 깊이 있게 음미하고 향유할 정신적 여유를 갖기 어렵게 만든다. 일을 성급하게 처리하려는 태도는 느긋하게 마음을 고를 여유를 갖지 못한다. 거기에는 일을, 삶을, 세상을 한 발 물러서서 바라볼 줄 아는 마음이 부족하다. 오늘날 사람들이 일반적으로 겪고 있는 "참을 수 없는 존재의 가벼움"도 여기에 한 가지 요인이 있을 것이다. 긴 호흡으로 인내하지 못하고 일에 성급하게 나서는 사람은 세계와 사물을 널리 조망하고 자신의 존재를 깊이 성찰하면서 삶의 발걸음을 무게 있게 내디딜 수 없다. 거대한 산과도 같이 어떠한 비바람에도 흔들리지 않을 존재의 중후함은 역시 매사에 차분하고 진지하게 임하여 최선을 다하는 데에서 생겨난다. 설사 그것이 고통의 자리일지라도 말이다. 성급한 반응은 일의 패착을 초래하며 삶의 질을 떨어트릴 뿐이다.

인내심은 필요한 덕목이지만 그것이 단순히 참는 마음에 불과한 것이어서는 안 된다. 우리가 인내해야 할 곤경은 나를 성숙시켜 줄 토대가 될 수도 있다. 곤경에 체념하면서 세속에 물들거나 찌들어서는 안 된다. 풀씨가 혹독한 겨울을 지나며 더욱 단단해진 생명력으로 새봄의 개화를 준비하는 것처럼, 곤경 속에서도 올바른 삶의 정신을 잃지 말고 오히려 더욱 곧추세우도록 해야 한다. 이를 위해서는 곤경의 현실에 불만을 갖거나 괴로워하지 말고, 그것을 나의 삶의 토대로 유보 없이 받아들이면서 자신이 지금, 이 자리에서 취해야 할 태도를 찾아나서야 한다. "제법일체유심조(諸法一切唯心造)"라고, 모든 일은 마음먹기에 달려 있다. 난관과 고통 앞에서 세상을 원망하고 자신을 학대하는 사람이 있는가 하면, 겸손하게 하늘(신)의 뜻을 헤아려 구도(求

道)에 더욱 정진하는 사람도 있다. 운명의 가난을 불평하면 그만큼 견디기 힘들어지지만, 그것을 삶의 출발점으로 여기면 그 순간 마음에 고요와 평화가 찾아올 것이다. 현실의 난관과 곤경 속에서 자신을 소중하게 돌보고 가꿀 최선의 방법이 여기에 있다.

14) 유순(柔順): "부드러운 마음을 가지라."

이 '유순'을 단순히 세상에 온순하게 나서라는 정도로 이해해서는 안 될 것이다. 그것은 선생이 『주역』(〈곤(坤)〉괘 단전(彖傳))에서 차용한 것처럼 보인다. "대지는 만물을 부드럽게 받아들여 그들을 결실 성취시켜 준다. 군자는 이러한 정신을 본받아 삶을 영위한다.[柔順利貞, 君子攸行.]" 그러므로 저 '유순'은 만물을 생육하는 대지의 역량을 형용한 말이다. 굳이 이를 축자적으로 해석하면, 이 땅은 만물을 부드럽게[柔] 포용하면서 순리적으로[順]으로 생육한다는 뜻이다. 여기에서 '순리적'이란 대지가 만물을 제각각의 생리에 따라 살아가도록 해준다는 말이다. 그것은 마치 자식들을 낳아 키우는 어머니의 부드러운 품과도 같다. 그야말로 '어머니 대지(Mother Earth)'이다.

그러므로 군자가 본받는 '유순'의 정신은 온순한 태도를 넘어 생명창달의 의지를 내포하고 있다. 그 부드러움 속에는 강인한 생명정신이 담겨 있다. 공자는 말한다. "땅은 지극히 부드럽지만 그것이 만물을 생육하는 힘은 막강하고, 지극히 조용하지만 그것은 만물에게 그 각각의 형체를 부여하여 생명을 이어나가도록 해준다[坤, 至柔, 而動也剛. 至靜, 而德方]." (〈곤(坤)〉괘 문언전(文言傳)) 이러한 부드러움만큼 강한 힘이 있을까? 예컨대 어머니가 온갖 난관을 헤치고 자식을 키우는 강인한 힘은 부드러움 속에서 나온다. 사실 자식 앞에서 아버지의 강한 힘은 어머니에 비하면 허세이다. 군자는 이러한 대지의 정신으로, 즉 부드러운 생명정신으로 삶에 나서려 한다.

정말 부드러움이야말로 생명의 속성이다. 예컨대 어린아이의 충만한 생명력은 부드러운 몸에서 나온다. 노자는 말한다. "사람이 살아서는 몸이 부드럽지만 죽으면 뻣뻣해지고, 만물과 초목은 살아서는 유연하지만 죽으면 메말라버린다. 그러므로 견강함은 죽음의 속성이요 부드러움은 생명의 속성이다."(『도덕경』, 노자) 우리는 이러한 부드러움을 배워야 한다. 나이가 들어가면서 몸이 뻣뻣해지는 것은 피할 수 없지만, 마음만큼은 어린아이처럼 부드러운 생명력을 잃지 말아야 한다. 생각까지 뻣뻣하게 굳어 자기 고집 속에 갇히지 말고 세상만사에 부드러운 마음으로 나서야 한다.

일상생활에서 부드러움의 극치는 바로 사랑이다. 생명을 보살피고 가꾸는 데에는 사랑만큼 부드러우면서도 강한 힘이 없다. 자타간 공감력을 상실한 딱딱한 마음에는 생명의 힘이 서려 있지 않다. 남에 대한 무관심과 미움, 잔인함이 이의 전형적인 모습이다. 그 마음은 마치 단단한 돌과도 같다. 돌이 나무의 뿌리나 풀씨를 용납하지 않는 것처럼, 그는 남을 끌어안으며 배려할 줄 모른다. 결국 그는 자기 안에 단단하게 갇혀 외로운 삶을 면할 수 없을 것이다. 이와는 달리 부드러운 마음은 자타간 생명적 공감과 연민 속에서 세상에 사랑으로 나설 것이며, 모두를 더불어 사는 이웃으로 여기면서 존재의 충만감을 누릴 것이다. 지금 우리는 어떠한가? 삶의 외로움을 느끼고 있다면 그것은 자신의 딱딱한 마음이 자초하는 것은 아닌지, 깊이 자성해볼 일이다.

15) 겸화(謙和): "겸허의 정신으로 삶에 화해롭게 나서라."

먼저 『장자』에 나오는 이야기를 한 번 들어보자. 하백(河伯)이라는 강물의 신이 있었다. 그는 골짜기나 개천의 물이 모두 자기에게로 흘러 들어오는 것을 보면서 자기가 세상에서 최고인 줄 알고 의기양양했다. 그런데 어느 순간 수평선이 끝없이 펼쳐진 바다에 이르러서는 기가 죽고 말았다. 그는 거기에서 바다의 신 북해약(北海若)을 만나 말한다. "당신이 최고입니다." 하지만 북해약은 이를 사양하면서 이렇게 대답한다. "우물 안의 개구리에게 바다를 말해봤자 소용없는 것은 그가 좁은 곳에 갇혀 있기 때문이요, 여름철 벌레에게 얼음에 대해 말해봤자 소용없는 것은 그가 제 시절만 알기 때문이라오." 그러면서 북해약은 자신도 우주 속에서는 하나의 물방울과도 같다고 이야기한다.

이는 사람들에게 겸손의 정신을 가르치려는 우화이다. 재물이든 지식이든 권력이든 자신이 많은 것을 갖고 있다 해서 우쭐해서는 안 된다는 것이다. "태산이 높다지만 하늘 아래 뫼"라는 사실을 알아야 한다. 그러므로 겸손은 참으로 아름답고 위대한 덕이다. 겸손한 사람은 자기가 많은 것을 소유하고 있으면서도, 또 훌륭한 일을 행하면서도 그것으로 자부할 줄 모른다. 물론 내심 오만하면서도 겉으로만 겸손을 떠는 사람도 있을 것이다. 하지만 그것은 겸손의 덕과는 거리가 멀다. 여기에서 겸손의 깊은 뜻을 알기 위해 '겸허'라는 말을 살펴보자. 그것은 겸손의 진정한 뜻을 담고 있다.

흔히 사람들은 겸손과 겸허를 동의어로 사용하지만 '손(遜)'과 '허(虛)'의 글자를 들여다보면 겸허의 뜻이 훨씬 깊다. '손'은 한발 물러서고 자기를 낮추는 정도에 그치는데 비해, '허'는 자신을 완전히 비운다는 뜻을 함축하고 있기 때문이다. 그리하여 겸손은 자타간 대립적인 자의식을 버리지 못하지만, 겸허는 자신이 누구라는 생각을 아예 갖지 않는다. 이를테면 그것은 자신의 소유나 공적을 의식하지 않는, 그러한 생각 자체를 '텅 비우는' 무심한 상태이다. 그러므로 진정한 의미의 겸손은 단순히 남들 앞에서 자신을 낮추는 태도에 불과한 것이 아니다. 그것은 자부심과 자기애 등을 일으키는 '나'의 의식 자체를 버릴 것을 요구한다. 즉, 겸허해야 한다. 만약 어떤 사람이 자신의 행위와 업적에 자부심을 갖는다면, 그가 겉으로 아무리 겸손을 가장한다 하더라도 결국 오만의 함정에 빠지고 말 것이다. 모든 덕은 겸허의 정신 속에서만 빛이 난다.

겸허는 어찌 보면 자괴감의 다른 모습일 수도 있다. 겸허한 사람은 자신의 장점을 인식하지 못하고 오히려 무지와 무능을 부끄럽게 자각한다. 우리는 그러한 전형을 퇴계에게서 목격한다. 선생은 자신의 학덕을 칭송하는 한 제자의 시를 읽고서 다음과 같이 답장한다. "뱁새와 나방을 대붕에 견주면 그것의 왜소한 모습만 보이고, 못생긴 여자를 화장시켜서 미녀 옆에 세워봐야 그 못생긴 얼굴만 드러나는 법입니다. 그래서 나는 부끄러움과 두려움으로 마치 술에 취한 듯 깬 듯, 몽롱한 상태에서 벗어나지 못했습니다."(『퇴계전서』) 이는 선생이 진리와 도의의 무한한 세계 앞에서 자신의 무지와 무능을 자각한, 겸허한 정신의 발로였다.

한편으로 그러한 자각은 선생이 평생토록, 죽는 순간까지 진리의 탐구와 도의의 실천에 매진하도록 만든 심리적 배경이기도 하였다. 사실 진정으로 겸허한 사람은 단순히 자신을 비하하거나 부끄러움만 느끼는 상태에 머무르지 않는다. 그것은 보다 높은 세계를 추구하는 자기 향상의 정신으로 작용한다. 궁극적으로 그것은 진리와 도의로 참자아를 완성하고자 하는 강한 의지를 동반한다. 우리는 그 실제의 예를 역시 선생에게서 본다. 선생은 모두가 공인하는 대학자였음에도 불구하고 '발병구약(發病求藥)'의 자세로 제자들의 비판을 기다렸다. 자신이 어떤 주장을 하는 것은 그것을 남들에게 강요하려 해서가 아니라 오히려 자기 의견이나 논리의 약점[病]을 스스로 드러냄으로써 상대방의 이견과 지적[藥]을 들으려는 의도에서라는 것이다. 이러한 태도는 무지의 자각과 구도의 열정이 아니고서는 불가능한 일일 것이다. 이미 인용했지만, 여전히 모든 사람의 귀감이 될 만하므로 선생이 한 제자에게 보낸 편지를 읽어보자.

> 진리는 무궁하고 사람의 생각에는 한계가 있는 법인데, 사람들은 자기주장만 정론이라 고집하고 남들의 견해는 아예 부정하려 합니다. 이 때문에 그들이 끝내 편견의 병폐를 벗어나지 못하는 것입니다. 나의 주장도 역시 그러한 것은 아닐는지요? 앞서 내가 역설했던 것은 그것으로 자신을 변명하려 했던 것이 아닙니다. 나 자신의 병통을 드러냄으로써[發病] 약을 구하려는[求藥] 것뿐입니다. (『퇴계전서』)

이러한 겸허의 정신은 당연히 사람들과 화해롭게 지낼 것이다. 자신을 비운 마음은 자타간 비교와 대립, 경쟁의 의식을 갖지 않기 때문이다. 그는 지식의 과다나 신분의 고하를 따지지 않고 오직 순수인격으로 사람들과 교류할 것이다. 물론 그의 화해로움은 시세에 따라, 또는 자신의 이해득실을 따지면서 부화뇌동하는 태도와는 질적으로 다르다. 그는 올바른 삶의 정신을 잃지 않기 때문이다. "사람들과 화해롭게 지내지만 뇌동하지는 않는[和而不同]" [『논어』] 군자가 바로 그런 사람이다. 설사 혼탁한 세상에서 자신을 알아주는 이가 하나도 없다 하더라도 그는 이에 개의하지 않는다. 그 순간에도 그는 남들을 향해 열린 화해로운 마음을 잃지 않는다. 그는 다만 자신이 마음을 비우지 못하고 오만을 부리고 있지는 않은지, 올바른 삶의 정신을 놓고 있는 것은 아닌지 끊임없이 되돌아 살필 것이다.

16) 지족(知足): "만족할 줄 알아야 한다."

『노자 도덕경』에 이런 말이 있다. "만족할 줄을 알면 수모를 당하지 않고, 멈출 줄 알면 위태롭지 않을 것이다[知足不辱, 知止不殆]." 정말 삶의 불행은 불만족에서 생겨난다. 재물이든 권력이든 사회적 지위든 자신이 갖고 있는 것에 만족할 줄 모르고 더 이상의 것을 찾아 나서다 보니 마음이 온갖 사념과 욕망으로 평온하지 못하다. 게다가 거짓되고 비열한 술수까지 동원되면 나는 아예 나쁜 사람이 되고 만다. 내가 거기에서 찾아 누리려는 행복은 과연 어떤 것일까? 재물? 권력? 지위? 하지만 그러한 만족과 행복은 그것을 얻는 순간 저만치 달아나 버리고 만다. 그 이상의 새로운 목표물을 바라보면서 나는 또다시 남들과 치열하게 대립과 다툼을 벌여야 하기 때문이다. 그러므로 "만족을 모르는 것보다 큰 재앙은 없고, 욕망을 채우는 것보다 큰 허물은 없다[禍莫大於不知足, 咎莫大於欲得]."(『노자 도덕경』)

만족을 모르는 마음은 대개 두 가지에서 나온다. 욕망과 비교의식이 그것이다. 무언가를 얻어내고자 하는 욕망이, 그리고 남들과 비교하는 마음이 지금, 이 자리의 삶에 만족하지 못하게 만든다. 이 정도면 '애오라지'(넉넉하지는 못하지만 그런대로) 살아갈 수 있건만 더 채우려 하고, 또 나보다 많이 가진 사람 앞에서 상대적 빈곤감을 느끼다보니 불만족 속으로 빠져드는 것이다. 아파트 평수와 직장의 연봉이 그 일상의 사례에 해당된다. 사람들이 '서민'아파트의 거주를 꺼리는 것도 그처럼 그릇된 의식의 산물이다.

그런데 그러한 욕망과 비교의식을 떨치고 행복하게 사는 사람들을 우리는 심심치 않게 본다. 귀농(촌, 어) 인이 그들이다. 그들이 도회지의 삶을 버린 것은 그곳이 욕망과 비교, 경쟁의 도가니임을 뼈저리게 체험했기 때문일 것이다. 그들은 수많은 군중에 떠밀려 다니는 대도시에서 자신의 존재감을 얻기가 매우 힘들었을 것이다. 교통이 혼잡한 도로에서 운전으로 시간을 보내는 나는 누구인가? 출퇴근길에 사람들로 부대끼는 지하철 속에서 무표정한 저 얼굴들은 무엇인가? 하지만 산과 들판, 바다는 이와 전혀 다른 삶의 지평을 열어준다. 여기에서는 나 자신의 존재를 입증하려 애쓸 필요가 없다. 오히려 자연은 나를 포근하게 안아주며 각종의 아픔을 치유해주는 "영혼의 커다란 진정제"(괴테)이다. 저들이 결단 속에서 시골의 삶을 택한 이유가 여기에 있을 것이다.

하지만 현대사회의 구조상 도회지의 일상을 벗어날 수 없는 대부분의 사람들에게 목가적인 시골의 삶은 이룰 수 없는 꿈처럼 보인다. 그러면 도시 탈출이 불가능한 형편에서 어떻게 해야 할까? 참으로 어려운 숙제이다. 방법은 달리 없을 것 같다. 자신의 삶을 불만족하게 만드는 요인이 무엇이며, 그것을 어떻게 제거해야 할지 고민하고 새로운 삶의 방식을 스스로 모색하는 일 말고는 말이다. 여기에서도 역시 마음 수행의 중요성이 드러난다. 그동안 "밖으로 향하던 눈빛을 안으로 돌이켜 자신의 영성(靈性)을 살피는" 회광반조(廻光返照) 속에서 고결한 영혼과 인간성을 자각하고 삶의 의미와 가치를 찾아 실현하는 노력만이 우리를 행복으로 안내할 것이다.

17) 염근(廉謹): "청렴하게 나서고 행동거지를 조심하라."

‘청렴’하면 사람들은 흔히 공직자의 윤리를 떠올린다. 하지만 “인품이 깨끗하고 탐욕이 없음”이라는 사전적 의미로 따지면 그것은 무슨 일에 종사하든 모든 사람들이 기본적으로 갖추어야 할 덕목으로 강조되어야 한다. 어떠한 삶의 자리에서든 그것은 고결한 인간성을 밝혀줄 수양의 요목이다. 오늘날과 같이 소유와 욕망이 숭상되는 사회 속에서 그것은 전혀 도움이 되지 않겠지만, 자신의 존재를 소유(욕망)거리로 채우는 것은 삶의 허무를 자초하는 일일 뿐이다. 지금까지 줄곧 이야기해온 것처럼 참삶의 의미는 바깥사물이 아니라 자기 내부의 고결한 인간성을 일깨우고 실현하는 가운데에서만 확보될 수 있다. 자신의 존재를 맑고 깨끗하게 가꾸려는 청렴의 노력이 그 한 방안이다. 그러므로 그 덕목을 공직자에게만 요구하는 것은 옳지 않다.

한편 행동거지의 조심은 단지 불의의 사고를 예방하고 대인관계를 원만하게 유지하기 위한 것만은 아니다. 그것은 방종한 언행이 마음을 방자하게 만들고, 방자한 마음이 올바른 삶의 정신을 흐트러트릴 것을 염려해서다. 이를테면 거친 말은 마음을 거칠게 만들고, 거친 마음속에서 펼쳐지는 삶 역시 거칠어질 수밖에 없다. 달리 말하면, 남에게 가하는 언행의 폭력은 그 자체가 자기 파괴의 힘으로 고스란히 남아 작용하기 마련이다. 회개할 줄 모르고 나쁜 짓을 저지르는 사람의 인격이 갈수록 추락하는 것도 이 때문이다. 그러므로 행동거지의 조심은 처세의 방법이기 이전에 내가 자신에게 갖추어야 할 도리요 경의이다. 참다운 자기애의 길도 거기에서 생긴다.

18) 존인(存仁): “사랑의 마음을 잃지 말라.”

맹자는 말한다. “군자가 남들과 다른 점은 마음을 잃지 않는 데에 있다. 군자는 사랑으로 마음을 지키고 예의로 마음을 지킨다.”(『맹자』) 당연히 이 ‘사랑’은 감각적인 열정에 불과한 것이 아니다. 그것은 남들을 향해 자신의 존재를 열어 그들을 깊이 보듬어 안으며 보살피는 따뜻한 마음을 뜻한다. 그 대상은 인간에게 국한되지 않는다. 그것은 모든 살아 있는 존재에게 펼치는 생명적 사랑이다. 이에 관해서는 제10장 〈사랑과 예의〉에서 본론으로, 그밖에 여기저기에서 부수적으로 논의해왔다. 이제 여기에서 자신의 마음을 다시 한번 되돌아보자. 과연 나는 사랑의 마음을 얼마나 갖고 있는가. 기껏 가족들에게만 마음을 열고 있는 것은 아닌가? 만약 자신이 존재의 빈곤과 결핍을 느끼고 삶의 무의미에 시달리고 있다면 남들을 나의 존재 깊이 품어 안는 사랑의 마음이 부족해서 그런 것은 아닌지 자성해 볼 일이다. 그런데 많은 사람들은 반려동물에게만 자신의 마음을 열려할 뿐, 이웃이나 사회에 대해서는 무관심하다.

19) 절검(節儉): “절제하고 검소하라.”

절제란 욕망의 만족을 더 추구할 수 있음도 불구하고 그것을 적당한 정도로 조절하고 자제하는 정신이다. 욕망의 끝을 모르면 만족도 없으며, 그것은 오히려 결핍감만 키운다. 이것이 쾌락의 역설이다. 달콤한 꿀물도 많이 마시면 맛이 물리는 것처럼, 쾌락도 도를 넘으면 무덤덤해진다. 그리하여 그 강도를 계속 높이다 보면 결국 불만족의 고통에 빠지고 만다. 아니 쾌락의 탐닉은 감각의 마비와 삶의 권태를 조장하여 결국 허무감으로 귀결된다. 절제의 정신이 중요한 이유가 여기에 있다. 욕망과 쾌락의 참맛은 절제 속에서만 생겨난다. 절제는 욕망(쾌락)을 오히려 감미롭게 해준다. “즐기되 탐닉하지 않는[樂而不

淫]”(『논어』) 경지가 바로 그것이다. 아래의 글을 읽어보자.

> 절제는 우리가 쾌락의 노예가 되는 대신 주인이 되게 해준다. 절제는 자유로운 향유로서, 자유마저도 누릴 수 있게 해주는 한 차원 높은 향유이다. (중략) 술의 노예가 되지 않는다면 술 마시는 즐거움이 얼마나 클 것인가! 욕망의 노예가 되지 않는다면 사랑의 즐거움이 얼마나 클 것인가! 쾌락은 자유로운 만큼 더욱 순수할 수 있으며, 통제된 만큼 더욱 즐거울 수 있다.
>
> (『미덕에 관한 철학적 에세이』)

그러므로 절제는 삶의 억압이 아니라 오히려 행복의 향유이다. 특히 무분별하고 무절제한 욕망의 추구를 조장하고 선동하는 현대문명 속에서 절제야말로 참으로 소중한 미덕이다. 우리가 과거에 없던 풍요 사회에 살면서도 오히려 옛날 사람들보다도 결핍감과 허무의 불행에 시달리는 것은 절제의 정신을 모르기 때문이다. 도덕의 의의가 여기에 있다. 그것은 삶의 참맛을 키워 주고 알게 해 주는 절제의 도리이다. 고금의 도덕과 사람들의 행실을 우리는 이러한 관점에서 바라볼 수 있다. 예컨대 인간관계상에서 말한다면, 절제된 행동의 예법은 사람들과의 만남을 아름답고 의미 깊게 해 준다. 지난날 남녀유별(男女有別)의 예절은 원래 그러한 의도를 갖는 것이었다. 남녀 사이의 무분별한 만남은 과도한 쾌락과 방종으로 흘러 사랑의 강도를 떨어트리면서 오히려 두 사람의 관계를 멀어지게 만든다. 이에 반해 상대방과 공간적, 심리적으로 일정한 거리[別]를 두게 만드는 절제의 예절은 사랑을 갈수록 감칠맛 나게 해준다. 당연히 그것은 애정이 식어서 생기는 거리감과는 차원이 다르다. 두 사람은 그 '거리'를 그리움으로 채워 사랑의 정을 더욱 간절하게 가질 것이다.

그렇다고 해서 고통스러울 정도로 과도하게 욕망을 억압하고 쾌락을 멀리하는 것은 올바른 절제가 아니다. 절제는 필요한 것이지만 그것이 지나치면 오히려 삶의 정신과 나아가 생명을 억압하는 요인이 될 수 있으며, 사람을 무기력과 고통에 빠트릴 위험이 있다. 예컨대 성욕의 지나친 억압은 정신건강을 해칠 수도 있다. 결혼의 의의가 여기에도 있다. 아무튼 절제의 기준을 너무 엄격하고 과도하게 정하지 말고, 생명력을 향상시킬 수 있는 적당한 수준을 찾아야 한다. 예컨대 "과음은 만병의 근원이지만, 적당한 음주는 백약의 으뜸이다." 그처럼 언행이든 감정이든 적당한 절제를 통해 삶의 여운과 여유를 누리도록 해야 한다. 물론 그 '적당함'이란 사람에 따라, 그리고 연령에 따라 다를 것이다.

검소는 절제와 가까운 개념이지만, 거기에는 그 자체로 독자적인 의미가 내포되어 있다. 그것은 불필요한 꾸밈을 거부한다. 사치스럽게 꾸미지 말고 소박하게 살아야 한다는 것이다. 그런데 문제가 있다. 과연 어느 정도가 불필요하고 사치스러운 꾸밈인지 알기 어렵다는 점이다. 아래의 일화를 한 번 들어보자. 공자가 어디를 가는 중에 자상백자(子桑伯子)라는 은둔자를 일부러 찾아가 만났는데, 그는 의관도 걸치지 않고 있었다. 이에 공자의 제자들이 선생에게, "그런 사람을 무엇 때문에 만나시는 것인지" 불만을 드러냈다. 이에 공자는, "그 사람, 바탕은 참 아름다운데 꾸밈이 너무 없어서 내 그를 설득하여 꾸밈을 갖게 하려 했던 것"이라고 대답하였다. 공자의 일행이 떠나자 자상백자의 제자들이 언짢은 기색으로 선생에게, "무엇 때문에 공자를 만나신 것인지" 묻자 자상백자는 말한다. "그 사람, 바탕은 참 아름답지만 꾸밈이 너무 심하다. 내가 그를 만났던 것은 그를 설득해서 꾸밈을 없애려는 뜻에서였다.”

사실 중립적인 관점에서 살피면 양자는 삶의 정신과 그 꾸밈에 있어서 다 같이 중도를 벗어나 과불급에 빠져 있는 것처럼 보인다. 그들은 상대방의 그러한 문제점을 ‘꾸밈이 없음’과 ‘꾸밈이 심함’이라는 말로 정확하게 짚어내고 있다. 그런데 그 근저에는 양자의 서로 다른 인간관이 작용하고 있다. 공자에 의하면, 사람은 짐승과 달라서 어떤 형태로든 꾸밈 속에서만 살아갈 수 있는 존재이다. 그러므로 꾸밈을 거부하는 자상백자의 삶은 인간답지 못하다. 하지만 자상백자에 의하면, 사람은 원초적으로 질박한 성품을 타고났는데 거기에 지나치게 꾸밈을 가하는 것은 인간성을 자해하는 것이나 다름없다. 그러므로 꾸밈을 너무 강조하는 공자의 삶이야말로 인간답지 못하다.

이 이야기는 우리에게 하나의 생각 거리를 던져준다. 사람은 각종으로 꾸미면서 살아갈 수밖에 없다지만, 과연 적절한 꾸밈이란 어느 정도를 말하는가? 그 답변은 당연히 시대와 사회에 따라 달라질 수밖에 없지만, 우리는 막연하나마 인간의 품위를 제시해볼 수 있다. 품위를 높여주는지 여부에서 꾸밈의 과불급을 평가하는 것이다. 이러한 관점에서 살피면 의관조차 걸치지 않은 자상백자의 모습은 공자의 지적대로 “너무 꾸밈이 없어서” 인간의 품위를 잃고 있다. 하지만 진정한 품위는 내면의 정신으로부터 나오는 것이고 보면, 자신의 인격을 고상하게 가꾸려 하지 않고 외모의 꾸밈에만 관심을 갖는 사람에게서는 고결한 인간성을 찾아보기가 어려울 것이다. 그는 화려한 분장으로 자신의 모습을 가리고 무대에서 활동하는 연극배우와도 같다. 그러고 보면 오늘날 우리는 꾸밈만을 숭상하는 문화에 빠져 인간성의 빈곤을 겪고 있는 것은 아닐까? 자신의 모습을 진지하게 되살펴볼 일이다. 그리고 검소의 미덕을 익혀야 한다.

20) 처중(處中): "중도(中道)를 행하라."

'중도'란 어느 한쪽으로 치우치지 않은 정신을 뜻한다. 과불급이 없는 중용이 그 일례이다. 그것은 처사나 행위상에서만 요구되는 덕목이 아니다. 그 이전에 사려활동 상에서도 그것은 필요하다. 하지만 무슨 잣대가 있는 것도 아니고, 생각의 중도를 어떻게 하면 찾을 수 있을까? 우리의 사고방식은 기본적으로 상대적이다. 우리는 나와 너, 남자와 여자, 어른과 아이, 인간과 동물, 좌와 우, 위와 아래, 이것과 저것, 순간과 영원, 삶과 죽음 등등의 상대적 관념들 속에서 세계와 사물을 파악하는 일에 익숙하다. 옛날 선비들은 이러한 상대성에 주목하여 세계관의 틀을 만들기까지 하였다. 음양(陰陽) 사상이 바로 그것이다. 간단히 말하면, 음양이란 한 사물의 생성변화에 작용하는 두 개의 이질적이고 상대적인 힘 또는 성질을 범주화한 것이다. 이에 의하면, 모든 생성과 변화, 그리고 발전은 하나의 힘이나 성질만 가지고는 이루어질 수 없다. 그것은 반드시 성질이 다른 또 하나의 상대적인 힘을 필요로 한다. 만사 만물은 이 양자의 상호작용 속에서 존재하고 생성해 나간다. 이 가운데 생성적이고 진행적인 힘(성질)을 범주화한 것이 양(陽)이요, 이와 상대적으로 쇠멸적이고 퇴행적인 힘을 범주화한 것이 음(陰)이다.

그런데 이처럼 상대적인 사고방식은 인간의 삶과 사회 속에서 수많은 문제들을 야기한다. 그것은 중도를 지키지 못하고 어느 한 편에 치우치거나 기울어 다른 편을 소홀히 하기 때문이다. 나는 남자의 입장에서 여자를 차별하며, 윗사람의 입장에서 아랫사람에게 유무형의 폭력을 가하며, 인간의 관점에서 동식물을 학대하며, 우측에 서서 자기 왼쪽의 사람들을 '좌파'라고 규정하고 매도하며, 삶의 관점에서 죽음을 외면하려 한다. 이는 필연적으로 자타간 대립과 갈등을 야기하여 자신의 존재활동의 입지를 스스로 줄이게 될 것이다. 그리하여 상대적인 사고방식은 행위의 편향이라는 폐단 이전에 삶의 외로움을 초래하기까지 한다.

중도의 정신은 이러한 문제점을 해결하기 위한 고도의 방책이다. 그것은 나와 너, 남자와 여자, 어른과 아이, 인간과 동식물, 좌와 우의 어느 한쪽으로 기울거나 치우치지 않고 양자를 모두 아우르는 높은 중앙의 지점에서 세계와 삶에 나선다. 그러한 지점을 찾는 데에는 당연히 고도의 눈빛이 요구된다. 예컨대 남자와 여자를 아우르는 인간의 관점이나, 인간과 동물을 아우르는 생명의 관점이 그것이다. 그 최상에는 우주 자연이나 신의 눈빛이 있다. 그러므로 중도는 양자의 산술적 중간 지점이 아니라 상대성을 뛰어넘어 삶과 세계를 내려다보는 차원 높은 정신이다. 그러한 중도의 정신으로 나서면 남녀가 서로 평등하게 만날 것이며, 사람들이 동물식의 생명을 존중하게 될 것이다.

위에서 음양의 뜻을 간단히 살펴보았지만, 사실 선비들은 거기에 내재된 문제점을 일찍이 인지하면서 그 극복 방안을 찾았다. '태극' 관념이 그것이다. 이는 음과 양의 상대성을 아우르는 고차원적인 중도의 정신이다. 이를 형상화한 것이 바로 우리나라의 태극기이다. 그것은 붉은 색[陽]과 푸른 색[陰]을 부드러운 곡선으로 조화시켜 아름다운 원을 그려내고 있다. 우리는 거기에서 그 곡선의 의미에 유의해야 한다. 그것은 양자가 끊임없이 변화함을 암시한다. 말하자면 "양지가 음지 되고, 음지가 양지 된다."는 것이다. 만약 양자를 가르는 것이 중앙을 가로지르는 직선이라면, 그것은 '이것과 저것'의 분명한 나눔, 그리고 피차간 분단의 고정을 암시한다. 거기에서는 양자의 대립과 다툼이 불가피해진다.

그러므로 태극기 안의 부드러운 곡선은 우리에게 일상생활 속에서 유연한 사고를 가질 것을 가르친다. 한 가지 관념에 집착하고 매몰되는 경직된 태도를 버리고 수시변통할 줄 아는 부드러운 지혜를 가져야 한다는 것이다. 살아가면서 자타 간 대립과 다툼이 없을 수 없지만 상대방과 공존하고 조화할 줄 아는 정신도 여기에서만 생겨난다. 붉은색과 푸른색을 곡선으로 절묘하게 아우르는 원과도 같이 그의 원만한 지혜는 이미 대립자를 안중에 두고 그와 공존하고 상생하려 하기 때문이다.

태극기의 숨은 뜻은 이것으로 그치지 않는다. 거기에는 대립 속의 조화를 가능케 하는 차원 높은 정신이 담겨 있다. 보이지 않는 '태극'의 정신이 그것이다. 원래 태극이란 '지극한 중심', '커다란 표준'이라는 뜻을 갖고 있다. 그리하여 그것은 존재론적으로는 만물의 생장변화를 주재하는 세계의 근원적인 중심(자연의 섭리)이 되기도 하고, 가치론적으로는 사람들이 준거해야 할 행위의 중심 푯대가 되기도 한다. 대립 속 조화의 정신이 여기에 담겨 있다. 그것은 한 쪽의 입장에서만 다른 쪽을 바라보지 말고 양자의 중심에서 둘 다를 조화롭게 아우를 것을 요구한다. 즉, 태극의 정신은 나를 떠나 세계 만물의 한 중심에서 대립자의 의견을 경청하고 포용하면서 자타 간 화합과 상생의 길을 찾는다. 마치 태극기의 그것이 원의 중심에서 붉은색과 푸른색을 균형 있게 조화시키듯이 말이다. 태극기에 담긴 이러한 철학과 삶의 정신을 사람들은 얼마나 알고 있을까?

21) 계살(戒殺): "함부로 살생하지 말라."

모든 생명은 존엄하고 소중하다. 인간은 물론 벌레 한 마리, 길가의 풀 한 포기에 이르기까지 하나하나의 생명이 저마다 우주적인 사건이요 신비를 품고 있다. 그들이 어떻게 홀연히 이 세상에 생겨나 생명활동을 하다가 가뭇없이 사라지는가. 사람들이 아이의 탄생을 열렬히 축복하고 한 사람의 죽음을 깊이 애도하는 것도 이러한 우주적 신비감에서일 것이다.

그런데 사람들은 생명의 탄생과 죽음을 둘러싸고 있는 신비를 인간에게서만 느낀다. 동식물과 곤충의 생명에 대해서는 무관심하다. 아니 그들을 단지 먹거리의 '사물'로만 취급한다. 매년 반복되는 가축의 무참한 살처분이 그 생생한 현장이다. 한두 마리도 아니고 수십 백만의 생명들을 어찌 그렇게 잔인하게 산 채로 매장할 수 있을까? TV의 영상을 통해서지만, 사람들 역시 그 현장을 접하면서 어찌 이렇게 무감각하게 바라볼 수 있을까? 그러고 보면 생명경시의 풍조가 이 시대만큼 심한 것은 역사상 유례가 없었던 일이다. 그런데도 우리는 문명인임을 자부한다.

곰곰이 생각해 보면, 이는 근본적으로 사람들의 자기중심적 사고가 빚어내는 비극이다. 사람들은 자신의 영리영달을 위해 남을 이용하고 또 해치기까지 한다. 사회에 살인을 비롯하여 남의 인권과 생명을 침해하는 각종의 사건과 크고 작은 다툼이 횡행하는 것도 이러한 자기중심적 사고의 산물이다. 이는 자연만물과의 관계에서는 인간중심적인 태도로 나타난다. 사람들은 풀 한 포기, 곤충 한 마리까지도 인간과 마찬가지로 신비로운 생명이요 우주적인 무게를 갖고 있음을 모른다. 우주적 관점에서 살피면 인간이 저들보다 특별히 월등한 존재가 아닌데 말이다. 우리는 이성으로 저들을 지배하려 들지만, 저들은 인간에게는 없는 뛰어난 능력들을 갖고 있다. 메마른 이성으로 세계 만물을 일정한 개념범주 속에서 이해하는 우리들과 달리, 동물은 우리보다 몇십 백 배 뛰어난 감각(시각, 청각, 후각 등)으로 만물을 훨씬 다채롭고 깊이 있게 체험할 것이다. 그러므로 우리는 인간을 이 세계의 중심적 존재라고 여겨서는 안 된다. 저들의 입장에서 보면 인간이 주변적 존재이다. 아니 우주 자연의 관점에는 인간과 만물이 모두 잠시 머물렀다 가는 과객일 뿐이다.

산방생활 이야기를 하나 꺼내야겠다. 책을 읽고 글을 쓰다 보면 통나무집의 벽 틈 사이에 서식하는 다람쥐(?)의 움직임 소리가 요란하게 들리곤 한다. 공부에 방해가 되는 소음이다. 그런데 한순간 다른 생각이 퍼뜩 스쳤다. 다람쥐의 입장에서 살피면 나의 성독(聲讀)이 저의 평온을 깨트리는 소음으로 들리지 않을까? 그렇다면 서로의 중심성을 인정하고 존중하면서 더불어 살아야 마땅하지 않겠는가. 이후 다람쥐의 소리가 전혀 귀에 거슬리지 않았다. 소음이 아니라 오히려 저의 생명 활동이 반갑게 느껴졌다. 거시적으로 살피면 다람쥐와 나는 우주 자연의 활동에 조화롭게 참여하는 것이었다.

아래에 함민복 시인의 동시 〈반성〉을 소개한다. 시인은 강아지를 불결하게 여겼던 자기중심적 사고를 반성하면서, 입장을 바꾸어 사람의 손이 불결하다고 생각할 수도 있는 강아지의 마음을 헤아리고 있다. 그는 평소 출타했다가 집에 들어오면 '길상'이라는 이름의 개에게 먼저 다가가 하루의 일을 이야기한다고 한다. 개의 생명을 존중하면서 그렇게 소통하고 있는 것이다. 정감 어린 장면이 눈에 선하게 다가온다.

늘
강아지를 만지고

손을 씻었다

내일부터는
손을 씻고
강아지를 만져야지

22) 계노(戒怒): "분노의 마음을 갖지 말라."

우리는 살아가면서 크고 작은 분노의 마음을 갖는다. 거기에는 다양한 요인이 있겠지만 많은 경우 그것은 자신의 '입지'(생각, 위상, 체면, 권위, 존재)가 침해와 위협을 받았을 때 격렬한 반응으로 드러난다. 이를테면 부모가 자식으로부터 지적과 비판을 받을 경우, 그들은 자신의 체면과 권위가 깎이는 것처럼 느끼면서 얼굴 붉히며 화를 낸다. 이러한 일은 상하의 인간관계에서뿐만 아니라 부부나 친구 사이, 또는 남남의 수평적인 관계에서도 일반적으로 일어나는 현상이다. 이는 어쩌면 자신의 '입지'를 지키려는 본능적 감정의 발로일 수도 있을 것이다.

하지만 분노가 야기하는 갖가지의 폐해를 생각하면서 마음을 잘 다스려야 한다. 그것은 냉정한 판단력을 잃게 만들어 일을 그르치기 쉬울 뿐만 아니라, 자타 간 원만한 교류와 소통을 가로막아 자신을 외로움으로 몰아넣기 때문이다. 결혼생활을 하고 있는 사람은 익히 안다. 부부싸움 뒤에 마음이 얼마나 황량하고 쓸쓸한지를 말이다. 그러한 마음은 분노로 냉랭해진 모든 인간관계에서도 마찬가지다. 그러고 보면 분노는 일이나 인간관계를 해치기 이전에 자신의 마음에 부정적인 에너지를 주입하는 것이나 다름없다.

그러므로 "분노의 마음을 갖지 말라." 어떻게 그것이 마음대로 될까마는, 분노가 일 때는 즉각 반응하지 말고 그것이 어디에 기인하는지 되돌아 성찰할 필요가 있다. 만약 어떤 사람이 나의 '자리'를 위협하고 있다고 느낀다면 그에 대해 분노로 즉각 반응하지 말고, 마음이 상하지만 그것을 자기성찰과 발전의 계기로 이용해야 한다. 가령 학생의 지적과 비판을 받을 경우 선생은 그것을 체면 손상으로 여겨 화를 내지 말고, 자신의 지식과 인격을 향상시킬 기회로 삼아야 한다. 물론 이를 위해서는 평소 매사에 겸허한 마음으로 삶에 나서야 한다. (위의 '겸화(謙和)' 참조) 자긍심에는 반드시 분노가 뒤따르기 마련이기 때문이다.

분노를 다스리는 데는 마음 챙김의 명상이 효과적이다. 이에 관해서는 앞서 고찰했지만, 특히 일상생활에서 마음을 고요 속에 두는 노력은 분노의 횟수와 강도를 크게 줄여줄 것이다. 그리고 분노가 일어나는 순간 자신의 마음을 제삼자의 눈빛으로 가만히 바라보다 보면 그 분노가 한순간에, 또는 점점 가라앉을 것이다. 내 마음의 어디에 분노가 놓여 있단 말인가?

다른 한편으로 평소에 세계와 사물, 삶의 이치를 분명하게 인식하는 노력 또한 병행되지 않으면 안 된다. 그것은 분노의 마음을 사전에 봉쇄하는 데 커다란 도움을 줄 것이다. 분노는 무지와 오해에서 비롯되는 경우가 많기 때문이다. 예컨대 불교의 가르침대로 부귀공명의 덧없음을, 나아가 삶의 무상함을 깨달아 집착심을 버린 사람의 마음에는 분노가 일어날 여지가 없을 것이다. 이처럼 분노심을 줄이고 또 버리기 위해서는 부단히 마음수행과 사리탐구의 노력을 행해야 한다.

23) 계폭(戒暴): "거친 언행을 삼가라."

『대학』에 이런 말이 있다. "말이 거슬리게 나가면 또한 거슬리게 되돌아온다[言悖而出者, 亦悖而入]." 이를테면 내가 상대방에게 욕설을 하면 그 또한 욕설로 응수한다. 이처럼 거친 언행은 인간관계를 거칠게 만들고 나아가 파탄으로 몰고 가기도 한다. 이는 사회생활 이전에 사소하게는 부부의 관계에서 흔히 나타난다. 사회적 인간관계에서 사람들은 대체로 언행을 조심하면서 남들에게 예의 바르게 다가간다. 자신의 거칠고 무례한 언행이 소기의 일을 꼬이게 만들 뿐만 아니라, 형편없는 작자라는 비난 속에서 따돌림의 결과를 초래하리라는 것을 잘 알기 때문이다. 거칠고 무례한 사람과 누가 상종하려 하겠는가.

그런데 왠지 가정에 들어오면 태도가 달라진다. 사회생활에서 그렇게 예의 바르던 사람이 부부관계에서는 배우자에게 무심코 '거친' 말을 내뱉는 경우가 많다. 큰 목소리와 폭력적인 말만 거친 것이 아니다. 낮은 목소리라도 퉁명스러운 말투로 상대방을 불쾌하게 만드는 것이면 '거칠다.' 그것은 대개 상대방을 무시하거나 불만하는 마음속에서 나온다. 그를 존중하고 따뜻하게 배려한다면 어떻게 '거친' 말이 나올 수 있겠는가. 부부싸움은 그처럼 사소하지만 거친 말들이 반복되면서 터진다.

거친 언행은 상대방의 심기만 건드리는 것으로 그치지 않는다. 자업자득은 일에만 해당되는 것이 아니다. 거친 말은 자신의 마음까지 거칠고 황폐하게 만든다. 고운 말을 했을 때와 욕설을 했을 때 자신의 마음 상태가 어떻게 다른지 되돌아 살펴보자. 그러므로 우리가 평소에 고운 말을 써야 하는 것은 단지 교양상의 이유에서만이 아니다. 그것은 자타 간 인격적 교류와 생명적 교감을 증진시켜 줄 뿐만 아니라, 나 자신의 존재를 순화시켜 주는 의의를 갖는다. 이를테면 사랑하는 사람에게 속삭이는 다정한 말은 그의 기분만 항진시켜 주지 않는다. 그것은 나 자신의 마음까지 스스로 취하게 만든다. 그러므로 "거친 언행을 삼가는" 것은 사회생활의 교양 이전에 자신의 존재를 소중하게 가꾸기 위한 긴요한 도리이다.

24) 계탐(戒貪): "탐욕을 경계하라."

탐욕은 단순한 욕망을 넘어 과도한 집착의 마음을 뜻한다. 욕망의 위험성에 관해서는 제30장 〈욕망과 참마음〉과 제31장 〈무욕의 정신〉에서 이미 상론하였다. 그 문제를 여기에서 다시 한번 간단히 짚어보자. 이 시대에 탐욕을 경계하기란 갈수록 어려운 일이 되어가고 있다. 그것을 부추기는 풍조가 너무나 만연해 있기 때문이다. 현대문명은 불교의 삼독심(三毒心), 즉 탐욕과 분노와 어리석음을 아예 제도화하여 조장하고 있다. 크게 살펴보면 사람들의 탐욕을 끊임없이 불러일으키는 자본주의와, 분노와 폭력을 한없이 대리 만족시켜 주는 각종의 오락물들, 그리고 사람들을 부지불식간에 어리석음으로 몰아넣는 '바보상자' TV가 그것들이다.

그러므로 이제 삼독심은 더 이상 악이 아니다. 오히려 누구나 선호하고 추구하는 일이 되었다. 그것을 경계하는 사람은 현대문명 자체를 거부하면서 수도승처럼 산중에 들어가 살아야 할 판이다. 하지만 우리는 여기에서 인간 존재와 삶의 원점으로 돌아와 근본적으로 자성하지 않으면 안 된다. 거기에서 탐욕(분노와 어리석음)이 고결한 영혼과 참자아의 해독임을 자각한다면 어떻게든 그것을 제거해야만 한다. 현대문명의 풍토에서 그 일이 아무리 어려워도 말이다. 의미 깊은 삶은 탐욕으로부터 벗어나는 데서부터 시작된다.

25) 신독(愼篤): "판단은 신중하게, 행동은 독실하게 하라."

『중용』은 말한다. "널리 배우고, 자세히 따져 묻고, 신중하게 판단하고, 분명하게 변별하고, 독실하게 행동하라[博學之, 審問之, 愼思之, 明辨之, 篤行之.]" 과거에 선비들이 학문 활동에서 매우 중요시했던 다섯 가지 방법론이다. 위의 '신독(愼篤)'은 선생이 아마도 이 가운데 '신사(愼思)'와 '독행(篤行)'을 압축하여 조합한 말처럼 보인다. 〈중화탕〉이 학문을 논하는 내용이 아니므로 나머지 세 가지를 제외한 것이 아닌가 싶다. 여기에서 판단의 '신중'은 단지 조심의 정도를 넘어 사려 깊음을 함의한다. 그리고 행동의 '독실'이란 성실하고 진지하다는 뜻이다.

먼저 판단의 신중성 문제를 이야기해보자. 이에 대해서는 오늘날 그렇게 강조될 필요가 없을 것처럼 보인다. 사회생활상 공사의 업무에 임해서 신중하게 판단하는 것이 모든 사람들에게 기본적으로 요구되는 자세이기 때문이다. 하지만 기능적인 업무활동의 자리를 벗어나 실존의 현장에서도 사람들은 신중하게 나설까? 신중한 판단이란 남에게 부화노동하지 않는, 주체적인 사고를 전제할진대, 오늘날 사람들은 그러한 능력을 갖지 못한 것으로 보인다. 이는 그들의 대중적 성향에서 잘 드러난다.

대중이란 단순히 많은 사람들의 수적인 총합을 뜻하지 않는다. 그들은 눈에 보이지 않는 다른 사람들과 마음속으로 한 무리의 연대를 이루어 그 안에 숨어 사는, 그리하여 자주적인 판단과 주체적인 인격을 포기한 '익명의 인간'들을 말한다. 그들이 남들의 이목과 유행에 민감한 이유가 여기에 있다. 그들은 유행에 역행하여 자기만의 목소리를 낼 수 있는 주체적 판단력을 갖고 있지 못하다. 설사 저속한 유행을 따른다 하더라도 나는 비난받을 일이 없다. 남들도 다 그렇게 살고 있기 때문이다. 오히려 남들에게서 벗어나 혼자 떨어져 있는 심리인적 부담을 갖지 않아도 된다. 예컨대 휴대전화의 기능에 불편을 느끼지 않아도 나는 신제품을 사야 한다. 그렇게 하지 않으면 남들에게 구닥다리 인간으로 비쳐질 것 같아 마음이 불안하다.

이러한 대중적 심리는 "참을 수 없는 존재의 가벼움"에 시달릴 수밖에 없다. 달리 말하면 "군중 속의 고독"을 면할 수 없다. 그들은 세상 물정의 변화에만 관심을 둘 뿐, 자신의 내면을 돌아보며 소중하게 가꿀 줄 모르기 때문이다. '신중한 판단'의 의의와 절실성을 우리는 여기에서 발견한다. 우리는 속세의 덧없는 유행에 뇌동하지 말고 어느 자리에서나 주체적인 자세로 삶의 방향을 신중하게 판단하고 세상에 책임 있게 나서야 한다. 대중에 묻혀 '익명의 인간'으로 허망하게 사는 삶을 벗어나 본래적인 인격으로 의미 깊게 살아가는 참자아의 길을 찾아야 한다.

신중하고 사려 깊은 판단력을 갖지 못한 그들의 태도는 그대로 행동으로 이어진다. 사려 깊지 못하므로 삶에서 진정한 것과 그렇지 않은 것을 구분할 줄 모르는 그들은 행동에 진지하게 나설 수 없다. 그들이 어려서부터 습득해온 많은 지식은 입신출세의 방편일 뿐, 참자아를 찾아나서는 실존의 삶에 하등 도움이 되지 못한다. 말하자면 그들의 지식은 시장의 상품거리에 지나지 않는다. 그들은 지식으로 자신을 그럴싸하게 포장해서 사람들의 눈길을 끌고 그들에게 고가로 팔리기만 기다린다. 그러므로 그들의 지식은 인격의 힘을 강화시켜 주지 못한다. 그들이 많은 지식을 갖고 있음에도 불구하고 행동의 품위와 고결함을 얻지 못하는 까닭이 여기에 있다. 말하자면 교양에 관한 지식을 많이 갖고 있을 뿐, 정작 교양인이 되지 못한다.

그러므로 "행동이 독실해야" 하지만, 그에 앞서 "판단을 신중하게" 해야 한다. 어떤 일에서든 판단이 신중하지 않으면 독실하게 행동할 수가 없다. 경박한 판단에서 성실하고 진지한 행동이 어떻게 나올 수 있겠는가. 물론 '신중한' 판단은 일에서만 필요한 것이 아니다. 그것은 근본적으로는 나 자신의 우주적 위상과 본래적 성품, 그리고 참삶의 가치에 대한 깊은 사색에서부터 시작되어야 한다. 그것이 깊을수록 우리의 행동은 독실해질 것이다. 믿음이 독실한 신앙인이 실천의 발걸음에서도 독실한 것처럼 말이다. 나는 지금 세계와 삶에 얼마나 사려 깊게 나서고 진지하게 행동하고 있는가를 자문해볼 필요가 있다.

26) 지기(知幾): "일의 기미를 헤아려야 한다."

『주역』에 '견기이작(見幾而作)'이라는 말이 있다. 일의 기미를 헤아려 처사한다는 뜻이다. '기미'란 아직 눈앞에 드러나지 않은 변화의 조짐 또는 실마리를 말한다. 그것은 앞으로 전개될 일의 방향을 예고한다. 그러므로 우리는 어떠한 상황에서든 일의 조짐을 주의 깊게 살필 필요가 있다. 예를 들어보자. 모든 질병에는 제각각의 조짐이 있다고 한다. 그것을 미리 감지하여 대처해야만 병을 예방할 수 있다. 그렇지 않으면 다스리기가 힘들어진다. 또 부부는 상호 간 애증의 조짐을 말 한마디에서, 또는 사소한 행동 하나에서 육감적으로 느낀다. 만약 애정이 식어가는 느낌을 방치하면 자칫 커다란 부부싸움을 면하기 어렵다. 그러므로 그러한 낌새를 감지했을 경우에는 화목한 정을 회복하기 위해 세심한 노력을 기울여야 한다.

그 밖에도 "일의 기미를 헤아려 처사하는" 정신은 모든 사회생활의 현장에서도 긴요하게 요구된다. 사태의 낌새를 살펴 미리 대처하지 않으면 일의 실패를 면하기 어렵다. 무슨 일이든 한참 진행된 뒤에 처리하려 하면 힘이 든다. 우리가 종종 목격하는 것처럼 잘 나가던 기업이 점점 쇠망의 길을 걷는 것도 경영자들이 산업 생태계의 변화의 기미를 간파하지 못하고 현실에 안주하기 때문이다. 지성인의 한 가지 과제가 여기에 있다. 그는 사회와 시대의 도처에서 드러나는 변화의 낌새를 면밀하게 살피면서 사람들에게 올바른 삶의 방향을 제시해야 한다. 아래에 19세기 독일 시인 횔더린의 시를 한 편 읽어보자.

대담한 정신은
뇌우 앞에 선 독수리처럼
제 앞에 도래할 신들을
앞질러 예언하며 비상한다.

27) 보애(保愛): "몸을 보중하고 자신을 사랑하라."

먼저 『공자가어(孔子家語)』의 글을 읽어보자. 우리의 주제는 자기애에 관한 것이지만, 아래에서 언급되는 지혜의 문답도 주목할 만한 뜻을 갖고 있다.

자로가 공자를 뵙자 공자께서 질문하셨다.
"지자(智者)는 어떠한 사람이며, 인자(仁者)는 어떠한 사람인가?"
"지자는 남에게 자신을 알리는 사람이요, 인자는 남의 사랑을 받는 사람입니다."
"글 읽는 사람이라 할 수 있겠지."

자로가 방에서 나가고 자공이 들어오자 공자께서 같은 질문을 하셨다.

"지자는 남을 아는 사람이요, 인자는 남을 사랑하는 사람입니다."

"글 읽는 사람이라 할 수 있겠지."

자공이 방에서 나가고 안회가 들어오자 또 같은 질문을 하셨다.

"지자는 자신을 아는 사람이요, 인자는 자신을 사랑하는 사람입니다."

"덕이 높은 군자라 할 수 있겠구나."

여기에서 '글 읽는 사람'과 '덕이 높은 군자'는 원문의 '사(士)'와 '사군자(士君子)'를 번역한 것이다. 정말 사랑은 자기애(自己愛)에서 출발한다. 자신을 사랑할 줄 모르는 사람은 결코 남을 사랑할 수 없다. 사랑은 자타 간 순수생명의 교감과 인격의 교류 속에서 상대방의 생명을 돌보고 함께 인격의 세계에 나아가려는 노력일진대, 자신의 생명과 인격을 소중하게 보살피지 않는 사람에게서는 그러한 사랑이 가능하지 않다. 열등의식을 가진 사람이 그러한 모습을 전형적으로 보여준다. 그는 상대방의 따뜻한 말 한 마디조차 연민과 동정의 뜻으로 곡해하면서 반발한다.

그러므로 남을 사랑하기에 앞서 자신을 사랑하지 않으면 안 된다. 이는 자기 자신에게만 관심을 갖고 집중해야 한다는 뜻이 아니다. 참다운 자기애는 남을 향해 열린 마음속에서 자신의 생명을 소중히 돌보고 인격을 닦아나간다. 자타 간의 아름다운 사랑도 여기에서만 가능하다. 한 가지 유념해야 할 사실은 그 생명과 인격이 남과 독립된 별개의 개체가 아니라는 점이다. 우리의 생명은 남에게 의존해 있으며, 인격은 남과의 교류 속에서만 형성된다. 남을 전제하지 않는 생명과 인격을 우리는 상상할 수 없다. 그러므로 참다운 자기애는 이기적인 것이 아니라 남을 향해 열린, 남을 널리 아우르는 나의 우주적 존재됨에 대한 사랑이다. 그 최상에는 물아일체의, 동체대비(同體大悲)의 사랑을 펼치는 '인자(仁者)'가 있다.

차제에 우리 전통의 효도 관념을 한 번 살펴보자. 그것은 참다운 자기애의 방법을 제시하고 있다. 널리 아는 것처럼 『효경』은 이렇게 말한다. "나의 몸과 터럭 하나까지도 부모로부터 얻은 것인 만큼, 그것을 다치거나 상하게 하지 않는 것이 효도의 시작이다[身體髮膚 受之父母, 不敢毁傷 孝之始也]." 하지만 내 몸의 보중을 왜 굳이 효도의 이름으로 강조하는 것일까? 그것은 철학적으로는 선비들의 공동체적 존재관에서 비롯된다. 이미 살폈던 것처럼, 공동체적 존재관은, 나를 타자와는 별개의 독립체로 여기는 개인주의와 달리, 내 안에 타자가 본질적으로 내재해 있음을 주장한다. 말하자면 나의 존재의 뚜껑을 열어보면 그 안에 만사만물이 담겨 있다. 당연히 부모도 나의 존재의 일부를 이루고 있다. 이는 내가 부모의 몸을 받아 태어났다는 것만을 뜻하지 않는다. 나는 부모와 조상의 정신적 유전인자를 타고 났으며, 가문은 나의 성장과정에서 인격 형성의 토대가 되어왔다. 그러므로 나는 자신의 개인적인 소유물이 아니라 부모와, 더 멀리는 조상과 함께 공유하는 '총유적(總有的)' 존재이다.('총유'란 분할할 수 없는 공동소유의 한 형태이다. 문중의 재산이 그 한 예이다) 부모와 조상을 배제한 나는 존재의 빈 껍질에 지나지 않는다. 효도란 그처럼 공동체적인 존재인 나의 몸을 잘 돌보아야 할 의무이며 도리이다.

그것으로 끝나지 않는다. "자아를 확립하고 진리를 실천함으로써 후세에 아름다운 명예를 드날려 부모님을 빛나게 하는 것이 효도의 끝이다[立身行道, 揚名於後世, 以懸父母, 孝之終也]." 이는 효도를 말한 것이지만, 여기에는 자기애의 최상책이 제시되어 있다. "자아를 확립하고 진리를 실천해야 한다."는 것이다. 그것이 부모와 조상을 영광스럽게 하고, 자신의 공동체적 존재성을 실현하는 최선의 길이다. 진리를 팽개치고 세상에 뇌동하고 영리영달이나 추구하는 것은 존엄한 자신을 모멸하는 일일 뿐만 아니라, 부모(조상)까지도 욕되게 하는 불효의 짓이다. 이는 효도를 부모에 대한 순종의 논리처럼 여기는 사람들의 잘못된 생각을 바로잡아 준다. 나아가 부모를 향해 열린, 그리고 부모까지도 아우르는 참다운 자기애의 정신까지 일러준다. 이렇게 생각하면 "만약 지구가 멸망하여 인류가 다른 행성으로 이주한다면 꼭 가지고 가야 할 문화 하나가 바로 한국의 효도"라고 했던, 20세기의 위대한 역사학자 아놀드 토인비의 말을 우리가 부끄럽게 되씹어보아야 하지 않을까? 우리는 자신의 전통을 부정하고 있는데 말이다.

28) 염퇴(恬退): "담백한 마음으로 한발 물러서서 세상을 바라보라."

'담백하다'는 말은 요즘 음식의 맛을 평가하는 자리에서 흔히 쓰인다. 사람들이 과연 그 말을 정확하게 사용하고 있는지 의문이 드는 경우가 종종 있지만 말이다. 그것은 사전적으로 정의하면 음식이 느끼하지 않으면서 조금 싱거운, 그러면서도 자꾸 입에 당기는 맛을 형용한다. 그래서인가? 어떤 사람은 말한다. "맛없는 가운데서 가장 맛있는 것이 담백한 맛이다." 짜고 맵고 달고 신맛은 금방 물리기 때문이다. 이는 음식 비평에서뿐만 아니라, 예술작품이나 또는 사람됨을 평가하는 자리에서도 은유적으로 쓰일 수 있다.

'담백한 마음'이란 '얼큰한' 명리의 맛을 멀리하고 '싱거운' 무욕으로 삶에 나서는 맑은 마음을 뜻한다. 그는 현실에 붙박이거나 세상사에 집착하는 것을 거부하면서 '심심하게' 살려 한다. 그렇다고 해서 그가 무료한 삶을 즐기는 것이 아니다. 그의 '심심한' 마음은 세계와 삶의 참맛을 안다. 명리로 얼룩진 마음은 그 맛을 느낄 수 없다. 마치 때가 낀 거울로는 사물을 있는 그대로 비출 수 없는 것처럼 말이다. 그러므로 담백한 마음속에는 세계와 만물이 노닐며, 심미 감각이 예민하게 깨어 활동한다. 그는 "한발 물러서서 세상을 바라보면서" 일상의 구속을 벗어나 사물을 감상하고 관조하는 정신의 자유를 누릴 것이다. 중국 송나라의 유학자 소옹(邵雍: 1011–1077)의 유명한 시 〈청야음(淸夜吟)〉은 이러한 경지를 잘 보여준다. 이어 퇴계의 뛰어난 평론을 들어보자. 선생의 평론은 깊은 체험에서 나왔을 것이다. 아래의 시와 평론을 눈을 감고서 깊이 음미해보면 좋겠다.

달은 하늘 한 가운데 떠오르고
바람은 호수 위에 잔물결을 일으킨다.
이 가운데 청신한 뜻과 맛을
아는 사람 적으리라.
月到天心處　　風來水面時
一般淸意味　　料得少人知

욕망을 벗어나 맑고 고상한 마음을 가진 사람이 때로 화창한 바람과 비온 뒤의 달을 만나면, 마음이 자연히 바깥 풍경과 합치되어, 천인합일을 이루어서 그 흥취가 이루 말할 수 없을 것입니다. 그 청정하고 심오하며 한가롭고 상쾌한 기상은 말로 표현하기 어려운 것이고, 그 즐거움 또한 끝이 없기 때문에 이러한 뜻을 소강

절('강절(康節)' 은 소옹 선생의 자)이 읊은 것일 겁니다.

(『퇴계전서』)

사람들은 이처럼 담백한 삶을 견딜 수 없을 것이며, 동의하지도 않을 것이다. 세상에 열 걸음으로 바짝 다가서도 삶을 영위하기가 어려운데 한발 물러서라니 꿈같은 이야기처럼 들린다. 게다가 부귀영화의 맛이 얼큰하니 좋은데 그것을 버리고 담백하게 살아야 한다니 이해가 안 될 법도 하다. 하지만 영리영달의 현장에서 겪을 수밖에 없는 번민과 고통까지도 얼큰한지 되물어 볼 일이다. 아니 자신에게 근본적인 질문을 던져볼 필요가 있다. 나의 존재는 부귀영화로만 채우면 충분할 만큼 그렇게 사물적인가? 참다운 인간성과 고결한 영혼을 회복하는 것을 삶의 지상과제로 삼아야 하지 않겠는가. 그렇다면 '담백한 마음'을 비현실적이라고 비난할 일이 아니라 평소 자신의 성찰 거리로 삼아볼 일이다. 삶의 "청신한 뜻과 맛'을 누리기 위해서 말이다.

29) 수정(守靜): "고요 속에 머무르라."

어느 성당에 고 김수환 추기경의 다음과 같은 말이 걸려 있다고 한다. "빛과 고요 속에서 걸으십시오." 우리 말에도 이처럼 의미 깊은 표구 거리가 있음을 생각하면서 감탄한 적이 있다. 고요란 어떤 소리도 들리지 않는 조용한 공간을 형용할 때만 쓰이는 말이 아니다. 그것은 모든 욕망과 집착에서 벗어난 텅 빈 마음 상태를 지칭하기도 한다. 그 마음속에는 어떤 지껄임도 울리지 않고 그야말로 늦은 오후 산사의 고적한 풍경과도 같이 고즈넉할 것이다. 그것은 단지 텅 비어 있기만 한 것이 아니다. 거기에는 명징한 순수의식의 빛이 떠오를 것이다. 신을 우러르며 두 손 모아 경배하는 신앙인의 마음을 상상해 보자. 신을 향한 그의 마음에는 그 어떤 욕망과 집착도 틈입하지 못할 것이다. 오직 맑은 영혼이 깨어나 그 빛으로 충만할 것이다. 그러한 '고요와 빛'으로 삶의 길을 걸어야 한다.

하지만 번잡한 일상생활 속에서 어떻게 그러한 마음을 유지할 수 있을까? 아침에 일어나는 순간부터 밤에 잠잘 때에 이르기까지 라디오와 티브이, 자동차들의 굉음, 수많은 광고판 등에 사면팔방으로 노출되어 있는 문명생활은 우리에게 마음의 고요를 찾을 수 있는 기회를 원천적으로 박탈하고 있기 때문이다. 하지만 시끄럽고 황량한 마음에 맑은 영혼이 묻혀 알지 못할 삶의 불안과 불행을 느낀다면 고요의 지평을 어떻게든 열어나가야 한다. 그 방법은 다양하다. 그동안 여기저기에서 언급한 명상수행이 그 좋은 예이며, 그밖에 평소 욕망과 집착심을 가급적 적게 갖는 노력도 중요하다. 그리하여 맑은 영혼과 때 묻지 않은 순수의식으로 삶에 나서야 한다. 참다운 행복은 여기에서만 주어질 것이다.

30) 음즐(陰騭): "남모르게 덕을 베풀라."

원문의 '음즐'은 『서경』에 어원을 두고 있다. 무왕(武王)이 혁명을 통해 주(周)나라를 건국한 뒤에 기자(箕子)에게 다음과 같이 자문하였다. "아! 기자여. 하늘이 은밀하게 만민을 보우하사 모두 화목하게 살도록 하셨습니다만, 나는 사람의 도리를 어떻게 행해야 할지 모르겠습니다." 여기에서 말하는 '하늘의 은밀한 보우'가 바로 '음즐'의 뜻이다. 이를 오늘날의 시각으로 풀이해 보자. 하늘의 태양은 인간과 만물에게 따뜻한 햇빛을 내리 쬐고, 이 땅의 흙은 온갖 자양분을 제공하여 그들이 저마다 생명 활동을 해나가도록 '은밀하게' 돕는다. 이 '은밀함'은 하늘과 땅이 만물을 낳고 키우고 성숙시켜 주지만 자신의 공이라고 자랑하지 않음을 뜻한다. 노자는 이러한 자연의 섭리를 다음과 같이 칭송한다. "만물을 생육하지만 그들을 소유하지 않고, 무슨 일을 벌이지만 그것으로 자부하지 않으며, 만물의 주인이지만 군림하지 않는다. 이를 일러 현묘한 덕이라 한다[生而不有, 爲而不恃, 長而不宰, 是謂玄德.]"(『노자도덕경』)

그런데 사람들은 '하늘의 은밀한 보우'에 감사할 줄 모르며, 서로 '화목하게' 살려하지 않는다. 그들은 오히려 우승열패의 투쟁의식 속에서 서로를 해치려 하며, 심지어 자연만물까지도 착취하고 정복하려 든다. 이는 자신의 모태요 생명의 요람을 스스로 파괴하는 어리석음에 다름 아니다. 결국 사람들은 삶의 귀숙처를 잃고 탕아처럼 방황할 수밖에 없게 되었다. 이것이 반자연의 문명 생활 속에서 무언가 불안과 위기를 느끼며 살아가고 있는 우리들의 현주소이다. 이는 근본적으로 그들이 '사람의 도리'를 망각한 데에 기인한다. 자타가, 그리고 인간과 만물이 화목하게 살라는 '하늘의 은밀한 뜻'을 저버리고 자기(인간)만의 왕국을 세우려는 오만한 마음이 남들은 물론 자기 자신의 삶과 존재까지도 위협하고 있는 것이다.

그러므로 '사람의 도리'를 알아 행해야 한다. 그것은 (남모르게) '덕을 베푸는'일이다. 이 '덕'은 자타의 생명 활동을 증진시키는 모든 활동을 뜻한다. 마치 봄철의 햇살이 온갖 새싹들을 따사롭게 어루만지듯 사람들을, 나아가 모든 생명체를 따뜻하게 아우르는 마음과 행동이 그것이다. 그 핵심에는 사랑의 정신이 있으며, 진리와 정의, 예의 등도 궁극적으로는 이를 지향한다. 이는 물론 남에게 인정과 칭찬을 받기 위한, 또는 하느님의 나라에 들기 위한 이해타산의 술수가 아니다. 참다운 '덕'은 어떠한 세속적 목적의식도 갖지 않고 순수한 인격에서 저절로 우러나온다. 지난날 성현들이 그러했던 것처럼 그는 '사람의 도리'를 행할 뿐 그것으로 남에게 자랑하려 하지 않으며, 남에게 은덕을 베풀었다는 생각조차 갖지 않는다. 노자는 성인의 덕을 다음과 같이 칭송한다. "무슨 일을 성취하더라도 그것을 자신의 소유로 여기지 않고, 좋은 일을 해도 그것으로 자부하지 않으며, 어떤 공을 이루더라도 그것을 자처하지 않는다[生而不有, 爲而不恃, 功成而不居.]"(『노자도덕경』) 이것이 우리가 한시도 잊지 말고 평생토록 추구해야 할 '사람의 도리'요 '덕'이다.

제37장 덕성의 함양

위대한 상제께서 이 땅에 만백성을 낳으시면서 무엇을 주셨는가. 의로움과 사랑이니, 그것이 상제의 섭리로다. 이를 경건히 받들어도 행하지 못할까 두렵거늘, 사람들은 어째서 어리석고 경망하고 천박하고 혼탁하고 비열하게 사는가. 이리저리 곁눈질하고 귀 기울이며 태만한 행동거지로 하늘의 밝은 뜻을 더럽히고 사람의 도리를 소홀히 하여 범속한 삶을 즐기니, 온갖 악이 그리로 모여드는구나. 내 이를 경계하여 엄숙하고 경건한 마음으로 그윽한 방안에서도 상제가 밝게 임하심을 생각하면서 소중한 보석을 다루듯, 가득한 물그릇을 받쳐 들듯이 한순간조차도 조심하노라. 짐은 무겁고 길은 머니 감히 혹시라도 태만히 살랴.
[惟皇上帝, 降此下民, 何以予之. 日; 義與仁. 維義與仁, 維帝之則. 欽斯承斯, 猶懼弗克, 孰昏且狂, 苟賤汙卑. 淫視傾聽. 惰其四支, 褻天之明, 嫚人之紀, 甘此下流, 衆惡之委. 我其鑒此, 祗栗厥心, 有幽其室, 有赫其臨, 執玉奉盈, 須臾顚沛. 任重道悠, 其敢或怠.]

주자의 〈존덕성재명〉(尊德性齋銘)의 글이다. '존덕성'이란 (사랑과 의로움의) 덕성을 함양한다는 뜻이다. 그런데 주자는 거기에 종교적 근거를 덧붙이고 있다. 인간의 덕성은 후천적으로 형성되는 것이 아니라 상제로부터 부여된 천부적인 성질을 띠고 있다는 것이다. 다만 욕망과 자기중심적 사고 속에 그것이 매몰되어 있을 뿐이다. 덕성의 함양을 비롯한 각종의 수양은 그것을 회복하기 위한 방법론이다. 상제 신앙과 수양의 문제에 관해서는 지금까지 상론해 왔지만, 아래에서는 위의 글에 입각하여 다른 시각으로 접근해 보려 한다.

먼저 인간의 참다운 본성이 무엇인가에 대해서는 역사상 다양한 논의가 있어 왔지만, 그럴수록 그것이 명료하게 밝혀지기보다는 오히려 오리무중에 빠지고 말았다. 예컨대 동양사상에서 말하면, 유교와 불교, 도가가 주장하는 상이한 인간관 앞에서 우리는 어떤 것이 옳은지 갈피를 잡기가 어렵다. 유교만 하더라도 그렇다. 공맹 시절에는 비교적 분명하던 인간관이 이(理)니 기(氣)니 심(心)이니 성(性)이니 하는 성리철학으로 정교하게 재구성되면서 인간의 모습이 오히려 흐릿해져 버렸다.

서양의 경우는 어떠한가? 근대 이전까지는 기독교의 인간관이 지배해 왔지만, 과학의 발달과 함께 그것은 서서히 회의되기 시작하였다. 이후로 프로이트의 무의식 이론이나 다윈의 진화론, 그밖에 다양한 과학적 인간관의 출현 속에서 종래의 기독교적 인간상은 갈가리 찢겨지고 말았다.

이처럼 인간관의 무정부 시대라 할만도 한 오늘날, 상제(신)에 의해 부여된 사랑과 의로움의 본성을 믿는 사람은 신앙인 말고는 거의 없을 것이다. 그러면 우리는 어떠한 인간관을 믿고 따라야 할까? 그저 현실의 이해득실이나 따지고 부귀영화나 추구하는 세속적 인간관에 만족할 것인가? 주자가 탄식한 위의 글은, 그 표현이 심하기는 하지만, 오늘날의 우리들에게도 해당될 수 있지 않을까? "사람들은 어째서 어리석고 경망하고, 천박하고 혼탁하고, 비열하게 사는가. 이리저리 곁눈질하고 귀 기울이며, 태만한 행동거지로 하늘의 밝은 뜻을 더럽히고, 사람의 도리를 소홀히 하여 저속한 삶을 즐기니, 온갖 악이 그리로 모여드는구나."

오늘날 학문(과학)의 발달에 뒤따르는 어두운 그림자가 여기에서 어른거린다. 인간의 본질을 규명하려는 노력이 도리어 그것을 흐리고 있기 때문이다. 이는 학문 발달의 과도기적인 현상에 불과할까? 미래에 언젠가 모든 학문이 종합 통일되는 종착점에 이르면 인간상이 선명하게 밝혀질 수 있을까? 그걸 기대할 수는 없을 것 같다. 오히려 갈수록 핵분열되는 학문의 속성상 인간의 모습 역시 앞으로 더더욱 분열될 수밖에 없을 것 같다. 이에 따라 사람들은 삶에 갈피를 잡을 수 없을 것이다. 삶은 기본적으로 인간관에 따라 영위되는 법인데, 어떤 인간관을 믿어야 할지 모르니 삶이 혼란을 겪을 수밖에 없는 것이다. 성선설과 원죄설, 하느님의 창조설과 생물학적 진화론, 그밖에 수많은 인간관들 가운데 어떤 것을 따라야 할 것인가?

오늘날 사람들이 종교에 귀의하는 이유 한 가지를 여기에서 추측해볼 수 있다. 설사 과학적이지 않다 하더라도 그것은 사람들에게 인간관의 혼란을 피하고 삶의 평화를 얻게 해준다. 게다가 죽음(無)과 삶(存在)의 부조리에 대해 그것은 과학이 침묵하는 초월적 답변을 분명하게 제공하기에 사람들을 이끄는 강한 매력을 갖고 있다. 이를테면 어느 종교가 신을 세계의 한 중심에 두고 숭배한다는 사실은 온갖 회의와 허무를 극복하게 해줄 인간과 삶의 의미 근원을 신에게 두고 있음을 뜻한다. 그리하여 신앙인들은 자신에게 부여된 신의 뜻을 밝히고 실현함으로써 회의와 허무의 고통을 넘어 진정한 삶의 의미와 환희를 얻으려 한다.

주자가, 그리고 선비들이, 중국 고대의 상제를 다시 소환한 것도 어쩌면 사람들에게 실존적 불안을 해소하고 삶의 평화를 얻게 하려는 종교적 방책이었을 수도 있다. 그런데 앞서 제3장 〈상제의 내면화〉에서 상론한 것처럼, 선비들은 상제를 교조로 앉혀 예배하려 하지 않았다. 그들은 상제가 인간을 이 세상에 내놓은 뜻, 즉 인간의 천부적 본성으로, 긴절하게는 자신의 깊은 내면으로 시선을 돌려 그것을 밝히고 실현하려 하였다. 거기에서 상제는 후광으로만 남아 있었다.

상제가 인간에게 내려준 핵심은 바로 사랑과 의로움이다. 그런데 이는 기독교의 영혼처럼 추상적인 것이 아니다. 그것은 사람들이 일상생활에서 드러내고 있는 인간 고유의 본질을 도덕적으로 언명한 것이다. 인간은 동물과 달리 '열린' 존재로써 남을 따뜻하게 보살피고(사랑) 올바른 가치를 구현하며(의로움), 나아가 예의를 갖추고 진리를 추구할 줄 안다는 것이다. 달리 말하면 사랑과 의로움의 본성은 하느님이 인간을 빚으면서 주입시킨 신비로운 영혼과 같은 것이 아니라, 이 세상 사람들의 삶 속에서 경험적으로 추론된 결론이었다. 그것을 상제의 섭리로 여긴 것은 종교적 사고 속에서 인간의 영장성과 존엄성을 절대화하려는 의도에서였다.

그러면 '상제의 섭리'를 어떻게 하면 '경건히' 받들 수 있을까? 그것은 '의로움과 사랑'을 무슨 물건처럼 마음속에 끌어안고 생활해야 한다는 뜻이 아니다. 인간은 태생적으로 타고난 그 성향[덕성]을 소중하게 길러야 한다. 우리는 그러한 성향의 일상적인 예를 생명의 쇠멸 현상 앞에서 본능적으로 느끼는 측은지심(연민의 감정: 사랑)이나, 생명 파괴적인 모습에 반발하여 자기도 모르게 일으키는 혐오의 마음(의로움)에서 경험한다. 이러한 덕성을 '범속한 삶'속에 매몰시키지 말고 소중하게 길러나가야 한다. 그것이 우리가 경건히 받들어야 할 '하늘의 밝은 뜻'이다.

덕성의 함양은 우리가 자신의 존재(생명)에 바칠 수 있는 최대의 경의요 도리이다. 덕성을 외면하고 영리영달이나 꾀하면서 범속하게 사는 것은 자신을 비하하고 모멸하는 짓이나 다름없다. 상제를 거론하지 않더라도 우리는 모두 존엄하고 소중하기 이를 데 없는 생명을 타고났다. 다만 우리의 실존은 불안정하기 짝이 없어서 매순간 향상과 전락의 갈림길에 직면해 있다. 잠깐이라도 방심하면 자아의 전락을 면치 못한다. 그러므로 자신의 존재를 "소중한 보석을 다루듯, 가득한 물그릇을 받쳐 들듯이 한 순간조차도 조심"해야 한다. 만물의 영장으로 태어나 존엄한 인간성을 실현할 길이 여기에 있다.

덕성의 함양과 관련하여 학문의 도정에서 선비들이 스스로 크게 경계했던 문제를 하나 짚어보려 한다. 관념적이고 주지주의적인 태도가 그것이다. 이는 오늘날의 지식인들에게도 그대로 해당된다. 아니 학문의 두 축으로 진리의 탐구와 함께 그 실천을 강조했던 선비들과 달리, 실천정신은 외면한 채 오로지 언어문자만 유희하는 우리들에게 그들의 경계의 말은 매우 절실하게 다가온다. 먼저 아래의 글을 읽어 보자.

> 오늘날 경서(經書)를 읽는 사람들은 많지만 그들은 모두 진주를 사는데 그 상자만 취할 뿐, 정작 진주는 되돌려 주는 것과도 같은 어리석음을 범하고 있다. 경서는 진리를 담고 있는 책인데 그 말만 외우고 자구나 풀이하면서 진리를 외면한다면, 이는 진리의 찌꺼기만 가지고 노닥거리는 짓에 지나지 않는다. (『근사록』)

이러한 지적은 오늘날 책갈피 속에서 "말만 외우고 자구나 풀이하"는 지식인들의 습성을 일찍부터 겨냥하고 있는 것 같이 들린다. 지식인의 속성은 예나 지금이나 같은가 보다. 하지만 우리는 그처럼 언어문자의 표면을 매끄럽게 '지적 스케이팅'이나 하는 것으로 만족해도 좋은가? 당연히 그렇지 않다. 언어 문자가 지시하는 세계와 사물의 실상으로 파고들어 그것들의 깊은 뜻을 체험적으로 살피고 또 실천해야 한다. 달리 말하면, 언어 문자를 단순히 의미론적으로만 이해하지 말고 삶의 현장에서 그 의미를 온몸으로 체험하고 실천하면서 세계와 사물을 생생하게 접촉해야 한다. 무릇 진리와 의미는 실천 속에서만 완성될 수 있는 것이기 때문이다. 언어 문자의 참다운 의미도 거기에서만 나온다.

이는 단순히 실천을 중시하는 사고의 유형처럼 보일 수도 있지만, 거기에는 언어 문자의 한계를 넘어서려는 뜻이 담겨 있다. 『주역』의 말을 빌리면, "글로는 말을 다 표현할 수 없으며, 말로는 뜻을 다 드러낼 수 없다[書不盡言, 言不盡意]." 이 말은 원래 상징과 은유로 가득한 괘효사(卦爻辭)를 문면 그대로 해석하려 하지 말도록 충고하는 뜻을 담고 있지만, 우리는 그것을 괘효사의 풀이에 국한하지 않고 모든 언어문자의 이해에까지 확대해석할 수 있다. 원래 말과 글은 대상 사물을 일정한 개념과 문법 안에 가두어 버림으로써 정작 그것들이 지시하는바 현실 속의 생동하는 실상을 박제화 시키고 만다. 이성의 한계가 바로 여기에 있다. 이성 활동은 자연과 세계 만물과 인간을 추상적이고 메마른 언어 문자로 파악함으로써 정작 그것의 생동적인 실상을 걸러내 버리기 때문이다. '견지망월(見指忘月)'은 이와 같은 함정을 경고하는 적절한 은유이다. 손가락이 가리키는 달을 바라보지 않고 그 손가락만 쳐다보는 어리석음에 빠지지 말라는 것이다.

그러므로 선비들이 실천을 중시했던 이유는 단순히 언행일치라는 도덕적인 요구 때문만이 아니었다. 거기에는 언어 문자만으로는 전달될 수 없는 심오한 의미를 열어줄 것이라는 기대가 담겨 있었다. 이를테면 사랑의 의미를 아무리 정교하게 설명한다 해도 그것은 열애 중에 있는 사람에게는 쓸데없는 잡담에 지나지 않는다. 그밖에 어떤 일이든 참다운 의미는 실천을 통해서만 확보될 수 있다. 퇴계가 제자들에게 훈계한 글을 읽어보자.

> 인의예지(仁義禮智)의 의미를 이해하는데 만약 그 글자들의 뜻만 보고 만다면, 비록 아무리 잘 외우고 또 정확하게 해석한다 하더라도 필경 무슨 보탬이 되겠습니까? 모름지기 네 글자의 의미를 정밀하게 성찰하고 연구 · 음미하며, 그것을 몸소 체험하는 가운데에서 깨달아야만 할 것입니다. 글을 읽을 때에는 그 의미를 몸으로 체득하고 마음으로 체험하여 한가롭고 고요한 가운데 말과 글 밖의 뜻을 묵묵히 깨달아야 합니다. (『퇴계전서』)

학문의 참다운 즐거움이 여기에서 나온다. 독서는 “문자 속에서 겨우 바깥 그림자만 보는” (퇴계) 관념적 열람으로 자족할 일이 아니다. 문자를 넘어 그것이 지시하는 뜻을 생활 속에서 부단히 새롭게 음미하고 체험하게 해주는 것이어야 한다. 『논어』의 첫머리에 “배우고 또 때로 익히면 또한 기쁘지 아니한가[學而時習之, 不亦悅乎.]” 하는 공자의 말이 실린 것도 이러한 체험적 공부의 정신을 독자들에게 주지시키려는 뜻을 담고 있는 것처럼 보인다. 요컨대 독서는 지적인 활동이면서 동시에 온몸으로 의미를 체험하는 감각적 행위여야 한다. 이러한 체험적 공부 정신은 공자처럼 “힘껏 분발하느라 밥 먹는 것도 잊고, 즐거움으로 근심 걱정도 잊으면서, 늙어가는 것도 모르는[發憤忘食, 樂而忘憂, 不知老之將至]"(『논어』) 삶의 기쁨을 알 것이다.

오늘날 학문을 하는 사람들은 이러한 공부 정신을 자경(自警)의 지침으로 삼을 필요가 있다. 사람들은 흔히 고금의 위대한 학자들의 이론을 배우고 정리하거나, 또는 무언가 새로운 학설을 정립하는 것을 학문의 과제인 양 생각한다. 그리하여 그들은 과거의 학자들이 남겨놓은 언어 문자의 분석에 골몰하느라 정작 고결한 덕성의 함양과 존엄한 인간성의 실현 문제에는 등한시한다. 하지만 자신의 덕성과 인간성을 제고하지 못하고 언어문자의 성찬만 늘어놓는 학문과 지식이 삶에 무슨 의의가 있을까? 아래에 퇴계가 한 제자에게 보낸 글을 읽어보자.

> 요즘 사람들은 학문을 하는데 자구 해석과 암송에 골몰하지 않으면 반드시 문장을 아름답게 꾸미는 일에 현혹되니, 이 책에 마음을 두고 창자 속의 비린내 나는 피를 확 씻어버리고서 남들이 맛보지 못한 것을 맛볼 사람이 몇이나 될까요? (『퇴계전서』)

여기에서 '이 책'이란 『주자서절요(朱子書節要)』를 뜻한다. 우리도 한 번 자문해 보자. 책을, 고전을 왜 읽는가? 단지 지적인 호기심에서, 관념적 유희를 위해서인가? 『심경(부주)』을 읽으면서 "창자 속의 비린내 나는 피를 확 씻어버리고서, 남들이 맛보지 못한 것을 맛볼 사람이 몇이나 될까?" 독서와 공부가 단지 실용적인 지식이나 얻기 위한 것이어서는 안 된다. 인간성을 제고하고 참삶의 기쁨을 얻는 데에 목표를 두어야 한다. 사리 판단의 노력도 실천을 넘어 인간성을 제고하는 데에 이르지 못하면 현학(衒學)의 수준에 그치고 만다. 그러므로 언제, 어디서든 세속에 오염된 "창자 속의 비린내 나는 피를 확 씻어" 고결한 덕성을 함양하지 않으면 안 된다.

우리는 여기에서 "짐은 무겁고 길은 멀다[任重道遠]"는 뜻을 되새겨 볼 필요가 있다. 그것은 인류애나 사회정의와 같은 무거운 책임을 죽을 때까지 지고 가야 한다는 거창한 이념을 말한 것이 아니라, 사람됨의 과제를 은유한 것이다. '사랑과 의로움'의 덕성은 인간의 영원한 과제로써, 그것의 수행 정도에 따라 사람됨의 평가가 달라진다. 아니 남들의 평가 이전에 나 자신의 삶의 의미와 보람, 행복의 정도가 달리 체감될 것이다. 그러므로 평소 "창자 속의 비린내 나는 피"를 부단히 맑게 만들어 뭇 생명을 연민과 자비의 마음으로 따뜻하게 보살피고, 사리사욕을 떨쳐 매사를 올바르게 처사해야 한다. 그러한 구도의 정신을 한시도 놓지 말아야 한다. 사람됨의 길은 그렇게 무겁고 또 죽음에 이르기까지 멀다. 퇴계는 말한다. "거의 죽게 된 지경에 이르렀다 하더라도 숨이 아직 끊어지기 전에는 사랑의 뜻을 잠시도 게을리 해서는 안 됩니다."(『퇴계전서』)

참고 문헌

『小學』
『大學』
『論語』
『孟子』
『中庸』
『詩經』
『書經』
『周易』
『孝經』
『春秋左氏傳』
『孔子家語』
『老子道德經』
『莊子』
『心經』
『近思錄』
『花潭集』
『退溪全書』
『栗谷全書』
『朱子全書 坤』(중화당 영인본)
『朱子書節要』(학민문화사 영인본)
『心經 · 心經釋義』(학민문화사 영인본)
『練藜室記述』(민족문화추진회, 1986)
성백효 역주, 『心經附註』(전통문화연구회, 2002)
이광호 등 역, 『국역 심경주해총람(상, 하)』(동과 서, 2019)

이규호, 『사람됨의 뜻』 (좋은 날, 2000)
이영찬, 『유교사회학』 (예문서원, 2001).
김기현, 『선비』 (민음사, 2009)
『천작』 (서해문집, 2012)
『선비의 수양학』 (서해문집, 2014)
『주역, 우리의 삶을 말하다. 上, 下』 (민음사, 2016)
류시화 엮음, 『마음챙김의 시』 (수오서재, 2020)
한국철학회 편, 『문화철학』 (철학과 현실사, 1995)
계간지, 『전통과 현대』 (전통과 현대사, 1997)

미조구찌 유조 외/ 동국대 동양사연구실 옮김, 『중국의 예치 시스템』 (청계, 2001)
스테판 G. 메스트로비치/ 박형신 옮김, 『탈감정사회』 (한울, 2014)
앙드레 베르제 · 드니 위스망/ 남기영 옮김, 『지식과 이성』 (삼협종합출판부, 1999)
앙드레 베르제 · 드니 위스망/ 남기영 옮김, 『인간과 세계』 (정보여행, 1999)
앤드류 뉴버그 외/ 이충호 옮김, 『신은 왜 우리 곁을 떠나지 않는가』 (한울림, 2001)
우골리노/ 박명곤 옮김, 『성 프란체스코의 작은 꽃들』 (크리스찬 다이제스트, 2011)
올더스 헉슬리/ 조옥경 옮김, 『영원의 철학』 (김영사, 2014)
조셉. M. 키타가와 지음/ 이진구 신광철 이욱 옮김, 『동양의 종교』 (사상사, 1994)
린 맥타가트/ 황선효 옮김, 『초생명공동체』 (정신세계사, 2013)
헤르만 헤세/ 안영준 이재호 옮김, 『싯다르타』 (생각뿔, 2019)
알렝 핑켈크로트 지음/ 권유현 옮김, 『사랑의 지혜』 (동문선, 1998)
에른스트 카시러 지음/ 심철민 옮김, 『상징, 신화, 문화』 (아카넷, 2012)
앙드레 베르제. 드니 위스망 지음/ 남기영 옮김 『인간학 철학 형이상학』 (삼협종합출판부, 1999)
앙드레 베르제. 드니 위스망 공저/ 남기영 옮김, 『인간과 세계』 (정보여행, 1999)
조셉 M. 키타가와 지음/ 이진구 신광철 이욱 옮김, 『동양의 종교』 (사상사, 1994)
R. 브루베이커 지음/ 나제민 옮김, 『합리성의 한계』 (법문사, 1985)

F. 카프라 지음/ 김용정 김동광 옮김, 『생명의 그물』 (범양사, 1998)
F. 카프라 지음/ 이성범 구윤서 옮김, 『새로운 과학과 문명의 전환』 (범양사, 1985).
C. A. 반 퍼슨 지음/ 강영안 옮김, 『급변하는 흐름 속의 문화』 (서광사, 1994)
존 브룸필드 지음/ 박영준 옮김, 『지식의 다른 길』 (양문, 2002).
앙드레 콩트, 스퐁빌/ 조한경 옮김, 『미덕에 관한 철학적 에세이』 (까치, 1997)
마르틴 부버 지음/ 표재명 옮김, 『나와 너』 (문예출판사, 1992)
한나 아렌트/ 이진우 태정호 옮김, 『인간의 조건』 (한길사, 1996)
빅터 프랭클/ 강윤형 역, 『심리의 발견』 (청아출판사, 2008)
디팍 초프라/ 이균형 옮김, 『사람은 늙지 않는다』 (정신세계사, 1994)
유아사 야스오(湯淺泰雄) 해설/ 박희준 옮김, 『과학기술과 정신세계』 (범양사, 1988)
에모토 마사루/ 양억관 옮김, 『물은 답을 알고 있다 1』 (나무심는 사람, 2002).
알랭 로랑 지음/ 김용민 옮김, 『개인주의의 역사』 (한길사, 2001)
멜빈 레이더, 버트람 제섭/ 김광명 옮김, 『예술과 인간가치』 (이론과 실천, 1994)
디팩 초프라. 레너드 믈로디노프/ 류운 옮김, 『세계관의 전쟁』 (문학동네, 2013)
조애나 메이시 몰리 영브라운/ 이은주 옮김, 『생명으로 돌아가기』 (모과나무, 2020)